胡锡进论
激荡世界

胡锡进 主笔

人民日报出版社

图书在版编目（CIP）数据

胡锡进论激荡世界 / 胡锡进著. —北京：人民日报出版社，2014.4
ISBN 978-7-5115-2504-8

Ⅰ. ①胡… Ⅱ. ①胡… Ⅲ. ①国际问题—文集 Ⅳ.
①D815-53

中国版本图书馆 CIP 数据核字（2014）第 060013 号

书　　名：	胡锡进论激荡世界
作　　者：	胡锡进
出 版 人：	董　伟
责任编辑：	周海燕　孙　祺
封面设计：	汪要军
出版发行：	人民日报出版社
社　　址：	北京金台西路2号
邮政编码：	100733
发行热线：	（010）65369527　65369512　65369509　65369510
邮购热线：	（010）65369530　65363527
编辑热线：	（010）65369528
网　　址：	www.peopledailypress.com
经　　销：	新华书店
印　　刷：	北京鑫瑞兴印刷有限公司
开　　本：	710mm×1000mm　1/16
字　　数：	450 千字
印　　张：	31.5
印　　次：	2014 年 5 月第 1 版　2014 年 5 月第 2 次印刷
书　　号：	ISBN 978-7-5115-2504-8
定　　价：	68.00 元

序 言

从世界回望中国

世界是激荡的,只是激荡的气质和面貌不尽相同。

由于环球时报专注全球报道的特殊性,使我有机会迄今去了世界上除澳洲之外的五十几个国度,并且每天都面对人类社会最激烈、最复杂的事件,感悟这些事件之间的内在联系。我是环球时报社评和"单仁平"文章的主笔,不管在北京值班,还是在国内外出差,每晚都要亲撰文章,这也为我提供了一份宝贵的思想经历。

读懂世界,是在全球化时代看透中国的前提。但真正能读懂世界是件很难,甚至不可能的事情。无论看西方世界、新兴经济体,还是动荡、乃至战争中的国家,我们都会不自觉地加入自己的想象。身临其境时,特别是深入到域外社会的市井,我们会发现那里与我们之前的看法存在距离。这种距离很可能也是我们对自己国家认识的偏差。

中国在不停顿地高速发展,其中改变最快的,包括我们看世界的眼光。有时几代中国人对一件事的看法截然不同,很难说究竟谁的观点更准确,能在一个更长的历史时段里被更多的人认同。

在莫斯科,我曾采访一个三世同堂之家,问他们对苏联解体的看法。年迈的祖母痛斥:戈尔巴乔夫害了苏联!中年的主人说那是很复杂的事情,一言难尽。大学一年级的女儿说:挺好啊,没有那场变化,就没有今天。再问俄罗斯的地缘政治专家,他们都为国家实力被砍掉一大截、再也不可能走上世界权力的巅峰而感到沮丧。

我是一名当代世界的讲述者,我用了最大的力气观察并感悟世界，但我还是深知自己的局限。中国人认识世界是知识和价值观的积累、交织过程，也折射出中国国家利益的演变过程。在这当中，个人利益似乎过于渺小，但是它们会汇集成一代人的利益，给我们对世界的认识打下烙印。

人生只有几十年，普通人不是为历史而活着，他们最需要为自己的人生负责。一些被历史最终记述成伟大的事件，有可能让整整一代人甚至几代人付出沉重代价。而有的国家安逸几十年，却最终被证明错过了变革的最佳时机。人类会不断整理这些纠结，形成对历史的再认识。

中国进步很快，但在发展阶段上落后于西方发达社会一截，这两点共同构成了中国的基本面貌。现代化是所有发展中国家的使命，全世界布满这样的探索。在发达国家面前，我们比较出了自己的问题；在发展中国家面前，我们比较出了自己解决问题的有效程度。这两种比较相互平衡，可以祛除中国人自我认识中那些肆无忌惮的偏差。

我出版新书，总要面对环球时报在舆论场上受到的争议。一些西方人将环球时报称为"民族主义报纸"，国内也有一些人学着他们这样说。对这样的评论，我想我们首先需要承受。

但我同时认为，给环球时报贴标签是种浅薄的做法。中国对外交流和摩擦越来越多，环球时报有效表达了中国公众的真实态度。由于中西地缘政治竞争也包括舆论竞争，环球时报在一定意义上填补了中国能力的一个缺项。环球时报致力于维护中国国家利益，而不是为美日等的国家利益申辩，这不应受到指责。这同美国、日本、欧洲国家的主流媒体维护各自国家利益的做法并无二致。如果"民族主义"是价值观识别的一个恰当标签，那么我认为纽约时报、朝日新闻、英国广播公司、费加罗报等无一例外都是民族主义的。

鉴于环球时报在中国当下颇为突出的影响力，我作为环球时报社评和"单仁平"文章的主笔，所撰所有评论都不能是百分百个人价值观和感受的释放，而要经过公共利益的过滤，并从大批中国一流专家学者那里汲取思想的养分。很多评论都直接针对尖锐的时事政治事

序 言

件，因此观点很多也都是尖锐的。但我必须在尖锐的同时保持理性，这既是我个人的理性，也很大程度反映了中国主流社会的理性。

有些文章大体谈论的是同一个问题，但论述角度和基调有所不同，这其实是中国社会常常面临两难困境的真实写照。由于很多人为环球时报社评贡献了具体观点和看法，最终通过我的笔端，勾勒出一个很大的群体在中国崛起时代的心路历程。

这本书是对一段时间里环球时报社评和"单仁平"文章的集纳，上一本《胡锡进论复杂中国》主要收集了围绕中国内政的文章，这本书里主要是我执笔的关于国际事务和中国对外关系的评论。这些文章很多都曾引起强烈的反响和争论。把它们汇集在一起，大致构成了对中国与这个世界复杂互动的一份特殊记录。

借此机会感谢环球时报社评的读者们，尤其感谢他们对环球时报及我个人的鼓励。还要感谢为我每天的匆忙撰写提供帮助、并为这些文章做了"第一读者"的学者专家们。经常是午夜时分，他们还接我们的电话，为文章提供修改意见，这让我深为感动。我知道，是对中国国家和人民命运的共同关切把这么多人联系在了一起。

我愿意通过这本书把当时的共鸣和争议都汇集起来，我希望，这是一项有意义的工作。

胡锡进
2014年4月

目 录

第一辑　政治摩擦

为湄公河惨案告破鼓掌 / 003
韩国无需证明自己"不容欺负" / 005
中国是朝鲜平稳过渡的可靠后盾 / 007
中国"有所作为"收获正面效果 / 009
把菲律宾当"出头鸟"惩罚 / 011
朝鲜的细微变化也应受到鼓励 / 013
中国有力量应对海上争端并发 / 015
中朝友谊应当看得见摸得着 / 017
东盟在南海的作用只能是劝和 / 019
读懂中美关系是亚太最重要课题 / 021
安倍翻不了中日战略大局的天 / 023
希拉里不拉偏架，美国还是美国吗 / 025
安倍的橄榄枝更像是秀给西方的 / 027
请安倍专心访美，不用斜眼盯着中国 / 029
拿钓鱼岛申遗，日本右翼活跃而主动 / 031
中国珍惜中朝友好，朝鲜也需珍惜 / 033
对中国秀强硬是无聊的游戏 / 035
中俄美仍是大三角，中俄不想二对一 / 037

日本"修宪"恰恰关中韩等国的事 / 039
安倍很可能比小泉更伤中日关系 / 041
总理"首访"印度,中国社会应当跟上 / 043
中国对朝关系应当一是一,二是二 / 045
中印边界商队多了,军队出没就会少 / 047
习奥会将对冲众议纷纷的中美互疑 / 049
金正恩特使来访,中国应坚守立场 / 051
6架枭龙战机是为中巴友好护航 / 053
"更年期"日本失衡,拽中国陪它闹 / 055
土耳其骚乱的背后是社会发展太"嫩" / 057
习奥会将为大国关系新纪元探路 / 059
让"新型大国关系"在中美间回响 / 061
中韩关系是战略的,也是婆婆妈妈的 / 063
世界公众不愿看到斯诺登遭厄运 / 065
政变是混乱埃及的总结和新起点 / 067
街头运动,发展中国家的重大考验 / 069
斯诺登"落户"俄罗斯,中国也是赢家 / 071
用抨击朝鲜指桑骂槐,此法不厚道 / 073
靖国神社,日本对华斗争的"预设战场" / 075
穆巴拉克出狱,埃及彷徨走"悔棋" / 077
钓鱼岛对峙一年,中国得大于失 / 079
美国伊朗改善关系必将好事多磨 / 081
中美都不必在东南亚排斥对方 / 083
俄印蒙总理同时访华,奢侈的巧合 / 085
日本投靠美国,难获对抗中国资本 / 087
英国监管报业是对过度"自由"的反弹 / 089
印度探火星,大国谁能漠视战略竞争 / 091
日本野心大胆子小,行动软嘴很硬 / 093
中国应积极救援菲律宾灾民 / 095

目 录

缓对美澳韩，将斗争目标锁定日本 / 097
中国舆论很难对卡梅伦热情起来 / 099
拜登知道不能为日本毁了中国行 / 101
朝鲜稳定符合中国的利益 / 103
将安倍列入"不受欢迎的人"黑名单 / 105
中法建交 50 年，呼唤新的戴高乐 / 107
西方打压索契冬奥会令中国人警醒 / 109
向美国务卿"要自由"，好萌的表演 / 111
乌克兰，继续流血的苏联解体伤口 / 113
乌克兰或因动荡丢掉克里米亚 / 115
安理会声明让 CNN 形同裸奔 / 117
普京，西方又恨又无奈的对手 / 119
俄罗斯崛起，这对中国好或不好 / 121
第一夫人外交，中美互示友善的良机 / 123
欧洲是猫是虎，搞清楚很有必要 / 125
避免"新冷战"，西方须负第一责任 / 127
从 G8 缩回 G7，西方更趋保守狭隘 / 129
如何对付菲律宾这个"南海闹" / 131
别光盯着美日，中国人需多看欧洲 / 133
日本放探测气球，中国不必接招 / 135
乌东部易帜难有克里米亚的运气 / 137

第二辑　经济博弈

中国和欧洲，谁更像"守财奴" / 141
稀土官司，多动智慧少动情绪 / 143
金砖国家不需要价值观的粘合 / 145
中日韩，莫在历史过渡期犹豫 / 147
中国外援应堂堂正正地做 / 149
上合组织不会做北约的"陪练" / 151

世界金融"重切蛋糕",再难也要推动 / 153
菲律宾不值得中国集中精力琢磨它 / 155
有战略胸怀,就会对非洲刮目相看 / 157
印度大停电的启示:发展是硬道理 / 159
APEC主谈经济,但能创造政治缓冲 / 161
发展企业就是构筑国家核心竞争力 / 163
亚太"局"在美国手里,"势"在中国一边 / 165
中国同东南亚国家是朋友和邻居 / 167
缅甸民主应促进而非封杀生产力 / 169
要增大越南在九段线内采油的风险 / 171
瓜达尔港,驱不走的猜疑就由它去 / 173
不应纵容美国放肆编造"黑客门" / 175
美国官民联合对付中国令人警醒 / 177
中俄越紧密,各自全方位外交越主动 / 179
互联网,美国说谁是贼谁就得是 / 181
金砖合作很轻松,西方的警惕很心累 / 183
金砖银行是解决实际问题,不是对抗 / 185
博鳌,为亚洲人的合作搭舞台 / 187
中澳结战略伙伴不是强扭的瓜 / 189
管理互联网,各国有着自己的坚定 / 191
放弃幻想,认真经营与欧盟的"双输" / 193
"双反"欧洲葡萄酒不是中国唯一子弹 / 195
中美不冷战或是一段大历史的开局 / 197
葛兰素史克是所有行贿者的殷鉴 / 199
油气管道,缅甸对华态度的试金石 / 201
美富豪投身创新交通蓝图令人钦佩 / 203
调查美国公司,中国做得很温柔 / 205
全球发展自有序,美国也该顺应之 / 207
减持美债,并非像喊的那样容易 / 209

美日挡不住中国崛起为一流强国 / 211
拉东盟对抗中国？日本人别做梦了 / 213
网攻扰乱中国全网系统，这是警钟 / 215

第三辑　军事角力

为什么应实质性报复美国 / 219
东亚难免摩擦，但应避免斗气 / 221
美追求"绝对安全"是在逼中俄 / 223
立威是中国在南海的当务之急 / 225
东亚感觉不安全的不只日本 / 227
翻二战案，日本的荒唐梦想 / 229
为罗老号高兴之余，韩国应顾及其他 / 231
中国有可能被半岛局势恶化殃及 / 233
钓鱼岛危机已成中日意志较量 / 235
朝核，中国须不怯懦不幻想不急躁 / 237
中国参与"制裁"朝鲜必须把握的度 / 239
希望朴槿惠给半岛缓和带来机会 / 241
朝美韩都应放弃吓住对方的幻想 / 243
韩国需要战略上的大智慧、大胸怀 / 245
半岛，中国需在动态中维护现行政策 / 247
南海，各方挑衅中国的空间在收窄 / 249
朝核几近失控中国需增强应变力 / 251
无论起因是什么，朝鲜都做过了头 / 253
坚持对印友好，但不"惯"印度坏毛病 / 255
接受现实，中美就是大国博弈关系 / 257
中印走出"帐篷对峙"，换成中日准砸 / 259
中国被迫在很低层次上同菲日交手 / 261
为台湾强硬制裁菲律宾鼓掌 / 263
菲军要斗争到"最后一人"非常滑稽 / 265

美国的对华"防范派"别太投入了 / 267
越南，不同于菲日的海上对立面 / 269
埃及在为政治"随大溜"付出代价 / 271
大历史讴歌革命，人道主义愿其避免 / 273
"日菲轴心"渐成，"包围中国"是狂想 / 275
"出云"号，日本怀念帝国时代的呐喊 / 277
印度国产航母下水，中国别太落后 / 279
空袭，世界捕捉到奥巴马的犹豫 / 281
战和大牌局，美国气势暂输俄罗斯 / 283
为普京批"美国例外论"喊一声"赞" / 285
恐怖主义马蜂窝被捅破，穷国最遭殃 / 287
中越海上纠纷峰回路转值得鼓励 / 289
安倍在赌他能把中国吓住 / 291
挑战中国防空识别区，日本在过嘴瘾 / 293
B52想赚威风，应及时对它喝倒彩 / 295
泰国误以为投票和街闹就是民主 / 297
韩国扩大识别区是趁乱占小便宜 / 299
避免在中国门口相撞，美舰责任第一 / 301
美在南海东海两面三刀想吓唬谁 / 303
美欧的口炮难敌俄罗斯真坦克 / 305
中国增12%军费，压根没想同谁竞赛 / 307
菲律宾耍无赖侵占仁爱礁就该难受 / 309
核安全，莫让克里米亚冲淡了它 / 311
日本用扩大武器出口挑战中国 / 313
朝鲜"有核武器就有一切"是幻想 / 315

第四辑 观念碰撞

理性客观地看日本救灾 / 319
现实将压垮"中美敌对"的狂想 / 321

目 录

中美，谁对谁发号施令都是幻想 / 323

美国应修正"领导世界"的内涵 / 325

别被美中"价值观之争"蒙住眼 / 327

亚太和平之责应由各国分摊 / 329

亚洲没有谁愿意做别人的棋子 / 331

周边民族主义比中国的厉害多了 / 333

当前更要"把朋友搞得多多的" / 335

希望美国彻底改变百年前的心态 / 337

越南给美国当"带路党"早晚吃亏 / 339

翻二战案，日本的荒唐梦想 / 341

不彻底遏制日本右翼，东亚难安 / 343

80岁的石原在祸害日本未来 / 345

包围中国？日本人开什么玩笑 / 347

中美共同利益成长速度应压倒互疑 / 349

执迷于历史之争，日本注定是输家 / 351

奥巴马的华丽演说需用行动兑现 / 353

"自由的美国"与自由主义者为敌 / 355

防卫白皮书，日本的最新狂妄秀 / 357

"台湾是我国神圣领土"哪错了 / 359

析"中国若动荡将比苏联更惨" / 361

海外民运需吞下被边缘化的苦果 / 363

英国就香港事务表态应谨慎、自重 / 365

从美国人接受枪案频发看中美不同 / 367

以苏联解体为鉴，应是中国最低要求 / 369

默克尔批美国应顺便"骂醒"中国人 / 371

普京影响力登榜首，中国人乐见其成 / 373

双重标准早晚把西方自己绕进去 / 375

中国舆论应支持抗议"杀光中国人" / 377

《开罗宣言》70年，日本对它恨之入骨 / 379

西方训斥世界的贵族派头令人讨厌 / 381

玉兔月球跑,西方对华只剩攻心一招 / 383

"清朝GDP世界第一"为何忽悠了我们 / 385

不要指望能将日本"批倒批臭" / 387

中国护照含金量低,"金"是什么 / 389

支持中国异见人士,西方的"阳谋" / 391

要多傻多假才能说乌克兰"胜利"了 / 393

西方"新干涉主义"在世界四处敲门 / 395

涉克里米亚表决,中国弃权就是态度 / 397

台"立法院"被攻占,大陆不妨围观 / 399

全球化时代,台湾反服贸大示威很"二" / 401

香港反对派去白宫"告状"是步臭棋 / 403

第五辑　中国民意

人权之争,西方赢不了中国 / 407

西方总想给中国法院"批条子" / 409

对外来的压力不委屈,不胆怯 / 411

中国必须是有容乃大的平衡手 / 413

中美心有多大,太平洋就多大 / 415

面对西方话语权,中国应自信从容 / 417

只要中美不对抗,谁都不是输家 / 419

中国应扩大对"睦邻"的理解 / 421

不同美国斗力,要斗智慧斗胸怀 / 423

钓鱼岛,中国的"国有"地位不会变 / 425

别再仰视日本,把它看成"亚洲刁民" / 427

认真对待奥巴马身后的美国社会心态 / 429

中国强硬?那亚洲早非今天这样了 / 431

朝鲜半岛风急,中国更需战略定力 / 433

应构建有中国特色的大国外交 / 435

目 录

半殖民地的余毒仍在影响国人自信 / 437
从美联社严管员工网上发言谈起 / 439
国民党应有更大魄力宣扬一个中国 / 441
内地看香港舆情应更成熟从容 / 443
日本官员来华,中国人看累的秀 / 445
8·15,中国媒体不能沉默的日子 / 447
东京举办奥运会,中国人乐观其成 / 449
在中亚"三不",中国拒绝帝国思维 / 451
两岸政治靠近很难"自愿"发生 / 453
香港舆论应更多尊重内地人 / 455
香港反对派莫学"台独"做敌对派 / 457
中国社会莫为日本民族主义伴舞 / 459
联合国 176 张支持票挺中国人权 / 461
台湾应解放思想大胆变革大陆战略 / 463
朝鲜批张成泽未必是对中国指桑骂槐 / 465
为中国政府同安倍"绝交"鼓掌 / 467
1894、1954、2014,中国的三个甲午年 / 469
港警拘捕闯解放军营地者,这就对了 / 471
跳出甲午情结,不在自信自卑间摇摆 / 473
侮辱内地游客的港人应被依法制裁 / 475
规定内地访香港人数,好自私的动议 / 477
中国改革没义务遵从"美国希望的速度" / 479
双纪念日帮世界铭记二战中国战区 / 481
中国舆论应多挺俄罗斯和普京 / 483
务实的中国需远离政治刺激和喧闹 / 485
赞中国军方对美防长当面直言 / 487

第一辑

政治摩擦

为湄公河惨案告破鼓掌

中泰官员昨天联合宣布，中国船员在湄公河遇害一案取得重要进展，杀害中国船员的9名嫌疑人已经到案，他们是被疑涉毒的泰国边防军人。中国的外交努力显然起了作用，泰国政府的全力配合令人尊敬。这是一个值得中国人为之鼓掌的进展。

改革开放以来走出国门的中国人激增，中国人受不公待遇的情况也在世界各地不时发生。极端情况就是有中国人被杀害，行凶者却得不到应有惩处。由于境外中国人数量庞大，所处环境十分复杂，很多人缺少自我保护能力，使他们在境外更安全是十分艰巨而浩繁的任务。

然而中国在这一领域并非无可作为。中国当然无法直接插手境外中国人的日常安全保障，任何国家都不可能以这种方式向境外本国公民大规模提供保护。但随着中国日益强大，中国完全有可能将国力转化为阻止外国势力侵犯中国侨民的威慑力，使各种犯罪分子在选择侵害对象时，逐渐对中国人退避三舍。

建立这种威慑力的途径之一，就是中国动用国家力量，促成对境外严重侵犯、特别是杀害中国人的案件形成严厉追究之势，要求案发地的政府或主导势力使出最大力量，使肇事者受到法律制裁，或者受到所在国国家机器的特殊打击。这样的追究不断累积，境外中国人的不可侵犯性就会逐渐得到确立。

这次9名嫌疑人在泰国到案，是中国人保护境外同胞决心的一次巨大彰显，也是中国在境外实施间接打击能力的一次印证。今后如果有谁再在金三角地区对中国人下毒手,那么他们先要回顾这9名嫌疑人的下场。

中国这一次派出公安部副部长等高级官员赴泰国督办案件,外交用力十分突出,效果也前所未有。让每一个境外的中国人更安全,其实比让中国作为国家更安全要艰难、琐细得多。但必须看到,境外中国人的安全,已经成为中国国家安全的一部分。它是中国社会的一个强烈要求,在多大程度上实现它,事关中国人对国家的信任,也关系到中国社会凝聚力的质量。

因此政府为了境外中国人的安全做更多投入,尤其是当中国人在境外受辱、被杀时站出来据理力争,对案发国施加我们能够施加的各种压力,甚至不惜发生外交摩擦及冲突,这样做不仅是应当的,对促成中国国内的和谐也是事半功倍的。

中国大概做不到每一次都为受侵害的境外中国人成功伸张正义,但这应是这个国家坚定不移的奋斗方向。当涉及到生命时,让杀害境外中国人的罪人"虽远必诛",这是中国社会的心声,而且我们不会说说而已。

(2011.10.29)

韩国无需证明自己"不容欺负"

韩国舆论昨天继续激烈声讨中国渔民"刺死"韩国海警事件,并有示威者在中国驻韩使馆前侮辱中国国旗。韩国社会的受伤感和屈辱感高得十分惊人,仿佛用碎玻璃在扭打中"刺死"韩警的中国渔民,强势得像中国军人一样。这是对中国对韩态度的严重误读。

目前案情的细节尚不清楚,但即使中国渔民这一次真的出现"越界捕捞",他们也不是一群傲慢的强盗,而是为了生计冒险"打擦边球",值得中韩两国社会精英都给予同情的海上捕鱼者。

中国有世界上最大的渔民群体,因为中国的海岸线很长,而且中国的人口总数世界第一。中国近海的渔业资源逐渐枯竭,近年的渔业收入逐渐向养殖转移。捕鱼自然向公海扩展。渔民们都为购买捕鱼工具投了血本,他们必须把钱赚回来。

让渔民们严格遵守捕鱼纪律,即使在中国近海也很难完全做到。让他们在黄海上严格遵守中韩渔业协定,更非中国政府通过宣传教育就能轻易实现的。渔民们要收回成本,要有利润,这样的动力会把各种其他考虑推到一边,其中甚至包括他们自己的安全。

最近几年韩国加强了对越界捕捞者的处罚,罚金达几十万元人民币,造成一些中国渔民彻底破产。韩国社会对此颇觉解气,却无法体会中国渔民的悲伤,以及对扣押进行反抗的冲动。请韩国人设想一下,谁不知道与海警对抗不是闹着玩的,如果有别的办法,你会这么做吗?

韩国舆论尤其应当清楚,中国虽然作为一个国家比韩国强大得多，经济总量是韩国的数倍，但中国人均GDP只约为韩国的1/5，中国人普遍比韩国人穷，中国人平均受教育程度远不如韩国人高，要求中国渔民都像外交官一样在与韩警的冲突中彬彬有礼，这样的要求现实吗？

韩国社会在被一种假设笼罩并绑架：中国根本不把韩国的主权当一回事，崛起的中国充满了对韩国的傲慢，渔民越界捕鱼是中国为羞辱、教训韩国而故意组织、纵容的。在这样的心态中，韩国舆论总是把中韩之间的具体摩擦上纲上线，把一个渔民的具体行为，放大成整个中国的国家动作。

必须指出，韩国媒体批判中国的言论远比中国媒体的相反言论激烈得多。韩国媒体使用的言辞在中国主流媒体上是不可想象的。它们在很大程度上引导了韩国人对华认识的偏颇。

中国社会对韩国总体上是尊重的，从足球到艺术，来自韩国的东西在中国都赢得了广泛好感，韩国产品在中国大行其道。中国人虽对韩美同盟有意见，但这没有影响中国社会对韩国的基本友好态度，中国互联网上的厌韩情绪，其实是对韩国厌华情绪的反弹。

韩国社会应当开放自己的心胸，有能力理解、把握庞大的中韩关系，领悟中国对韩国的整体善意，而非像这两天表现的那样冲动，有点像钻进了牛角尖。

比如韩国舆论要求中国外交部做出"道歉"，事情还没调查清楚，何来道歉？韩国是自尊的国家，自尊应包括对别人难处的理解，不为了自己的感受而强人所难。

真诚希望韩国社会从事件最初的激动中迅速平静下来。中韩没有战略冲突，具体问题应就事论事，妥善处理。韩国不需要通过这件事向中国证明自己是"不容欺负的"，对韩民族的骄傲，中国人一向很清楚。

(2011.12.14)

中国是朝鲜平稳过渡的可靠后盾

朝鲜最高领导人金正日突然去世,中国迅速表示哀悼。这是东北亚的重要事件,无论朝鲜如何度过权力交替期,一些国家都会把这当成改变地区战略格局的契机,朝鲜的稳定和地区战略稳定都面临考验。

中国此时的态度很重要。中国须坚决、明确地维护朝鲜的独立自主,保障朝鲜的权力过渡不受外部的干扰,保障朝鲜选择国家道路的自由。

由于朝鲜新领导人金正恩比较年轻,一些国家对朝鲜剧变寄予期待,并有可能会为促成它的发生而采取各种行动。朝鲜是小国,放在普通的地缘政治条件下,不易承受压力。

中国要坚决平衡外界对朝鲜施加的各种压力,做朝鲜权力平稳过渡的可靠后盾,在关键时刻为它遮风挡雨。中国态度明确所产生的力量,对朝鲜社会在过渡期保持战略信心绝非可有可无。

朝鲜是中国的特殊战略伙伴,尽管其核问题等给中国带来不少麻烦,但中朝保持当前的友好关系,对我国获得周边稳定,对增加中国在东北亚、甚至在整个东亚的战略主动性都至关重要。

中国国内一直有人认为中国为维系中朝关系付出了太多,而中国早已有过阿尔巴尼亚、越南的前车之鉴。这是给中国崛起的大战略算小账。国际关系从来此一时彼一时,中国用于交朋友的花费再怎么高,也比对付一个更恶劣战略环境有利得多,花费少得多。

事实上中国已为今天的中朝关系经营了几十年。如果中国任由其他国家和势力动摇中朝合作的战略根基,那才是中国外交的前功尽弃。这样的中国会被所有研究大国政治的人嘲笑。

大国的战略信誉对中国越来越重要,中国要敢于为朋友担当,而不可在关键时刻退缩。这样,中国的朋友就会越来越多,反之会越来越少。

从长远看,中国应该影响但不强制干预朝鲜国内的政治方向,尽量促成朝鲜走上正常、可持续的发展和安全之路。中国干涉朝鲜内政既累又不现实,但放弃影响则可能导致严重违背中国利益结果的出现。中国应长期做对朝鲜最有影响力的大国,但任何时候都不应试图对朝鲜国内政治进行操纵。

建议中国高级别官员及早以适当的名义赴朝鲜访问,在这个特殊时期保持与朝鲜新领导人的密切沟通,向平壤也向世界释放中国支持朝鲜权力平稳过渡的清晰信号。

中国还应与俄罗斯加强协调对朝鲜半岛的立场,与韩美日及时通报朝鲜的情况和中国的态度,确保自己在后金正日时代的环朝鲜政治局势的构建中,处于积极主动地位,延续中国过去在朝鲜半岛问题上的独特优势。

中国不必担心会因明确支持朝鲜平稳过渡,而导致与韩美日的紧张。恰恰相反,中国支持稳定、反对动荡的态度越明确,其他国家与朝鲜发生新摩擦的可能性就越小。这同样是中国让各方适应中朝友好不受朝鲜权力交班影响的过渡。说到底,中朝友好是当前东北亚保持稳定的重要基石。

(2011.12.20)

中国"有所作为"收获正面效果

后金正日时代环朝鲜的地缘政治在最初成形,它至少表面上没预想的那么恶劣。韩、美及联合国都表达了对金逝世的哀悼或慰问,并欢迎朝鲜"平稳过渡"。中国19日至20日迅速表态支持朝鲜新领导人,带头支持朝鲜平稳过渡,对促成当前的局面起了重要作用。这是中国近年外交一次成功的"有所作为"。中国在世界各国中率先慰问朝鲜,中国国家主席胡锦涛也在大国领导人中率先前往朝鲜驻外机构吊唁,中国支持朝鲜稳定的态度坚定而清晰,其他国家逆中国态度行事能外交得分的空间被压缩得很小。

尽管这次的外交主动不能强行推广,进退有据永远都应是中国外交决策的总方略,但中国审时度势,快速在自己的能力范围内创造更多外交主动,却应得到总体的鼓励。

我们应当清楚,中国已经是世界、特别是东亚政治环境的塑造性力量,排斥、对抗中国态度并非是毫不费力的,只要中国的主张有道理,顺着中国走未必就是比逆着中国来更缺吸引力的选择。

中国在"利益攸关"的周边外交中更多"有所作为",应配之以对结果更宽的丈量尺码。我们既要坚决引导周边政治的大方向,促周边形成与中国发展的积极互动,同时也不对我们控制不了的细节过分认真。

比如我们支持朝鲜"平稳过渡",它的政治内涵不该随意引申,成为我们对未来朝鲜"排他性亲中"的期待。这太难了,而且对中国也没用。我们支持朝鲜维护自己的利益,并通过地缘政治环境的塑造，使朝中利益的结合度，在朝鲜的对外关系中占支配性地位。这就够了。

其实当前的缅甸也谈不上"背叛"了中国，缅甸发展与美国的关系是它的利益所在，与它维持对华战略友好完全有可能做到兼容而非相悖。中国不仅大，还要"有容"，我们不可把中缅友好建立在排他基础上。对其他邻国也是一样。

中国对中朝友好坚定不移，不意味着中国会支持未来朝鲜的所有具体表现和要求。中国对半岛局势应有越来越多主持公正的空间，无论对朝鲜，还是对韩国，中国都不会采取某种不顾一切的态度。

中国这样做其实符合朝韩双方的利益，因为平壤和首尔虽然经常态度激烈，但它们的底线都是不想打仗。

世界各国对中国外交"有所作为"的承受力，很可能比我们想象的要大很多。因为很多时候其他国家未必就真的有主意，中国"主动"一点，有时会正好插入世界困惑的位置。我们自己清楚，中国的利益在多数情况下与一些所谓"对手"的利益彼此交叉，中国不是一个说什么就必须遭到反对的"敌人"。

中国互联网上最近两天有一些人对朝鲜悼念金正日进行嘲笑，这突出反映了中国社会尚有些不够大气的角落。中国外交切不可受这些非主流声音的牵制和干扰，中国外交的表现力来自中国人的宽阔心胸，小肚鸡肠、自以为是的中国根本走不远。

朝鲜虽穷，但它拥有调动大国的力量和技巧，被普遍认为是小国外交的典范。它以特殊方式证明了敢进敢退的必要。我们当然不可学它，但如果认为朝鲜因为穷就一无是处，显然不是我们有智慧、有气度的表现。

（2011.12.21）

把菲律宾当"出头鸟"惩罚

菲律宾与美国日前举行"战略防务对话",菲称对话涉及扩大美国在南海的军事存在,菲将因此加强"威慑力",从此"不受欺负"。菲律宾正在大步滑向美国在亚太重新战略布局的棋子。

由于涉及到美国军舰和侦察机在菲律宾"轮流部署",中国必须就此做出反应。除了对其"关注"和"不赞同",我们还应有具体的反制措施。

美国在中国周边的战略布点十分活跃,中国不做反应是错误的,事事都做强有力的反应是困难的。在周边国家中不均匀用力,围绕具体事情重点惩罚一两个挑头的,很有必要。

菲律宾是中国"枪打出头鸟"的合适对象,中国应有理、有力、有节地对其进行制裁,让菲自身感觉到痛,让南海地区乃至整个中国周边都看到,拉美制华甚至在中美之间选边和美国站到一起,决非好的选择。

与中国有海上领土争端的国家很多,南海主要是菲、越。但越南有在政治上需要中国支撑的钳制,它与美国的"结盟"有一条跨不过去的红线。菲律宾则不同,它做美国对付中国的棋子要容易得多。

但菲律宾也不可能像美国的一个州那样,与美不分你我。至少目前,曾是美国殖民地的那段历史带给菲律宾社会更多的是警惕,另外中国的经济繁荣对菲很有吸引力。

中国应把菲律宾做一个"典型",展示中国"惩罚"的力量和分寸。通过对菲制裁,我们不应进一步推动它成为美国的"完全盟友",

而是让它感到丢了中国这个朋友的可惜,以及做美国对付中国棋子的华而不实。

为此中国应减少与菲律宾的经济联系,对其实施长期冷淡。它与美国的军事合作进一步,中国与它的经济合作就退一步。逐渐地,中国还应运用自身经济影响,促使东盟国家减少与菲律宾公司的合作。中国完全有能力在这个方向上所有作为。

美国有可能加大对菲律宾的援助,弥补其从中国那里受到的损失。就让美国那样做好了。这将成为美国的长期经济负担,在制裁菲和援助菲之间,只要中国经济能力不断扩大,美国拼不过中国。

在经济上尽可能孤立菲律宾的同时,中国应在军事上继续在南海保持克制,使周边国家相信中国和平解决争端的诚意,逐渐打消它们对中国崛起的恐惧。

这样的惩罚显然算不上痛快,但中国人必须清楚,我们没有力量满足自己的"痛快",南海问题以及周边很多问题我们只能用恒心和定力慢慢积累主动,把一个强烈动作拉长成一个过程。中国的力量就在于我们代表了这个世界最庞大的成长过程,别人有可能在一个环节上击败我们,但成心与中国作对的国家和势力都赢不了这个过程。

中国不是帝国,所以不会随意对周边在军事上兴师问罪。但中国是有原则的大国,决不接受小国拉域外大国增加本地区军事紧张,甚至以小欺大。谁触犯中国的原则,谁就必须付出相应的代价。

菲律宾尤其不应是例外。

(2012.01.29)

朝鲜的细微变化也应受到鼓励

朝鲜昨天举行纪念金日成百年诞辰大阅兵，金正恩在一改其父亲金正日不在群众集会上讲话的习惯，发表了令外界惊奇的公开演讲。虽然其讲话内容以"继承性"为主，但讲话发表形式的不同寻常，留给外界大量回味。

金正恩年仅29岁，他的年轻有可能影响朝鲜新政权与外界交往的性质，也促其对建设"强盛国家"采取更开放的思考。年轻通常意味着对变化的追求和更有政治勇气，自古英雄出少年，这个道理最看重的就是年轻人在重大障碍前的不拘一格。

朝鲜发卫星并遭遇失败的全过程伴随了美日韩的激烈抗议，但朝方能提前通报发卫星，并在事后坦率承认发射失败，这些似乎都是金正恩这位年轻领导人"刻意"带来的。

针对金正恩政权的开放性姿态，外界应予以鼓励。这会不会成为朝鲜走上改革开放的历史性开端，不仅取决于平壤新政权的后续计划，还在很大程度上取决于外界对平壤新姿态的反应。

如果外界能以积极态度回应朝鲜的细微变化，这些变化就有可能持续并扩大。反之如果外界对其进行打压嘲弄，变化就可能退缩或停滞，结不成有地缘政治意义的果实。

外界与金正恩新政权仍处于相互认识的过渡期，这期间推动一些"新意"的发生，相当于给未来埋下种子。

外界、首先是美日韩，要对朝鲜做一个更贴近现实主义的定位。朝鲜不会做否定前任领导人治国方针的激进转弯，朝鲜无论怎么变化，政治的传承性大概都不会丢。此外，朝鲜的独立自主也不会为新的国家政策做牺牲，平壤对国家安全的追求将始终高于其他追求。

在这样的框架里，朝鲜变化的空间仍然足够大。只要外界予以配合，平壤对外界侵略或颠覆的警惕就有可能从不断加码的惯性中跳出来，新领导层就会有兴趣尝试与外界做新的互动。只有这样，半岛政治才谈得上从朝不保夕的动荡转向对问题的耐心克服。

美日韩应当清楚，它们压朝鲜的弹簧已经触底，对"孤立的朝鲜"来说，"更严厉的孤立和制裁"毫无意义。鼓励比谩骂更有可能触动平壤看问题的方式。

中国是朝鲜的友好邻国，我们从不忽视朝鲜对维护中国在东北亚战略空间的重要意义。但外界不应以为中国的半岛政策仅仅是自私自利的。中国全社会都希望朝鲜走向对外开放和繁荣，这个愿望高于中国人对朝鲜开放可能带来外交不确定性的担心。

中国改革开放的成功经验，是类似政策对朝鲜吸引力的重要来源。但鉴于朝鲜对独立自主的特殊在意，中国不宜向朝鲜主动推销改革模式，中国必须尊重朝鲜学习什么或者坚持什么的自由。美日韩不应对中国的现实对朝政策指手画脚，进一步增加环朝鲜政治环境的复杂性。

美日韩是否真的想要一个更有对外合作意愿的金正恩政权呢？它们迄今的做法大多是反方向的。而现在是它们改弦更张，向平壤传递新政治信号的大好时机。

（2012.04.16）

中国有力量应对海上争端并发

美越昨天在越南中部的岘港开始了为期5天的"非战斗"海军交流活动,在中菲黄岩岛对峙继续,以及美菲联合军演尚在进行的时候,美越的这一"交流"寓意深长。中国在南海的最大压力来自美国,美国很容易就拉住了菲越,中国不得不在南海"一对N",即使黄海的中俄联合军演,也很难在南海复制。

如果台湾与大陆在南海携手,局势会顿然改观。台湾目前控制着南沙最大的太平岛,该岛有淡水资源,有机场。但台湾惧于美国的反对,担心破了美国在亚洲的部署,而不敢与大陆做南海上的联合护岛。

但中国大陆并非像看上去的那样没有牌打。中国崛起的前景很强大,菲越与美国的合作都是为平衡中国崛起而来。只要中国的发展继续保持强劲,其力量的增长就会转化为很多具体的手段,将美菲越本来就不成形状且各怀鬼胎的对华"统一战线"搞得更烂。

美国由于没有干预中国与菲越一对一争议的合法理由,它对南海的表态只能是笼统的,其与菲越的联合军演及"交流",也必须保持假想敌的模糊。这些演习除了给菲越鼓劲,没什么实际军事意义。

中国看得见"南海中的美国",但在中菲和中越一对一的争端中,我们应坚决对美国视而不见,就当它不存在。我们不必理睬有美国参与的任何关于南海的政治提议,也不接受美国在中国与南海声索国之间的任何调停,连美国转达的信息都不必接受。

对菲律宾和越南,坚持做有理有节的斗争,谈判为先,但要做好打的准备。我们不开第一枪，但一旦开战，要坚决消灭对方参战的海军力量。如果对方继续挑衅，中国就应准备迎接战争的升级。

即使域外大国如美国试图干预南海冲突，我们也有充足的准备和能力，决不在危机关头向美屈服。美国没有在中国近海取胜的把握，亦无为南海与中国严重冲突的战略决心。中国切不可因过于担心美国的因素，从而不敢向菲越施压。

对于台湾，中国大陆需争取岛内舆论对两岸合作南海护岛的支持，这并非没有可能。对南沙的主权毕竟是两岸最高的政治认同点之一，也是最容易打通两岸感情的地方。只要大陆的吸引力不断上升，台湾舆论对当局的压力就会增加，岛内的官方态度就可能转变。

中国也必须展示和平解决南海争端的诚意，支持并推动南海形成"和平摩擦"的规则。即使发生战争，中国也要不仅出手有力，而且收拳及时。战争升级是对过度挑衅的回应，不是中国的目的。

外界有分析称，无论菲越怎么挑衅，中国都不会在十八大前对其反击。中国要坚决打破这种预期，对严重侵犯我利益者予以实时还击和严惩。

目前是中国周边海上争端并发的高峰期，但中国的力量足以应对它们。中国确需选择一个最冒尖的挑衅者，予以全面打击。经济、政治和军事的压力要同时施加，整个地区没有一方的承受力比中国更强。无论出现什么样的局势突变，中国都能应付。如果我们淹到膝盖，对方就会淹到脖子。决不会是相反。

（2012.04.24）

中朝友谊应当看得见摸得着

朝鲜外务省昨天向中国驻朝使馆通报称,近日被抓扣的所有中国渔民和渔船都已获释返回。中国外交部门这两天的动作是比较快的,并且获得效果,值得称赞。

然而对于整个事件,中国有必要反思,一些漏洞需及时补上,这是中国渔民海上安全获得实际改善的前提。

中国渔民被朝方抓扣发生于本月8日,但对他们的施救在多日之后才全速运转起来。这至少暴露了两个问题,一是海上执法部门对渔民的保护较弱,朝方人员没把中方执法放在眼里,想抓人就抓人。二是该区域里保护渔民的应急机制不完善,做不到事情一发生警报就拉响,各部门进入全力施救状态。

在涉及韩国或南海的摩擦中,以及非洲沿海的反海盗斗争中,中国的应急机制要敏锐得多。给中国公众的印象是,事情一涉及朝鲜,一些清晰、成熟的做法就变得含混不清,力度不够。

这次事件应当成为处理中朝陆海边界摩擦的转折点。

中朝友谊的地缘政治基础很强大,两国都对彼此友好给予战略重视,而且可以肯定地说,朝鲜对它的实际重视决不会比中方的重视更小。对这一点中方应有斩钉截铁的认识,这是我们以实事求是态度大胆处理中朝具体摩擦的基础。

换句话说,中朝友谊归友谊,具体事上如果朝方一些人员胡来,中方决不能允许。在这方面中朝关系没有"特殊化"的空间,朝鲜必须守规矩,尊重中方的每一项具体利益,尤其要尊重中国公民的生命及财产安全。

现在中国舆论中有大量朝方人员在中朝陆海边界地区行为不端的传闻，中方似因顾全两国关系大局，制止不够坚决。中朝官方都应采取有力措施，消除中国民间的这种议论。

朝鲜这一次在中方的交涉下能较快放人，对它的形象稍有挽回。但我们很担心，这只是朝方这两天的"应急表现"，在中国官方和舆论监督不到的地方，今后还会有朝方人员做损害中方具体利益的事。

为防止朝方反复，中方应开放舆论监督，让中国民间的态度直接与朝鲜面对面。应从这一次做起，公布朝方抓扣中国渔民的真相，包括究竟是谁干的，朝方的释放是不是无条件的，等等。

我们理解外交交涉的细节有时需要秘而不宣，但我们同时认为，中国舆论希望得到的信息都属于了解这件事的基本要件，公布它们是官方的义务。

中国对外海上摩擦处在高峰期，这要求中国渔民自己一定要小心谨慎，依法捕鱼。此外中国海上执法部门须全面加强监管，尤其要加强对中国渔民的保护。国家在这方面增加投入很有必要，这既是对保护中国渔民人身安全的直接投入，也是对中国国家安全以及中国社会凝聚力的有效投入。在具体解决事情时，相关部门也要更加灵活和强硬。

我们希望中朝友谊发扬光大，但这种友谊应当不仅是国家战略层面的，而且是现实生活中看得见摸得着的。

(2012.05.21)

东盟在南海的作用只能是劝和

东盟地区论坛系列外长会 9 日至 13 日在柬埔寨首都金边举行，菲律宾和越南极力要把南海问题搞成焦点。美国国务卿希拉里不仅与会，而且这几天连续访问东盟 3 个国家，她不实际引导东盟国家与中国摩擦的可能性被认为"很小"。

南海主权争端本是中国同菲越等一对一的纠纷，菲越都要把事情"国际化"和"东盟化"，这总体上同美国的战略利益一拍即合，现在看来，事态在朝着这个方向走。

但中国用不着为此紧张，"一对一"未能带来中国主张的胜利，那些国家往一块凑，也形成不了菲越主张的合法性。东盟的作用只能是劝和，由它来主导同划界有关的事务，完全不可思议。如果理性始终在东盟处于上风，它一定不会按照菲越的要求接这个活。

中国在与菲越的争端中很克制，否则就不是今天这样的局面。两国想借外力让中国"更克制"，属于政治上的极端幼稚。中国的民意对南海现状已经同仇敌忾，菲越再有任何挑衅，面对的其实已经不是中国政府，而是直接往中国民意的愤怒上撞。

经过菲越近来的折腾以及美国等域外大国的搅浑水，南海纠纷实际掀开了盖子，外部利益在卷进来。如果这一趋势持续下去，南海必将进一步复杂化，谁能沾光谁将吃亏还很难说。

对中国来说，不管菲越把事情搞多大，都对我们构不成战略威胁。中国的代价就是事情"更复杂了"，会被多牵扯一些精力。

如果东盟深深卷入南海纠纷，使其成为它的"最大业务"，那么该组织的地缘政治角色将发生嬗变。东盟显然没做好这个准备，其成员国对此远未形成一致意见。

随着中国力量的增强，美、中及东盟的三角关系已不可能往冷战时期的"对付中国"方向走回头路。个别人和力量或许有这种愿望，但它严重抵触东盟需在中美之间"求平衡"的实际利益，因而变成不了政策。

菲越现在属于瞎折腾，它们把事情拿到东盟会上去说，解决不了它们的任何实际问题。它们最多能有些心理上的收获，在它们毫无胜算的冲突面前得到些暂时的安慰。

把事情拿到国际场合，不会使菲越侵占的中国岛礁真就变成它们的，也不会确保今后两国对中国肆意挑衅不再遭到中国的坚决反制。两国应当清楚，涉及大国的领土纠纷没有一起是通过国际力量"拉偏手"解决的。

菲越应当诚实，首先是别自我欺骗。中国怎么可能因国际舆论的一些压力就在领土问题上大步后退呢？域外大国怎么可能为了实现菲越的领土要求，而不顾它们自己的国家利益顺序，与中国在南海全面对抗呢？

从现在的情况看，南海问题当前无解，域内所有国家都应有耐心，不应幻想自己的"绝对胜利"。如果当中国尚有耐心时，菲越反而要把事情推向升级和尖锐对抗，那只能说，是一些毫无战略感觉的人在主导马尼拉及河内的政治。

（2012.07.10）

读懂中美关系是亚太最重要课题

美国国务卿希拉里结束了中国之行，中美双方没有令外界意外的"突破"，但这次访问创造了亚太地区思考中美关系的契机。读懂中美两个大国，并能对看上去难以琢磨的中美复杂关系有大体把握，这是未来亚太国际政治最重要的课题。

最近两年中美关系"气氛"无疑降到了低谷，美国"重返亚洲"以及"巧实力"外交使两国战略互疑达到顶点。很多悲观的预言不断出现，中美不可调和的战略博弈似乎在拉开帷幕。一些试图利用中美矛盾渔利的外交思想也开始在东亚政治舞台上竞争。

然而仔细看中美关系，近年能构成战略拐弯的事件一个也没有。两国的相互防范思想虽然在加重，但两国在行动上都表现得很谨慎。希拉里虽对着亚洲国家的耳朵说过一些有关中国的"闲话"，但她面对中国时，又总是把中美关系的重要性说得淋漓尽致。

中美保持目前的关系态势对两国都有巨大的战略利益，这种利益已是确保中美两国谁都不能随便让车脱轨的无形制动力。中美关系近年插曲无数，但大多是嘴皮上的，舆论层面的，或者是两国各自一部分人的情绪宣泄，它们很少有机会转化为两国公开的外交行动。

中美贸易最近几年继续扩大，相互投资活跃，奥巴马政府没有屈服国内要求宣布中国为汇率操纵国的呼声，两国的经济摩擦虽在增多，但互利合作大局犹在。中美军事部署都有新动向，但无论外界怎么猜，两国官方都一口咬定不针对对方。

中美关系之所以有这些令好事者们吃惊的稳定，大原因是它符合两国的实际利益。此外还因为美国的力量在下降，它可以任意调动中美关系的空间和资源都在萎缩。美国"重返亚洲"似乎是它的战略攻势，但从美国投入的实际资源和美国国防开支大幅下降的实际情形来看，美国所做的这一切更像是它战略上的"以攻为守"。

美国现在向东亚倾注国力，搞一场针对中国的决定性战略围堵是不可思议的。这要花大把的钱，把美国解决国内诸多难题的精力分出一大块，而做这一切对美国的好处虚无缥缈，因此这样的战略选择是美国的不可承受之重。

看懂这一切对东亚思想界和战略界很重要。个别国家萌生借美制华的考虑，这是在为一个上演不了的剧本担任角色做热身准备。这两年菲律宾和日本舆论几乎是拿着放大镜在美国官员的话里寻找支持，美国军舰的每一次走动都被这些国家赋予特殊意义，美国"重返亚洲"被这些国家搅出越来越多的泡沫。

该是这些国家恢复冷静的时候了。东亚的邻国们应认真解决彼此间的问题，菲越和日本不会为美国的利益两肋插刀，美国反过来也不会为它们的利益做冤大头，这些国家与美国的贸易额加在一起，都没有中美贸易规模大。中国还是美国国债的最大购买国。它们和美国都想利用对方同中国打牌，但谁都不肯为此"做牺牲"。

最重要的是中国很稳健，我们没想同美国"你死我活"，也没想"主导亚洲"，中国要的只是继续发展的权利，以及与有关国家合理解决领土纠纷。中国的要求是正义的，并无霸道，美国等其实对此也心中有数。联合制华并无真实可信的战略目标，因此它不可能搞得起来。

（2012.09.06）

安倍翻不了中日战略大局的天

日本自民党总裁安倍晋三昨天下午参拜靖国神社，并称对自己当首相时没去参拜感到"后悔"。日媒分析他在暗示如果再次上台，将以首相身份参拜靖国神社。这个当年以"肚子疼"为由突然辞去首相职务的政客，又在舆论面前公开卖起了"后悔药"。

安倍晋三是把见利益就抢、遇到压力就缩等日本政客没出息的那一套集于一身的人。他的政治表现不确定性似乎是日本政坛最高的，上一次当首相之前，他堪称日本"鹰派中的鹰派"，但接替小泉担任日本首相之后，又是他来中国搞"破冰之旅"，并带头停止以首相身份参拜靖国神社。因为当时中国施加的压力很大，日本主流民意形成了对首相参拜的反对。

现在安倍对外表示吃了"一种新药"，"肚子疼"完全好了，他总的来说给人没有担当的印象，是个典型的选举政治生产的机会主义政客。

安倍反复批评现任首相野田不去参拜靖国神社，把"祭鬼"的旗帜举得很高，其实是日本社会近年来进一步向右转的风向标。一些分析人士认为，如果他再当选，有可能把参拜靖国神社问题作为危险的悬念重新带回中日关系。

然而这对中国来说可怕吗？显然不。中日已经围绕靖国神社有过一轮轰轰烈烈的斗争，日本是那场斗争的"战败方"。时隔几年，中国已比当时更强大，也更成熟，如果日本在它摔倒的原位置重新跳下来挑衅中国，它断无"转败为胜"的希望。

日本政治继续右转很可能是大趋势，但必须指出，日本这样做对它自己的威胁，要远远大于对中国的威胁。一个更好斗的日本只能让整个东北亚更讨厌，其领导人如果把自己国家的头条新闻总是紧紧同靖国神社扭在一起，只会进一步修改世界对日本的看法，中国从中受不了什么损失。

围绕历史的斗争，是日本最不可能打赢的对外冲突。因为对亚洲国家的那次侵略永远也翻不了案，牌位被放在靖国神社里的那些甲级战犯早已臭名昭著，同他们的藕断丝连只会让日本把自己越抹越黑，所以他们愿意折腾请便。

中国一定会对日本在靖国神社问题上的任何回潮给予坚决打击，对于做这种打击中国早已轻车熟路，而且中国社会对在历史问题上惩罚日本的凝聚力要远远大于日本社会支持政府做这种挑衅的决心。

中国愿意发展同日本的友好，但与日本对立，对中国也未必就有坏处。日本对今天的中国来说属于"不大不小"的国家。它不像美国，没有强大到可以给中国带来重伤。但它又不像越南菲律宾，小得不足以向中国社会提供团结和凝聚的理由。与一个美化侵略的日本斗，中国社会总会精神抖擞，众志成城。如果中国注定要与某个国家冲突的话，日本是相对最够格，而对中国战略威胁又相对较小的国家。

中国实际上已经获得了对日关系的战略主动权，中日更友好些还是更对立些，对中国的影响都已小于对日本的影响。日本对中日大规模贸易的依赖度已经超过中国，它在东北亚的政治孤立也很严重。别看安倍晋三闹得欢，他实际是跳不出中日间战略大局这个掌心的孙猴子。

（2012.10.18）

希拉里不拉偏架，美国还是美国吗

即将卸任的美国国务卿希拉里·克林顿 18 日说，美在钓鱼岛主权归属上不持立场，但承认钓鱼岛在日本行政管辖范围内，反对任何寻求破坏日本行政管辖的单边行动。这是美就中日钓鱼岛争端公开拉偏架。

然而这不是什么意外，如果中日对抗进一步升级，美国军方大概也会发出拉偏架的信号。一旦中日真的交手，驻日美军还会有向中国施压的具体动作。如果中国连这点心理承受力都没有，当初我们就不该派海监船和飞机去钓鱼岛巡航，对日本抗议几声也就算了。

钓鱼岛之争以及南海之争，最后都有相当一部分转化成中美博弈，如果希拉里 18 日的这几句话就算是"重大事件"，那么中国就该修改整个国家的外交战略，甚至重新审视民族复兴到底有没有必要。

可以肯定的是，中国的国家实力越弱，美国对中国的施压越会三心二意。相反中国越强，来自美国的压制会越认真。这是中国作为一个大国并逐渐成为世界超级力量的宿命。

这是否意味着中美军事冲突终将被类似钓鱼岛的摩擦引爆呢？这是另一个问题，我们认为未必。

这首先取决于美国是否有用军事手段遏制中国崛起的决心。这样的决心至少今天看不出来，随着中国日渐强大，美国这样做的战略风险只会与日俱增。美国显然不愿意主动面对这样的风险，美国选民不会同意他们的政府拿国家命运做愚蠢的赌注。

第二要看中国是否会做得太过分，直接威胁美国的核心利益。如果中国在东亚公然扩张,像当年的日本那样大举侵略,试图将美国的势力从东亚赶走,那么即使有天大的风险,美国也会动手。但中国不是这样的国家,我们没想侵略别国领土,与日本及菲越的摩擦都是围绕争议岛屿的归属,中日即使开战,它的性质也是一目了然的。

第三,钓鱼岛处于中国国防力量的有效威慑范围之内,美国如果做战术性的介入,并无取胜把握。中国有足够的军事手段和非军事手段报复美国的拉偏架,让美国陷入它不愿陷入的泥潭,颜面扫地。

因此中国应当理性对待美国在钓鱼岛问题上常有细微变化的表态,不一厢情愿地从中寻找并夸大对中国有利的个别词句,也不因希拉里那样的拉偏架而沮丧甚至胆怯。美国因素很重要,但它没有大到中国无法对付的程度。这一切都发生在中国的家门口,中国不是去太平洋深处惹是生非。我们在保卫自己的主权,而且我们不是手里只有烧火棍的国家。

无论美国干不干涉,中国都应在钓鱼岛和南海坚持行动的有理有利有节。中国不好战也不惧战,这两个"不"没有先后顺序。无论碰上谁,我们的态度和意志都是一样的。

中日美围绕钓鱼岛将有一个非常复杂的博弈期。各方将彼此试探,摸底线,打心理战,同时享受彼此合作的好处。现在的真实情况是,各方都无意进行战争,但又都对擦枪走火加紧做预案。局势的战术性不确定性更多,战略上反而更清晰些,那就是,现在不是西太平洋主要力量发生战略对撞的时候,钓鱼岛没有那么大的触发力。

中国最重要的是保持围绕钓鱼岛态度的恒定,要让外界读得懂我们,而且读得很准确。中国反击军事挑衅的坚决性,要像和平崛起的坚决性一样毫无悬念。这样美国人嘴里临时又蹦出来什么词就不那么重要了。

(2013.01.21)

安倍的橄榄枝更像是秀给西方的

日本执政联盟小党公明党党首山口那津男正在中国访问，带来了日本首相安倍写给中国领导人的亲笔信，有西方媒体将这个姿态称为"日本首相向中国伸出橄榄枝"。现在的问题是，这真是橄榄枝吗？以及中国政府会如何做？

山口看来是到中国递"悄悄话"的，但在他的身后，安倍和自民党干事长石破茂先后表示钓鱼岛"不容谈判"，嗓门又大又嚣张。中国会给山口礼遇，但他捎来的"悄悄话"还没说出口，就似乎贬值了。

安倍政府很可能确实有缓和中日关系的愿望，反过来说，中国又何尝没有这样的愿望？去年野田政府时期中日矛盾激化，大概也不是双方很愿意这样。问题的症结是，日本要在钓鱼岛问题上蛮干，并且要中国把打掉的门牙咽到肚里，这样双方就会相安无事。但中国不可能遂了日本的愿，退这关键性的一步。

野田去年也送过信，但是事实证明是他言而无"信"。后来说他"没想到"中国会反应如此激烈，他的政治幼稚遭到嘲笑。安倍的思维模式同野田的惊人相似，至少表面上如此。他对日本也对西方世界说，我对改善中日关系很真诚啊，只要中国同意"尖阁诸岛"（钓鱼岛）是日本领土就会阳光灿烂了。

很多欧美人士对中日因钓鱼岛这块无人的弹丸之地尖锐对立而惊讶。这是两个大国，有巨额贸易，眼前的情景的确有几分滑稽。但有什么办法，我们的这个邻居甚至拒绝"搁置争议"。他们还搞出过非常奇怪的靖国神社危机，不断否定历史，我们总是被他们拉入得失不成比例的、轰轰烈烈的冲突。

中国的战略原本是淡化冲突，多调动中日关系的积极面。但日本毫无妥协精神，他们似乎习惯了或者唯我独尊，咄咄逼人，或者被彻底打趴下。在中日冲突中，他们只有撞到墙弹回去，才肯自我调整。

派山口来送信，这支橄榄枝让人怀疑首先不是送给中国的，而是安倍政府秀给西方看的，那意思是：瞧瞧，我们在主动缓和关系，球已经踢给中国。

中国大概也不该用很专一的态度对付日本，我们至少应有公开场合的各种弹性，两国的正常贸易尤其应当继续做。但中国人在心里一定要看透日本，无论对它讲友好还是搞对抗，最能支撑中国立场的唯有实力。这是日本最能听懂的语言，中日的其他沟通都只能是辅助性的。

日本必须从它目前的钓鱼岛立场上后退，它不退，中国就同它摩擦下去。日本下多大赌注，中国就陪着赌。虽然安倍政府口头表态强硬，但日本的真实意志远不及中国。这个强大的现实早晚会压得日本喘不过气来，它即使表面继续嘴硬，脚也会悄悄往后挪。

钓鱼岛冲突给中国造成了现实的消耗，既然如此，中国一定给日本举国留下一个深刻教训。这次斗争要做到让日本今后很长时间不敢对中国轻易挑衅，它要知道，它向中国打过来多大的力，都会反弹回去打到它自己的脸上。

中日关系最终会缓和的，因为中国没兴趣同日本折腾，日本将越来越没有力量同中国真正对抗。但那个局面只能是斗出来的，是中国实力增长水到渠成的结果。很遗憾，日本只吃这一套。

(2013.01.24)

请安倍专心访美，不用斜眼盯着中国

日本首相安倍晋三 21 日启程访问美国，他的首要目的是要加强美日同盟。这是他的一贯主张，但怎么加强他没有说。由于美日同盟已经很强很紧密了，这个口号远不像它乍一听那么简单清楚，有用不完的新空间。

美日同盟是当今世界最突出的双边同盟关系之一。美国在日本至今保持着军事占领，美国在西太平洋的主要军事基地日本占了好几个。此外日本的和平宪法是美国占领军当年监督制定的，沿用至今。这样的同盟还要如何加强？

因此安倍所说的"加强"是有私心的。他大概是想要把美日同盟关系为日本的利益所用，帮助日本成为"正常国家"，并在钓鱼岛问题上直接给日本撑腰，压制中国。

为成为"正常国家"，日本最想干的就是修改和平宪法，成立国防军，获得用武力解决国际纠纷的权利等等。当然为了进一步"正常化"，日本最终还需要把美国驻军从日本赶走，否则它永远是"被占领国"，何谈"正常"？

在对付中国的问题上，日本围绕无人居住的钓鱼岛主动刺激中国，惹上麻烦后搬出《美日安保条约》当筹码，这意味着如果中日发生军事冲突，美国必须抉择其在战场上的态度，届时很难再用几句模棱两可的话打发局势。

如果这几步美国都遵从日本的要求走出去，不仅这一次遂了日本的愿，美日同盟今后面对的日本法律和军事环境都会有微妙变化，美国的主导权将下降。日本必将顺势扩大话语权,让日本利益更多影响美日同盟的合作方向。

然而一切不会像安倍希望的那样顺利。日本只是美国全球战略的一个棋子,美国需要日本当它的枪使,而不太可能给日本当枪。中美是大国关系,有博弈也有合作,美国同中国摩擦到什么程度,要由美国的利益和它与中国的互动决定,不会由中日摩擦的性质决定,尤其不能由日本单方面的任性决定。

日本的"国家正常化"首先不是它在中国面前正常不正常的问题,其核心是美日关系的"正常化"。日本试图拿中日摩擦做突破口,摆脱二战战败后绑在它身上的锁链,而这条锁链是用美国材料打造的,钥匙也在美国的手里。

除非中美关系走向最坏的对抗局面,美国出于新的战略自私想让日本在前面冲锋,它才会像解开猎犬脖子上的绳套一样暂时放出日本,让其扑上来撕咬中国。在这之前,美国会一直把绳子紧紧攥在手里。

美日每次接近时日本舆论的兴奋令我们有些诧异,中日关系如此庞大,涉及两国人民方方面面的利益,但日本处理中日矛盾的态度极不严肃,竟然从美国外交表态的字里行间占卜中日关系的走向。不知是他们太天真,还是故意装出天真的样子,设套绑架美国。

日本的任何地缘设计都会接触到中国,日本蔑视中国的反应,但它终究会发现它与中国为敌还是为友,是它面向 21 世纪做的最重要选择。中国现在成日本的事或许不足,但败它的事肯定有余。中国是日本无论如何也翻不过去、因此必须走正门的一堵墙。

希望日本有尊严地走过中国这道门。这里的前提是,日本对尊严的理解应同东亚深厚的文明以及人类对荣辱的普遍理解相契合。

(2013.02.22)

拿钓鱼岛申遗，日本右翼活跃而主动

冲绳县石垣市政府近日向东京提出将钓鱼岛列入政府申请"世界自然遗产"项目"奄美·琉球"之中，该市宣称一旦申遗成功，就等于联合国机构自然认可"钓鱼岛主权属于日本"。

石垣市差不多位于日本列岛最南端，从东京飞过去要两个多小时，属于日本的"老少边穷"地区，人口少，没什么像样的产业。该市市长中山义隆同石原慎太郎关系不错，他打钓鱼岛"申遗牌"也有点学石原成心挑事，他是想出名，让石垣市聚集政治关注，进而转化为地方经济特别是旅游的人气。

中日关系在日本就这样谁都可以踩一脚、啃一口，垫高或养肥他们自己。指望日本政治家们都"表现出责任感"，只能把中国人急死、气死。

石垣市没有申遗权，申遗的事情只能日本政府来做。虽然"奄美·琉球"项目日本已争取多年，不是新的，但石垣市现在突出钓鱼岛，日本政府接不接招，都等于改变了原项目的性质。

围绕钓鱼岛的一个新冲突点很可能由此逐渐形成。从中国角度看，联合国教科文组织不批准该申遗项目最好。如果日本政府将钓鱼岛写入该项目继续申遗，中国不能接受。这将意味着一系列尖锐斗争。

如果日本政府按照该项目的原来样子继续申遗并且成功，对中国也不利。因为在石垣市提出上述荒唐主张并已被报道后，日本政府可以做宣传上的引申，制造教科文组织为日本立场站台的假象。

胡锡进论激荡世界

从石原到中山义隆,日本右翼发展、保持了编织中日冲突的主动权,日本政府同石原在很大程度上演了双簧,他们同中山义隆会不会再演一个呢?实在很难说。

中国通过"高姿态"和"不同日本右翼一般见识"换不来中日间的风平浪静。前一段时间中国对日本做强有力的"对等反制",虽然推高了中日紧张的程度,但却让日本全国真正感受到压力,效果是好的。

对等反制也应当包括在民间动议层面与日本右翼针锋相对。现在都是日本右翼不断制造议题,咄咄逼人。相比之下中国民间只是跟着日方的挑衅做被动反应,连游行都是。中国民间缺乏反制日本的创意积极和主动性。

中国人口比日本多得多,海外华侨华人也远远多于海外日本裔。由于日本已不可能在对华问题上变得规矩,中国大陆民间人士和遍布世界的华侨华人应动员起来,向日本主动开展司法和论辩斗争,让日本从热衷挑衅中国的状态变成自顾不暇,只有招架之功。

日本在二战中的肮脏角色远没有得到彻底揭露和清算,当时的日本天皇就是漏网之鱼,日本不仅不淡化二战那段历史,反而三天两头翻腾它,篡改它,他们真是在给自己挖一个臭烘烘的坑。中华社会的民间力量应各显神通,与世界各国的正义人士联手,好好"满足"日本人的这一怪癖。

话说回来,日本虽然挑衅中国主动而活跃,但日本真正能占便宜的时代似乎永远结束了。去年日本在钓鱼岛挑事,中国的反击力度之猛不仅强烈震动了它,而且最后让它吃了亏。中国打破了它的所谓"实际控制"。如果日本不长记性再做新挑衅,中国会累,但它一定会痛。

(2013.02.05)

中国珍惜中朝友好，朝鲜也需珍惜

朝鲜核试爆被普遍预测将要发生，中朝关系面临新考验。

中国大概不会像美日韩那样"惩罚"朝鲜，中朝的情分在任何时候都不会"恩断义绝"，这点美日韩必须清楚，西方也要清楚。

与此同时，朝鲜如果不听劝阻最终搞第三次核试爆，它一定要为此付出沉重代价，它从中国得到的各种援助理应减少，对此我们希望中国政府提前警告朝鲜，使其不存其他幻想。

中国的半岛局势研究者中有些人存在担心，即朝鲜新的核试爆会成为中国的外交难关，朝鲜有可能因为中国参与对它的部分国际制裁而同中国反目，甚至出现两国类似当年中苏式的关系破裂。

这种担心的背后是对中国国家力量的不自信，也是夸张了朝鲜外交的非理性。朝核问题确实搞得中朝关系极其复杂，增加了中国在东北亚的战略困难。中国处理中朝关系需要顾忌的因素越来越多，但这里必须有一个大原则：这些顾忌中不包括中国"怕"朝鲜。

强硬是朝鲜外交的一贯表现，但这种强硬不能对着中国来。中国老百姓对此决不会答应。如果朝鲜对中国来横的，我们希望中国政府以强硬还之，决不可用哄劝和退让对其纵容。如果这导致中朝关系严重受挫，就应由它发生。

一种观点认为美日韩一直在挑拨中朝关系，中国决不可上它们的当。这种挑拨可能是实情。但中国不能为了避免中这个圈套而陷入另一困境，最终被朝鲜的核政策绑架。

朝鲜对中国很重要，这不容怀疑。但同样不容怀疑的是，朝鲜的重要性不能冲击中国的基本外交原则和重大国家利益,甚至不顾自己的地缘安全。中国主张半岛无核化,也主张各方通过谈判解决问题,谁同中国的大原则顶着来,中国就要以实际行动表达自己的反对。如果中国缺少做这种坚持的意志,那我们永远都别想立起自己作为大国的威望。

中国无疑愿意维护中朝友好,并为此在关键问题上照顾朝鲜的利益和感受。但朝鲜必须反过来也这样做。一个巴掌拍不响,中朝友好需要中朝两国的同时认真呵护。

对中朝关系"可能破裂",中朝两国的担心应同样高。如果中国的担心比朝鲜的担心更甚,这就不正常了。如果这里真有个高低关系,只应是朝鲜的担心比中国的担心更高。

中朝如果"破裂"对两国都没好处。当然我们相信朝鲜的独立自主能力,它离开中国大概"也能活",但它肯定不会因此活得更好。中国也会因此蒙受东北亚的地缘政治损失,但中国弥补它的方法难道会比朝鲜的少吗?

有人担心中朝关系一旦"破裂",朝鲜会彻底投向美国。第一这几乎不可能,朝鲜同美日韩的政治差距在它们之间设立了无法逾越的鸿沟。第二即使整个朝鲜半岛都更加亲美,也不能阻止中国崛起。随着中国越来越强大,中国周边国家"亲美"的含义会发生变化,它与"敌华"越来越无法画等号。

我们讲这些,不是主张中国不再珍惜中朝友谊,恰恰相反,我们认为对朝友好的战略意义的确是特殊的。但越是这样,越不能让平壤误读中国,以为我们为了中朝友好会不顾一切原则,把它置于中国所有其他战略利益之上。中国社会不会同意政府这样做。

中国只有坚守原则,才能让中朝关系获得长期的战略稳定,两国关系才会不那么敏感和脆弱,才能经得起危机的冲击。换句话说,只有不怕同朝鲜争执,才能留住两国的传统友好。

(2013.02.06)

对中国秀强硬是无聊的游戏

英国媒体传,英国内阁在如何修复对华关系问题上出现分裂。副首相克莱格、外相黑格主张对北京强硬,坚持与去年5月卡梅伦首相会见达赖喇嘛有关的错误路线。但卡梅伦等认为,应通过缓和同北京的关系以帮助困难的英国经济复苏。

对中国强硬的呼声不时在一些国家舆论及政坛响起,怂恿了一些触犯中国利益的鲁莽行为。中国一旦采取一些政治和经济反制措施,他们又难受得不得了。那些国家经常在对华摩擦时患得患失。

相对于英国来说,中国如今手里的牌要多得多。中国在冷落伦敦的同时与北爱尔兰、苏格兰的独立派多接触些,就让伦敦很不舒服。中国的GDP已接近德法英三国的总和,双方如果真要比强硬,一直比到涉及各自的"民族尊严"。莫非英国真能强硬得过中国?

事实上中国人并没有觉得自己已对英国"很强硬",中国只是对卡梅伦等会见达赖做了"例行惩罚"。英国远非中国人集中火力的靶子,这轮中英外交战,中国社会基本没给予什么关注。

或许英国热衷对华秀强硬的人真要变变思路了。因为中国人总体上越来越觉得他们无聊,懒得搭理他们。对付他们在达赖等问题上的挑衅,中国的做法大体已经程式化,那些人对来自中国的"惩罚"也应能猜得八九不离十。

如今真有资本对中国强硬的力量已经很少,像会见达赖这种事,逐渐堕落成政客、媒体和领导人之间的庸俗游戏,不少人也是硬着头皮去演。真正奉行针对中国的强硬战略对一些国家是不可承受之重,所谓强硬更多是它们知道中国顾不上与之死缠烂打，而对中国的挑衅、耍赖和撒娇。

中国随着力量的增强，视野和关切面都在扩大，同时变得越来越自信。中国人自己对强硬的理解在发生变化，以静制动的哲学会更多运用到对外政策中。中国今后不会太多追求表面的严厉和声势，但会更严肃地坚守原则和底线。个别力量同中国硬撞，它们被弹回去的几率将大大增加。

西方一些国家的政客热衷鼓动对华强硬，这实质上是面对中国崛起时心虚的表现。他们在逐渐同中国公众的心理对调位置，变得越来越敏感，追求面子。由于他们中的一些人身居国家高位，他们常常有能力把个人的狭隘和小肚鸡肠放大成整个社会针对中国的情绪。

围绕达赖的这类摩擦是西方找上门来的，中国必须接招，决不后退。但它们在中国内外事务中的占比逐渐缩小，对相关国家则显得越来越吃力，这个趋势是好的。中国虽遭遇的挑衅越来越凌乱，但中国的战略主动性在增加。

这不是一场输赢竞赛，这或许是中国与一些国家和力量重新摸索交往方式的过程。至少让我们先带头这样想。

（2013.02.20）

中俄美仍是大三角，中俄不想二对一

国家主席习近平今天起出访俄罗斯和非洲三国，中俄全面战略协作伙伴关系再次占据突出位置，对外界的各种议论和猜测，中国应坦然面对。

习主席首访的首站定在莫斯科，它的意义中国端给了世界。无论外界放大这个意义，或者对它估计不足，都不会同它的真实性偏离太远。这注定是一次"高调"的访问，中俄没必要遮掩。

中俄相互的战略重要性不言而喻。被谈论比较多的，是中俄长期保持相互重要性的能力。一些人担心中俄"政热经冷"，时间长了或会生变。此次习主席访问期间中俄将签 20 多项文件，其中不乏经贸大单，显示了双方都想促进两国间政热经也热。

这毫无疑问是中俄关系的正确方向。与此同时，何为"政热经冷"，舆论的分析也应更客观。中俄贸易额 2012 年为 800 多亿美元，这个数字比起中美贸易的 5000 亿美元确实小很多。但要看到，中俄经济总量仅为中美经济总量的四成多，也就是说，中俄贸易的实际活跃度大致接近中美之间的一半。

俄罗斯在独联体以外所有方向的贸易都不甚活跃，俄罗斯经济的自给自足程度远高于贸易立国的国家。中俄都对增加双方贸易做了不懈努力，但一直难有转折性效果。这说明中俄贸易升温不能只靠两国政府在能源领域"加油提气"，它也是一个两国民间经贸往来培育成熟的"自然"过程。

中俄友好是冷战后世界主要力量格局性重组的结果，它来自于地缘政治，但又超越了地缘政治，同时占据了天时、地利及人和。中俄的"全面战略协作伙伴"是实打实的，不是冒牌的。中俄友好足以影响到21世纪国际关系的性质，增加中俄处理各自其他棘手外交问题的自信。

但"中俄轴心"显然不存在。搞"轴心"不是中俄这种巨人做的事，两国都立志于做全方位外交的大国，都无意以中俄关系做对抗西方的筹码，中俄美仍然是大三角关系，而不是中俄与美国二对一的关系。

中国应对中俄长期全面战略协作有充分的信心。中俄间现有的问题最近20年一直存在，但它始终属于支流性、战术性问题，两国应抱有解决它们的认真态度，但无须焦虑。中俄关系是有坚实基础的，它对两国的贸易及人员摩擦一直都有很强的耐受力。两国今后一方面要进一步理顺、扩展民间往来，同时也要为两国消化各种问题的能力不断扩容。

美国总有人担心"龙"和"熊"的拥抱是冲华盛顿去的，他们这样想也不是什么坏事。事实上，美国和西方越少压缩中俄两国的战略空间，中俄两国关系就会越"单纯"。美国越用冷战思维对待中俄，越像是在搞针对两国的围堵，中俄关系就越会"条件反射"。中俄美这个大三角本应是动态、活跃的，中俄都不想让它变得僵化。

中俄友好已经成为全球政治稳定的基石之一，更是上海合作组织、金砖国家合作机制得以发展的关键性条件。中俄交好还有着国际政治领域动力学一般的美妙，不仅中俄珍惜它，更准确地说，是这个时代在珍惜它。

(2013.03.22)

日本"修宪"恰恰关中韩等国的事

日本首相安倍晋三5月1日对媒体说,日本不必就修宪问题向中韩两国做出解释。3日是日本的宪法纪念日,安倍推动修宪的意图已经公开化,其主要目标被广泛认为是要修改战后日本的"和平宪法"条款,即宣布日本"放弃战争"的宪法第9条,为日本将自卫队最终升级为军队、重获战争权利扫清道路。

日本"和平宪法"是战后在美军占领当局主导下制定的。它是东亚持久和平的基石之一。安倍政府修改和平宪法,动摇这个基石,就不是日本自己的事。日本军国主义曾对亚洲人民犯下滔天罪行,在日本政坛右倾化越来越严重的当下,一旦失去"和平宪法"的束缚日本会走向何方,会对东亚局势造成什么样的冲击,中韩等国的担心都是现实、严肃的,而且合情、合理。

日本对战争罪行的悔过敷衍潦草已是全球舆论共识,日本修宪动向带给外部的警惕,与没有发动过侵略、或者是做了深刻忏悔的国家,完全不一样。如果日本不顾外部感受强行朝修改"和平宪法"迈进,势必招来反弹,日本修宪有可能成为引燃东亚新一轮危机的导火索。

反对日本修改"和平宪法"有道义上的正当性。中国应当联合国际社会的力量向日本施压,使其不敢在修宪问题上走太远。美国虽有暗中纵容日本的一面,但也有警惕日本右倾化的另一面。中国尤其要争取俄罗斯的支持,联合韩国,共同压缩日本的修宪空间。防止日本对二战结果做变本加厉的翻案,并挑战东亚战后秩序,这决非仅仅是中国一方的利益。

这些事中国要尽力去做，与此同时，我们也要有与日本长期对峙的准备。对抗中国崛起的思潮在日本快速蔓延，由于有美国的背后推动，中国劝说日本冷静不会发生效果。中国也不可能对日本否定历史以及各种挑衅采取绥靖政策，中日对立在所难免。

如果中国发展顺利，中国的GDP将在10年后达到日本的3倍，届时中日的实力差距将相当于2000年时的中国大陆对台湾。再经一二十年，日本对中国来说将"更小"。日本的威胁到那时将基本瓦解，日美同盟也将在中国近海失去大部分意义。在这之前，日本在心理和行动上都将热衷于同中国不断较劲。

中国压制日本，主要是压制它推翻战后国际体制的动向，以及对中国发展战略的骚扰和破坏，阻止它瞎折腾伤害东亚的稳定。日本从持续了一个世纪的东亚第一强国位置掉下来，心理严重失衡，又有一定的力量，肯定要制造些无事生非的麻烦。中国没有美国操控它的那些杠杆，也无软实力影响它，因此我们不能把压制日本的目标定得过高，我们要做的就是让它"别碍中国的事"。

压制日本的资源和办法一是来自国际社会，二是取决于我们自身。说到后一点，我们切不可与日本"恋战"，而要坚决回击它的每一次挑衅，让它干一次坏事吃一次大亏。比如中国在钓鱼岛问题上对日本的反制，干得就很漂亮。

中国做不到现在就同日本"彻底清算"，中国的正确做法是通过拉大与日本的实力差距将它在亚洲边缘化，从而迫使它有一天回过头来主动接近中国。这大概需要几十年的过程。必须指出，对于大国的命运转圜来说，这不算很长。

（2013.05.03）

安倍很可能比小泉更伤中日关系

中日两国持续摩擦，不仅高层交往中断，两国社会相互间的心灰意冷在朝着"严冬"的方向走，敌意在逐渐形成。

钓鱼岛之争从日本"国有化"的严重挑衅开始，中国前所未有的猛烈反制带来高潮，直到今天的严重僵持，构成了中日关系的"死胡同"。在这期间，中日两国都出现权力交接。

中国权力交接基本保持了对外政策的稳定性，这是世界范围的压倒性评价。在日本一方，因为出现"又一次政党轮替"，政策变化的法定空间就很大，新人个人可能带来的变数尤其难以预测。

安倍第二次出任首相，把中日关系中的不确定性几乎推向极致，他个人对两国关系的伤害很可能超过小泉纯一郎。

小泉的负面行动相对单一，他反复参拜靖国神社，造成中日外交对立。但那个时期，中日经济合作没受影响，贸易增长很快，相互反感主要在历史层面打转。小泉并未在领土问题上大做文章，两国战略上的相互警惕和防范并不突出。正因如此，安倍2006年接替小泉任首相后来华做"破冰之旅"也比较容易。

安倍再任首相，把钓鱼岛冲突带向整个中日关系，他很可能成为中日战略对立的"定型者"。

从外部看，安倍正从根本上改变日本的发展方向。一是他试图彻底改变日本社会的历史认识。二是他要从修宪做起，大幅度改变日本战后的和平发展道路。三是安倍要以前两点做铺垫，对东亚战后秩序做出根本挑战，寻求日本与战后60年完全不同的地缘政治角色。四是安倍的经济政策是短线、自私的,他的量化宽松货币政策显示他要把日本变成经济上完全不负责任的国家。

由于安倍所代表的日本国家政治野心以经济衰退,而非以日本经济上升为背景,使得这种野心中充斥了大量失落、怨恨以及紧迫感。它未必能在21世纪的现实环境中发展成为传统的军国主义威胁,但这种潜含着绝望的野心会让东亚不得安宁。

安倍上台才几个月,又是穿军服钻坦克,又是三呼"天皇万岁",还公开要重新阐释"侵略"的定义,他让外界感到他不是简单的外交强硬,而是骨子里就充满对日本战败后遭遇的悲情,他恨二战的结果,而不是恨发动战争的人和原因。他不接受中国通过和平辛勤的劳动走向复兴和强大,他要在东亚的大趋势里逆水行舟。

中国改变不了安倍的价值观,也影响不了安倍政府的战略抉择。我们认为,在进行客观冷静的分析后,中国应把对中日关系的预期调至最低,把对日工作重心放到不走向完全敌对上。中日是对手看来已很难避免,但双方仍有可能不成为走向摊牌的敌人。

对安倍个人我们不需再抱任何希望,我们认为他执政期间,中国领导人就没必要与他会晤。那样做不会给中日关系带来实际缓和,只会帮安倍政治上加分,而损害中国自己的形象。中国应同日本保持"冷飕飕的"交往,双方共同建立这种关系条件下减少危机的规则。

中日改善关系最近的下一个机会应在安倍下台之后,在这之前,中国应对日展示与其长期稳定冷淡的充分自信。

(2013.05.14)

总理"首访"印度,中国社会应当跟上

中国国务院总理李克强昨天起访问印度,中国新总理首次出访的首站选在印度,被广泛看成中国对这个庞大邻国的特殊重视和尊重。

中印关系长期被各种负面新闻困扰,它在舆论中显示的样子比它的真实情况要差得多。就在十多天前,两国边防军的"帐篷对峙"还很轰动,但两国官方赶在李克强总理访印之前,"很及时地"化解了它。

很难对中印关系做"好"或"不好"的简单评价。两国之间至今有世界规模最大的边界分歧,那里不仅打过仗,两国至今对实控线的认识也不同。如果往坏处想,两国随时都可能因边界分歧走向新的战略冲突。

但中印边界的实际情况比钓鱼岛以及南海上的一些争议岛屿都要好。两国很清楚领土问题一时解决不了,但双方政府都有意把两国关系的焦点从边界引向更辽阔的领域。虽然媒体上总有炒作,但两国围绕边界的态度都不是进攻性的,表现出不让边界问题绊住中印关系的共同愿望。

这份理性在民族主义盛行的亚洲相当难得。看看中日之间围绕一个无人岛正在发生什么,就知道12.5万多平方公里的争议没拖住中印,这简直是个"奇迹"。

事实上,西方都在从地缘角度评价中印关系,中印两国舆论也常常热衷这样做,因而"龙象之争"说盛行。但中印政府现在经常从全球战略角度审视彼此。在后一个角度中,中印是两个全球最大的新兴国家,它们在世界金融秩序、气候变化等重大问题上有着相当一致的利益。两国的合作需求远远多于纷争。

中印两国的潜力加在一起，大得足以让一些西方人不安。如果中印相互消耗，从国际政治学理论上说，符合西方利益。虽然这未必会成为西方认真设计、并加以实施的一个计划，但这样的愿望在西方舆论甚至政要中一直在半明半暗地表达着，它会引导西方国家针对中印的外交行动。

中印之间显然有很多可以被外界打进楔子的地方。首先中印民间相互好感度低，两国的小摩擦很容易被极端放大。此外中印同时崛起，各自上升的影响力会有一部分转化成相互之间的压力。中印之间的"互补性"也不够明显。

印度社会的民族自尊心很强，但偏偏中国社会并不想迁就印度人的这种情绪。很多中国人缺少了解印度的兴趣，对印度的介绍往往是功利主义的，把它简单说成"最大民主国家"或者远远不如中国的"脏乱差国家"，以印证讲述者的某种政治观点。中国舆论缺少对印度的尊重，对印度崛起的研究并不认真。

过去中国对发展同印度关系花的力气，看上去不如美国使的劲大。但我们需要考虑到，印度有成为同中国并驾齐驱国家的前景，如果印度在对华态度上变成又一个日本或菲律宾，中国的周边环境就会坍塌一大块，从此不得安宁。

中印的互疑还有很多，比如相互怀疑对方在设计或参与对自己的"包围"。但中印关系现在又是几十年来相对最好的时期，这实际上帮双方省掉了防范对方的不少心思和资源，向各自的现代化投入更多力量。

改善中印之间的氛围，两国政府必须承担起主要责任。它们需要创造出双方舆论都有兴趣关注的更多"好事"，以取代两国媒体对边界问题毫无节制的炒作。发展中印战略合作伙伴关系不仅需要决心，还需要两国政府的智慧。光抱怨媒体不负责任是没用的，政府应针对引导舆论有所作为。

(2013.05.20)

中国对朝关系应当一是一，二是二

大连市个体渔船"辽普渔 25222"号本月初被朝方抓扣，经互联网曝光后，中国驻朝使馆 19 日晚上对外证实此事，同时要求朝方尽快放船放人，切实保障被扣船员生命财产安全和合法权益。

船方坚决否认渔船被抓扣时越界。由于没有第三方的裁决，朝方的说法与中国船方说法自然不同。但是长期以来，朝鲜方面抓扣中国渔船的事情时有发生，很多时候中方渔船的确没有越界。朝方往往根据渔船的价值要求船方支付罚金，形成恶性循环。

必须指出，朝方抓扣中国渔船与菲律宾不久前在南海射杀台湾渔民的性质不同。南海的冲突背景是中菲领土对抗，但中朝不是。中朝之间更像是朝方军警利用海上界线的模糊性敲中国渔民的竹杠。

中菲、中日的海上纠纷都与双方的相互战略态度高度一致，因此双方也都会全力坚持自己针对一个具体海上事件的态度。像不久前南海上发生台湾渔民遭菲方射杀，立刻就酿成两岸对菲关系的全面危机，双方转圜的余地都很小。

中朝海上纠纷同两国关系的主要方向是矛盾的，至少同两国官方的相互态度形成抵触。由于朝鲜核问题导致中朝关系的一些不和谐，朝方的海上行动被怀疑与此大环境有某种关联也是自然的。中朝海上问题的最大可能是有多重原因，包括以往在发生这类纠纷时中方的态度不够强硬，使得朝方基层军警和他们的指挥者有恃无恐。

朝鲜国家穷，对外封闭，很少对外交流，因而遵守国际通行规则的意愿和能力都不够强。朝方对国际海洋法的认识很可能仅仅出自其同中韩打交道的经验,韩国总体上挺怕朝鲜的,如果中方也对其"谦让",就会凝固朝鲜的错觉,使它真的以为在黄海上"老子天下第一"。

中国对朝关系应当一是一,二是二。两国战略层面的友好关系需要维护,但对于基层摩擦,我们决不能含糊。中方首先要针对每一个具体摩擦据理力争,如果朝方不讲理,甚至要无赖,中方就要改用行动的语言,迫朝方建立分寸感。

中国切不可担心这样做会"影响中朝关系的大局"。中国向朝施压可以不向舆论公开,但应当让朝方对我们的愤怒很清楚。比如朝鲜因海上纠纷对中国渔民"罚款",我们就应坚决减少对朝援助,让其得不偿失。朝鲜必须咽下这个"哑巴亏",如果它不肯咽,把矛盾公开化,那就请它公开好了。

中国官方需要高度重视朝鲜抓扣中国渔民对中国政治的危害性。在互联网时代,这些事件往往会被解读成"政府软弱"。如果不从根本上为朝鲜立下规矩,整个政府的形象就要为这些海上事件反复埋单。

中朝友好有着战略上的重要性,但它对朝鲜的重要只会比对中国的重要更甚。这应成为中朝两国的共识,并同时反映在中朝两国的行动中。如果这一点很难对朝鲜讲明白,那就让朝鲜在同中国的各种摩擦中慢慢领悟吧。

(2013.05.21)

中印边界商队多了,军队出没就会少

李克强总理访问印度,给中印媒体带来边界问题之外的大量话题。辛格总理还当着众记者面说,中印将考虑"更多举措以维护边境地区的和平与安宁",他进一步强调,"这种和平与安宁必须被珍惜"。

中印领导人对双边经济合作的关切,两国政府对边界问题的冷静看法,显然都同媒体通常对两国关系的呈现大为不同。

说到底,两国政府都有心促进中印的友好合作,但双方能够吸引两国社会的合作话题实在太少了。两国的贸易额已达 700 亿美元,双方承诺两年后上升到 1000 亿美元。但正如一些学者指出,贸易同相互投资不同,贸易对人的直接交往拉动小,过货量上去了,但人可以不去或少去。现在两国领导人跨越喜马拉雅山握手,下一步要看两国社会能否有更多握手的机缘。

所以中印总理一致同意开展产业园区、基础设施的大项目合作,并共同倡议建设中印缅孟经济走廊,对中印舆论的注意力从边界问题上向更广阔的领域分散,将具有长期意义。

从中国媒体的角度,我们一眼可以看出这些合作倡议都是中国政府的真实意愿,中国做这些事情也很在行。我们的担心是印度方面推动这些合作的决心有多大,以及印度社会对开展这些合作是否会掣肘。

很多人都还记得 2006 年中印重开乃堆拉口岸时中国舆论和商人们的热切期待。但印度方面显然辜负了中国民间的这番热情。乃堆拉地区的边贸至今很冷清,这种境遇与中国大量边贸点的红火景象形成反差。

由于中印边界问题尚未解决，使得中印之间至今没有公路和铁路交通，出于安全原因而顾虑多的一方也是印度。

中印缅孟四国经济合作的概念已经提出多年，之前在四国的边境区域层级上酝酿发酵，中国云南省是主要推动者，印度是相对最不积极的一方。现在中印总理把四方合作提高到国家层级，并且首次使用"经济走廊"的概念，这令人鼓舞，也让人担心会不会今后又被印度的实际懈怠"拖黄"。

国与国的边境如果缺少商队的往来，就会有更多军队的出没，这是一个老道理，用它对应中印两国，倒也算是贴切。我们相信，解决12.5万平方公里的领土纠纷，光靠"谈"远远不够。需要有大量商队穿越中印边界，才能最终稀释双方今天围绕争议的严峻情绪，为两国化解边界之争开辟全新的思想空间。

中印之间不仅应当修路，印度应当出现中国资金和企业扎堆的产业园区，中国电影院里应当上映更多印度歌舞片，两国青年应踊跃去对方国家留学。只要两国形成真正的政治意愿，我们很快就会发现，中印今天之前的踌躇和患得患失是多么"自作自受"。

中印两大国相互斗气和吵闹对世界舆论是"很好玩的事"，中印一旦全面合作起来，就将是"更好玩的事"。两国集中了全球40%的人口，而且是全球新兴市场两个最大的代表。中印合作一旦真的理顺，它的巨大潜力将超出国际政治学迄今的想象力。

(2013.05.21)

习奥会将对冲众议纷纷的中美互疑

中美两国官方昨天分别宣布,习近平主席将于6月7日至8日同奥巴马总统在加利福尼亚州的安纳伯格庄园会晤。由于这次会晤发生在习近平访问拉美三国的"途中",其"非正式"的特点尤为突出。大多数解读都积极、正面,认为这反映了中美关系已经比较成熟,更重领导人会晤的实效,而不再依赖"国事访问"正式礼仪的特殊支持。

当然很多人同时认为中美积攒了太多议题,等不及至少要推到下半年的国事访问安排。

中美的摩擦面在随着交往及合作面的扩大而增多,其中摩擦带给两国社会的"痛感"十分强烈。世界舆论都在大谈中美相处的"互疑"因素,它在影响很多人对中美关系的定性。

由于中美关系的性质会影响21世纪整个国际关系的性质,这使得中美互信和互疑的此消彼长必将成为世界种种变化的上游。在遭遇网络安全、钓鱼岛、南海很多摩擦之后,急需有一些强大的积极信号对"中美互疑"进行对冲。

大约两周后的习奥会来得很及时,它会给两国公众以及国际社会带来对中美关系的另一番感受。

领导人成功访问对国家间互信的支持至今无可取代,深入的领导人非正式会晤尤其能带来信心。在中美合作与摩擦、借重与防范错综交织的时候,两国对彼此"是伙伴而非对手"的信心或许比什么都重要。

中美关系的性质很难只用这个时代的材料和尺子度量。把它放到历史纵深中去对比，我们就会多一个角度。大国直到上世纪上半叶还常常是为利益大打出手的死敌。到了上世纪下半叶，大国转为冷战，这已是不小进步。进入新世纪，中美两大国显然突破了冷战，虽有矛盾，但互为最大的贸易及经济合作伙伴之一。

只要我们对人类文明进步的不可逆转有信心，就会对中美关系的未来有信心。从这个视角或者不从这个视角看中美之间层出不穷的问题，判断的差距很大。

无论互信还是互疑，都是中美两大国的互动过程。爱和恨的互动游戏在一对男女之间都常出乱子，更何况两个有着各自利益的大国。中美增加互疑的茬口要多少有多少，关键要有阻止两国"别那么想"的有效力量。中美需要相互信任的强有力理由。

大国领导人建立良好的关系，这被证明是大国之间增进互信最有效的途径之一。中美领导人需要多见面，成为朋友，无话不谈，很容易听懂对方。这是帮助中美互信最事半功倍的办法，它的可操作性也比任何其他方式都高。

中国随着实力壮大，在维护自己核心利益时表现出越来越多的坚定性。中国这样做的性质是什么？美国重返亚太搞战略再平衡，其军事部署不断针对中国做调整，美国这样做的性质又是什么？化解这些重大问题必须有现实空间和历史空间的结合，中美领导人无疑是搭建这种结合的关键性人物。

中美有可能共同创造和平的21世纪，也有力量最终把全球引向对抗。增强中美关系向前发展的确定性，让两国人民放心，让各国人民安心，是时代领袖的用武之地。相信这次安纳伯格庄园的习奥会将载入历史。

(2013.05.22)

金正恩特使来访，中国应坚守立场

朝鲜劳动党中央政治局常委、人民军总政治局局长崔龙海作为金正恩特使昨天到访中国，引起世界媒体的广泛猜想。在中朝关系因朝鲜核试爆以及近日朝方抓扣中国渔船颇不愉快的时候，朝鲜特使的到来被看成朝方发出的缓和信号。

但中国没必要因为金正恩派特使来就变得和颜悦色，我们更没必要用自己的让步表达对这一机会的珍惜。朝鲜这一年以来做得有些过分，没有表现出对中国应有的尊重。恢复中朝之间良好气氛，朝方有不可推卸的责任。

朝鲜半岛紧张的原因极其复杂，韩美日必须做出它们的调整。但朝鲜激进的核政策亦是半岛动荡的根源之一。这些年朝鲜一再核试爆，加上它反复抓扣中国渔船，几乎彻底改变了中国公众对它的看法。在中国全新的舆论环境中，朝鲜这样做等于是逐渐站到了中国社会的对立面。

中国舆论如今充溢着对朝鲜的不信任。无论是国际上还是中国国内，都有不少人认为中国在"纵容"朝鲜，并且认为朝鲜的有些挑衅是"肆无忌惮"的。这些舆论必将深刻压缩中国政府制定对朝政策的空间。

无论朝鲜特使来华出于什么目的，我们认为中方不应从这一段时间的对朝立场上后退。中国需要保持对平壤的必要压力，促其对调整自己的行为做认真思考。

中国永远都不会像韩美日那样对付朝鲜，中朝友好是中国对朝政策的基本出发点。但鉴于朝鲜的多变态度,中国执行对朝友好的方式也需调整。在朝鲜过于"顽劣"时,中国就应对其冷淡,甚至施以制裁。这是中朝友好应有的弹性空间。

如果朝鲜对中国的"脸色"做出反弹,我们必须有坚持的自信。中国没有任何理由怕朝鲜,只要中国有决心,就有足够能力保持自己的态度。朝鲜无论兜多大的圈子,最终都要回到与中国交流的原点。

中国对朝政策没有必要做颠覆性的重新设计,但中国不能答应朝鲜为所欲为。要求它必须守分寸,否则它就要付出一定代价,这是中国公众对国家对朝政策调整的普遍期待。

尽管互联网上有一些极端话语,但中国社会总体上对朝鲜没有恶意。多数中国人就是不希望被朝鲜的极端核政策绑架,不愿意看到朝鲜在陆地和海上边界有对中国人的放肆行为。中国人会想:一个我们为之流过血、而且不断向其输血的国家,它没有权利对我们以怨报德。

我们坚信朝鲜利益同中国利益之间有着很大的相通性。很多中国人寄希望于平壤能想明白,中国对它的建议都是善意的,中朝加强友好合作是朝鲜的重大核心利益。对朝鲜并没完全把这个道理想通,我们颇为遗憾。

或许中朝高层往来太少了。金正恩担任朝鲜最高领导人一年多了,还没同中国领导人见过面。由于朝鲜的特殊国情,中朝高层经常走动的重要性高于中国同一般国家之间。需要特别说明的是,这种重要性对朝方的价值要比对中方更高。

朝方还应多与中国社会沟通,了解中国正在发生的深刻变化。如果朝方无视中国舆论,他们就可能犯误判中国态度的大错。因此,我们希望崔龙海这次还能将中国社会的重要信息带回平壤。

(2013.05.23)

6架枭龙战机是为中巴友好护航

李克强总理22日从印度飞往巴基斯坦开始访问,进入巴境后,巴基斯坦6架枭龙战机为李总理专机全程护航,巴总统、总理亲往机场迎接。这份特殊的礼遇已是中巴作为"全天候"朋友的清晰写照。

印巴是目前亚洲矛盾最多的邻居之一,能同时与印巴两国发展友好合作,这符合中国的利益,也对整个地区有益。印巴近年不断缓和关系,中国的角色显然属于"正能量"。中国没搞"以巴制印"或者"以印制巴"那一套。

中印关系的广度大,但中巴友好的根基深。巴基斯坦虽然近年相对动荡,经济增长落后于中印两国,但它对于中国的重要性丝毫没有降低。巴基斯坦将长期是中国南亚战略的支点。

印度一直对中巴关系很敏感,甚至怀疑中国暗中帮助了巴基斯坦掌握核武技术。类似怀疑毫无根据,但中国让印度完全释怀又显然做不到。

中印建立互信应当包括中国不主动"打巴基斯坦牌",但也须包括印度接受并适应中巴发展令人眼热的友好关系。中国不能因为照顾印度的感受而降低中巴关系的热度,中巴应是不针对第三方、也无上限的双边友好系统。

中巴友好的战略价值同样具有南亚地区意义,并且可以向中亚地区辐射。它对中国西部的稳定也构成了重要的外部环境。不断深化中巴友好对中国有百利而无一害,它虽让一些印度人"敏感",但它对中印关系总体上是促进性的,而非相反。

中巴友好是中国软实力的一部分,不仅对于中印,从政治学的角度看,它会扩大中国同任何第三方发展关系的空间。越有好朋友就越有交更多朋友的主动性,人是这样,国家也是这样。

巴基斯坦的当务之急是全面实现国家的和平与稳定,并在这个基础上发展经济。中国有必要为巴基斯坦实现上述目标提供更有效的帮助。一个繁荣、有活力的巴基斯坦将会成为大量中国公司的新兴市场,在印度快速发展的时候,巴基斯坦追上它的节奏,也有利于南亚地缘政治的平衡。

中国人常说"巴铁"这个词,但同我们对东亚的重视相比,我们向南亚实际投入的精力还差着一个等级。中国专门研究巴基斯坦的学者很少,对于如何帮助巴国的国内进程,中国学界的思考就更少了。

中国对巴基斯坦的投入决不能是短线和功利性的。巴基斯坦处于低谷,我们对它的评估基础不应仅仅是它今天的样子。我们切不可轻视巴基斯坦,在今天多拉它一把,都会化成中国未来的战略回报。

南亚是中国周边战略相对薄弱的环节,薄弱的原因不一而足。但毫无疑问,这里也有中国巨大的新外交空间。在政治和经济上"开发"南亚,中国到了认真做一些事情的时候。

(2013.05.23)

"更年期"日本失衡，拽中国陪它闹

日本正在接待来访的印度总理辛格，双方谈到海洋安全合作。就在几天前，日本首相安倍访问缅甸，这一切被不少人看成日本"包围中国"的"拼图"过程。

对华战略是日本在中国周边加强活动的重要原因之一，这个判断应当不会错。日本实施对华战略比中国构建对日战略更认真。这是因为中国对日本21世纪前途的影响，比日本反过来对中国的影响要大。

但日本"包围中国"，应算是形象的夸张。日本希望在与中国博弈时多有一些筹码，并会下力气同中国竞争在亚洲的影响力，这些都是可以想象的。但日本即使有"包围中国"的心，也没有这样的力气。即使美国，"包围中国"也越来越只是少数人的狂想。

中国崛起导致亚太地区力量格局的变化，这一变化带来的冲击比我们以往认识的更加广泛。日本"首当其冲"，它与中国特殊的地缘政治关系使它对中国崛起的"痛感"尤其强烈。

日本过去是东亚唯一强国，特别是东亚唯一海上强国。中国不仅综合国力超越日本，现在又向远洋进发，而且不久中国的海上力量就会全面跃升到日本之上。日本需要一段比其他国家更艰难的适应期，直到有一天它对自己在中国面前就是一个"小国"而心服口服。

这一天迟早会来到的。日本现在所做的各种小动作其实都是瞎费劲，它们只能让日本人聊以自慰，不太可能影响亚洲的历史进程方向。

日本已在中国面前逐渐滑向弱势，包括实力，也包括心理。日本在极力掩饰弱势，通过向中国示强鼓舞国民士气，凝聚国家团结。中国的问题是对我们的强势还不够自信，我们很想通过与日本的斗争来验证自己的强大。

中国不应把对日冲突看成"战略性"的。中日的战略大势已定，中日具体摩擦的盈亏对这一大势基本无影响，它们所能影响的只是中日两国一时的心理感受，中国如果过于认真地"同日本玩"，实际上是做了日本在特殊"更年期"的调整伙伴。

当然，让中国社会整体上成熟得像个超级政治巨人，这很难办到。中国社会在一定程度上同日本陷进各种具体摩擦，这是中国实力成长并且逐渐心理强大的现实过程。我们既没必要同一个"更年期"国家没完没了"死磕"，也不必因为跟日本"计较"了而过于自责。中国注定会越来越像真正的大国，高度自信，不怒自威。

中国不用急着同日本摊牌，也不用急着同日本和好。我们最应做的就是放轻松些，以自己的国家利益决定对日策略，而且我们怎么做都是对的。中日间没什么理讲，现在闹的这些事也都不是大事，它们就是日本在这个特殊历史过渡期因无法适应而对华寻衅，我们有工夫了就同它多斗一斗，也寻个心里痛快。如果太忙分不出精力，也完全可以少搭理它一些。

日本走向未来需要迈过中国这道坎，中国又何尝不需要日本彻底迈过日本这道坎。日本逐渐"敬畏"中国与中国逐渐更加自信，这将是同一个国际政治进程的不同侧面。

(2013.05.30)

土耳其骚乱的背后是社会发展太"嫩"

土耳其骚乱有进一步蔓延之势。该国工会4日呼吁罢工，从而有可能改变主要由中产阶级和年轻人组成的抗议阵营格局。到4日凌晨，冲突据称已造成3人死亡，西方政府开始批评埃尔多安任总理的土耳其当局"过度使用暴力"。土国的现有政治渠道对于解决当前的问题似乎"失效"了。

这场缘起于上月底一个拆迁项目的骚乱迅速泛政治化，成为土国内反对力量对埃尔多安政府的"总清算"。他们喊出的最响亮的口号已经是"埃尔多安下台"，而埃尔多安政府是民选上台的，它的命运按理说要经过宪法规定的政治途径决定，街头表达只能起展示民意的辅助作用。但土耳其示威者的目标显然不是喊喊口号那么简单。

土耳其被认为是中东最世俗的伊斯兰国家，引入西方式民主制度已经很久，同时也是中东经济社会发展一直比较突出的国家。基于这些原因，认为当前骚乱会演变成"土耳其之春"的分析人士并不多。但这次骚乱肯定会进一步撕裂土耳其社会，并深刻影响土耳其今后的政治斗争文化。

土耳其毕竟身处中东，它业已积累的那些社会发展成果，不足以帮其经受冷战后中东一轮又一轮的政治及意识形态冲击。民主化和宗教回潮从不同方向撕扯土耳其，而这个国家政治文化传统的力量平衡不了这种撕裂。换句话说，问题很粗暴，而土耳其的社会发展太"嫩"了。

西方式民主国家必须有宪法的绝对权威为社会最严重的分歧最终

接盘，而这种权威只能来自于文化的长期和深层积累，或者来自于特殊的外部力量。很多发展中国家接受了西方政治模式，但宪法无权威，致使国家的大量问题肆意发酵，社会没有"终审机制"，陷入全面混乱。

土耳其政治展现了某种"自相矛盾"，埃尔多安政府代表了宗教复兴力量，但却是最多选票的稳定获得者。反对派更崇尚世俗及西式文化，与西方更有亲近感，但靠合法途径获得国家政权已经连续10年无果，现在他们成为街头政治这种西方文化里"低端民主形式"的拥抱者。

土耳其的出路在于继续积累经济及社会发展成果，通过发展给国内尖锐问题创造缓冲。但是这两年土耳其经济随着欧洲衰退而下滑，它的对叙利亚政策又很激进，几乎成了中东地区的"反叙领导者"，损耗了国家不少经济发展资源。

举望中东北非，"革命"此起彼伏，政治剧变盛行，但唯独经济和社会发展全面跛脚，缺少综合发展成果为政治变革接盘的社会，注定至少在一个时期内陷入混乱。至于什么时候能够摆脱混乱，除了取决于一个国家自己，还取决于世界在它乱的时候往前走了多远。

土耳其不是突尼斯、埃及，它的第一波民主改革早在上世纪上半叶就开始了，这使得它较之其他中东国家有了更多政治资本。但它最近10年、特别是眼前的情况证明了它同欧洲国家在政治传统上的巨大差距，它反而与中东处于政治漩涡中的国家更相似。

土耳其的事情告诉我们，一个国家的经济社会发展底子不打好，早晚是要绊倒并回头补课的。什么样的政治变革也取代不了这些基础性发展，这才是真正普世的铁律。

（2013.06.05）

习奥会将为大国关系新纪元探路

习近平主席同奥巴马总统美国时间今天下午开始会晤。它吸引了世界舆论的空前关注,除了因中美领导人将探讨一些热点问题,更重要的是中国快速发展让世界看到中国实力"终将赶超美国"的前景,习奥会被这种预测赋予了特殊意义。

中国实力朝着接近美国的方向运动,这是当前以及今后一段时期国际政治最重要的因素。人类如何看待、适应这一变化,美国和中国能否同时走出以往大国政治的悲剧性戏路,创造大国和平竞争的新纪元,这是人类21世纪的重大考验。

现在看来,第一,全球舆论、包括美国舆论在逐渐积累对中国拥有"超级大国实力"预期的适应,人们大体认识到这一未来的不可避免性,西方舆论也渐渐不认为这一定就是"可怕的"。

第二,尽管西方都不愿意中国实力最终赶超美国,但认为西方应在美国带领下"不惜任何代价"遏制中国崛起的人不算多,这种观点即使在美国也不是主流。大多数人希望未来是和平的,不愿意冒与中国战略对撞的极端风险。

第三,从中国方面来说,和平崛起是绝大多数人的真实愿望,对他们来说主动挑战美国不可思议,冷战也不受欢迎。人们虽对能最终避免同西方正面冲突没有把握,认为国家应当发展应对最坏情况的能力,但又都对中美能长期和平竞争并且合作充满期盼。

这一切为中美平稳经历未来的过渡期提供了重大可能。很难对未来亚太局势做量化评估,但中美长期和平的可能性呈逐渐上升趋势,未来几年很关键,这段时间将决定这种趋势的稳定性,并有可能促成它的不可逆转。

中美两国领导人握有决定人类政治文明走向的力量,他们有可能改写世界历史,使得以往的大国零和对抗走到尽头,国际政治翻开全新的一页。习奥和他们的团队实际上承载了全人类的梦想。

当然事情不会那么简单,中美的现实问题如此多,其中有不少如果任其做大,都可能带中美关系拐弯。中美之间仍有一些让人不安的变数,因追求短期利益而宁愿中美关系出乱子的人和力量一直都有。

中美一要尽可能扩大战略互信,二要建立控制战略互疑,不让一些具体摩擦无限升级的有形机制。就短期来说,后一点更重要。互信不是想有就能有的,但不把互疑拿到全社会的层面炒作,强行叫停一些有失控苗头的摩擦,却是中美完全有可能做到的。

其实第二点做好了,就是中美增加战略互信的实际起步。不断有摩擦被控制住,中美社会就会逐渐相信彼此的确并非零和对手,两国将走进更重协商和合作的良性循环。

在中美现阶段,怎么评价两国关系的"实质"都有道理,也都能从两国庞大的现实关系中找到依据。两国对对方的战略评估也都有困惑和不稳定的一面,中美实际关系有较强可塑性。中美领导人的个人影响因此必将打上重要的历史烙印。

习奥会将谈到很多具体问题,但这次会晤最终被历史记住的,将是它在中美关系的特殊时刻对其日后走向所发挥的影响。衷心希望它是中美建立新型大国关系的里程碑。

(2013.06.07)

让"新型大国关系"在中美间回响

习近平同奥巴马的第一轮庄园对话同意建立新型大国关系。习近平重申中国坚定不移走和平发展道路,认为中美应该也可以走出一条不同于历史上大国冲突对抗的新路。奥巴马表示美国欢迎中国继续和平发展,称一个和平稳定繁荣的中国对美国、对世界都有利。他还认为美中双方面临把两国关系推向更高水平的独一无二机遇。

这大概是世界史上守成大国和崛起大国领导人最令全人类鼓舞的谈话了。作为中国人,我们能够清楚感受到自己领导人说的是我们整个民族的真心话。我们不知道奥巴马说的是场面话,或者同样是美利坚民族的真心话。

这就是中美战略互疑带来的折扣。我们总是担心美国的战略意图不像美国领导人表达的那样友善。反过来美国人对中国的政策宣示也有可能将信将疑。

中美关系规模庞大,它既有突出的总体性和战略性,也有丰富而复杂的千头万绪。由于中美大量摩擦都发生在具体面上,并且常常牵动两国舆论很重的情绪,区分两国关系的战略面和具体摩擦面既至关重要,又实际上不那么容易把握。

美国很强调具体问题的解决,其实中方又何尝不是如此。但当美国把对一个具体问题、比如网络摩擦能否解决上升到两国战略关系层面的时候,这就会让人困惑。是有些美国人"装糊涂",要"吓唬"中国人,以推动一个具体摩擦的解决呢,还是他们真的把具体问题看得高于一切,认为战略太"虚"了呢?

有一个原因或许值得一提。中国共产党长期执政,对战略延续的坚持更容易做到。美国的执政者不断轮换,解决具体问题更加紧迫。因此他们认为中美战略关系必须是"实用的",能带来立竿见影的具体好处。

中国政府对"办实事"的热衷一点都不比美国弱,中国改革开放展示了中共解决国家具体问题的能力远高于大多数国家的执政者。对中美之间的具体纷争,如果说中国政府"不重视"或者故意"拖着不办",是不公正的。中国外事部门恰恰给中国国内舆论留下过于重视"办案"的印象。

问题是美国要求的解决方案中国常常做不到。这当中至少有两个原因,一是美国的具体要求过于自私,与中国的国家利益相抵触,需要中美双方相互妥协,而美国只希望中国单方面让步。二是事情过于复杂,比如知识产权问题、网络攻击问题,美方认为中国政府的一道命令就能解决,这是对中国体制和现实的极大误解。

中美建立新型大国关系,应是两国从战略思想到具体行为的新梳理和新构筑。由于两国的战略都不是静态的,而是互动、彼此影响的,让两国在接触面和摩擦同时增多时"尽量往好处想",而不是"往坏的方面想",的确不容易。

新型大国关系既是政治态度,也是哲学态度。它不仅要促成中美之间的各种"好事",还需对问题有越来越高的承受力。夫妻之间有时都需"忍让",做不到完全理解和和谐,更何况两个守成和崛起大国之间。在中美之间强调这一点有重要意义。

中美首先应把"新型大国关系"喊响,经常这样说就是自我提醒和鼓励,我们早已不生活在大国零和博弈的时代。这样的战略感总会影响我们处理具体问题时的心态,让我们能够就事论事,也更有耐心。

中美建立新型大国关系决非两手空空。两国社会有这样的深层愿望,两国各种官方接触管道已很密集,民间交往活跃。中美合作的基础不错,未来的空间难以估量。我们已能隐约感到,虽然中美关系保持合作平稳不易,但出现大逆转其实"更难"。做后一个转向,是要付出逆历史大势的惊天回转力的。

(2013.06.09)

中韩关系是战略的，也是婆婆妈妈的

韩国总统朴槿惠昨天起访问中国。习近平主席在她访问的第一天就与之见面，并且发表《中韩面向未来联合声明》。这次访问的特殊地缘政治意义受到广泛猜测，有日本学者甚至说，这次中韩峰会有可能改变主要外交力量之间的平衡，形成中国对东北亚外交的主导地位。这种评价显然有些夸张，中韩官方大概都不愿听。

然而不同寻常的关注却是有道理的。中国是崛起大国，韩国是典型的中等强国，两国在东北亚的分裂格局中常被分析家划入"不同阵营"，而这种阵营的划法又在相当程度上已经过时，被其他突出的现实利益搞乱。无论东北亚有多复杂，中韩的相互吸引力挡不住，而两国每走近一步，又的确会有附带的政治震动。

东北亚是世界上最欣欣向荣的地区之一，但这里似乎又在迷失。这里在搞和平经济竞赛与合作吗？这里正处于新军事冲突到来之前的准备吗？这里是大国关系的前沿阵地或者缓冲区吗？似乎没有一个回答可以一解人们的心头困惑。

在东北亚各国中，韩国似乎同时是"最活的"或者"最僵的"棋子。说它"僵"，因为它紧贴三八线，已成半岛局势的"人质"。说它"活"，因为它最有能力在几个大国之间做政策移动。它曾经在卢武铉时期公开提出过做东北亚的"势力均衡者"。

韩国的重要性就因为它是东北亚较有弹性的力量，而且这种弹性有可能因受中国力量增强的鼓舞继续扩大。换句话说，韩国是东北亚残存的冷战之墙上最容易松动的那块砖。

韩美军事同盟仍是韩国外交的基轴,中国不应动改变它的心思。但保持、扩大韩国的战略弹性,把它往大国的中间位置拉,同让它完全扎进美国的怀抱,有着截然不同的地缘政治效果。

其实中韩不断靠近的理由和推力都很强,但它们经常被朝鲜半岛的临时风云和中韩交往中的细节摩擦扰乱。

如果说对三八线周围的事情中国鞭长莫及的话,中韩社会之间有时因为"小问题"而"生大气",原因就更加蹊跷。与中日彼此的问题一对比,中韩之间往往显得"干干净净",两国并没有类似钓鱼岛这样的纠纷,无战略上一争高低的基本理由和需求,两国没有双方都无退路、从而必须"死扛"的争端。

从舆论层面看,两国近年的摩擦有不少属于"斗气"型。中国实力规模远强于韩国,但韩国经济发展水平又超过中国一块,这两个"差"在两国社会的心理上相互做了弥补,因此民间舆论都有"瞧不起对方"的一面。这使得中韩舆论、尤其是网民一旦较起劲来很容易"投入"并且"动情"。

从长远看,中国是中韩关系的绝对主动方,但在当前,很难说中韩谁更"有求于谁"。中国的战略主动性首先依赖于中国自己的战略胸怀,并且需要更大的历史纵深去展开。中国同韩国争口舌之快,无论争礼还是争理,都需适可而止。

中韩舆论摩擦近来明显减少,两国社会能否今后也减少"斗气","斗不斗"大概取决于韩国舆论,"斗多狠"和"斗多久",中国舆论的态度则变得同等重要。中国舆论"大度些"未必"好玩"和"痛快",但这很可能是历史对这个阶段中国人的期待之一。

中韩关系是战略的,也是日常和婆婆妈妈的。中国人不能为了某个宏大目标而总是"忍气吞声",我们需要看透些东西,看轻些东西,并坚持我们应当坚持的事情。每一种豁达都会得来回报,无论从中国还是韩国的角度说这句话都没错。那么就让我们那样去做。

(2013.06.20)

世界公众不愿看到斯诺登遭厄运

斯诺登昨天离开香港抵达莫斯科,被报道可能转机前往古巴、委内瑞拉或厄瓜多尔。他的进一步去向和最终命运都悬念重重。但毫无疑问,世界公众不愿看到这位年轻人遭厄运。

斯诺登做了一件有益于世界的事情。他揭开了美国政府侵犯公民权利以及在世界范围内从事网络间谍活动的黑幕,置美国政府于严重的道德被动境地。他几乎剥夺了美方在网络安全领域对外指手画脚的权利,他告诉了人们美国政府是如何玩弄世界舆论于股掌之间的。

美国政府显示了其特有的霸权。如果斯诺登带着的信息价值来自于一个普通国家,他会比较容易安顿下来。但他与美国政府对抗,风险高得惊人。如果美国视任何国家收留斯诺登就是同美国为敌,斯诺登找到永久避难地将很曲折。

但美国的霸权在全球化时代有了更多局限也是明显的。现在任何一个政府把这位"揭黑英雄"引渡给美国,都将面临难以承受的舆论压力。在引渡斯诺登的问题上,与美国政府配合的坏处已经大于好处。与美国为敌仍是很悬的事,但如今也早已不是应当不顾一切巴结美国的时代。

最需要从斯诺登所揭内幕中警醒的大概是中国。一段时间以来美国对中国围绕网络安全的指责形成了声势,整个西方舆论都参与进来,而真实情况却是美国的网络技术咄咄逼人,其对中国的攻击几乎随心所欲。

中国需要在网络安全技术上奋起直追,同时需要彻底扭转在这个问题上的国际舆论环境，还中国作为网络攻击主要受害国之一的真实形象。

中国需要理直气壮地组建自己的网络安全部队，全面增强国家的网络安全能力。在这方面，我们的认识以及我们所投入的资源都很欠缺，而且我们的手脚也在一定程度上被西方舆论捆住了。

中国人对网路空间的理解与美国人相比有差距。我们仍通常认为互联网空间是"虚拟的"，是支离破碎的，可以同现实世界的核心领域"物理隔绝"。然而斯诺登的揭露显示，一个"互联网上的美国"已经形成，它不仅在技术上连为一体，而且内部高度协调，它在互联网上的战略攻防能力远远走在了其他国家前面。

需要指出的是，我们现在未必已经很清楚自己都面临着哪些网上威胁，也未必了解美国已经具备或者在发展什么样的互联网攻击技术。美国对互联网攻防如此不同寻常的重视不会是偶然的，某种爆炸性的转折或突破很可能正在这一领域积累。

斯诺登离开香港，中美关系多了一份安全。但斯诺登带来的触动应长留在中国社会，我们必须有在互联网技术上快速壮大起来的紧迫感。

安全的中美关系需要有两国战略意图的相互善意，但两国安全技术上相互差距的缩小同样是关键性的。中国网络安全技术是否足够成熟，会影响美国对华制定互联网政策的基本心态和思想方式，也会影响网络和平的内在秩序。

我们祝斯诺登好运。世界之大，应当有他的立锥之地。美国霸权在同世界追求公平正义的力量胶着互动，斯诺登的个人命运，将在一定程度上显示这种博弈"力"的方向，并向世界传递某种重要信号。

（2013.06.24）

政变是混乱埃及的总结和新起点

埃及 4 日发生军事政变,民选总统穆尔西被赶下台,埃及军方重新成为国家政治的主导性力量。尽管他们任命了最高宪法法院院长曼苏尔这一非军方人士担任临时总统,但军方显然在回到国家权力中心。埃及革命催生的民主宪法被宣布"暂停"。

埃及经过两年的"政治兜风",似乎回到原点。埃及有些人或许希望真能如此,但事实并非那样。埃及走上了"民主革命"的不归路,军方在国家的政治角色同样是破碎的,已经领导不了四分五裂的社会。军方会很快成为新的被厌倦者,因此军人们未必真敢放开手脚重整国家。

发展中国家政变通常被西方舆论谴责,但美欧方面这一次"宽恕"了埃及军方。原因是后者推倒的是穆斯林兄弟会领袖。阿拉伯国家大多在两条轨道上纠结地发展,一条是受西方世界影响的生活现代化,另一条是更彻底的宗教主义。革命后的自由让埃及把这种纠结同现实政治利益的搏斗混乱地扭在一起。

然而没有人会为埃及现在的糟糕局面负责。埃及革命在当时情况下注定要发生,西方做了推波助澜,但"阿拉伯之春"的账也不能都算到西方头上。革命首先是埃及局势走投无路下的自我爆发,那个国家当时没有替换它的其他道路。

埃及将成为尽可能跳出革命动荡后遗症的试验场,这会影响世界舆论对现代条件下革命利弊的看法。埃及革命同利比亚和叙利亚不一样,发生的流血很少,尽管之后的动荡已经持续两年多,但不少人仍对埃及较快摆脱危机,从此成为现代国家抱希望。

但现在人们能看到的几乎所有条件都是负面的。除了宪法刚制定出来就被抛弃的出尔反尔,舆论普遍预测一向激进的穆兄会不会咽下这口气,一些观察家甚至担心穆兄会一旦受到压制会走上恐怖主义道路,那将是埃及乃至中东局势的新灾难。

人们可以设想,一个埃及民众普选出来的总统,执政仅一年,虽没建立功勋,但也没犯大错,他的反对派上街一闹,军队就可以用民主和人民的名义废黜他,这样的民主政治还有多少信用,埃及人怎能不进一步按政治利益划线、归队?

如果说军方的目的是要遏制宗教主义思想的蔓延,就更与埃及新的民主制度形成悖论。伊斯兰教就是埃及人生活的一部分,只有威权能对它的影响做调剂,而威权又是埃及革命极力打倒的。埃及又要民主制度,又要阻止穆兄会的宗教主张影响社会,这当中的严重自我冲突岂是一次政变就能释放得了的。

埃及的确正在成为世界政治的"教科书"。政变可以有好坏之分吗?随便中止民主宪法可以成为民主发展的正面推动吗?此外,伊斯兰社会该如何同世界其他地区的政治经验对接,阿拉伯世界是否兜多大的圈最终也要往自己的文化回归,这些问题的实际答案对发展中国家有重要参鉴意义。

西式民主制度已经多年没有在发展中国家有新的引进样板了。一方面,新照搬西式做法的国家大多栽了跟头。另一方面,民主的基本含义得到更广范围的传播。民主作为意识形态和作为政治制度显然并非统一物,围绕它们的争议和实践十分复杂。

埃及在这种时候以激荡的政治表现吸引了世界。人们希望从它那里得到某种结论。埃及今天的混乱同穆巴拉克时代形成仓促对比,其实并不足以说明什么。影响革命评价的真正原因是人们对它未来的悲观。

(2013.07.05)

街头运动,发展中国家的重大考验

埃及新的街头革命导致军方政变,推翻了穆尔西民选政权。这是世界范围内街头革命的最新成果。很难说埃及的事情将会对发展中国家的街头政治运动带来鼓舞,还是引来更多反思。

如何看街头运动呢?认为它是"直接民主"形式的人依然很多。另一方面,街头运动在不同国家表现出很大的差异性,对其做统一的定义其实挺难的。

街头运动在美欧发达国家的活跃度并不一致,但它们都不再是那些国家的主流政治斗争手段,而成为部分人表达特殊诉求的方式之一。美欧国家的街头运动已经不对国家政治运行具有破坏力,它们带来的麻烦往往是社会治理层面甚至是治安层面的,国家控制街头运动规模和其影响力的能力很强。

但在很多发展中国家,街头运动完全是另一回事。它们很容易演变成国家主流政治斗争,并进而上升为"革命"。埃及在这方面很典型,开罗解放广场最初的游行示威发展成为推翻穆巴拉克的革命,很快那里的斗争矛头转为指向临时军政府。全国大选实现后,解放广场成为反对派推倒穆尔西政权的主阵地。可以预见,支持穆尔西的穆兄会及其政治盟友不久将成为埃及街头运动的主力军。

不同政治派别的博弈高度依赖街头运动,一方面是因为一些发展中国家合法表达政治诉求的渠道不畅,但也有很多时候是民主制度的表面建设已经"五脏俱全",但它在国家政治中发挥不了一言九鼎的作用。通过民主制度产生的决定不具有政治权威,在表决中失败的一方可以随意拒绝执行决定,他们纷纷选择到街头显示自己的力量。

街头运动的特点是直观,有感染力,有时还能拉过来一些中间人士,扩大社会同情面。由于街头运动站上"直接民主"的道德高地,政府如何平息它们就成为一种考验。一旦处理失当,政府的支持面会快速萎缩。

发展中国家的街头运动一方面表达民意,另一方面又会搞乱民意的真实面貌。当各派政治力量看到街头运动的威力,并对它寄予很高期望时,国家的宪法实际上就瘫痪了,街头政治朝着暴力发展也就很难避免。因为街头已经成为"决战场",生命的牺牲成为决战的必然代价。

西方发达国家在 19 世纪曾有过非常激烈的街头运动乃至革命,那个时期的社会代价非常高。发展中国家早晚有腻烦街头运动的那一天,使诉求表达和政治斗争回到宪法框架内。但如果发展中国家要重走漫长的动荡之路,将非常可惜。

政治凝聚力和社会治理能力的养成对所有国家稳定发展都很重要。发展中国家大多有独特的体系将国内不同族群和力量联系起来,竞争性选举和街头政治运动很容易斩断这种联系,街头运动尤其会演变成对立力量的彼此宣示,致使社会走向动荡。

无论街头运动在历史上扮演过什么样的角色,如今它对大多数发展中国家带来的政治损害都超过了正面作用,而人类社会表达诉求和开展政治博弈的手段已经相当发达,发展中国家不应在街头运动这一正在过时的政治形态中久留。

发展中国家必须有不同于西方发展史的政治创新,否则发展中国家将永远处在世界政治的下游位置,这种政治劣势会导致发展中国家对发达国家的综合劣势固化,永无翻身之日。

(2013.07.07)

斯诺登"落户"俄罗斯，中国也是赢家

奥巴马宣布将参加9月份在圣彼得堡举行的20国峰会，但取消与普京的一对一会晤。美俄外长和防长"2＋2"会晤本周末将如期在华盛顿举行。奥巴马虽为斯诺登事件"报复"普京一下，但发力非常克制。总体看，美国显然准备咽下俄罗斯收留斯诺登这口气，它在找台阶。世界舆论仍对莫斯科刮目相看，纷纷视克里姆林宫为"彻底的赢家"，而白宫则是"彻底的输家"。

俄赢美输的判断是对的。其实这件事世界各国构成了"统一战线"，所有被牵涉的国家都赢了，美国是唯一输家。美国输了理，也输了气势，它虚张声势，但到头来也没能实现对斯诺登的引渡。俄罗斯展现了它"敢作敢当"的国家性格，并成功迫使美国做了退缩。

不少人在互联网上问：中国为什么不能像俄罗斯一样做？他们觉得俄罗斯这一分本应中国得，而我们表现了"犹豫和软弱"。

我们认为，如果中国当初"主动收留"斯诺登，那将是一个较大跨度的对美外交姿态转变。如果我们做了也就做了，我们需要承担这种变化所对应的各种风险。中美的情况与俄美不同，美国报复中国的机会和手段要多得多，但天塌不下来。

然而中国选择了"不干预"的做法，现在看来，实际效果更佳。中国围绕斯诺登事件所寻求的国家利益都实现了，它们包括向世人揭露美国一些重要国家政策的道德虚伪，保护斯诺登不被遣返，让美国在国际网络安全问题上"贼喊捉贼"的丑态在全球舆论中发酵，同时做到中美关系稳定大局不受事件的影响等等。

俄罗斯巩固了对美示强的外交姿态，也巩固了俄美实力不平等条件下的大国地位。俄罗斯在斯诺登这样的事情上愿意挑头，也有挑头的外交经验和手腕，做得很漂亮，这同样非常符合中国的利益。

谁都知道中美竞争的方式将决定 21 世纪国际关系的性质，而中国的当下实力仍大大落后于美国。俄罗斯作为中国的全面战略协作伙伴，积极主动在斯诺登这样的事件上扛旗，站到对美斗争的最前沿，展现了全球地缘政治非常宝贵的多极化弹性。俄罗斯的表现值得中国给予敬意，从斯诺登出走香港，到他在那里揭露了美国之后落户俄罗斯，在这一连串流畅的情节里，中国一直处在顺风顺水的位置。

中国不与美国正面冲突，但我们已有能力与一条限制美国滥用权力的阵线融为一体，我们对美国的意见至少在斯诺登事件中转化成全球的声音，虽然这不如直接顶撞美国，与它在斯诺登问题上挽起袖子"掰手腕"来得痛快，但这样做更合乎中国外交的长远利益。

美国咽下一口气，不代表它真的怕俄罗斯了。俄收留斯诺登美国没能怎么样，但反过来问：奥巴马如果取消参加圣彼得堡 20 国峰会，"2＋2"会晤也不搞了，俄罗斯又能把美国怎么样？同理，美国不可能"怕中国"，中国也没必要"怕美国"，中国最需要关心的是：怎么处理中美关系才能实现自己国家利益的最大化。

在俄罗斯的环境里，斯诺登将比在很多国家里更有"继续施展"的空间。俄罗斯的最大社交网站和议会都释放出邀请斯诺登前往工作的风声，他显然还能做很多让全世界开心的事情。这个让美国最丢脸事件的帷幕还远远没有拉上。

(2013.08.08)

用抨击朝鲜指桑骂槐,此法不厚道

韩国媒体报道朝鲜不久前修改了《树立党的唯一思想体系十大原则》。韩媒称其中的第二条要求"将我们党和革命的血统——白头山血统永远延续下去",认为这等于"正式宣布"了朝鲜政权的"世袭制"。必须指出,韩媒通常都对朝鲜抱有敌意,它们对朝鲜的描述经常带着画漫画的鄙视态度。

中国国内也有一些意见领袖及学者严重歧视朝鲜,他们对朝鲜的看法已同韩美日的主流对朝态度无异。更有甚者,其中有的人经常用批评朝鲜"指桑骂槐",用朝鲜的例子贬低中国社会主义制度,这种做法在互联网上有一定市场。

我们认为应以实事求是的态度看待朝鲜和中朝关系,分清中朝友好的几个不同维度,看准中国的国家利益,以及中朝关系对维护这一利益的重要性。

客观而言,朝鲜三代领导人的延续发出了关于其政治体制的强烈信息,这一点朝鲜内外的人都能看懂。朝鲜的这一做法在社会主义国家里没有先例,同中国的社会主义道路尤其不同。世界早已不是资本主义和社会主义两分的时代,制度性元素的组合、搭配早已突破传统界限,把"主义"绝对化,用"主义"来为国家划阵营的做法都是冷战思维的延续。

中国官方对朝鲜国家道路保持尊重的态度,这同中国尊重世界其他国家、包括转型国家的政治选择一脉相承。中国的改革开放已经走了很远,中国的政治面貌也与朝鲜拉开了距离,这些事实不会因中国对朝鲜的尊重而改变。重要的是，朝鲜也尊重中国的选择，中国人的胸怀至少不应比朝鲜人小。

中朝友好的最大塑造力是地缘政治，而非意识形态。朝鲜是中国地缘政治的重要屏障，从明朝开始就如此，今后也不会变。中国人在明朝就曾为保卫朝鲜而战，时代虽然变了，但地缘政治的惯性在东北亚超越了很多变迁，今天朝鲜的国家安全仍然符合中国利益。

地缘政治利益不会在国家交往中被挂在嘴边，它往往通过对国家间其他友好因素的强调和颂扬而隐蔽起来。中朝上世纪50年代那段并肩战斗的历史令两国人民都刻骨铭心，它是维护两国特殊友好关系取之不竭的天然动力。中美之间的地缘政治矛盾也很突出，但美国希望用两国的意识形态冲突将前者掩盖，以此获得中国自由主义者们对美国立场的支持。

中朝关系有其复杂性，但我们应当使它的友好尽可能简单些。朝鲜发展核武器有害地区和平，也违背了中国利益，我们表达反对并采取相应行动必须做得坚决。对朝鲜内部政治路线，我们可以施加朝鲜愿意接受的影响，但不能做过头，不能像当年输出社会主义革命一样向朝鲜输出改革开放。

其实大多数中国人懂得这个道理，他们看得懂朝鲜，也看得懂中朝政治道路的区别，同样清楚中朝保持友好的重要性。那些用攻击朝鲜来贬损中国的人，是故意装糊涂，用不存在的逻辑来论证中国是"大号的朝鲜"，否定中国已经取得的长足进步。

这是超级意识形态化的一些人，他们迷恋于"主义"向所有领域的渗透，而对国家应对实际挑战不感兴趣。当然不排除这些做法的背后还有着一些人刻意追求的政治利益。多元化的中国已经能够包容这样的偏执，但我们看清多元化的这些细节，还是很有必要。

(2013.08.13)

靖国神社，日本对华斗争的"预设战场"

8月15日上午，日本又有3名阁员参拜靖国神社，此外102名日本议员集体"拜鬼"。安倍对在外界压力下未能参拜公开表示"很遗憾"，此外舆论注意到，他在当天"全国战殁者追悼仪式"上的讲话未提已成惯例性内容的"不战誓言"。

中国外交部强烈抗议日本阁员参拜，并且紧急召见日本驻华大使。韩国的反应相对温和，韩国外交通商部称日本政客的行为是在历史面前"闭着双眼"。

日本已经大致将靖国神社问题演变成它的一个外交工具，日本可以用它撬动中韩两国的情绪，用它做平衡中国外交力量的砝码。日本处于靖国神社冲突的主动位置，可以灵活调整谁参拜和怎么参拜，中韩受到的刺激比日本因为受到压制而得到的反刺激更为强烈，中韩的回应或者苍白无力，或者要动用较为昂贵的手段，而且两国很难步调一致，都希望对方"往前冲"。

安倍没去靖国神社参拜，但他围绕"不参拜"的补偿措施都是公开的，对他的这些做法，中韩社会的感受也未必就比日本社会的感受好。

日本首相不断释放参不参拜的模糊信息，中国外交施压，日本首相最后耍滑头，阁员和议员参拜，中国抗议并且搞不清自己胜利了还是受了愚弄，这样的"靖国神社游戏"发展下去只会对中国越来越不利。

事实证明只要日本决心用靖国神社给中国脸色看，我们就难成这场斗争的赢家。我们得承认，当我们要求日本怎么怎么做，并且对细节很在意的时候,我们就等于配合了日本把靖国神社设计成对华斗争的预设战场。。

中国应更加专注于自己该如何做。我们应当把对日斗争的平台从靖国神社拉到更有利于我们挥洒的地方,做一些我们用较低成本就能做成的事,干一些日本求我们不要做或者少做的事。如果我们能拥有一批这样的对日斗争工具,让日本对它们的在意超过我们对日本高官参拜靖国神社的在意,我们在对日斗争中就赢得了主动。

中国军队选择8·15在东海搞实弹射击演练,这是针对日本战败日一个有创意性的姿态。当然这还很不够,我们还需创新很多能让日本难受的工具。

不是说日本高官参拜靖国神社今后就不管了,继续搞热靖国神社问题有利于向世界揭露日本对待历史的无赖和阴暗嘴脸,但这件事可以交给民间和舆论去做,中国民间在这方面是不乏创意的。

中国官方应致力于对日斗争新工具的开发,少发口头抗议。这两年的情况是有实际进展的,比如中国军舰进日本海演习,执法船进钓鱼岛12海里,加强东海油气田开发,以及中国军舰环日本行等等,都丰富了对日斗争的内容,稀释了靖国神社在中日斗争的焦点位置。中国坚持拒绝中日高峰会,尤其让安培本人着急难堪。我们应不断有新的手段推出,有些可以做得大张旗鼓。

中国人还应清楚,中日博弈最终是国力的比拼,日本不是菲律宾那样的矮子,它不会总输,在靖国神社问题上它"敢于"给中国人更多刺激,完全是有可能的。我们如果一点气也受不了,那我们就很难在当今世界的"险恶江湖"上立足。

中日斗争归根结底是中国崛起的"业余科目",我们既不能掉以轻心,也不能全身心地投入。我们应进得去,还能出得来,保持对日斗争的战略乐观和轻松。毕竟中国在下一盘全球战略的超级象棋,"小日本"只是棋盘上一个比较调皮的棋子。

(2013.08.16)

穆巴拉克出狱，埃及彷徨走"悔棋"

埃及法庭21日下令释放前总统穆巴拉克，从而使后者在阿拉伯之春下台领导人中唯一实现了命运逆转。尽管穆仍背负着一些指控，但是他的出狱对埃及、以及对整个阿拉伯世界都是轰动性的。这件事的象征意义很难说比穆巴拉克两年多前被关进监狱哪个更大。

世界媒体用各种细节讲述埃及当前局势的戏剧性，比如穆巴拉克走出的托拉监狱，正是之前穆兄会几位领导人被逮捕后关进去的监狱。这一进一出，太像埃及政治时钟的倒拨。

历史很难真的"重启"，穆巴拉克重掌埃及被普遍认为不可能。但他的部分影响力显然在恢复，埃及军方的力量在朝着它汇集。这种有强烈"复辟"味道的变化同民主气息严重对立，而埃及以及阿拉伯世界的民主之风并没有真的刮过去。如果穆巴拉克出狱意味着某种新的开始，那么这一定是更大不确定性笼罩埃及的开始。

穆巴拉克的重现再清楚不过表明了埃及社会当前的彷徨。革命撕裂了这个国家，人民尝受了挫折，这个国家现在甚至对最想要什么，究竟是要民主，还是要社会稳定，也变得相当犹豫。埃及已被证明没有能力同时拥有这两样东西，而且埃及人现在很不确定，在经过这两年多的折腾后，他们是否还能保住其中的一个。

埃及社会太缺少政治上的建设性元素，他们几乎是在两手空空的情况下把穆巴拉克赶走的。他们现在仍两手空空，埃及街头这两年多只是留下一批又一批抗议者的尸体，有价值的社会改革在穆巴拉克的稳定时代没计划搞，这两年的动荡中则根本顾不上搞。

胡锡进论激荡世界

民主是什么不是什么,这是一道复杂的政治课题。埃及未必就应与民主无缘,但它的确是一个把民主简单化的悲剧例子。

穆巴拉克像变戏法一样从监狱走出来,曾经高唱"埃及最后一个法老成为历史"的美国和欧洲国家不胜尴尬。力挺过穆兄会的一些阿拉伯国家也很难堪。但面子上的事毕竟红红脸就过去了,外部世界最终不会为埃及这两年的巨大社会代价埋单。埋单的只能是埃及人自己。

穆巴拉克出狱撞击了阿拉伯之春运动的底线,至少是逆这一段时期的"历史潮流"而动,这股"逆流"能撑多久没人能保证。埃及接下来一定会发生"更狠"的事情。或者军方彻底清除穆兄会,以及清除所有反对军人政权和强人政治的力量,或者穆兄会等"革命力量"猛烈反扑,将埃及军队的影响力"扫进历史垃圾堆"。

阿拉伯之春是影响全球政治力量分布的大事件,它的近乎溃散也将缠拽全球力量,让一些其他话题暂时边缘化。美国和欧洲要重新与充满变数的中东政治动向"对表",设计它们的政策。世界可能会出现一个比较混乱的中东对策调整期。

埃及这两年的经历令人炫目,它的各种意外为全球政治学者提供了活生生的案例。只要不糊涂,或者不刻意回避什么,大概不会有人愿意推掉这份原汁原味的素材。

(2013.08.22)

钓鱼岛对峙一年，中国得大于失

昨天是日本"国有化"钓鱼岛一周年。这一年来，中日因钓鱼岛主权之争差不多全面翻脸，双方政治和经济关系或倒退，或停滞，两国在钓鱼岛上的执法对峙成为常态。

盘算这一年的得失，中日大概应算"双输"，但这样的评价又过于简单。

日本没有实现它固化对钓鱼岛非法控制的目的。它当初低估了中国保卫钓鱼岛主权的决心，错估了中国的反应，因而在之后的事态发展中有些措手不及。为反制日本的"购岛"行动，中国的海上执法力量大规模挺进钓鱼岛海域，形成在该海域执法的常态化，并反复进入钓鱼岛12海里。日本实际上吞下了"偷鸡不成蚀把米"的苦果。

中日关系落入最近40多年的低谷对中日双方都是损失，但日本经济对中国的依赖呈增长趋势，已经越过中日相互依赖的平衡点。对于中日僵持，日本的战略耐受力低于中国，焦虑则大于中国。

日本右翼是中日反目的最大受益者。对华强硬增加了安倍政权的支持率，但这是一本日本政治的内部账。日本右翼不是能够单独实现"正常国家化"战略目标的力量，国际环境的警惕和拒绝有能力对日本的内部努力做出抵消。

中国的得分首先在于获得了钓鱼岛主权争议的更有利位置，正如共同社10日所承认的，日本对钓鱼岛的"有效控制"开始动摇。此外更重要的是，中国以实际行动对外展示了维护海上领土主权的意志，中国的决心变得更加可信，更有威慑力。这一意义超越了钓鱼岛的一岛之争。

中国的最大目标是实现和平崛起，钓鱼岛摩擦之所以凝聚了超乎一个岛争的能量，也是因为它一定程度上代表了日本、包括美国一些力量对中国崛起的抵触。换句话说，钓鱼岛成了日本等外界不满、甚至敌视中国崛起情绪的爆发口。中国成功捏住了这个爆发口，赢得了这个回合，对不喜欢中国的力量做了无声的回答。

中国现在有资本同日本长期僵下去。中国近期出口的总形势趋好，日本市场的损失并未影响中国大的经济面。此外民意对国家对日政策的支持度很高，当前政策有很强的政治可持续性。

中日对立会导致日本进一步倒向美国，但美日一直是盟国，美在日本有驻军，美日进一步走近的空间和价值实际上都有限，能形成对中国的额外压力同样有限。

中日冷淡甚至"冷对抗"将持续，重要的是，中国已是战略主动方，中国的实力增加更快，逐渐更有吸引力。日本四处拼凑对中国的"价值观包围"既虚又空，在对日关系上，中国社会空前团结并自信。

国内态度是一致的，长期执行的资源是充裕的，国际大环境是匹配的，这样的对日政策应当就是当下"最好的"。中日关系应当有助于我们对什么是"恰当"对外关系的理解，它不意味着一定是同有关国家"你好我好"，它应最符合中国的国家利益。

日本必须改变钓鱼岛"无领土争议"的僵硬态度，否则中国决不同它改善关系。中国需要尽量避免围绕钓鱼岛发生战争，但主要方式应当是增加日本对与中国发生冲突的潜在成本和它对此的畏惧。这一点在过去的一年中国做到了，由于日本获得2020年奥运会主办权，中国在未来7年做到这一点将更轻松。

钓鱼岛对日本的教训更多，中国从中获得的经验则更多。我们可以对自己迄今的答卷给出高分。

（2013.09.13）

美国伊朗改善关系必将好事多磨

美国和伊朗官方分别出面表示，奥巴马和伊朗总统鲁哈尼不会在联合国大会期间举行历史性会晤。此前美国媒体曾大谈这种可能性，但对美伊关系出现转折性改善的乐观估计只维持了一两天。

然而无风不起浪，美伊两国在酝酿改善关系大概确有其事。现在最值得关注的很可能是它们改善关系的机缘、方式和力度等。

伊朗是中东地缘政治的支点国家，美伊敌对是当前中东政治面貌的决定性因素之一，美国的中东政策如今很大程度上是围绕遏制伊朗设计的。叙利亚战争被很多人看成是美国打击伊朗计划的一部分，此外巴以冲突中伊朗的影子也越来越强。如果美伊实现和解，整个中东地缘政治形势就会出现有趣的改写。

美伊并非永恒的敌人，两国也曾有过蜜月。如今两国敌对时间已久，未必没有斗累的感觉。伊朗虽同中俄友好，但中俄毕竟都代替不了美国。伊朗唯有改善对美关系，才有可能摆脱国际制裁。美国则面临国内问题一大堆，加上急于"重返亚太"，有从中东收缩力量的现实需要。

然而美伊敌对深刻影响了两国各自的整整一代人。两国的年轻人都是在妖魔化对方的教育中长大。即使两国找到了和解的共同利益，并且双方领导人都下决心推动，两国结束敌对的进程也会是历史上各种外交奇迹中最曲折的之一，很难做到一拍即合。

美伊成为朋友在可预见未来内尤其不可能。这除了需要两国克服彼此间当今世界最为严重的意识形态分歧，还需中东地区的什叶派与逊尼派之争平息，巴以矛盾化解等多个战略性条件。美伊走近注定是有度的，美国不会同时成为所有伊斯兰主要国家的朋友，它需要伊斯兰世界及中东的一定程度内乱来维系它在那些地区的存在。伊朗也不具有左右伊斯兰世界内部竞争的能力，无力彻底改变国家路线。

有人认为一旦美伊关系改善，就会有多个国家嫉妒并阻挠，这些人还把中国列入其内。我们倒是认为，如果真有那一天，中国会乐观其成。虽然伊朗构成了对美力量的一些牵制，但伊朗核问题以及由此造成的美伊战争危险早就反过来威胁到中国利益。此外中国对中伊经济合作并非零和战略，中国总体上没有把伊朗变成排他性合作伙伴和大国博弈工具的想法。

伊朗在中东的影响力不可取代，其独立性和自尊心都很强，任何外部大国都没有实力绑住它，将它变成自己的外交附庸。事实上中国保持同伊朗友好关系的机会同美国改善同伊朗关系的机会是一样的。

中国已是一支世界性力量，中国实力今天处在国家外交资源的首位。中国应把实力和共同利益作为外交的法宝，而不是仅仅笃信传统友谊和感情。后者都需要实力和共同利益来维系，只要这些关键要素不出问题，中国就应对中伊关系以及其他双边关系有信心。

大国的实力增长就是外交能力的扩充，中国处在实力上升期，这是中国外交自信的最大来源。中国无论同伊朗的关系还是同缅甸的关系，事实上都自成一体，双方的共同利益相当牢靠，这些国家同其他国家改善关系，伤害不了它们同中国发展合作的根基。

目前的国际关系越来越少排他性，而流行交叉性。美伊将改善关系的传闻倒是提醒了我们，中国永远都要争取让自己的朋友"多多的"，要不断寻求新的外交突破。连美国都在化解敌对关系，我们更要防止在这个世界上增加敌人。

(2013.09.26)

中美都不必在东南亚排斥对方

李克强总理昨天前往文莱出席东盟系列会议及东亚峰会,并访问三个东南亚国家。李克强紧接着习近平出访东南亚,使中国与除菲律宾外的东盟国家都实现了今年以来的领导人访问或互访。美国总统奥巴马因国内事务缺席在东南亚的两场峰会,更凸显了中国的地区角色。

奥巴马称"中国或许乐见"他的缺席,然而中国可没美国人想的那样天真。一次缺席不会导致美国亚太再平衡战略的坍塌,中国人对长期与美国在东亚保持"复杂接触"有充分思想准备。

中美都应接受对方在东南亚的强有力存在,并且不以排斥对方为各自东南亚外交的目标。中国对东南亚的影响首先是地缘性的,中国的一些优势总会让美国感到鞭长莫及。其结果是,中国超过美国成为东盟第一大贸易伙伴,随着中国经济总量持续攀升,中美对东盟的贸易差距肯定会进一步拉开,这会不断影响外界对中美在东南亚影响的评估。

然而美国亚太再平衡战略对应了东南亚一些人对中国崛起的担心,它扮演"平衡中国"的角色符合地缘政治的规律。对这种赤裸裸的"博弈",中国人感觉不舒服,但也没什么可说。

关键是应当为这种博弈保持较为宽松的氛围,无论中美,还是地区国家都不应把它搞成一决胜负的"拔河"。中国致力于和平发展,官方连"和平崛起"的说法都不愿意用。应当让时间来消化问题和各方的担心,中美都不宜急于给对方的行为定性。

东盟是中国外交的重中之重，东盟"周围"大国林立，但东盟在亚洲政治格局中长期扮演主导性角色，这同中国的鼓励和配合有关。东盟处于其在亚洲发挥最大作用的时期，如果中国是"霸道的"，这一局面完全不可能出现。

中国同几个东盟国家有南沙岛礁争端，中国的实力不言而喻，但中国没端出实力对抗的姿态，始终强调合作共生，这是保持南海纠纷不走向冲突的基础。相关南沙岛礁主权声索国也应低调行事，不应走借外力对抗中国的道路。只要理性和大局观能重回南海，这一地区的长期和平与稳定就不难实现。

对奥巴马缺席东亚领导人系列会议虽不应做战略意义延伸，但它的确是一个信号：美国推行其亚太再平衡战略需要大量财力和精力，然而华盛顿在这两方面都显捉襟见肘。美在亚洲"平衡中国"是可能的，但要它"遏制中国"，无论华盛顿的精英还是美国的盟友，都不应做过高期待。

其实中美都有兴趣构建新型大国关系，它将是整个亚太甚至世界的福音。不仅中美最高层应努力，更需要两国社会全面配合。当然，"中美之间"的那些国家和力量怎么做也很重要。像菲律宾，一直想把其与中国的岛礁主权摩擦转变成中美军事摩擦，还有日本想拉美国成为钓鱼岛争端的参与者，做这种规划的都是短视之辈，他们决不会成为赢家。

东南亚既是中国的地缘政治前沿，也是屏障，这里国家多，与中国利益相关性强，但现实摩擦和历史纠葛也多。长期同东南亚保持良好关系将考验中国的战略构建能力和外交实施能力。中国的南海岛礁主权不能丢，但中国也不能成为东南亚人眼中的"凶神恶煞"。中国处处都要走出创新之路，包括对外战略。

(2013.10.10)

俄印蒙总理同时访华，奢侈的巧合

俄罗斯总理梅德韦杰夫、印度总理辛格和蒙古国总理阿勒坦呼亚格分别于今天开始中国之行。俄印蒙都是中国的重要邻国，三国总理同时来访大概是日程上的巧合，但即使这样，其中的意义还是受到世界舆论的挖掘和放大。

一些评论把中国的陆上外交成就同海上受到美日"包围"做对比，认为中国的海陆外交可谓"冰火两重天"。

然而中俄印并非走在"构筑同盟"的路上，中国的海上形势也不像一些人分析的那样糟糕。中国对周边外交一直高度重视并用心经营，有耕耘就有收获，以中国当前的实力和其不断增长的趋势，中国有能力营造以友好及合作为主基调的周边大环境，同时化解和应对西太平洋上的任何风浪。

中国是俄印蒙各自最大的贸易伙伴，同时也是亚太很多国家最大或名列前茅的贸易伙伴。在整个地区，中国首先是贸易大户和合作者，也是利益的提供和分享者。中国经济上的崛起和繁荣奠定了周边大外交的基调，它不是人为说改就能改变的。

近日中越在和平解决南海纠纷上有突破，加上中印两国陆地边界争议得到较好管控，这些都说明领土问题不必一定是中国周边外交不可逾越的绊脚石，完全可以通过谈判协商方式加以处理。亚洲对和平发展的真实愿望真实而又强烈，各国要做的是正视这个愿望，别让它输给民族主义的口水。

亚洲没有哪两个国家之间的合作能够超过美日同盟的紧密度，但就地区和平发展的战略目标来说，中国与俄印蒙等国的关系还是跟得上的。

不少普通中国人对中俄战略合作能走多远存有疑虑，但两国关系从叶利钦时代开始不断上台阶，这形成两国彼此间的巨大经济、政治和安全利益，它们逐渐固化，几乎没有退路。

中印的问题更多，看看印度媒体，似乎一根火柴就能把两国的积怨点着。然而中印关系这些年成了某种意义上"有领土争端国家之间合作处理边界问题的典范"，现在无论中国还是印度都很难承受两国关系的再度恶化。

蒙古常被美日战略界当成打在中国边上的一个楔子，蒙古也提出美日等是它的特殊"第三邻国"。中国没有计较蒙古的"摇摆"，中蒙关系这些年愈发顺利，相互吸引力在增加。

菲律宾不足道哉，日本成了来自海上的最大麻烦。然而日本没有能力全面挑战中国，中国有一个恶邻，未必就全是坏事。中国人保持警惕以及紧迫感，日本都以特殊方式做了贡献。中国目前有能力控制中日之间的摩擦强度，我们正历史性地逐渐拿到对日关系主导权。

一个大国是很难真正"与世无争"的，有一两个对手或潜在对手实属正常。关键是要能形成所有对外关系的总平衡，并使这种平衡支持国家的强劲发展。并非你好我好才是"好的"外交关系，对外关系应当最大限度地服务于中国国家利益。

中国今年以来的外交显示了魄力和坚决性，虽然仍麻烦重重，但中国在国际舞台上的主动性不断增加，而不是萎缩。中国发展所面临的国际大环境有了更多战略确定性。

俄印蒙三国总理同时访华，他们的国家包含了中国近一半的陆地边界。这三个国家都曾在不同时期与新中国关系紧张甚至敌对，但如今都成了朋友。中国今天的外交属于"稳扎稳打型"，对外战略目标与实力相匹配，因此中国外交整体上是"宽裕"的。这也是亚洲和平与稳定局面总体感觉比较"宽裕"的重要源泉。

(2013.10.22)

日本投靠美国，难获对抗中国资本

日本防卫相小野寺五典 29 日上午在记者会上说，中国"入侵"钓鱼岛周边领海的行为，"已落入和平时期和紧急状态之间的灰色地带"。他的这一表态把中日对抗再次做了程度和气氛上的拉高。

中日已经没什么可谈的了，有的只是相互攻击和警告。现在双方都固守自己的强硬立场，一边做谨慎的摩擦并试探对方底线，一边做一旦爆发军事冲突的最坏准备。

美国是中日之间挥之不去的影子，日本的挑衅姿态很可能部分受到了美国默许，但日本对美国将怎么支援它并无把握。中美日之间并非中国为一方，美日毫无悬念绑在一起那么简单分明，美国同时并没放弃"平衡者"的角色，即使中日发生军事冲突，以什么方式介入对美国也是艰难的选择。

只要美国不公开支持日本同中国作战，我们就需忽略美国的态度，集中力量压制日本的挑衅。日本虽然出语嚣张，但它实际上很心虚。否则日本高官就不会几乎天天都出来表决心，对中国说狠话。他们也就不会利用每一个机会要求美国就支持日本反复表态。

中方一直拒见日本高官，中国官方也只是外交部和国防部的发言人出面表态，与日本首相及内阁部长不停向中国隔空喊话形成很大反差。中方已在心理上对日取得优势，日本为了刺激中国的注意，不断释放极端信息，撒泼耍赖。

日本搞"国有化"钓鱼岛偷鸡不成蚀把米，钓鱼岛由日本所谓"实际控制"的现状被中国打破。在中国的坚决反击面前，日本表现了软弱。日本现在要重构它的"底线",防止中国在钓鱼岛维护主权的行动进一步升级。

由于中国现在彻底夺回钓鱼岛不太现实,这也不是中国当下的目标,中日双方围绕该岛的摩擦形成某种规则,暂时默认新的"现状"是可能的。

日本威胁击落中国无人机,高官发表对华强硬言论,某种意义上也是提高他们与中国妥协的要价。现在看来日本是要坚持口头上不承认中日存在钓鱼岛领土争议,但对中国执法船在钓鱼岛海域搞常态化例行巡航,以及对中国船只进入12海里睁一只眼闭一只眼。

中日仍在进行意志对抗,这一对抗的结果会影响今后一段时间中日相处的方式。

中国不仅要在钓鱼岛主权争议中尽可能扩大对己方的有利,还要通过这件事给日本一个深刻教训:它肆意挑衅中国决得不到任何便宜,尽管有美日同盟,它同中国作对也取得不了优势。

中日这样对抗下去,就将成为战略敌人。但中美不会因为钓鱼岛冲突也走向战略敌对。中美要在全球开展的合作很多,日本是美国的棋子,日本没有力量反过来把美国变成它的棋子。

只要钓鱼岛地区的形势达不到中国的要求,只要日本人坚持对靖国神社的态度,中国就应保持对日本的压力,让它难受。但中国没必要给自己加码,把教训日本的目标提得很高。那样中国就不是逼日本,而是逼自己。

日本高官还会对中国说新的狠话,让他们说去。中国需保持对日本施压的稳健和可持续,展现大国的力量和威严。中国还需同时显示自己的战略克制和理性,这样的中国将最终瓦解日本的意志。

(2013.10.30)

英国监管报业是对过度"自由"的反弹

英国女王伊丽莎白二世 10 月底签署一份"特许状",英国将据此成立官方报业监督机构,取代现有的自律体系,此外一个用于监察新监督机构、确保其独立性的"认可委员会"将同时设立。英国报纸出现不少反对声,有的宣称英国持续了 300 年的新闻自由"走到尽头"。

这一调整被认为是英国政府对不断变化的媒体现实做出的反应。2011 年《世界新闻报》发生的"窃听门",以及一些社交网站之后在伦敦骚乱中的表现,都刺激了英国社会围绕"言论自由"及媒体道德出现前所未有的困惑。

媒体在西方社会被普遍当成"第四权力",在以往传统社会里政府权力优势明显时,人们对"第四权力"给予了鼓励为主、甚至放任的态度。然而进入互联网时代,社会权力结构在嬗变,英国这样的社会也面临社会传统力量与舆论力量之间的再平衡。

对媒体来说,永远是言论自由越多越好,获取信息的手段越不被限制越能搞到猛料。公众通常会把这一切当成"大娱乐",他们对媒体一旦朝着极端变化有可能伤害到社会及国家利益并不很敏感。

全世界舆论场都流行不同程度的民粹主义冲动,政府推行治理措施很容易被描述成"别有用心"。自由主义知识分子对社会的自治能力坚信不疑,在他们心中实际存在一个超级自由的乌托邦。

英国实际上只朝报业监管迈了一小步,在该国媒体界引起的反感如此强烈,这一冲突是世界舆论现实的缩影。

凡是互联网发达的国家,大体都迈过了"警惕政府专权"作为舆论第一要务的时期。互联网彻底削弱了各国政府对舆论的主导能力，增强了舆论的政治动员力，并且为少数派力量对抗社会主流声音提供了方便。

英国大概意识到该国舆论界的一些动向对法律形成挑战，"擦边球"越来越多，因此成立官方监管机构虽然会引起一些抗议，但女王还是签了"特许状"。

在一些第三世界国家，媒体的行业自律比英国的更松弛，不少发展中国家的媒体还处在对言论自由的早期兴奋中。一些人主张传统媒体的监管以社交网站的放任为参照，而不是社交网站加强对违法信息的监控。

社会秩序同发布信息的自由是一种微妙关系，成熟的社会一直根据自身的实际，调整二者的关系。鼓励自由发布信息会刺激社会的活跃，增加公众的承受力，但这种鼓励在任何国家都有大致相同的边界，那就是不能破坏社会的运转，不能损害现有法律体系的权威。

西方社会一边意识到自身在互联网时代面临新挑战，一边对第三世界国家媒体的出格行为给予鼓励。某个西方国家为维护法律和社会稳定，出台一些监管措施，搞一些"潜规则"，如果出抱怨和反对声，一般限于该国国内，不会形成西方舆论共同的口诛笔伐。而如果同样的事情出在非西方国家，比如出在中俄，西方舆论必群起而攻之。

媒体往往是一国各种力量中最活跃的，但怎样让媒体的正面作用发挥到最大，尽量避免舆论开放的负效果，只有相关国家自己才能有最真切的感受，以及最准确的把握。这实际关系到一国重大利益，不可能让外部力量越俎代庖。

英国"特许状"提供了一个信息发达国家加强媒体监管的案例。以超越意识形态的实事求是态度观察它，我们就有可能透过别人的问题，获得对自己有价值的收获。

(2013.11.04)

印度探火星，大国谁能漠视战略竞争

印度今天发射首个火星探测器"曼加里安"号，把它送上太空只是"万里长征的第一步"，如果它能一切顺利，需飞行10个月，明年9月24日方可抵达火星轨道。目前成功实现火星探测任务的只有美国、俄罗斯和欧洲宇航局，因各种原因，日本和中国各自第一个火星探测器——"希望号"和"萤火一号"都未能进入火星轨道。

印度的航天计划雄心勃勃，该国科学界有志于在火星探测领域领跑亚洲，尤其是一步跨到日本和中国的前面。作为穷国，印度发扬了"穷国自有穷办法"的精神，使得发"曼加里安"号一共只花7000多万美元，远比其他国家的火星探测计划更廉价。

即使这样，火星探测在印度国内还是遭到舆论的一些质疑，美欧舆论也不乏嘲讽。反对的观点大体是一个意思：一个3.5亿人口每人每天生活费不足1.25美元、1/3人口用不上电的国家，花钱跑几亿公里外拍几张火星的照片，值得吗？

然而这些质疑并不能阻止印度向太空领域不断投钱，除了发通信卫星和遥感卫星，印度已经成功发射了第一个月球探测器，目的是"紧紧咬住中国"。

印度在太空领域遇到的风言风语，与中国航天事业近年逐渐复杂化的舆论环境有些相似。甚至可以说，印度越来越像中国的一面镜子。

印度很穷，但中国同欧美发达国家比起来也属于穷国。西方对中国"穷但是肯向航天花钱"的印象，同我们看印度"这么穷还有钱探测火星"，感受差不太多。印度的追赶目标就是中国，中国航天则逐渐把美俄的最高航天水平当作参照。

全球参与航天竞争的还有日本、巴西甚至韩国等，中国是"航天俱乐部"综合发展水平较低，但又被认为现阶段"比较有钱"的特殊成员。

"航天有什么用，不如去发展教育医疗。"这种民粹主义的口号在国家战略层面不可能得到响应。印度搞的是西式民主政治，还有几亿文盲，处处需要用钱，但它的综合意志是"既不能放弃月球，也不能放弃火星"，看上去有些"不着边际"的印度国家利益战胜了只认眼前实惠的民粹主义。

中国航天这些年硕果累累，载人航天和空间站研究都实现跨越。中国虽还远远落后于美国，但与俄罗斯、欧洲和日本相比已经各有所长，同印度等比更是不在一个水平线上。中国在各战略性科学技术领域齐头并进，我们在发展民生的同时，国家科技战略力量也在扎实前进。

大国必须往人类探索的第一集团里挤，这是大国全面进步、变成强国的唯一方式。偏科和突出的短板都不可取，大国规划容不得朝任何方向的激进。印度这么穷，却不敢丢下航天，而且造航母，研制核潜艇，因为它不敢在某个方向上让落后不断扩大。

做大国很累，总是被迫卷入自己未必情愿的国际地缘政治竞争，一些普通竞争落到大国头上也会变得沉甸甸，甚至惊心动魄。此外小国的钱可以"吃光喝光"，大国却要挤出一些钱来搞看上去"没用"的东西，比如研究遥远的星体，甚至向太阳系外发探测器。

现在要防止民粹主义将中国当成一个理想主义的小国，用社区具体利益反对国家战略利益，否定国家间竞争的必然性。看看印度在中国身后气喘吁吁的追赶，我们就应清楚，除了继续做好，我们别无选择。

"曼加里安"号代表了印度的雄心，无论它成不成功，都可以让中国人更清楚地看到，这个世界大国都在忙些什么。民生永远是第一位的，但它不是全部，而且很难孤立繁荣。

(2013.11.05)

日本野心大胆子小，行动软嘴很硬

中日会在钓鱼岛"擦枪走火"，并进而爆发一场局部战争吗？迄今为止大多数的分析认为不会，基本理由是：日本不敢打，中国不想打。

中国不想打的原因我们都有切身体会。很多中国人对日本的挑衅很愤怒，巴不得好好教训它一顿。但中国社会总体是理性的，真正认为一场战争能解决钓鱼岛问题的国人并不多，人们更希望能在钓鱼岛问题上压制日本咄咄逼人的姿态。实际支持通过非战争手段解决钓鱼岛问题的中国人更多。

日本不敢打，是很多中国从事对日外交和研究工作者相当坚定的看法。他们认为，日本根本没有资本同中国开战，一旦两国打响，无论打成什么样，日本社会将陷入惊慌，政府在政治上必输。安倍对华强硬并渲染紧张的意图是要推动修宪扩军。不仅他本人，整个日本没有与核大国中国迎头猛撞的意志。

然而没有什么事情是绝对的。日本作为区区岛国，历史上同中俄美三大国都发生过战争，它有时的冒险几乎就是自杀式的。东北亚风云变幻，现在无法预测今后中国的"不想"同日本的"不敢"将如何互动，以及产生什么变化。

但至少在目前的"不想"和"不敢"之间，中国事实上历史性地处于对日关系的战略主动地位上。日本这些年一直扮演了挑衅者角色，但无论在靖国神社，还是在东海，日本的瞎折腾都无力对其地缘政治困境做出改善，日本的对华被动逐年增加。

比如在钓鱼岛，日本搞"国有化"导致中国的猛烈反击，中国执法船在该海域的常态化巡逻打破了日本之前的所谓"实际控制",日本实际有所退让,但嘴变得更硬。

中国这些年军费持续增长,海军力量通过宫古海峡走向太平洋,这会让日本方面感到不小压力。日本不得不接受逐渐适应中国海军力量崛起这一虽不舒服、但却是唯一的选择。

日本对华的担心和不满主要发泄到靖国神社冲突上,这是日本能够相对主动的擂台。但中国在历史问题上施加的压力同样是强大的,加上与韩国联手,有部分西方舆论支持,靖国神社并不能给日本对华战略加分。

中日目前陷入密集的相互示威,一来一往,掩盖了大局。中国社会需要拽紧大势的主要线索,始终看清中日间的态势,不做误判。

时下的日本是有野心、胆子小、不敢大动作却又忍不住挑衅的对手。中国在钓鱼岛维权和海军走向太平洋等方面都取得重大突破,实现了我国的部分神圣权利。同时我们需知道日本的感受非常沮丧和不安,它处于对华战略守势。我们宜保持节奏,给日本的适应留出时间和空间,不让日本右翼利用其社会上的"对华恐惧",煽动悲情。

钓鱼岛是中国给日本挑衅以教训的地方,我们开创了维护该岛主权的新空间。但我们也需清楚,钓鱼岛问题短时间内无法彻底解决,中日即使围绕钓鱼岛开战,它也一定是没有胜负的战争,而是中日各自表达不放弃该岛意志、摸索下一步和平解决的一个昂贵环节。

今天的中国根本没理由怕日本,我们所要计算的是在经营中国全球战略的关键时刻,陷在与日本的纠缠里值不值。日本现在与中国对抗得很专心,而我们实际只能对它采取"三心二意"的态度。

然而我们不是中日关系的唯一决定者,日本有可能利用我们的犹豫而提高对华政策要价。这一切对我们构成做全球大国极不熟悉的挑战。又要能镇住日本,又不使我们的反击进一步刺激它的敏感和各种变态的情绪,对其胡萝卜加大棒,驾驭它,而不是降低自己做它的平等对手。难。崛起的中国,的确需要大智慧。

(2013.11.05)

中国应积极救援菲律宾灾民

超级台风"海燕"重创菲律宾中部,当局初步统计至少有 1 万人遇难。有报道分析,这有可能是人类有记录以来级别最高的台风。

世界在迅速形成针对菲律宾灾民的救援潮。菲律宾外交部 11 日宣布,至少已有 22 个国家承诺向菲律宾灾民提供援助。据报道,美国、俄罗斯已决定向菲律宾派出军队、军机或临时医院参与救援。

我们认为,在对菲律宾的国际救援阵列中,中国不应缺席。尽管中国沿海也有遭到"海燕"袭击的地区,受了损失,中国首先需要搞好自救,也尽管因南海冲突菲律宾同我关系紧张,但我们积极参与对菲中部灾民的救助还是十分必要的,甚至是必须的。

在一个邻近国家遭遇罕见天灾的时候,中国伸出援手,这是我们作为大国应该有的道义。这同哪个邻国是友好国家,还是不太友好的国家无关。以正常规模援助菲律宾,这是中国不因这场风灾在国际社会丢分的底线。中国是开放型国家,与世界是紧密互动的关系。中国的国际形象、尤其是我们在重大问题上行为方式的可预测性和稳定性,对我们自身的利益至关重要。

如果中国这次采取冷淡的援菲态度,我们自己的损失很可能会大于菲律宾因这项受援不足而受到的损失。

我们相信,中国主流社会对政府及相关机构援助菲律宾灾民是支持的,大家不仅理解这当中的利害关系,而且援助那些灾民也是大多数了解灾情的中国人的天然反应。我们应当行随心指,果断做我们应当做的事情。

如今每当有国家对外援助的消息传出,互联网上都会有人激烈反对。国家有关部门应对此表现出足够的承受力和担当精神。这些声音不代表中国社会的主流态度,有关部门在必要时应当对这种声音进行正面回应,引导社会对援外形成更理性的思考,而不能任由一些非理性的声音主导舆论场。

援助菲律宾灾民是正大光明的人道主义援助,它同历史上出于地缘政治考虑的某些过度外援完全不同。尤其是,菲律宾有很多华人华侨,他们是中国大陆遭灾时发起海外援助的积极力量。在他们和他们所处的社会遭遇重大灾难时,我们提供援助的正当性不容置疑。

不仅政府,中国民间慈善机构如果针对这次对菲救援有所作为,应当受到舆论的鼓励。中菲因南海产生的恩恩怨怨,不应阻断两国民间共同抵抗天灾的合作。

我们呼吁向菲律宾灾民提供援助,不影响我们对国家南海一贯政策的支持。援助灾民应与国家坚持既有的领土主张互不相扰,中国社会的胸怀应能同时容下这些不同的事。

菲律宾政府在马尼拉香港游客被劫持事件中态度不佳,至今难以了断。但风灾出现后,香港特区政府向菲律宾灾民表达了人道主义的慰问。中国内地亦应超越中菲间的各种问题,就救援谈救援。

中菲历史上有过漫长的交往史,当前因岛屿纠纷的关系紧张只是历史的一个瞬间。我们既要认真对付这个问题,也不能让这个瞬间把中华民族的雄心和各种品格拴住。

(2013.11.13)

缓对美澳韩，将斗争目标锁定日本

对中国设立东海防空识别区，日本的反应近乎疯狂。日防卫相小野寺五典几乎天天出来放狠话，不知这是不是人们所说的"越心虚就越要展示狂妄"。此外美澳等也都有对华挑衅性动作或不友好表态，韩国说话酸溜溜的。

但所有这一切都构不成对中国设立防空识别区的真正挑战，这些压力总体上都是姿态性和舆论上的。东海防空识别区的设立已成事实，这一步我们坚定地迈出去了。

接下来最直接的斗争将在中日之间展开。美国作为日本的保护者，暂时不会与中国在东海直接对峙。澳大利亚只是表达一下策应美日的态度。韩国则是看到美日方面声高，借机表达一下自己的关切和利益，未必是要附和美日。

中国应战略坚决，策略灵活，只要美方不太过分，就不主动把美军作为巩固空识区的主要斗争目标。我们应集中精力打压日本的气焰，坚决回击其各种挑衅性行为。中国与澳大利亚并无实质冲突，可以忽略其声。韩国知道中国并非针对自己，它对日本的意见也很大，因此不会对中国提出过分的要求，中国暂可好言慰之，无需做出任何改变。

我们的对日斗争应完全放开手脚。它在东海出一招，我们就坚决回敬一招。要让日本每一招出得都很快感到自我的疼痛，我们的反制需当机立断，看得出是对日本最新挑衅的直截了当回敬。为此我们需多做预案，不留对日斗争的任何战略犹豫。

日本战机进中国防空识别区，我方战机就必须去它的防空识别区。当然，中国也不要被其牵着鼻子走，中国空军的回应应该以自己的节奏进行。随着事态发展，有可能出现中日军机近距离摩擦、对峙，重现冷战时期美苏军机的激烈空中游戏。中国空军需要加强这方面的训练和准备，决不临阵动摇，我们要有不惧空中擦枪走火的决心和定力。

这样过几回硬招，日本就会出现与中方合作管控双方空识区的兴趣，围绕钓鱼岛危机的管控机制谈判才可能启动，中日双方才可能会重新达成默契。

中方的对日战略态度一定要稳定。不首先挑衅，不逼它铤而走险，也不对它的威胁做出让步，反而要采取略高出其威胁的反制措施。同日本打的是持久战和消耗战，我们要最终打掉的是它与中国搞战略对抗的意志和野心。我们要向日本植入的不是面对中国威胁的恐惧，而是它对挑衅中国必将付出相应代价的明确预期。

现在日本虽然叫得凶，有美方帮着拉偏架，但它在气势上其实已经输了。因为它很抓狂，表现了内心的恐慌与惊惧，对航空公司同中方履行报备手续这样的细节也如此敏感。安倍越来越像当年的陈水扁，他们急于在一招一式上向内部证明自己没输。

中方操作防空识别区一开始虽有不熟练之处，但中国官方的表态前后一致，既不退让，也不说过头话，战略上显得气定神闲。这种态度大有可持续性，在中方的泰然和稳重面前，日本现在的表现真的有点像"跳梁小丑"。

中国热爱和平并在和平环境中走向繁荣。中国现在已拥有保持和平的巨大资源，钓鱼岛海域和空域的动荡掀翻不了中国持久发展的大格局。中国能同日本耗下去，我们有这个自信，也有这个耐心。究竟如何同中国相处，让日本自己看着办吧。

(2013.11.29)

中国舆论很难对卡梅伦热情起来

英国首相卡梅伦2日开始访问中国，因他去年接见达赖而严重遇冷的中英关系总算有所恢复。这一年多里，中德中法交往活跃，增加了卡梅伦政府打破中英冷淡的紧迫感。

有人分析，英法德这三个欧洲国家一定程度上形成在达赖问题上轮番挑衅中国的"默契"，当有一家领导人见达赖时，另两家就同中国发展关系。隔段时间另一家领导人见达赖，这两家又同中国走得挺近。英法德三国同时与中国相安无事的时候往往是短暂的。

这一总结同中国与欧洲关系的表面节奏有几分对应。尤其是，同在昨天，英国海军参谋长出现在日本，向日本防卫相表达支持日本对中国设立防空识别区的立场，这增加了中国舆论质疑卡梅伦改善对华关系真诚度的理由。

但中英之间大概本来就不是"真诚"与否的问题，卡梅伦无论怎么做都是出于他的执政利益和英国国家利益，我们不认为他的这次来访会是中英"斗争"的结束。

中国需要继续加快将我们的实力增长转化成外交资源和工具，让无论哪个国家每一次对中国利益的侵犯都付出代价，这会迫使伦敦等今后在对华问题上三思而行，转而更多看重开发它们与中国之间的共同利益。

不能说中国对欧洲领导人见达赖的反击毫无效果。世人不能不承认，中国在对欧关系中的战略主动权在增加，英法德如今更像是"打游击"，而早已不是公开的"联军"，在达赖问题上联合对付中国。

卡梅伦这次来中国，政府方面自然要给他礼遇。但他也会发现，中国社会并没有忘记他不久前的表现，因此舆论尤其互联网上的声音很难对他的到来表现出热情。

此外我们知道，英国政府在香港的双普选问题上不断说三道四，对香港与中央对立的泛民派给予半公开的支持。这严重增加了中国公众对英的负印象。中国人都相信，如果伦敦欲从外部插手香港的双普选过渡，中英关系就有可能重回去年他见达赖之后的状态。

卡梅伦政府应当知道，中国公众对英国原本颇有好感，但卡梅伦政府同德国默克尔政府的表现反差太大，这刺激了中国人发现英国不怎么样的另一面。比如我们发现，英国在中国欧洲外交中的"可替代性"很强，而且英国也已不再是什么"大国"，它就是一个欧洲老牌国家，适合旅游和留学，有几支好球队。这最初是中国人生气时的想法，但慢慢很多人的这种对英思维在变成习惯。

中国一直信奉"外交无小事"，因此对很小的国家我们也以礼相待，唯恐失敬。但经过这些年的风雨，我们也同时有了"外交无大事"的战略自信。我们想说，英国敬中国一分，中国人就会还英国一尺。希望两国今后再也别硬碰硬。

最后我们愿意祝卡梅伦首相及其随行在中国旅行愉快。

(2013.12.03)

拜登知道不能为日本毁了中国行

美国副总统拜登昨天从日本抵达中国访问。他在日本时，围着他转的关键词几乎只有"中国东海防空识别区"这一个。他一进入中国，大概马上感到谈话空间一下子扩大了很多。东海防空区自然是焦点之一，但它只能是"之一"。

中美建立新型大国关系是亚太实现长期和平稳定的基石，中美合作的战略意义不会因某个具体分歧而瓦解。目前东海出现紧张，但它有很大一部分是日本为烘托悲情而制造的泡沫，中国无意在军事上主动挑战美日军事同盟。日本故意制造危机，想促成美国的被迫卷入，引导中美最终相互摊牌。

从昨天拜登到中国的最初消息看，以及联系到之前拜登既安抚日本、又对东京的要求有所保留等表现，我们认为，虽然美国在中国设防空识别区问题上与中国有较大分歧，但中美大体驾驭了这一分歧，防空识别区的事并未扭转中美关系的基本注意力。

中美的亚太乃至全球战略都对对方成为伙伴有着现实需求，如果彼此成为公开而活跃的对手，这对中美任何一方都是噩梦。日美关系没有决定中美关系性质的力量，中美的相互重要性，不是日本在中美之间扮演什么角色就能影响或改变的。

我们相信中美领导人本次会面谈了不少中共十八届三中全会，谈到双边经济议题，还谈了全球话题，谈了伊朗和朝鲜等。中日之争占不了双方会谈的太多时间。拜登不可能摆出来北京递抗议信的姿态，那样的话中方的回应也决不会太客气。

中美减少战略互疑是两国增加沟通效率的关键所在。但美方应当清楚，除了两国领导人的沟通，美方多释放中国社会能看得懂的善意信号也很重要。中国民间一直担心美国会为遏制中国崛起而利用中国与周边的领土摩擦，并且高度怀疑美国重返亚太就是冲着中国来的，我们尤其担心美国会为此采取威逼中国的动作。

中国民间的情绪不可能不对国家政策形成牵制，美国如果确无遏制中国的打算，就应在涉及中国核心利益的领域不主动摩擦，美国官员避免像日本官员那样，说中国公众无法接受的话。

美国常谈东亚的"平衡"以及其自身的"平衡者"角色。这些概念中国社会并非完全抵触。重要的是，中国崛起是这个国家发展的自然过程，而并非我们立志改变东亚秩序的韬略。美方所要的平衡必须能容纳中国与其发展相称的合理战略要求，不能逼已经成长的中国蜷缩着。遇中国同周边国家发生领土主权摩擦，美国应绝对避免选边站。

中国高度重视同周边国家发展友好合作，对于一时解决不了的领土争端，中国是"搁置争议，共同开发"的积极倡导者。中国与周边国家的领土争议，按争议面积排序，中印第一，中越第二，中菲第三，中日最直接的领土争端就是钓鱼岛。但现在争端强度是倒过来的，中日第一，中菲第二，而日本和菲律宾又在亚洲同美国的关系"数一数二"，这让中国人能怎么想？

拜登此次中日行还是能让中国人看到一些美国方面的理性。至于拜登在美国使馆签证处向中国学生宣扬"美国自由"，则是美国高官访华的"例行表演"。美国人会发现，中国社会并未对美国的外交表现有太高期待。美国也不该戴有色眼镜看中国的所谓"民族主义"。美国或许应当想，连中国这种儒释道浸染的温和社会都对美国有了"民族主义"情绪，那么美国是否真的需要对其行为做些调整呢？

(2013.12.05)

朝鲜稳定符合中国的利益

朝鲜劳动党中央政治局8日宣布解除张成泽的一切职务,并将他开除出党。张成泽被指有"反党反革命宗派活动",由于他被视为朝鲜的二号人物,又是金正恩的姑父,朝方8日的宣布被认为是朝鲜的重大政治事件。

金正恩接替朝鲜最高领导人职务已近两年,外界大多认为这个过程总体上是平稳的。对中国来说,这样的过渡符合我们的利益。张成泽倒台的消息昨天传到中国后,互联网上出现种种猜测和感慨,但普通中国人还是愿意看到朝鲜平稳,并推测朝鲜现领导人有这样的政治把控力。

最近一段时间中日之争成为东北亚的焦点,韩国在中美日之间摇摆明显,中国媒体上有关朝鲜的新闻不算多。但朝鲜对东北亚地缘政治的特殊意义没有变。它是这里实力相对较弱的国家,但同时又具有独特战略撬动力。它是经常会在亚太"消失",却又能突然强有力证明忽视它是一种错误的一支力量。

中朝友好关系不仅对朝鲜至关重要,它也是中国的战略性外交资源。随着中国的强大,我们的外交杠杆越来越多,但中朝友好的亚太效应是至今无可取代的。

保持中朝友好关系应是中国对朝思维的主轴,敦促朝鲜无核则应同两国友好实现最大限度的契合。中国社会祝愿朝鲜以它自己的方式走向繁荣和稳定,中国人不认为本国有干预朝鲜内部事务的能力,多数人也不认为这是必要的。

中国和朝鲜在很多年以前就走上不同的国家发展道路,两国基本不具有政治、经济的可比性,世界上也很少有人把中朝两国做这样的对比。经常有人这样做的地方大概只有中国互联网。一些人把骂朝鲜当成指桑骂槐骂中国的一种发泄,然而这些骂声连泡沫都称不上,它们就是些单独的气泡,在落地前就被瞬间吹灭了。

中朝友好和中国对朝援助的出发点都是中国国家利益,这同中国巴基斯坦友好以及中国对巴援助的性质有类似之处。那些将中朝关系做意识形态解读的人,大概还生活在旧的时代。认为中国应当对朝鲜内部问题承担"道义责任"的人,或者是无知,或者是狂热的普世主义者。

金正恩很年轻,他的年轻有可能成为朝鲜决定性的政治资源,推动这个国家走向未来。外界应当为朝鲜融入东亚的发展积极营造条件,让朝鲜战略选择的空间尽可能宽松些,不要把这个依然很敏感的国家往对立的路上推。

中国是对朝鲜有特殊影响力的国家,朝鲜发展核武器给中国出了个大难题。将对朝友好和反对其发展核武器做到平衡,是对中国外交的考验。但应当说,中国在东北亚复杂局面中的整体主动性在增加,对推动朝鲜无核、保持中朝关系也不例外。

中朝都应为促成金正恩早日访华积极创造条件,朝鲜方面尤其需要这样做。这将有利于朝鲜的长期稳定,对中朝两国进一步发展友好关系也将具有关键意义。

(2013.12.10)

将安倍列入"不受欢迎的人"黑名单

日本首相安倍晋三26日悍然参拜靖国神社,向中韩等亚洲邻国发动新一轮的挑衅。中国外交部、韩国外交部昨天都做出强烈反应,美国驻日本大使馆也对安倍的行为"表示失望"。安倍在昨天迈进靖国神社时就已经输了理,这是确定无疑的。

中国方面严厉谴责安倍政府是有必要的,这有助于加深世界舆论对安倍"做了什么坏事"的印象。但必须指出,中国的外交谴责是日本意料之中的事,他们早就做了评估,这一招对他们已不管用。

就中国社会来说,已经对针对日本的"强烈谴责"感到厌倦。人们希望中国政府在对日问题上多做更具实际意义的行动。

我们认为,由于安倍当局这一次的挑衅十分明显,中国作为大国,采取适当的、甚至稍有些过量的反制,将在国际舆论中获得理解。日本方面对此也是有预期的,他们只是不知道中国的具体反制是什么。

如果中国只是抗议,或者反制行动不够有力,将是我们自己对国际政治权利的一种放弃,而且这将成为外界评估中国是"纸老虎"的一个依据。

那么中国应当采取什么措施,才能使反制既恰当又有力呢?除了不与日本举行高层会晤等老措施外,我们还需有全新的行动,让世人眼前一亮或者心头一震,表达我们坚决反对安倍参拜靖国神社的意志。

我们认为,宣布安倍等人为在中国"不受欢迎的人",从此禁止他们进入中国,不失为一个既简单易行,又有相当震慑力的行动。中国应公布一个黑名单，将安倍以及今年以来在参拜靖国神社问题上表现恶劣的日本高官和著名议员列入其中，规定他们五年之内不得来中国做任何旅行和访问。

中国一旦这样做，等于是排除了安倍任内同中国进行高层互访的可能，安倍政府几乎失去了改善对华关系的能力。我们认为中国就应公开表达对安倍政府和他本人的这种态度，也应告诉以后的日本政治家，如果谁高调参拜靖国神社，他就将被禁止来华。也要让日本社会知道，选这样的政治家当首相，就是选择同中国没有高层往来的关系状态。

中国宣布这样的黑名单，必将受到国内社会的高度支持。在国际上，由于这是对安倍挑衅的反应，而且原因是日本拒绝反省二战侵略亚洲的罪行，我们会受到同情和理解。靖国神社之争会比钓鱼岛之争更容易让国际社会看明白，加上韩国社会必将就此事天然站在中国一边，中日的这场冲突日本在外交和道德上都输定了。

靖国神社问题主动权一直在日本一方，因为参不参拜毕竟是由日本首相和高官们做最后决定，中国阻止他们不堪其累。将参拜者公开列入黑名单，禁止他们进入中国，中国就能在很大程度上扭转形势，变被动为主动。

不要再把中日友好作为我们考虑采取什么反制行动的出发点了。我们必须清楚，只要安倍在台上，中日关系就是休克状态。把他宣布为"不受欢迎的人"，我们会更踏实，从此更加明确同安倍政府打交道的性质。

中日之间的游戏规则应当更加明确，不存悬念，那就是日本做出挑衅，中国必有反制。中国人不必为安倍耍政治流氓生气，犯不上，把他列入黑名单，我们的所有态度就全有了。美国列黑名单时，榜上的人有不少是恐怖主义分子、法西斯分子等。没错，安倍在我们的眼里就同那一大类人差不多。

(2013.12.27)

中法建交50年，呼唤新的戴高乐

50年前的今天，北京和巴黎同时公布中法建交联合公报，法兰西成为第一个与新中国建交的西方大国。无论当初的动机是什么，戴高乐领导法国所做的这一突破在中国几乎家喻户晓，我们至今心存感念。

中法关系这50年总体上是中西关系中最好的之一，但另一方面，中法"好"的突出程度似乎并未达到历史在这种情况下所能铸造的最高水平。中法友好在中欧关系的序列里多少有点"常态化"，50年前两国领导人为中法战略合作预置的能量，还可以有更辉煌的释放。

中国步入改革开放以后，中法合作频密，但较大的障碍也周期性出现。中法关系的复杂表现部分遮掩了戴高乐总统当年外交创举的光芒，中法关系在中西关系中是否有"特殊的后劲"，问题和答案都模糊不清。

两国建交50年之际，中法两国外交界或许都不应仅仅满足于一般的庆祝，还需要为中法战略合作的未来做一些更具深度、也更切合实际的思考和谋划。

中国是典型的新兴大国，法国是典型的"老欧洲"国家。从法国日常的对华舆论态度中，我们看到的法国社会对华心态是欧洲普遍性的，很难从中发现某种"戴高乐的基因"，这里指的是那种有助于为中欧之间搭建超前战略互动平台的胸怀和远见。

也许法国需要出现一位新的"戴高乐"，推动中法再做一次历史性的走近。它不仅是两国的交往密一点，合作多一点，而是致力于在欧洲国家中率先同中国建立真正意义上的战略互信，突破中西之间的意识形态篱笆，创建"老欧洲"国家同新兴大国崭新的战略伙伴关系。

欧洲所有大国都相对于中国"越来越小"，但它们的很多技术及文化优势将长期存在，中国需要向"老欧洲"学习的地方数不胜数。如果法国能跳出西方国家对中国的流行成见，认真重读中国，与中国同西方追求共赢的真诚愿望做创造性的对接，那么它就有可能再次赢得一份绝对领先，在中西充满犹豫的外交领域为未来下订单。

当初中法建交，中国一穷二白。如今的中国走到世界发展的前沿位置，它需要更加坚实的西方伙伴，化各种潜在纷争为新的发展动力。中西关系虽然问题重重，但向好的推力悄然积累，21世纪西方大外交的主题有可能就是重新发现中国，它现在需要关键性的破题点。

以法国无所不在的独立性，其社会层面的对华态度显然过度僵化于西方的"大一统"，它基本在随西方的大流。法国媒体跟着美英媒体的"中国故事"人云亦云，法国对中国的认识已经"淹没"在西方中。

中法建交50周年是个机会，它让人想到，戴高乐曾经就对华问题在西方那么出位，几乎是"反潮流"。但历史证明他没有做错。

今天的法国敢在西方就对华问题像戴高乐时代那样特立独行吗？如果法国的领导层这样做了，法国社会能接受吗？法国舆论愿意在如此重大的战略问题上，与西方舆论的调子拉开距离吗？

必须指出，法国如果出新的"戴高乐"，这不仅符合中国的利益，也符合法国的当下及长远利益。精神上的独立自主不仅能为法国带来尊严，也会帮法国在与新兴大国的深度合作上捷足先登。

重要的是，法国需要有政治力量发现该国的这一重大利益，并且有能力以其中的道理取信于法国社会。那样的话，中法两国将在全球政治舞台上创造新的奇迹，它将成为解决21世纪国际政治难题的一把钥匙。

（2014.01.27）

西方打压索契冬奥会令中国人警醒

中国国家主席习近平应邀于昨天抵达俄罗斯索契,出席将于今天举行的第二十二届冬季奥林匹克运动会开幕式。这是中国国家元首第一次出席境外大型体育赛事的活动,也是习近平今年的第一次外访。俄罗斯举办本届冬奥会受到西方的大量指摘,美、英、法、德领导人都表示不会前往索契,中俄友好关系显得尤为突出。

索契冬奥会被西方舆论政治化了,俄面临中国 2008 年的类似处境。那一年中国出了"3·14"事件,不过美国总统布什、法国总统萨科齐最终还是出席了北京奥运会开幕式,英国首相布朗出席了闭幕式。这一两年俄罗斯并没"出大事",然而西方舆论对俄罗斯攻得很凶,比北京奥运会的遭遇没好到哪去。

俄罗斯是大体接受了西方政治体制的国家,多党制、西方式选举在俄都已实现,但西方对俄仍百般压制,看得让人心寒。据称目前已有数百万篇各类新闻报道指责索契冬奥会,揭露俄罗斯的"贪污、官员专横、公权力独断、严峻的人权状况、环境破坏、媒体审查、反同性恋法规、对经济移民的不公待遇、族群冲突"等等。

索契冬奥会给中国人的第一个警示是:不要以为搞"西式民主"就能彻底缓和同西方世界的关系,就能化西方的批评为赞扬。西方对中俄这种大国的态度,只会取决于它们的地缘政治利益。

习近平出席索契冬奥会,当然不意味着中国同西方的对抗。事实上,中俄的总力量远远弱于西方,两国的战略协作不可能以同西方对抗为代价,那样很不明智,根本无法持续。

中俄结为全面战略协作伙伴的意义，具有高度的弹性。它既存在于中俄两国之间，又与西方对中俄的态度形成某种互动。这是中俄两大国正大光明的走近，中俄都是独立的全球性战略力量，政治力学决定了，它们都不可能是孤立的。当西方想将中俄"分别孤立"时，就注定会失败。

无论对中国还是对俄罗斯，与西方的关系都至关重要。但两国都发现，中俄紧密合作恰恰有助于它们各自同西方发展关系，会让西方变得谦和些，而不是相反。

其实中俄关系并非总是一帆风顺，两国国内都有一批人士，对中俄友好持反对、嘲笑的态度。俄方的那些人鼓吹"中国威胁论"，中方的那些人则不断宣扬俄是历史上割占中国土地最多的帝国。

然而势比人强。经历了从叶利钦到普京以及中间穿插的梅德韦杰夫时代，外交多变的俄罗斯在对华政策方面越来越稳定，中国的对俄思维也越来越成熟。时至今日，虽然民间小摩擦时有发生，但中俄全面战略协作逐渐越来越有力量对付来自各个方向的"离间"。

中国领导人出席索契冬奥会开幕式，虽然属于中国外交的"破常规"之举，但早就在战略分析界的意料之中。这是中国对俄罗斯及对普京本人的支持，这样的确定性反映了中俄关系的某种品格。

中俄走上了不同的政治发展道路，但中俄关系处于历史最好时期。与此同时，中国同越南、朝鲜的关系却要敏感得多，这一切充分反映了国家间关系的复杂性，仅从意识形态审视这种关系是幼稚的。

中俄是彼此都需高度珍惜的战略伙伴。让各种闲言碎语去说吧，中俄友好是维护世界和平以及全球力量平衡的支柱之一，这是重大事实。索契冬奥会是对中俄友好正能量的一个证明。

(2014.02.07)

向美国务卿"要自由",好萌的表演

美国国务卿克里 2 月 15 日在结束访华行程前会晤了 4 名中国媒体人和网络博主,会谈主题为"互联网自由"。中方参与者中,有人敦促美国政府就网络防火墙的问题向中国施压,并提到刘晓波、许志永等,呼吁美国政府支持"追求自由的中国人"。

这些"敏感话题"在中国互联网上都不新鲜,中国不乏批评防火墙、为刘晓波和许志永"喊冤"的声音。但中国几位民间人士同美国国务卿克里谈这些问题,多少有点"特别"。

美方主动披露这一消息,可以让克里能就此次访华向美国国内交代,因为这意味着克里在中国"谈了人权"。此外这件事也向中国对现行体制不满的人传递了一个信号:美国始终在关注并支持他们。

美国没有能力直接影响中国的政治发展进程,也阻止不了中国对越过法律边界的异见人士依法进行制裁。经过过去几十年的反复摩擦,这已得到充分证明。中国看似曾经"在美国的压力下"释放过几名在押犯人,但那更多是中美之间的"某种交换"。随着中国愈发强大,今后连这种"交换"的可能也将越来越少。

如果异见人士今后还指望美国政府能给中国现行法律撕开个口子,对他们给予特殊"保护",那他们就太"萌"了。

美国所能做的是向中国进行"思想渗透",影响部分中国人的价值观和判断力,在舆论上帮助扩大中国内部"政治异见"的声势,并围绕一些具体人和事给中国找些麻烦。

从历史看,美国的对华"思想渗透"发挥了复杂作用,美国的一些观念已被现代中国接受，客观上推动了中国进步。但随着中国变得强大，美国的"思想渗透"在变质，这当中有意为中国布的"陷阱"越来越多。

西方对华"思想渗透"早已不仅是知识和观念的传播，美国的一些力量很希望它带来符合美国利益的政治效果，因而不断致力于让这个过程变得更可操纵，使它产生能够一定程度上撬动中国的各种杠杆。

中国处于波澜壮阔的改革开放中，建设民主、富强国家已是中国上下的共识性目标，"自由"、"民主"、"法治"这几个词都已进入中国社会主义核心价值观的24字表述。但一个世纪的风风雨雨让中国社会有了更多见识和政治辨别力，该怎么做，中国主流社会已经有了主心骨。

除非中国改革开放出现颠覆性失败，中国目前的国家道路肯定会坚定走下去，这不是少数异见人士在西方支持下能够扭转的。

然而内外的这种联合会让中国主流社会警惕。这种联合最终会发酵成什么，显然有不确定性。中国应如何处理对它的警惕与深化改革、扩大开放、以及倡导解放思想之间的关系？随着中国社会多元化的不断发展，这有可能成为一项复杂的挑战。

在中国社会转型和互联网发展交织在一起的时候，美国的"渗透"和中国的反应有可能形成边界有些模糊的"乱仗"，美国当然希望"乱中取胜"，但它未必能做到。美国或许看上去做得"招招见血"，但中国在战略上驾驭了这一切，因为增加了容量和弹性的中国变得更加牢不可破。

看清时代的大格局很难，中国互联网的活跃人士大多只能与身边的小格局和短线利益互动。这在一定意义上说是无奈的。确保自己成为中国前进正能量的一分子，避免滑入负能量，这需要大的政治清醒，它首先意味着在周围环境模糊不清时对爱国主义和促进公共利益的真正坚持。

(2014.02.17)

乌克兰，继续流血的苏联解体伤口

乌克兰首都基辅市中心18日再酿大规模骚乱，反对派与警方激烈冲突的地方就像是战场。到目前至少已有25人死亡，其中包括9名警察。

乌克兰曾是苏联富庶程度排第四的共和国，苏联解体给了它独立的机会，但也打开了其国内东西部不同族群、不同宗教信仰者剧烈冲突的潘多拉盒子。2004年爆发乌克兰橙色革命，进一步使西部社会亲西方、东部社会亲俄罗斯的局面定格，民主选举制度根本协调不了双方的国家道路之争，这个国家成了街头政治为主，议会政治为辅。

发达的乌克兰经济被折腾到人均GDP只有约3700美元，大致相当于中国的60%，俄罗斯人的四分之一。而中国的"辽宁舰"船壳就是从乌克兰买的，它的一些海空军单项装备技术至今领先于中国。苏联解体二十几年了，这段时间大体是乌克兰人均寿命的三分之一。

苏联解体，俄罗斯在普京领导下恢复得比较快，也阻止了分离主义在俄罗斯境内的继续扩散。但苏联加盟共和国中，俄罗斯在西方的名声最不好，乌克兰、格鲁吉亚等"失败国家"反成西方舆论里的香饽饽。西方力量对乌克兰危机极其热心，多方公开插手，鼓动反对派同选举上台的政府对着干。

现在不断有人预言乌克兰有可能分裂成两半，那样的话，其4500多万国民将再被热烤一通。因为东西乌克兰将很难划定边界，俄罗斯当年作为礼物送给乌克兰的克里米亚多为讲俄语的居民，光是该半岛的归属就是烫手山芋。会不会爆发内战？今天谁敢断言！

这些年接受了西式民主的国家有着截然不同的命运，有几个东欧国家如波匈捷等很快加入欧盟，转型相对顺利。有的四分五裂或长期动荡，老百姓吃尽了苦头，如前南、苏联一些国家等。还有的凭借资源优势，加上一个强势领导人，恢复得较好，哈萨克斯坦和土库曼斯坦也都属于这一类。但西方大多不承认它们已是"民主国家"。

总的看，突然引入西式民主的国家里，小国、民族和宗教单一国家，尤其是它们中紧挨着西方势力圈的成功概率更高些。而大国、民族和宗教复杂的国家就很难驾驭这一变故。苏联、南斯拉夫、捷克斯洛伐克大致同时解体，其中只有最后者实现完全和平解体，苏联是剧烈动荡型，南斯拉夫的分割则十分血腥，死了几十万人。

乌克兰为何克服不了目前的东西部冲突，因为其国内两大族群的矛盾过去有苏联从上面有效调节，苏联没有了，这些矛盾必然要发作。加上西方没有保持乌克兰稳定的特殊利益，不可能为乌克兰和平转轨投入资源。

伊拉克和阿富汗都没有稳定的和平，但美国已经从伊拉克撤军，从阿富汗也在安排撤军，利比亚西方打完了就扔在了那里，而这些国家都不具有驾驭民主的成熟能力，因此它们的命运堪忧。

外部的风雨一再告诫我们，中国的民主进程必须要稳扎稳打，步步为营，切不可犯很多前车之鉴所共有的幼稚病。中国如果激进过渡到西方要求我们做的那一套，国家四分五裂并且有很多地区陷入长期动荡的概率极高。少数地区以及少数人群或许能有好运气，但大多数地区和大多数民众极可能把这些年世界上最倒霉的事情重走一遍。

我们不应寄希望于我们会比乌克兰人"命好"，不能指望几个秀才写部西式宪法，人大一通过，中国就变成了"美国"。中国复兴注定是极其艰巨的奋斗、改革过程，我们只能也必须建设一个被打上中国文化烙印的民主、自由、法治国家。

(2014.02.20)

乌克兰或因动荡丢掉克里米亚

数十名亲俄罗斯武装人员 27 日晨占领了乌克兰克里米亚自治共和国的政府和议会大楼,并挥舞俄罗斯国旗。这一事件很像是进一步拉开了克里米亚脱离乌克兰的序幕。

俄罗斯族在乌克兰 4500 多万人口中占 20%,他们在克里米亚的近 200 万人口中约占 60%。克里米亚 18 世纪并入俄国,1954 年苏联为庆祝乌克兰与俄罗斯结盟 300 周年,特将克里米亚作为礼物从其内部的俄罗斯版图上划给了乌克兰。克里米亚半岛的塞瓦斯托波尔是俄黑海舰队大本营,因此乌克兰如果"分裂",最大的可能是从克里米亚开始。

乌克兰被新政权宣布废黜的前总统亚努科维奇失踪多日后也于 27 日发出声音,表示自己仍是合法的乌克兰民选总统。

乌克兰刚刚"胜利"的革命看来远未完结,俄罗斯 26 日在临近乌克兰的两大军区举行军事演习,发出强烈信号。美国国务卿克里强硬对俄警告,西方与俄的对抗有加剧之势。

乌克兰局势的失控,之前大体处于国内政治斗争层面,如今正升级为民族尖锐对立和大国彼此公开示强。西方寄希望于普京软下来,让乌克兰和平转轨。

然而这种指望很可能是一厢情愿的。普京未必会公开出兵乌克兰,那样的代价可能过高。但普京手里有很多张牌,可以让乌克兰目前的剧变节外生枝。

他的最大资本就是乌克兰的近 1000 万俄罗斯族人,他们同时也在一定程度上强制了莫斯科对乌的政策选择。俄罗斯在战略上无法承受"失去"乌克兰,它的舆论则不会允许普京置那里的俄罗斯族人命运于不顾。普京能走多远不好说,但他肯定不会"什么都不做"。

苏联解体后,格鲁吉亚、摩尔多瓦等出现了亲俄地区的"武装割据",格鲁吉亚2008年为此与俄罗斯爆发战争,其境内两个共和国最终宣布独立。由于克里米亚的俄罗斯族人对乌新政权毫无信任,它作为"自治共和国"寻求乌无法接受的"更高自治"甚至完全独立都是有可能的。

27日亲俄武装人员占领政府和议会大楼,是当地俄罗斯族人对乌革命极度愤怒的爆发。此前的25日已经发生了俄罗斯族人在克里米亚游行示威,武装人员会让克里米亚独立问题更加一发而不可收。

乌克兰对西方的战略意义,不像俄罗斯绷得那么紧,感觉"完全输不起"。除非乌克兰本身就有压制克里米亚独立的力量,否则西方不会为它托这个底。如果克里米亚坚决要以某种形式脱离乌克兰,基辅新政权很难对付。

莫斯科或许不会直接支持克里米亚独立或加入俄罗斯,但它更不会允许基辅动用武装力量对其进行镇压。那样的话,克里米亚就会成为新的"南奥塞梯"。

乌克兰的核心问题是,那里有俄罗斯的巨大利益,但乌克兰前反对派们的所作所为仿佛俄的这些利益根本不存在。他们的胜利在大棋盘上只是局部性的,因此很不稳固。

和平对乌克兰比什么都重要,这个国家如能安定下来,前苏联时期打下的经济基础就会逐渐释放出令人刮目相看的能量。为此,这个国家最需要妥协。当外部都愿意争夺它的时候,它内部的势力倾轧尤其是致命的。

乌克兰的国家政治选择似乎注定了内部斗争的愈演愈烈。现在要看这个国家是否能迅速转向民族和解,出现一个奇迹了。

(2014.02.28)

安理会声明让 CNN 形同裸奔

联合国安理会 2 日发表媒体声明,将发生在中国昆明火车站针对平民的杀戮称为"非常丑恶的恐怖袭击"。声明强调"必须将这一恐怖主义行径的实施者、组织者、资助者和支持者绳之以法"。

CNN(美国有线电视新闻网)之前对昆明恐怖袭击的报道闪烁其词,给"恐怖分子"这个词打上引号,其所谓的"中立"透出对恐怖分子的明显偏袒。安理会这一旗帜鲜明的声明把 CNN 放到尴尬位置,我们认为,CNN 应当有被联合国扒光裤子的羞耻感。

昆明暴恐血案发生后,CNN 等少数西方媒体几乎下意识地把质疑矛头对准中国政府。如果是别的什么争议,也就罢了,但昆明事件的恐怖主义性质十分明显,这是大是大非,根本没有耍双重标准把戏的空间。CNN 等可以说是让"政治挂帅"搞昏了头,踩道德底线的尺度太大了,结果踩到了沟里。

这些西媒的先生们或许认为他们的做法才是"客观"和"中立"。然而国际上哪帮连命都不要的恐怖分子没有他们自己的"恨",写他们的故事想煽情能攒不出一点材料?但恐怖分子就是恐怖分子,恰在这个问题上,没有"中立",只有全人类的普世价值。试想一下,如果美国的"9·11"之后,中国媒体在写出"恐怖分子"这个词时,也打上引号,第一时间帮美国人"反思",美国社会会是什么感受?

是不是美国下次发生恐怖主义袭击的时候,中国的主流媒体就真的应当那样做一次?

CNN 等一些西方媒体如今扮演了"高级黑"的角色。本来中国社会对美国还是有不少好感的,一些人对美国在同中国谈人权时是否也有真诚的一面抱着"宁肯信其有"的态度。但作为西方价值观的标志性代表机构,这些西媒反复同情中国的暴力恐怖分子,而不是同情那些暴行的受害者们,就像把一桶桶冷水浇到中国人的头上。

要是在过去,中国公众或许会要求表现最差的西方媒体道歉,但现在我们有点懒得这样做了。国际社会对昆明事件的定性如此鲜明,打了它们的耳光。尤其是CNN,这次扮的角色真的就像是小丑。它这么干已经不是第一次让中国人看穿,CNN早前在中国社会的那种"高大上"形象早就塌了。

对西方大国的官方态度我们还是很在意的,如果哪个国家的政府敢在昆明事件上发杂音,中国必追究,并严厉报复。至于那些西方媒体,比如CNN,它代表了美国社会对中国出事幸灾乐祸的那部分心理。其实美国发生"9·11"时,一些中国人在饭桌上也没少乐呵,只不过中国媒体更有责任感,恪守了国际社会的公开底线。但CNN没憋住,它就像有人在葬礼上总忍不住笑那样失水准。

有人提出中国政府应当"惩罚"CNN,我们认为那倒大可不必。CNN就这样,因为世界就这样。CNN反映了西方社会依然觉得可以欺负欺负中国的这个事实。需有中国的进一步发展,帮助中国在世界上赢得更多权力,迫使CNN等西方主流媒体打算说出格话时,关注中国的脸色。我们仍需卧薪尝胆,让CNN等充当那个"胆"吧。

联合国安理会这一次的声明很准确、及时,联合国秘书长潘基文此前的表态也很公正。中国政府就应做到让这些正宗、权威的国际社会声音同我们站在一起。有了这些声音,像CNN这样的媒体,就只能裸奔了。

(2014.03.04)

普京，西方又恨又无奈的对手

克里米亚议会昨天宣布将全民公投提前至 3 月 16 日，决定是留在乌克兰还是加入俄罗斯。该议会同时通过了一项加入俄罗斯的动议，要求俄总统和议会考虑克里米亚的这一请求。

自俄议会几天前批准对克里米亚使用军事力量以来，美国带领西方对莫斯科和普京本人发起强大的舆论和外交攻势。这次克里米亚议会宣布举行全民公投，是以西方的方式对西方打出一张王牌。

最近两天普京和俄罗斯方面都否认俄军队正在克里米亚行动，称目前在克里米亚出现的都是当地武装或自卫队。普京对外交策略的运用保持了相当大的弹性。

如果克里米亚全民公投的结果支持脱离乌克兰并加入俄罗斯（这一结果现在很少有人怀疑），那么西方指责俄罗斯"侵略"的理由就要一下子瘫掉大半边。克里米亚目前是乌克兰的一个自治共和国，对其谋求改变政治地位，西方只能挑刺，但没法像骂俄罗斯出兵那样骂它。

普京再次证明，他是华盛顿以及整个西方很难对付的一个人。他看上去非常强硬，敢出狠招，但又同时善于运用外交手腕，在困境中抓住机会，实现突破。他收留斯诺登，扭转叙利亚局势，都让华盛顿非常不快，但又无可奈何。

普京领导的俄罗斯似要与西方力量的"东扩"做殊死斗争，为此西方对他本人结下"私仇"。西方舆论针对这位俄罗斯总统的围攻经常十分凶猛，就在昨天，美国前国务卿希拉里·克林顿在批评普京时公开提到了阿道夫·希特勒的名字。两年前普京第三次竞选总统，美国曾支持反对派对他当选的质疑。只要普京在位，美俄关系几乎不可能根本改善。

普京这样的挑战者西方很多年没遇见过了，但普京的政治性格一定程度上又是西方逼出来的。西方在苏联解体后没有善待俄罗斯，不断挤压它的战略空间，普京的外交政策稍一强硬，西方舆论就把矛头指向他本人，普京已无退路。

冷战后中小国家与西方对抗的领导人，很多都以个人悲剧告终。西方或以武力干涉击垮那些挑战者领导的国家，或者通过支持那些国家的反对派，颠覆对抗西方的政权。普京看来正在成为西方最大的眼中钉。

普京的真正风险大概是在俄罗斯国内。普京的支持率近日上升，达到67.8%。这个数字通常说起来不算低，但对于支撑与西方尖锐对立的国策，就显得不算高了。

俄罗斯赢了2008年格鲁吉亚危机，但乌克兰危机的能量如果完全释放出来，要比2008年那场大得多。莫斯科如能抑制这场危机的规模，俄国内当前的团结就不会受到大的威胁。一旦俄与西方的对立长期尖锐化，俄内部就可能面临比现在严峻得多的考验。经济衰退、反对派，各个软肋大概都将暴露。搞起"新冷战"，华盛顿将更在行。

直到今天，莫斯科成功掌控着克里米亚局势，那里还几乎没有响枪。克里米亚可谓"天翻地覆"，但又保持了冲突的低烈度。接下来，要看普京和西方的领袖们如何继续过招了。

（2014.03.07）

俄罗斯崛起，这对中国好或不好

莫斯科蔑视西方的所有警告，闪电般地宣布克里米亚"回归"俄罗斯大家庭。普京的地缘政治胆量让全球的战略学家们始料不及，其对美国和欧洲的震撼意味深远。

普京迄今牢牢把握了这场欧洲大陆危机的主导权，他像是在对世界宣告，俄罗斯已从苏联解体后的病入膏肓状态痊愈，重新获得在关涉俄重大利益时说一不二的力量。

西方表现出沮丧，环绕俄的小国有的流露出不安，中国舆论则大体分成两派，一派高度看重普京对西方的有力回击，认为普京的强悍风格有利于减轻中国来自西方的战略压力。另一派则担心克里米亚的胜利会助长莫斯科的傲慢甚至"不讲理"，北京今后同莫斯科打交道有可能变难。

这两种看法各有道理。总体看，前一种是基于中国紧迫的地缘政治利益，后一种则是基于从以往历史经验出发的推测。

中国近代史上吃了沙皇俄国的大亏，新中国成立以后，莫斯科给过我们实质性帮助，但很长时间里北方还是压得我们喘不过气来。因此一些人担心，再崛起的俄罗斯会重现当年沙皇俄国或者苏联的影子，从而导致中国新的地缘政治噩梦。

这种担心并非无中生有。但应看到，时钟不可能真的拨回到 19 或 20 世纪，最重要的是，中国不再是那个男人留着辫子、完全处于世界现代化潮流之外的国家。中国在亚洲及全球所处的实力位置都今非昔比，中俄综合国力对比也发生历史性变化。目前中俄民间都还有部分针对对方挥之不去的不信任感，但需要指出的是，就两国当前的处境和今后发展潜力来说，中方的防范心态不应比俄方更多。

中国今后相当长一段时间，最大战略压力来自以美国为首的西方力量。这种压力既是地缘政治上的，也在相当程度上被扩散到意识形态和价值观层面。这是一种无处不在的不确定性，也是中国 21 世纪的核心问题。它们要远远大于中俄之间让人担心的可能变数。俄罗斯崛起从力量规模上看，并非没有上限。中国主张多极世界，有一个相对强大的俄罗斯共促多极形成，比世界由美国单极说了算，要好得多。

莫斯科显然有一些旧世纪的"势力范围"思维，这会在中亚地区与中国不断扩大的影响发生摩擦。但中俄共同发起上海合作组织，中俄的分歧并未突破正常范畴。反观乌克兰和东欧，北约和欧盟在那里重构排他性政治版图，俄罗斯被从原来的势力范围和苏联旧土上彻底赶走。恢复在东欧影响是俄崛起迎头面对的挑战。

只要北京同莫斯科就上海合作组织的合作与分歧把握好，并在全球性问题上相互呼应，两国在很长时间里都会看到相互战略合作和借重的必要性，并使中俄全面战略协作伙伴关系成为两国各自全球外交的基石之一。俄罗斯崛起将首先是它与西方在欧洲重新划定势力范围边界的过程。

俄罗斯至少在未来几十年不会对中国构成战略威胁。对俄重新崛起，我们应有顺其自然的总态度，同时也需在与莫斯科打交道时坚守中方利益，形成彼此尊重对方利益的习惯。中方有支撑我们这样做的实力，剩下的就是能力和意志的问题了。

(2014.03.20)

第一夫人外交，中美互示友善的良机

美国第一夫人米歇尔昨天偕两个女儿及母亲抵达中国访问。中国第一夫人彭丽媛将陪她们逛故宫、共进晚餐、一起观看演出等。"第一夫人外交"不大会涉及中美政治、经济等严肃话题，而将在文化、教育等领域展开。它将有利于营造中美友善的气氛，而这恰恰是这两个世界大国之间最需要的。

中美有一系列政治经济分歧需要解决，但这句话的另一个意思是，它们根本解决不完，解决了旧的还会有新的冒出来。中美都强调建立战略互信，但现实是，两个竞争大国的互信必然是脆弱的，互疑在未来很长时间里将是中美之间的常态。

竞争大国需要有相互展示的迷人微笑，有非政治领域的友善打断、冲淡彼此沉重的利益纷争。实事求是说，世界主要力量仍在很大程度上摆脱不了对冷战的记忆，建立新型大国关系，第一步各方都不应放纵对竞争者情不自禁的警惕，不应掉进基于历史经验的最坏想象不可自拔。

第一夫人外交算得上是这样的打断和冲淡。预计它会给中美两国公众带来截然不同的视频镜头，以及洋溢着轻松和亲近的解说词。这些当然解决不了中美的实质问题，但它们至少可以给那些问题换一块背景幕布，配置一些不同的回声。

这绝非仅仅是"形式"，这种"形式"有可能调整、修正中美关系的节奏，改善两国关系带给人们的感受。氛围的变化会一定程度上影响两国公众看待彼此纠纷的心态，会让一些爆发点因为失去了一些临界量的加入而归于平静。

不仅第一夫人外交，中美还需有更多友好的社会交流发生，它们不应当涉及政治，也不应带有市场扩张等目的，它们就应是纯粹的友好交流，但同时是创新的，别开生面的，能够引起公众的关注，让两国人都看到彼此的笑脸。

不要以为中美民间交往面已经很大，一些纯粹友好型活动可以省略。由于中美战略上互不信任，民间交往面的增多，很难形成对这一情况的自然纠正，它们相互交织的结果十分复杂。还是要把纯友好交流做起来，它们对中美相互猜忌、防范的对冲不可取代。

中美关系能有今天的样子，已经是人类大国关系史上的罕有一幕。它究竟是短暂和表面的，还是这代表了人类文明的真实进步，目前还很难下定论。这个问题的答案将最终决定21世纪国际关系的性质。

人类很可能站在大国关系演变的十字路口，没有任何一种力量能够单独对这个问题说了算，决定人类未来命运的只能是合力。我们希望中美第一夫人外交成为这当中确定无疑的正能量。我们还希望，中美之间来自非政治领域的正能量越来越多。

(2014.03.21)

欧洲是猫是虎,搞清楚很有必要

习近平主席22日起前往欧洲访问,并将在那里参加国际会议,这把中国舆论的注意力再次带向欧洲。

中国社会这些年对欧洲的兴趣大减,甚至面对欧洲国家有点飘飘然。有句不那么严肃的话在一些中国人中间流传:欧盟是由小国和不知道自己是小国的国家组成。很多人认为,欧洲已大体失去了面向未来的竞争力,那是个步行街和咖啡馆遍布各地、适合旅游和购物的地方。

但另一方面,欧洲国家又不断刺痛中国。欧洲有很多攻击中国人权的"高音喇叭",欧洲大国小国的领导人轮番见达赖,那里还出现过焚烧中国商城等极端行为。

也许梳理我们对欧洲的看法,形成对欧洲客观、稳定的评价对中国社会很重要。欧洲国家虽然都比较"小",但欧盟的存在使它们得以"抱团",那是个对中国有重大利益的"国家群"。

首先我们要清楚,欧盟合在一起是世界第一大经济体,也是中国集体性头号贸易伙伴。如果说政治能力的主要内容是利益分配能力、制定规则能力,以及国际话语权等,那么欧洲在政治上还是很强的。

第二,欧洲的军事力量已不突出,欧盟很难成为地缘政治竞争的超级力量,它对中国不构成战略威胁。

第三,欧洲国家的"停滞"和"守成"在发达国家阵营里相对更明显,西方的各种问题也在欧洲更流行。

第四,欧洲是世界资本主义的出发点,积累的"贵族化元素"相对比较多，文化中心主义带来的优越感明显。

第五，主要欧洲国家的舆论对华不友好，经常偏执，常有"改造中国"的幻想。但由于欧洲与中国无战略性冲突，双方的共同利益更容易被找到，中国要想撕开西方针对中国的舆论铁幕，欧洲是唯一有可能的突破口。

第六，在西方自己的眼里，欧洲同美国是有很大差异的。中国人在使用"西方"这个概念时，欧洲或许有40％左右的含量。那么针对中国来说，美欧的差异和同质化究竟哪个是主要方面，我们似乎还搞不太清楚。

第七，同欧洲打交道，中国过去是完全的弱势心态，近年在逐渐朝强势方向转化。究竟是对欧洲谦逊些好，还是应当更"自我"些，想怎么样就怎么样，我们的经验也很缺乏。

总之，欧洲是西方相对"最遥远"的一角，它与中国之间隔着俄罗斯和亚洲内陆国家，而不是隔着海洋。在现代世界里，隔海相望就如同邻国。而欧洲和中国却相互实现了巨大利益，这应当被看成是难能可贵的。

跟欧洲走得更密些，这应当是中国人的聪明选择。因为中欧之间的问题大多不是零和性质的，即使无法化解，留着也变不成恶性肿瘤。中欧合作不存在上限的可能性最大，双方不断前行，或许会有我们今天意想不到的重大发现和契机。

发展中欧关系的主动权被掌握在中国手里的部分越来越多，这将构成中国重新确立"与世界接轨"含义的机会。我们将从懵懵懂懂的状态逐渐变得思路清晰。

（2014.03.24）

避免"新冷战",西方须负第一责任

世界核安全峰会昨天和今天在荷兰海牙举行。克里米亚事态很大程度上分散了世人对核问题的关注,本次核峰会被视为奥巴马构筑阵营孤立俄罗斯的一个机会。

关于"新冷战"正在到来的说法不断在世界媒体中响起。普京干脆未去海牙,而是派去了他的外长拉夫罗夫。当奥巴马加紧组织对俄制裁的时候,普京也在一项项推出对华盛顿和西方的反制。

欧洲上空的确重新飘出冷战的气味,西方同俄罗斯的对抗滑出上世纪九十年代以来大国摩擦的极限。极限背后都是些什么呢?

它的最坏情况不会是美苏旷日持久冷战的翻版。原因是明摆着的:俄不具备当年苏联的国力,也没有一个阵营围绕着它一起对抗西方。克里米亚不是莫斯科发动全球攻势的信号,它更像是俄罗斯人对西方这二十年长期挤压忍无可忍的一次爆发。

西方领导人似乎错判了普京带领俄罗斯战略反弹的性质,从而导致了眼下美欧舆论面对"普京大帝"的慌乱和发狠。舆论又反过来推动奥巴马等人强硬对抗普京,"新冷战"看上去一触即发。

然而在最缓和的情况下,克里米亚事件也宣告了俄罗斯同西方的彻底分道扬镳。俄与西方相互确认了深刻的敌意,只要普京领导俄罗斯,俄与西方的最好关系就是彼此容忍,和平相处。

奥巴马尚未认识到,他的前任在东扩问题上走得太远,他的任期需要为此埋单。他如果有高瞻远瞩的能力,就不应继续西方的错误,稀里糊涂让自己充当压倒俄罗斯的"最后一根稻草"。他压不垮普京,但能把混乱的时代带回欧洲。

如果奥巴马想要当年冷战胜利的辉煌，美国的全球战略就需围绕遏制俄罗斯重新布局。华盛顿很难下这样的决心，其如果对俄罗斯真的发动"全面制裁"，也多半会是烂尾楼式的半拉子工程。这个工程没用，但将耗掉解决世界更紧迫问题的大量资源。

西方这次对俄罗斯的反击有必要"高举轻放"，最终与俄互给台阶。美俄需要认真对话，在双方利益交叉的地区重构游戏规则。由于俄罗斯没有力量颠覆欧洲的秩序，美国做不到也未必愿意集中精力与俄打"新冷战"，妥协将是对双方都代价最小的选择。

欧洲处在一个十字路口，普京下一步怎么做很重要，但西方怎么做更重要。西方是乌克兰危局的真正系铃人，奥巴马这位诺贝尔和平奖获得者能否更具政治上的悟性，搞清楚美国做事有分寸对于世界和平的关键意义，将决定接下来一个阶段大国博弈的面貌。

如果美俄对抗失控，中国面临的不确定性将极大增加，这将挑战中国的承受力，因而不符合我们的利益。

俄罗斯打击了颜色革命，这是中国愿意看到的。莫斯科与西方互不信任，因而更看重同北京的关系，这也是对中国客观上的利好。但如果俄与西方一招一式地斗狠，欧洲搞出冷战的"模仿秀"，事情的性质就发生转变。中国不是靠从大国对抗渔利就能生存的小国，中国崛起具有全球范围的顶级意义，欧洲已属中国战略上的"大周边"，中国需要欧洲的基本稳定。

西方领导人需要一点冷静和沉着，他们不能像议员一样随意发泄情绪，用表演"不妥协"来迎合舆论的躁动。他们要清楚，西方多激烈，莫斯科就会更激烈，从而使阶段性对抗固化成所谓"新冷战"。尽管莫斯科是西方眼里的"挑衅者"，但西方拥有国际政治舞台的最大权力，它们因此负有世界和平与稳定的第一责任。

(2014.03.25)

从 G8 缩回 G7，西方更趋保守狭隘

白宫当地时间 24 日表示，奥巴马在同西方其他领导人商议后决定，暂时中止俄罗斯的八国集团成员资格。这被普遍解读为 G8 将俄罗斯"开除"。俄罗斯上世纪 90 年代加入 G8，被认为是西方对俄罗斯走民主化道路的"奖赏"。如今俄罗斯又被赶出 G8，G8 缩回到 G7，俄罗斯与西方的缘分走到尽头，历史似乎回到原点。

然而这不是历史的一次轮回。G7 已经不是当年 GDP 占全球 70％以上的 G7 了，俄罗斯也不是当年那个负债累累、乞求西方援助的"破落户"了。G20 的重要性早就压过 G8，此外还有了金砖国家组织，G8 是在自己吸引力最低谷的时候"开除"俄罗斯的，它冲俄摔门的动作并不神气、潇洒，俄罗斯满不在乎的样子反倒引人注目。

没有了俄罗斯的 G7，必将进一步在世界舞台上边缘化。俄的经济规模在 G8 里偏小，但它的加入代表了西方"富国俱乐部"的一次自我超越。这次分道扬镳是西方核心国家"走向世界"的一次失败。

由于新兴经济体的崛起，西方世界在人类社会的分量必将逐渐缩小，如今 G7 的 GDP 总和已掉到全球 50％以下，这一数字十年内将继续下滑。西方中心主义面临严峻挑战。

然而西方衰落只是相对的，西方虽面临重重难题，但其竞争力和影响力仍将贯穿整个 21 世纪。今天的西方继承了大量机会，它们很多在战略上都是奢侈的。只是一些调整对西方来说势在必行。

如果 G7 变成 G8 后西方能给予俄罗斯全面尊重，G8 就可能继续扩大成 G9、G10，甚至纳入中国等关键性新兴国家。今天的 G20 就

可能不是重起炉灶，而是当年 G8 的扩张版。那样的话，欧洲政治版图也就可能避免在乌克兰的最新断裂。

西方更应是"开除"俄罗斯的反思者。它为什么没能吞下硕大的俄罗斯，为什么吞不下它，就一定要与它决裂？G8 为什么不能成为接纳不同文明的熔炉？在全球化时代，"纯净的西方"究竟还可能远行吗？

接纳又赶走俄罗斯，这证明了西方政治上的自私和气度上的狭隘。其实 G8 成员本来就不应作为荣誉来颁发，多一个俄罗斯，这是西方核心国家深度接触非西方世界的一个机会，也本应成为西方继续进取的一个台阶。

这回可好，西方国家要把俄罗斯赶出 G8，不仅规模小了，而且气势也折了一大截。人们有理由认为，G7 将变得更趋保守，乃至自恋。没有碰撞，每次开会都那么一致，这不是西方面对的真实世界，G7 将进一步在 G20 面前变得黯淡无光。

西方仍有令人尊敬的强大，但它已无可以支配世界的强大。西方自强自尊，就会"退一步海阔天空"。如果它死抱西方利益至上不放，仍要"统治"世界，那么再强大的西方国家，也会备感力不从心，危机四伏。

俄罗斯究竟是在西方长期挤压下"反弹"和"反抗"，还是它在普京的带领下重新走向帝国"扩张"之路，或者克里米亚危机是一个兼而有之的信号？如何认识莫斯科此次挑战的性质，折射出的是西方对这个世界的基本心态。

西方已经把自己的利益边界扩展到了极限，有时不仅划到别人的"家门口"，而且划进别人的"家中"。西方需要做一次政治和心理上的收缩，给自己留出一个看清世界的距离。世界的"复杂性"并非是邪恶的代名词，尊重多元是西方必须重温的一课。

(2014.03.26)

如何对付菲律宾这个"南海闹"

菲律宾 30 日向中菲涉南海争议国际仲裁法庭提交"遭到中国领土侵犯"的诉状。就在前一天,菲律宾用渔船运送士兵和补给前往仁爱礁,与中国海警船"对峙"约两个小时。菲律宾带了一批本国和西方记者观摩此次行动。对于菲渔船最终"成功突围"中方阻拦而到达仁爱礁,菲舆论一片欢呼,西方舆论大多跟着帮腔。西方一些人将南沙比喻成克里米亚,称中国是俄罗斯,用起哄给中国添堵并施压。

菲律宾在西方一些力量的纵容下这样干,的确让中国不舒服。但菲律宾所能干的也就这么多,它在南海所做的挑衅都是小丑级别的,其真实的地缘政治效力大体为零。

菲律宾这几年在南海折腾出很多泡沫,它们都需要西方力量的配合才能形成表面的汹涌。由于中国的力量摆在那里,菲律宾叫得凶,并不敢真跟中国撞,西方舆论帮着敲边鼓,但西方也不愿意为了帮菲律宾实现无理要求同中国对峙南海。中国在南海局势中对主动权的把握相当宽裕,并不存在一些人鼓吹的所谓"危机"。

在南海,中国的稳健姿态逐渐在区域内被更多的人看懂,菲律宾目前已是域内唯一同中国激烈对抗的国家。菲不惜把南海搅乱,东盟绝大多数国家都不支持,马尼拉越来越成为南海问题上的真正孤立者。

菲律宾急于把南海问题,特别是仁爱礁摩擦炒热,因为它只能企望于西方力量、特别是美国强硬派的力挺。即使它能撬动这一切,也没什么用,但这可以帮助维持阿基诺三世政权执政有力的假象,造成马尼拉所需要的表面政治繁荣。

对菲律宾这个南海上的流氓国家，中国第一要给它划出战略红线，它敢碰就坚决教训它，黄岩岛是对它的一次有力警告。第二，中国不能同它纠缠太多，菲的小动作和它国内自娱自乐的情绪宣泄我们没必要看重，我们需要扩大在南海的军事、行政及经济存在，这比同菲律宾竞争在西方镜头下的表演重要得多。

菲提交的国际仲裁，中方采取不参与、不接受政策，而很多国家在重大问题上都有不接受、不执行国际法庭仲裁的实践。

在仁爱礁问题上，菲1999年故意坐滩并赖在那里至今的旧军舰行将面临解体，中国海警力量也已实现在那里的不间断存在，中国在仁爱礁海域有充分的掌控能力，菲在那里的演戏处于演了上场不知还有没有下场的状态。

中国什么时候彻底了断同菲律宾之间的游戏，这个时间表要由中国来定，取决于中国的全球外交布局，而不能受制于马尼拉那帮政客的心血来潮。中国没必要在这种时候升级南海冲突，中国已大体具备控制南海冲突烈度的能力，这一能力强有力地配合了中国面向全球的国家利益。

菲律宾针对中国这样的大国在仁爱礁耍坐滩无赖，并以为这件事能最终生米煮成熟饭，可以想见这个国家的战略筹划能力和对时局的看法多么幼稚。菲律宾不是中国正儿八经的地缘政治对手，准确说，它更像是一个"南海闹"。

中国随时有能力把仁爱礁上的菲律宾士兵像抓小偷一样带走，那样的话马尼拉将得到一把鼻涕一把泪的哭诉机会。马尼拉现在似乎挺愿意这样，因为他们担心，那艘坐滩军舰已经破得让士兵待不下去了，而中国又阻止了菲对它的加固。马尼拉更不愿意面对其士兵被南海台风浇成落汤鸡，自己灰溜溜离开仁爱礁的滑稽场面。对中国来说，时间和势绝对都在我们一边，我们就应促成那一幕的发生。

(2014.03.31)

别光盯着美日,中国人需多看欧洲

习近平主席今天结束他长达 11 天的欧洲之行。他在访问欧盟总部时强调,应从战略高度看待中欧关系,将中欧两大力量、两大市场、两大文明结合起来,共同打造中欧和平、增长、改革、文明四大伙伴关系。

欧洲对中国领导人来访的热烈反应,是对中国国家实力全面增长的一次折射。中欧超越了彼此的泛泛重视,相互借重成为各自全球战略的基石性政策之一。然而中欧关系要驾驭欧洲的多元性以及中国的复杂性,却未必是容易的。

外交对大国、尤其是对中国这样硬实力不断增强的大国至关重要。外交包含了选择的千变万化,而小国的选择性相当有限。中国外交的面貌会实质性影响国家崛起的整体面貌,关系到中国的核心国家利益。

必须看到,中国目前在世界上没有严格意义上的敌人,但也几无盟友,可以在关键时刻无障碍借重的国家同样不多。中国的软实力还相当粗糙,碰到对外摩擦,或者要在多边国际舞台维护中国利益,多数情况下我们都不轻松。

弱国无外交,但国家走向强盛的路上,外交成了必须面对的压力和挑战。我们发现将力量转化成有效的外交工具是件挺难的事,我们即使"舍得花钱",各国的"亲华态度"也未必就是买得来的。更何况,中国社会还是挺"算计"的,舆论经常对国家对外援助和对外合作认识模糊,"我们亏了"、"为什么不把钱花在国内"的感叹和质问不绝于耳。

在中国最需要用外交开拓国家战略空间的时候，民间对外交事务的兴趣和支持都有下降趋势。舆论不断缩小的关注大多集中在对外冲突和摩擦上，但这样的亢奋来得猛去得也快，并不一定就意味着对中国外交策略的放手支持，也不意味着官民在外交上的积极配合就能形成。

中国舆论如今最关注美日，尽管欧盟是中国第一大贸易伙伴，但当欧洲国家"不惹我们"的时候，中国舆论就会忘了它们。当然这不仅仅是中国舆论的问题，虽然中欧官方都绞尽脑汁推动双边社会的友好性交往，但双方舆论对报道它们都打不起精神。

一旦中欧有了摩擦，两边舆论的报道就会覆盖中欧关系的基本面，制造出长久挥之不去的印象。

然而对中国来说，欧洲是"西方"与中国战略冲突最弱的部分，中欧能否建立稳定的战略友好合作关系，这是中国崛起能否最终化解西方抵制的试金石。

对欧洲来说，中国经济很近，政治很远。欧洲如能把中国崛起真正变成欧洲持续繁荣的外部战略引擎，这对欧洲将是一次决定性的战略创新。西方中心主义已经岌岌可危，中国是欧洲在21世纪重新走向世界的关键跳板。

世界地缘政治的困境要比上世纪缓和了许多，但仍冷暖交替，需要一次宽大而深刻的突破，给剩余的难点带来启迪。欧洲和中国如果承担起这个示范，将是对全人类文明的重大贡献，双方也必将因此得到新一轮强劲发展的回报。

中欧需要逐渐形成把双方意识形态分歧束之高阁的能力，这是双方摘掉有色眼镜看清对方的前提。两大文明，在不同时期领导了世界的发展，它们都必有值得对方尊重之处。蔑视对方，是对自己道德下线的展示。如果中欧错过跨文明拥抱的机会，历史的单调就可能继续绵延不绝。

(2014.04.01)

日本放探测气球，中国不必接招

日本《每日新闻》3日报道宣称，中国开出中日举行首脑会谈的条件，要求安倍公开表示在其任内不再参拜靖国神社。这很可能是日本政府同媒体合作向中国发出的探测气球。

日本首相不参拜靖国神社，这不仅是两国首脑会谈，也是两国保持基本正常关系的前提。安倍已经破了底线，他如果往后缩一点，中国就得念他的好，给他奖赏，同时吞下他在领土等其他问题上强加给中国的苦果。中国应该公开告诉安倍政权，这是他们的一厢情愿。

安倍政府对中国全面挑衅，已经五毒俱全。安倍必须全面调整他的对华政策和态度，承认钓鱼岛的争议现实，不再带头抨击中国等，中日举行首脑会晤才有意义。如果安倍想进两步进三步，然后退一步，让中日首脑会晤帮他向日本社会证明其强硬政策的正确，他的这个如意算盘拨拉得未免过于精明了。

中日两国已然僵持，主要责任在日本。中日关系缓和对两国都有好处，但如果它主要通过中国的让步和迁就来实现，那么就会对日本今后发动新的挑衅造成鼓励。这样得来的缓和是虚假的，新的、更严重的对抗随时可能发生。

中国需要对中日当前的僵持"既来之则安之"，形成稳定的接受态度。就像日本方面猜测的，我们要准备同它打两国关系长期冷淡的"新持久战"。这会对中国利益造成一定损害，但是第一，这是中国崛起遭遇日本方向阻力时的最小代价。第二，日本的损失从长远看必大于中国，它的承受力也弱于中国。

中国当然不应排斥中日缓和机会的出现，但在这之前，中国必须让日本全面相信中国可以长期承受同它的僵持，这是中国对日本立威，使两国和解机会从有利于中方角度出现的条件。

总体看来，中国应当不再对安倍政权抱什么希望，对日政策应以安倍在任时不举行两国首脑会晤为基本设计。除非安倍有重大对华政策改变，否则他任上的中日关系就这样了。中国应以两国没有首脑会晤的情况下，中日关系仍能保持低限度的稳定为对日外交的目标。

"既来之则安之"除了坚决冷淡安倍政府，还应包括两国经济关系的大体正常开展。要将打击目标集中到安倍领导的政府身上，对日本最活跃的反华政客进行制裁，日本对华文化产品出口也应继续受到限制。两国其他交流则应保持"自然"的发展环境。

国与国关系的改善，做领导人的工作通常是第一位的。但中国的对日关系一定要反着来，什么都好说，但安倍和他的核心支持者应当被放弃。因为日本政治右倾化的官民互动过程中，安倍不是被动者，他是对华强硬政策的旗手，做他的工作，价值最小，他的对华狂妄思维只能通过压力来改变。

失去与中国领导人会晤希望的安倍有可能破罐子破摔，让他摔去好了。中国要让日本人看清楚，到底是他们还是我们更不惧两国关系在一来一去摩擦中进一步恶化。他们必须主动对自己的胡闹进行克制。

《每日新闻》上述报道透出日本社会对当前中日关系的不安，我们需促使这种不安的继续扩大。它早晚会变成推动日本政府改变对华态度的压力。中日斗则两伤的说法很准确，但这个道理今后需要让日本人想得更多，而不是由我们中国人总是挂在嘴上。

(2014.04.04)

乌东部易帜难有克里米亚的运气

乌克兰东部局势带来比克里米亚更严峻的挑战。在克里米亚,莫斯科的出牌从一开始就很清楚,美国和欧洲的反应也同人们的猜测相当吻合。但乌克兰东部更像是真正的乱局,当地俄罗斯族占领三座城市的公共设施,他们无疑受到克里米亚并入俄罗斯的鼓励,然而他们的表现未必就能正中普京的下怀。

克里米亚从地理和历史角度都更容易被看成相对独立的单元,乌克兰东部对基辅的重要性截然不同,那里的离去将意味着乌克兰被"肢解"。如果莫斯科接纳乌东部,这对它来说是大得多的地缘政治冒险。

乌东部工业发达,人口密集,是乌克兰经济的重心。基辅已于7日晚夺回哈尔科夫政府大楼的控制权,并表示决不向武装占领者妥协。西方的新一轮抵制必将接踵而至。莫斯科不像是在准备"一不做二不休",为彻底解决乌克兰问题不惜代价。

如果乌东部的俄罗斯族在闹一闹之后适可而止,他们就有可能扮演俄调控其同西方斗争烈度的筹码。但如果他们脱离乌克兰的意志完全不受控制,他们就将成为局势的一个独立角色,不仅让基辅无可奈何,说不定还会绑架莫斯科。

类似的一幕曾于上世纪90年代在波黑出现过,那里的塞尔维亚人成立了自己的共和国,后在很大程度上脱离贝尔格莱德的控制,导致局势的不断升级。

乌东部俄罗斯族对基辅新政权的恐惧是真实的,即使他们的造反做过了头，莫斯科舆论也不可能对他们喝倒彩。在道义上支持乌东部俄罗斯族哪怕过激的要求，这在当前的俄罗斯具有不容挑战的政治正确性。

让基辅新政权对他们加入欧盟的努力急刹车，针对东部俄罗斯族搞民族和解，这也极不现实。乌克兰问题仍处于各种力量毫无规则的碰撞阶段，超越派系利益的理性远未成型，还需有更多的代价增加地区性教训的痛感。

乌东部不乏军工企业，又与俄罗斯接壤，当地俄罗斯族很容易得到武装。乌克兰局势在最坏的情况下会变成一场内战，这大概不是危言耸听。

乌东部有可能追求德涅斯特河沿岸地区（属摩尔多瓦）俄罗斯族的武装割据，这对基辅将是一剂苦药，对整个欧洲以及美俄关系将是极其严峻的考验。

相对而言，对乌东部俄罗斯族的最大影响力来自莫斯科，如果乌克兰避免分裂，但也确保不加入欧盟和北约的中立，这大概是克里姆林宫愿意看到的，于欧盟和北约也应是能够接受的。这样的结局对远处的中国来说，也不会让我们为难。

由于乌东部的问题不同于克里米亚，北京的表态应更加谨慎，严格恪守中立，避免给人以我们支持乌东部脱离乌克兰的印象。

乌克兰局势走到今天这一步，已经没有哪一支力量能够真正把控它的方向。谁都别愤愤不平，也别趾高气扬，这就是冷战后西方影响力长驱直入二十多年后的一次战略回摆，俄罗斯的力量远远小于西方，却得以展现强势的地区姿态，这当中世人看到的并非是俄罗斯有多强大，而是西方力量的极限。

美国人如果不从乌克兰局势中悟出自己软硬实力的局限性，而是抱怨奥巴马"不够强硬"，并且看重如何防止中国周边出现"第二个克里米亚"，那么他们今后一定会犯更多的战略错误。

(2014.04.09)

第二辑

经济博弈

中国和欧洲,谁更像"守财奴"

欧盟峰会昨日就希腊债务达成一项协议,但落实协议所需的资金,有一部分指望从欧盟以外的国家去筹。中国当然是"重点目标"。

让中国出钱"救欧洲",这个听起来很滑稽的说法无论在欧洲还是在中国,都让舆论很不舒服。有欧洲媒体断言,欧盟远没有破落到要向中国"乞讨"的地步。欧洲社会的主流心态似乎是:应当促中国掏钱,但欧盟的动作应当"有尊严",不能用"给中国好处"来同中国做交换。即使在希望中国慷慨解囊的时候,一些欧洲人仍对中国有"一等公民对二等公民"的高高在上。

中国舆论围绕这个问题,骂娘的都有。意思是:凭什么?温州还缺钱呢!中国至少应"先救温州,后救欧洲"。

确实,欧盟和中国没好到"无私相救"的程度,双方现在都在拨各种利益的算盘珠。尤其使事情变复杂的是,两边的舆论拨得比官方还快,但拨算盘的不乏一些似懂非懂、甚至不懂装懂的"观察人士",他们的第一考虑往往是不得罪汹涌的民粹主义。

全球化带来的欧中利益紧密度,以及双方根深蒂固的相互怀疑,或许已经决定了中国参与"拯救欧洲"的深度。中国不会什么援手都不出,但也不可能让欧洲有很大的"惊喜"。想想看,在援助希腊的问题上,老欧洲的富国都很不情愿,他们不肯为欧盟的政治抱负做必要的经济承担。中国作为"外人",不可能比欧洲内部的"自己人"做得更好。

如果欧盟确实想得到中国的资金,那么他们考虑多向中国开放一些市场，多卖给中国一些技术，包括在承认中国市场经济地位上更有弹性，是应该的。欧洲舆论一点不该为此感到委屈，因为如果他们认为这样的"交换"不划算，中国决不会极力劝他们这样做。

至于中国国内把"温州"和"欧洲"编在一起的顺口溜，其愚蠢和非专业性比欧洲舆论的"不应让步"说还有过之而无不及。买不买欧债，用的是外汇储备，这当中要盘算的是安全度和增值额。就是一欧元欧债不买，那些外汇也不可能用于拯救温州"跑路"老板的企业，这几乎相当于"阳币"不能当成"冥币"花一样绝对。

尽管当今世界的秩序是用利益编织起来的，但中国人得清楚，总把利益赤裸裸地挂在嘴边，在这个世界上还是让人讨厌的，甚至混不下去。中国作为世界大国，无论哪个地方有大难，中国至少"份子钱"是要出的。

欧洲人也得清楚，当他们指责中国是"守财奴"时，其实他们自己一点也没好到哪去。他们连二流技术都舍不得卖给中国，中国企业一收购欧洲的资产，是花钱买而不是抢，当地舆论也会大呼小叫。这种生怕被中国人"学会了什么"的心态，是更高意义上的"守财奴"。这是一种不思进取，想靠过去的财，肥未来的命运。

别把中国是否买，以及买多少欧债过度政治化了。它应是文明的交易，其中的潜规则，大家都心知肚明。

(2011.10.28)

稀土官司，多动智慧少动情绪

白宫称奥巴马 13 日将亲自宣布向世界贸易组织（WTO）起诉中国限制稀土出口，欧盟和日本也将加入。这是美国建立跨部门贸易执法中心后的第一次起诉。

这将是一场旷日持久的贸易官司，由于今年初美欧赢了针对中国 9 种矿产资源的另一场世贸官司，增加了西方对在稀土案上赢中国的信心。

虽然又主要是西方国家绑在一起对付中国，但这件事首先不是政治官司，而是利益冲突。在强迫中国低价出卖稀土的问题上，美欧日的利益高度一致。

但这种利益绑定会加强西方国家的站队意识，使问题在一定程度上政治化。而且把问题上纲上线后，西方国家总是更得心应手。

稀土及其他贸易争端，都有理、规则、实际操作几个层面。在"理"这个层面，中国根本不是西方的对手。原因是世界影响大的主流媒体都在西方手里，西方什么都是有理的。比如同是限制出口，中国限制稀土出口就不对，西方限制对华高科技出口就是对的，对和不对的标准，都由西方说了算。

到了规则这个层面，情况稍好一些。世贸规则基本是西方定的，中国是加入并适应者。很多规定对中国天然不公平，但它毕竟不能像"理"那样可以随意翻手为云覆手为雨，因此世贸官司多得无数，但中国有输有赢，不像在舆论中那样，中国几乎"永远输"。

在具体操作层面，对世贸规则和判决执行得有多认真，各国不太一样。西方决非世贸规则的模范执行者,各国都有很多办法让世贸规则和判决打些折扣。因此奥巴马的起诉决定不了中国稀土的命运,它第一要打很长时间,第二中国有针对败诉提前做准备的各种机会和条件。

有一点我们心里很有底气:中国管理稀土出口不是存心跟西方过不去,故意把稀土当政治武器。中国限制其出口一是因为价格太便宜,交易所得无法弥补稀土产地的环境损失,对当地发展弊大于利。二是中国国内稀土需求快速增加,中国的剩余稀土储量已经并不宽裕。

中国的稀土出口必须做调整,世贸判决必须与这些现实形成对应,否则就属于瞎判,而瞎判就是白判。就像判决一个人必须交出他的口粮,这种判决根本就别指望能得到不折不扣的执行。

中国在稀土问题上已经犯不上同西方"争理",因为没理的西方有足够本事把自己说得很有理。但中国必须认真同西方打这场官司,即使败诉也要想办法让西方得不到便宜或少得便宜。

中国内部调整稀土生产和出口的空间很大,有专家提出征稀土生产的资源税、环境税等,这些增加稀土生产成本的办法,世贸判决都很难管得着。

稀土之争只是全球化时代对外商贸一个稍纵即逝的片段。中国在高速发展,我们在世界资源生产和消费链条上的位置也在变化。很多具体的赢输都是一时的,利弊会随时转换。因此我们在稀土问题上需多动智慧,少动情绪,我们"玩弄"世贸规则的能力应当向美欧看齐。

中国的议价权、对买什么卖什么的决定权都在逐渐提升。我们用不着为近期在世贸遭遇的压力而气馁。我们正在一次次争执中变得更聪明、更强大。

(2012.03.14)

金砖国家不需要价值观的粘合

金砖国家今明两天在新德里举行第四次峰会,五国领导人的见面次数和二十国集团差不多。巴西贸易部长透露称,这次会议将讨论成立金砖国家开发银行。金砖国家加强合作的趋势看上去挺明显,但这个组织最后能发展成什么样子,现在不太确定。

金砖国家如果能展示团结,对中国显然有利。任何西方体系之外并有中国参加的多边组织发展起来,都对中国有利。由于金砖国家都有发展快的特点,这个组织有助于稀释世界对中国崛起的过度关注,印证中国是新兴国家崛起大潮的一部分,尽管中国崛起的确很突出。

国际上不少人对金砖的未来不大看好。他们举出的头一个原因是:金砖国家彼此的价值观差异很大,缺少有效凝聚力。

这话有一定道理,但说的有些绝对。其实二十国集团成员之间的价值观差异更大。因为价值观往一块凑的国家组织,都是冷战时期的产物。不仅北约和华约,连七国集团的成立也都有当时的巨大国际政治压力做背景。

冷战以后的国际组织,打破意识形态站队是主流。七国集团拉上了俄罗斯,但还是因为"主义"太多,经济实力却相对萎缩而逐渐边缘化。二十国集团登上历史舞台,它在价值观上有些"乱",如何决策在摸索、磨合,但这就是今天世界主要力量彼此关系的实情。

金砖国家结成一个组织要做的事,与价值观是否一致没多大关系。因为价值观的矛盾,根本就不是当今世界的主要矛盾,今天在世界上搞价值观斗争,有点像中国上世纪五六十年代搞阶级斗争一样荒唐和扩大化。

最近几年世界针对气候、贸易、安理会扩大等问题的争执，都没以价值观划线。人权之争的价值观意义似乎最明显，但它这些年从没有真正主导过国际政治，它一直有很强的表演性和工具性，在大国关系中充当讨价还价的筹码。

金砖国家能否有更深的合作，关键还在于它们是否有这样的需求。

客观而言，全球化让很多国际组织的价值都下跌了，人类文明对野蛮的限制，使一国加入某个"小集团"的政治紧迫性不再像过去那样大。这些年新成立的政府间国际组织，生命力主要在于它们能否解决成员国所面临的共同问题，为大家都带来好处。

指望金砖国家成为七国集团那样的组织，这不仅不现实，而且反历史潮流。时代没有给金砖国家这样的启示和呼唤。

金砖国家的最大共同点，是它们都处在强劲发展中，并受到现有发达国家的一定挤压。它们与发达国家的矛盾不是意识形态的，而是利益的。

金砖国家有加强合作及团结的强大需求，因为利益之争已是当今及未来国际政治的本质。金砖国家有协调立场、相互支持的必要性，也有这样的空间。轻视彼此的合作和团结，是金砖国家的共同损失。

以印度来说，它作为"新兴国家"的身份，远远压过它是个"民主国家"。后一个身份被西方舆论强调，更像是他们想用印度平衡中国的把戏。

金砖国家应十分清楚自己是谁，为什么要走到一起。千万别让外界眼花缭乱的评说搞乱了。

(2012.03.28)

中日韩，莫在历史过渡期犹豫

第五次中日韩峰会13日、14日在北京举行。温家宝主持，李明博、野田佳彦与会。昨天最吸引人的信息是，中日韩自贸区（FTA）谈判将在年内启动。中日韩自贸区构想提出已有10年，但之前一直未有实质进展。

中日韩三国2011年GDP总额达14万亿美元，外贸总额6.4万亿美元，如果中日韩FTA建成，将成为继北美、欧盟之后世界第三大自贸区。当然，目前这只是纸上算出来的。

中日韩之间作为经济伙伴的合作前途既像是很扎实，又有些飘忽不定。三国之间的历史问题和政治不信任，比三国贸易增长速度似乎更突出。在世界经济重心明显东移之际，三国合作不缺"天时"、"地利"，但"人和"的基础当属世界比较差的。

这似乎可以怨上东亚人的"劣根性"，但当美国的驻军仍在深刻影响日韩"交什么朋友"时，这类抱怨其实过于表面。事情或许反过来看：中日韩之间有这么多摩擦，并且连相互之间的双边FTA都没有，中国却分别是日韩的第一大贸易伙伴，已经很不错了。

东北亚目前堪称一盘散沙，中日韩分别与东盟10国签了FTA，形成各自的10＋1局面，韩国还同美国、欧盟签了FTA，就是东北亚自己的FTA难上加难。这当然不是正常的。

仅仅从"亚洲FTA地图"上，也可以悟出一种无形力量对中国的排挤，以及中国的克制和不斤斤计较。中国无疑已是亚洲经济的发动机，也是亚洲政治上最有影响的国家。但中国在默默拉动亚洲，没有大张旗鼓地显示话语权,东亚的FTA谈判没有一个是中国主导的。

如果是印度处在中国的位置上,恐怕早就大喊大叫了,它大概不会像中国这样笑容可掬地捧着东盟,像"卫星国"一样围着它"10+1","被它主导"。

以东北亚来说,中日韩民间活跃的经济合作在推着官方"补签"协定,东京和首尔的犹豫不决是历史过渡期的特殊表现。

美国已经没有那么大的力量,可以对太平洋另一侧人们交朋友的方式一直"规定"下去。中日韩结为更加紧密的贸易伙伴,是地区共同繁荣的不二之途。政冷经热或者演变成政冷经也冷,或者变成经热政也热,只要中国保持强大的崛起之势,后一种趋势就是绕来绕去也绕不开的。

三国困难的农产品谈判等从长远看都不过是技术性障碍,亚洲经济缺乏最终消费市场的问题也将逐渐克服。中国市场未来的前景几乎是无限的,其总容量超过美国已经可以预期。对中国的若即若离态度不太可能得到长期维持。

中日韩FTA谈判只能是水到渠成的事情,想加快没用,硬拖大概也拖不了。但日韩政府对与中国合作采取更积极态度,会使自己主动些。两国应把"在中美之间平衡"这把尺子不断与历史做精确性的对照,避免东北亚的政经迷惘剪不断理还乱。

中日韩三国相互借鉴与合作的历史渊源很长,三国合作的综合优势远远大于障碍。重要的是,那些障碍别被夸张和放大,在未来几十年,三国社会都需在互视中锻炼自己的宽容和豁达。

(2012.05.14)

中国外援应堂堂正正地做

中国 23 日宣布向也门提供 1 亿元人民币无偿援助,消息传到国内,一些反对声再次云集到互联网上。最近这些年,外援一直是敏感话题,如果时机凑巧,还会引起援助马其顿校车那种大的争议。

然而外交的基本理性告诉我们,对外援助是大国必须做的事。中国在经济很落后的时候就有一些外援,同时也接受外部援助。到上世纪末时,中国还是净受援国,成为净援助国是本世纪的事。

各国舆论对外援都很敏感。联合国要求发达国家对外援助到 2015 年时达到本国国民总收入的 0.7%,目前各国都差得远。美国 2011 年的外援总计 307 亿美元,占 GDP0.2%,但国内经常批评,很多美国人认为国家外援的 GDP 占比是 15%,是实际外援的几十倍甚至上百倍。即使这样,各大国都坚持一定数量的外援,这说明外援有助于实现国家利益,是各国政府的共识。

新中国早期的外援多从意识形态出发,当时全世界的外援都这样。中国当时的外援帮助巩固了同第三世界国家的关系,但阿尔巴尼亚和越南后来的反目,也给中国人留下至今难以磨灭的负面记忆。

中国今天的对外援助早已跳出意识形态框框,以国家外交利益为中心,战略规划性越来越强,与中国经济跨国发展的配合也越来越自觉。外援同时是履行中国的大国责任。但这种履行不再会走向忘我和不顾中国现实的极端。

中国处在民生觉醒的高潮期,要求国内问题优先解决的呼声很具体,有感染力,外交战略层面的理由无法到舆论场上与它们做对比选择，外援很容易成为对国内贫困发泄情绪的靶子。

对公众说用1亿元到中国山区建学校比用来援助也门更重要，在网上获得响应和掌声几乎板上钉钉，然而这的确是根本就不该做的一个对比。中国已是世界第二大经济体，利益遍及全球，中国既要山区教育的改进，也要从中东获得石油的稳定。大国切不能"一根筋"，这个笔直的道理，拿到今天的舆论场反而看上去像是歪的。

这迫使中国近年的对外援助越来越"低调"，中国做了好事正事反而不能说，或者要小声说。而一旦外援同国内某件没做好的事扎堆"赶巧了"，就会酿成轩然大波。

中国的外援规模只能逐渐扩大，不可能缩小。这层窗户纸必须彻底捅破。低调不是办法，只有用进一步的信息公开和操作透明，大大方方，才能建立起外援对反对声音的抗干扰力。

中国的外援预算不应继续保密了。应把它堂堂正正说出来，获人大批准，开始时舆论会有反对声，但应相信理性必将获胜，在公开的争论中，今天互联网上的各种冲动反而会被压倒。

对的终究是对的，在支持或反对外援的问题上，中国人合在一起没那么傻。其实在其他重大问题上，中国公众也绝非不可理喻。互联网上某些"主流声音"对中国社会的代表性并不真实，围绕外援问题，完全可以做一次戳破这种虚假的大胆实践。

(2012.05.25)

上合组织不会做北约的"陪练"

西方舆论高度关注正在举行的上合组织北京峰会，一些评论大谈它冲着美国和北约的"对抗性"，甚至有媒体将它称为"东方的北约"。这不仅是冷战思维，而且是小心眼的。

美国的精英们在表现"霸权"的心理脆弱。在他们眼里似乎什么都是挑战。中国和平崛起是战略威胁，中俄及中亚一些国家搞区域合作也需高度警觉。历史上的大国对抗史看来让他们刻骨铭心，淡化对抗甚至设计些超越对抗的东西，对他们来说都是邪门歪道。

上海合作组织的初衷就不是为了对抗谁，如果它有这个潜在政治目标，在美国和西方对世界安全领域呼风唤雨的时代，发展的阻力就会大。因为这样做没有前途，是成员国拿自己的地缘政治利益下毫无意义的赌注。

上合组织在有一大堆"明显障碍"的情况下居然很顺利地发展了起来，根本原因在于它契合了这个复杂地区各成员国求发展、想稳定的愿望，它实事求是，能合作什么合作什么，意见不一致的暂时放一放，各国的利益都因该组织锦上添花，没有谁失去什么。

上合的迅速成型显示，意识形态和价值观，以及围绕地缘政治的不同理解和雄心，都不是国家间开展双边及多边合作的真正障碍。国际关系正从对政治权力毫无节制的追求中慢慢走出来，一些新的元素和方向则从旧国际关系的疆域和废墟上逐渐成长。

比如西方媒体经常议论中俄"争夺"上合组织的主导权。这是典型老套的思想方式。中俄单独"主导"上合组织会有什么好处吗？一个简单的事实是,中国和俄罗斯各自国家的战略关切及困难,都不可能通过"主导"这个组织来解决。

上合组织是本世纪成立并最能与"朝阳"这个词相配的国际组织,一些国家特征完全迥异的地缘政治主体都对它表现出兴趣。它的生命力就在于抛弃了旧思想和旧套路,它根本就没想成为西方预言它"搞不成"或"前途不妙"的那个"北约"的同类物。

上合组织应坚持自己的发展宗旨,不受西方一厢情愿的评论的干扰,坚持面对本地区的现实,对所有成员国的利益只做加法,不搞减法。同时要坚持它的开放性和包容性,同本地区或部分重合地区的其他国际组织良性互动。

上合组织的新合作不需强推,而应尽可能追求水到渠成。随着中俄的快速崛起和复兴,以及中亚国家发展的不断再启动,地区合作尤其是经济合作的现实需求必将绵延不绝,加强上合组织也将获得顺势而为的巨大机会。

上合组织搞好了,中国安全就有了陆上纵深性保障,国家发展更有了西方和东亚之外的开放面。因此为推动上合组织的稳定发展,值得中国花一些精力,投入一些资源。

北约现在很尴尬,无所作为,它就会被淘汰。但盲目作为,北约只会到处受质疑。它似乎很想抓上合当它的对立面,彰显自己"仍然有用"。

然而上合组织显然不会做北约的"陪练"。这一地区的人们现在满脑子都装着现实主义的东西,能把"军事同盟"这一浪漫设想与"上合"连在一起的,只有神话。

(2012.06.07)

世界金融"重切蛋糕",再难也要推动

G20峰会重点讨论了金融危机和IMF增资问题,这些讨论都涉及了国际的金融格局。金融秩序代表了各国经济利益最高层面的分配机制,它的任何调动都可能改变或影响下游经济的利益关系,因此各国都慎之又慎。

以IMF和世界银行为核心的世界金融系统,目前仍由美欧主导。发达国家特别是美国对金融的控制力,与这些国家实体经济的能力越来越不相称。以金砖国家为代表的新兴国家在实体经济领域快速崛起,但金融待遇相当滞后,这是当前不合理国际关系的根源之一。

新兴国家获得更多金融权力,比获得更多市场份额要难得多。金融权力说到底就是政治权力,美国等发达国家必然"死守",不到实在混不下去,不会答应重新"切蛋糕"。

中国等新兴国家一定清楚,美国的特殊金融权力是其综合国力、包括它的战争经历共同塑造的。动美国的奶酪既很麻烦,也需付出一些代价。对IMF增资,应算最平等的付出了。像人民币国际化这种高风险的事,中国也得有勇气去做。

中国扩大金融话语权的前提和基础在于继续扩大实体经济和对外贸易规模,但中国的对外援助能力以及中国的政治信誉都需齐头并进,甚至中国的军事能力如何也不是与此无关的。而且即使这样,中国的金融竞争力也很可能是各种竞争力中来得最晚的。

中国面临的挑战在新兴国家中带有普遍性,金砖国家能否做到加强合作,对它们争取更多的金融权力将是决定性因素之一。如果金砖国家真能像倡议的那样组建"金砖国家银行",将它们的大部分国际金融业务通过这个银行运作,将对发达国家的金融表现构成强大压力,后者就得为拉住金砖国家做必要妥协。

但金砖国家加强合作从愿望及口号变成不可动摇的现实,还有很长的路要走。如果比速度,金砖国家发展成一个有效组织未必就能跑过世界格局的其他变化。

中国人现在同时需要雄心和耐心。世界现有金融秩序明显不合理,美国从中占尽好处,众怨纷纷。中国的经济规模越大,如果缺少金融话语权,吃亏的风险越高。因此我们必须下大力气搞清楚其中的诡谲,联合其他国家追求金融平等。

但我们的确是世界金融博弈的新手,实体经济是从低端搞起来的,在世界资本市场上该怎样使用我们的贸易盈余,我们不仅缺经验,而且抗风险的金融杠杆大多不在我们手里,很难同美国这个金融霸主"来硬的"。美国有拉各国帮它办事,而它对局面保持"控股"的丰富经验。与新兴国家不同,它的手段配套齐全,各种控制力能够相互支撑。

当然了,中国与美国、以及新兴国家与发达国家的金融关系十分复杂,不能认为双方是铁定的对手,这不符合实际。双方是前者争取更多权利,而后者仍想多占甚至独占利益的"合作—斗争关系"。今后怎么发展还很难说。

让美国及西方发达国家让出更多利益,这是世界大多数人的愿望。世界经济的核心权力不能由少数国家操控,这也是全球化时代国际事务民主的题中之义。这种改变多难也要推动。很多具体的努力不断积累,终将水到渠成。

(2012.06.20)

菲律宾不值得中国集中精力琢磨它

由中国政府提供贷款建设的菲律宾一项供水项目 17 日举行开通仪式，菲总统阿基诺三世出席并对中国表示感谢。这一项目的规模算不上很大，阿基诺高调参加并借机感谢中国，有缓和同中国关系的意思。

然而该消息在中国互联网上立刻引发争议。一些人误以为这个项目是中国对菲律宾的"无偿援助"，因而质疑国家为何要对这个"白眼狼"如此厚待。

真实情况是，这个项目是中国政府向菲律宾提供了"优惠出口买方信贷"，承建方是中国水利电力对外公司，菲方偿还贷款由菲律宾财政部提供担保。项目的实质是：菲方向中国借款，专门购买中国公司的技术支持和建设出口。菲方为此借的 1.12 亿美元由其政府担保到期偿还中国。

这是一种通过贷款援助拉动出口的对外贸易模式，是大国开拓国际市场并扩大影响力最流行的做法之一。这件事不能被看成中国对菲律宾的单向帮助，它是互惠的。

上述项目开工于 2010 年 3 月，如果放到今天，受黄岩岛影响，项目很可能告吹。目前在这类合作中，很难说资金和市场谁的优势更大，但由于中国的经济实力远远强于菲律宾，我们的主动性更多些。

这种主动性其实遍及中菲关系的方方面面，中国人对此应当有充分自信。我们不是中菲最近摩擦的受损方，在黄岩岛争端中，最先闹起来的是菲律宾，吃亏的也是菲律宾，中方现在对黄岩岛的实际控制大大加强。正因如此,马尼拉最近几个月四处"喊冤",求美国,拉东盟。中国人如果感觉在黄岩岛冲突中"受伤",是很奇怪的。

在整个南海,中国的利益受到了蚕食,菲越等利用中国海上力量鞭长莫及的那些年,占了南沙一些岛屿,并试图将这一切固定成南海的"现实"。那是中国的历史教训,值得反思,但我们最需要的是做好现在,着眼未来。

中国今天的能力在全面增长,每一次同菲越的争端激化时,我们都有充裕的优势,能做到把维护主权向前推进一步。现实主动权已经在我们手里,时间也在我们一边,虽有美国等外部大国的扰乱,但我们能大体把握解决南海问题的方向和节奏。

看清这一切,我们就会在南海问题上从容得多,也更放得开手脚。菲律宾可以是朋友,也可以是中国外交大战略中的一个"玩偶",它耍浑,我们就给它来硬的。它软下来,有了一些教训,我们也可以给它台阶下。菲律宾大概不值得中国集中精力琢磨它,它只是中国往前走需要捎带关注的对象。

中菲的项目合作该搞还得搞,只要它对中国有利。像菲律宾如此善变的国家,短期内不可能成中国的"战略伙伴",因此只对菲方有利的项目就算了,纯援助更应免谈。对中菲合作我们需留一个心眼:保持和扩大己方优势,让合作同时成为我们钳制菲律宾的筹码。

南海问题必将旷日持久,有实力并且前景好的一方才会有耐心,有章法。手里没牌、对前途毫无信心的人才会又急又躁。

(2012.07.19)

有战略胸怀，就会对非洲刮目相看

中非合作论坛第五届部长级会议昨天在北京开幕，中国领导人宣布未来3年中国将向非洲提供200亿美元贷款额度。在世界经济的一片萧条中，非洲经济的持续增长虽然起点低，但还是烘托了那块大陆的希望。

中国的大规模贷款必将进一步刺激中非合作，加强彼此对对方的重要性。

中非早已不仅仅是更多在政治上相互呼应的伙伴，而逐渐成为对各自发展都使得上劲的全方位合作者。单从中方来说，非洲不仅向我们提供了发展所需的能源和原材料，它作为新兴市场也越来越有价值。与非洲合作的利益既是现实的，也是面向未来的。

中国已经成为非洲第一大贸易伙伴，这个数字的背后不仅是中非合作规模，还包括双方合作十分突出的互利性。中非合作的政治基础非常好，中国作为大国没什么要控制非洲的私心杂念，双方对合作本身都很专注，因此各领域合作的从小到大都有一定水到渠成的自然性。

西方对中国如此"顺利"地走进非洲有些惊讶，也有点妒忌。西方大国虽然也在考虑向非洲放低身段，但它们与非洲的价值观差异很难磨合，因此发展关系总是疙疙瘩瘩。

中非之间的具体摩擦实际上也随交往量增多而快速增长，但这些与公司利益及一些个人表现直接相关的民间纠纷变不成一堵墙，中非都不因为双方看上去变得"斤斤计较"了，而不像过去那么"亲热"、

"友谊第一"而沮丧。

世界舆论中常有对非洲的轻视和不尊重,这种情绪在部分中国人中也有。然而世界在变,风水轮流转的道理不会作废,后发优势在一波又一波地向世界欠发达地区传递,一个大趋势似乎在成型:发展的运气正逐渐落到非洲国家的头上。

由于中国老实认真的"走出去"作风,也因为今日中国的某种运气,我们同非洲的关系,以及对非洲发展经济的实际参与程度,正在很多方面追上西方大国,甚至让它们感到恐慌。中非关系事实上成了支持中国崛起的资源,也在一定程度上成为调节中国同西方大国关系的杠杆。

中国国内舆论出现一些批评中国对非援助的声音,宣称"不值得"。但这些声音是非常浅层、随意的。它们同舆论场上对国家利益的泛泛不屑以及"诚心对着干"情绪大体同源,中国的实际对非政策不应受这部分激进舆论的影响。

对于西方的批评及挖苦,中国可以听也可以借用它们丰富制定对非政策的思考,但我们显然更不应被西方从它们利益发出的评论和"告诫"所左右。

用战略的眼光看非洲和中非关系,也用战略的胸怀设计并实践发展对非合作的现实路径,这是今天中国应有的态度。中非合作应当扩大,但它得是可持续的,真正互利的,而不能是强撑硬扛的,用花钱和"哄"追求短期热络的。

非洲集中了世界上1/3多的发展中国家,把中非关系搞扎实,中国的活力就有了新的含义和纵深,这对整个国际关系的演变也都具有意义。

(2012.07.20)

印度大停电的启示：发展是硬道理

印度本周初发生大规模停电，全国一半以上人口受影响。这样的停电规模堪称人类历史上最严重的事件之一。它并非简单的一个原因就能导致，实际上反映了印度发展问题的冰山一角。

包括中国在内的世界发展中国家都有必要从中自我对照。

电是现代化基础的基础，中国去年的发电总量已经略微超过美国，居世界第一。印度居世界第五，但总规模只有中国的1/5，而印度GDP总量大约相当于中国的1/4。发电总量显然已是国家经济发展水平的一把尺子。

把发电量搞上去，是对国家一系列能力的综合考验。基础能源生产（石油、煤等）先要上去，交通要上去，电网建设要大规模扩张，电力分配和调度能力也要上台阶。社会对发展核电、水电需能达成一致意见，新型能源（风能等）也需扮演越来越重要的角色。这一切几乎就是一个大社会的更新和重塑过程。

中国的发电量支撑了13亿中国人当前的小康生活水平，中国人要过更好的日子，就必须能发更多的电。即使考虑到节能因素，中国进一步的现代化从长远看，大概也需要至少比现在多一倍的发电量。然而我们已经能够感觉到，继续大规模扩大发电装机能力在中国已非易事。

继续扩大火力发电规模，需要烧更多的煤或石油，找到这些煤和石油很难。扩大水电，三峡大坝引起的争议尚未消除，社会对修建新水电站的舆论阻力将会越来越严峻。核电更难乐观，福岛核电站事故已将公众变成惊弓之鸟，社会对核电的承受力如今薄得像一张纸。中国风能发电增量很快，但靠它在国家主电网里扮演重要角色显然不现实。

"回望"印度我们发现，印度在只有中国发电总量 1/5 时就陷入比今天中国更严重的困局。再向前看，中国在人均发电量远低于西方国家时开始面临了它们社会高度发达后的发电苦恼。全球化并没有拉平基础设施，却让各国社会对发电的态度渐渐趋于一致。越低端的国家，面临的自我纠结就越多。

印度社会鼓励争议，大规模发展核电、水电比较困难。在印度征地比在中国征地还要难，搞发电所需的交通等配套基础设施举步维艰。结果就是，中国一些城市停电，经社会抱怨，用几年时间总能解决。印度各地多少年下来不断停电，民怨纷纷，政府换了一茬又一茬，但问题就是解决不了。

印度是中国的一面镜子，而且是特殊的"反镜子"，它能照出如果中国在发展的重大问题上陷入尖锐社会争议，政府缺乏决策力，那么中国的今天会是什么样。上世纪 50 年代的时候，印度制造业和基础设施明显胜过中国，而今天印度的人均 GDP 差不多只相当于中国的 1/4，两国基础设施已呈天渊之别。

中国离发达社会还很遥远，而人类发展的大环境已经深刻变化。中国再往前走已无现成的样本可学，我们今天能够看到的成功和失败经验实际上都支离破碎。

前方在哪？它肯定不是印度，大概也不是美国。把今天 3 亿美国人的消耗乘以 4.5 倍，一定是地球容纳不了的灾难。但中国又必须向前发展，这个发展里包含着中国人权的绝大多数要素。

中国必须是理性，追求梦想，同时又由现实主义主导的国家。

(2012.08.02)

APEC主谈经济，但能创造政治缓冲

APEC领导人除了奥巴马等少数几人，都聚到了俄罗斯远东城市符拉迪沃斯托克。他们会谈些什么？这的确是个有趣的问题。

APEC是亚太经济与合作组织的缩写，历次会议主谈经济，避谈政治。美国多次要求加入政治话题，都遭到中国等亚洲国家的拒绝。

然而谁都知道，亚太地区的最大问题是政治分歧，这里的领土纠纷很多，意识形态和价值观差异比比皆是。但在APEC的多边场合谈这些分歧，等于是挑起争端。尤其是，主张谈政治的美国最强大，但缺少公平对待所有国家的意愿，华盛顿的名声就是拉一个山头对付它不喜欢的国家。这样的亚太政治会谈，制造分裂的危险太高。

亚太合作能不能逐渐拓展，关键在美国。在任何区域搞合作，"老大"是否公平，是否有心胸，都是决定性的。当然，在当前国际政治条件下，想找一个真正公平的"老大"大概也不现实。但美国的问题是，它的自私明目张胆，美国的利益是其亚太战略的唯一出发点。

亚太是否能够长久和平，主要取决于美国。只要美国真心不想打仗，亚太决不会有大的战争。无论南海或者东北亚，最多会有一些小摩擦。只要美国不在后面使劲，亚太的区域矛盾或者会自生自灭，或者无关痛痒地挂在那里。

中国快速发展带来了一些国家的担心和不适应，但它们大多有自然平复的能力。只有美国实施对华遏制战略，才会制造全地区的紧张，并可能最终分裂亚太。为避免这种局面，中美都需克制针对对方的警惕和冲动,不钻牛角尖。美国作为中美之间的强者,对"受威胁"的情绪表达要比中国的同样表达更强烈。最强者都说自己"不安全",亚太谁能安全?

美国人其实知道自己今天很安全,但他们在关心50年甚至100年以后继续保持"老大"地位的安全。从美国利益的角度看这大概没错。但美国会为此遏制中国的和平崛起吗?这个亚太政治的核心悬念将是大家为美国"绝对安全"一起凑份子的代价。

由于中国在APEC的经济影响力在上升,美国近年对推广TPP(跨太平洋战略经济伙伴协定)变得很热衷,似有用后者代替前者的战略意图。美国的这一做法对追求本国利益更是不加掩饰,两个组织的交叉及交替是否会对亚太经济、政治局势有负面影响?美国似乎满不在乎。

然而即使有这么多难题和无奈,APEC会议坚持开,还是起作用的。APEC会议虽主谈经济,但它同时创造了一种政治缓冲,把全地区的合作及妥协姿态朝着经济以外的广阔领域牵引。

一分耕耘一分收获,这么多领导人不远万里凑到一起开会,年复一年这样做,其间穿插了无数双边会晤,光是各成员领导人彼此增进了解和个人友谊,就是亚太政治的一笔财富。世界的问题根本解决不完,如果较真,随时能添新的死结。在很多时候,"彻底解决问题"其实就是容忍问题的存在。

(2012.09.07)

发展企业就是构筑国家核心竞争力

中国公司华为和中兴进入美国市场受阻，美国国会的理由是保护"国家安全"，其实美国真正要保护的是美国企业的市场地位不受挑战。当然如果换个角度思考，美国人也没说错，因为企业的安好恰是"国家安全"的支柱。

一个国家的核心竞争力说到底来自于它的企业，企业强，则国家兴。

中国改革开放 30 多年，企业的发展对它的记录最真实。中国企业实现了所有制上的突破、活力的创造和规模的扩张。时至今日，中国已有了在世界上很有分量的大型国企，也有了华为这样能闯遍全球并颇具竞争力的大型民企。中国的很多中小企业也有了超强的适应性和灵活性，在经济全球化的激烈竞争中弄潮。

企业的发展给中国创造了以往不敢想象的税收规模，这些税收变成了中国从加强国防到发展民生的各项投入。大量民营企业的发展还改变了中国的社会结构，使中国多元化和民主的扩大都有了实在的经济根基。无数企业主在为创业奋斗，为利润奔波，但他们无意间铺就了中国改革开放一块块坚实的石头。

然而中国的企业拿到全球去比，仍有很多软肋。这几十年大量企业生生灭灭，不确定性仍深埋在很多企业的骨髓里。中国企业从一棵小苗长成参天大树，可控度仍低于发达社会。企业成长的法律环境和市场环境都亟待进一步优化、整理。

美国阻挡中国企业进入其市场的那股顽固劲告诉我们：他们对中国企业竞争的担心，在他们对中国崛起的各种担心中排在很靠前的位置。中国经济过去一直对美处于"防守",我们的低端产品进入美国市场,构不成对美国优势的真实挑战。现在中国高科技企业也来敲美国的门,它们带来的感受是截然不同的。

美国人的不舒服完全可以理解,它采取非贸易手段保护本国企业,大概也属必然。中国人除了在要求美国开放市场上据理力争,还应从中悟出,对世界所有国家,包括对美国这样的经济超级大国来说,企业在国家利益中占据多么重要的位置!

中国必须加快发展本国企业,把这作为继续和深化改革、应对阶段性复杂局面的主战场。中国企业的效益、规模和竞争力全面提升,将会创造更多超过当前平均收入的工作,贡献更多税收,为社会福利和国家竞争力开创全新局面。中国企业强大还会把外资同中资的合作推向更高水平。

发展中国企业不是空话,必须解决企业和企业家们实际遇到的,以及他们所担心的各种问题。

第一是要强化对财产权的保护,消除企业家们的各种"不安全感",打消其中部分人移民海外的念头。尽管他们的一些担心有臆想的成分,但消除这些臆想同样需要认真扎实的努力。

第二,必须加强知识产权保护,让所有企业大胆做研发投入。中国的知识产权环境甚至不如印度,这是很多企业更愿意跟着成功企业屁股后头"学"的根源之一。

第三,要创造公平的市场竞争环境,让市场洗礼企业,也壮大它们。真正有生命力的企业用不着保护,保护的结果只能是落后。重要的是让市场公平最大化,让市场催生先进,决定众多企业的兴衰。

或许可以说,中国社会对企业的重视仍是懵懵懂懂的,企业发展对国家和民众的重要性仍需要一次彻底的启蒙。以中国人的勤劳、聪明和勇气,未来几十年中国完全可能出现一大批世界级优秀企业。我们需要有决心、也有胸怀和战略迎接它们的到来。

(2012.10.17)

亚太"局"在美国手里,"势"在中国一边

美国总统奥巴马连任后第一次出访定在本周末的东南亚之旅,这被认为是美国强化"重返亚太"政策的信号。日本也更趋活跃,正寻求与美国修订《日美防卫合作指针》。日本副防相长岛昭久称:"我们正见证中国的惊人崛起,日本和美国必须考虑应对它所带来的后果。"

经合组织宣称按购买力平价计算中国经济总量最早2016年就会超过美国,很可能加剧美日等国保守人士的焦虑甚至惊慌。美日今后围绕中国搞更多可以解读为针对中国的动作将是必然的,中国周边将经历一段在中美之间犹豫不定或故意要平衡的时期,这应在预料之中。

美国将使出全部力气维持东亚的"均势",这意味着中国实力增长得越快,它围绕中国的防范性部署就会越多。由于中美有着大量合作和共同利益,并非冷战关系,美国会为它的行为找各种冠冕堂皇的理由,但这些行动无论如何都会让很多中国人感觉不舒服。

日本目前与中国大体属于实力相当的国家,因而是美国防范中国最积极的盟友。只有再经过几十年,中国把日本越甩越远之后,日本社会的心态会变化,包括重新考虑在中美间的战略定位。

如果中国可以控制自己的崛起速度,让经济总量追赶美国来得慢一些,中国的地缘政治就更有调适的时间与余地。尤其是,中国是否成为"世界第一"对解决国内问题无直接帮助,而且这个虚名如今也带不来多少民族骄傲。

然而问题恰恰是中国无法控制崛起的速度。它的实质是中国在城

市化，中国人向往更好的日子，希望生活质量的提升尽可能来得快些。中国的执政者必须满足人民的这些愿望，而它们的兑现过程就是外国人眼里的中国崛起。

中国同步发展国防，以及与一些邻国发生海上领土纠纷都强化了外界对中国崛起的负面想象。但中国只发展经济而留下国防的短板对一个大国来说是不可思议的，同样，中国在海上领土方面的回旋空间也不比任何纠纷邻国多。

中国是在国内问题重重而无心"崛起"时意外树大招风的。对这个局面中美日都没有其他选择，大家只能精心处理彼此的不安，避免西太平洋的和平与发展局面最终以"大国政治的悲剧"收场。

目前亚太的"局"在美国手里，但"势"在中国一边。美国把"局"编织得太密会刺激中国，中国用具体行动展现"势"则会让美日忧上加忧。

领土纠纷值得多说几句。舆论的开放已使中国很难在领土问题和长远发展之间设计严格的战略，外交必须跟着大众的意见走。但多项民意调查也显示，民众并未失去朴素的战略观，人们其实没有立即解决所有领土问题的期待，将之与实现国家长远发展做最佳平衡，仍是中国社会的主流愿望。

中国必须有承受美日等国际压力的强大心理。这种压力越往后将越强，但中国的主动性和应对压力的资源都将增加。我们需见怪不怪，不惊不怒，我们的应对从容些，整个局势的紧迫感就会少些。

中国崛起不会绊倒在任何一个具体点上，中国的力量增长跃过一定水平后，将逐渐改变世人对世界力量平衡的看法和感受，也会影响各国的应对策略。多少年以后，回望奥巴马一连任就先去东南亚，以及日本最近的骚动，都会发现那是些大局之外的边缘事件。

(2012.11.12)

中国同东南亚国家是朋友和邻居

东亚系列峰会昨天在柬埔寨首都金边开始举行,刚刚获连任的奥巴马总统"御驾亲征",这更刺激了东盟有"政治化"趋向之猜测。中国总理温家宝也莅临金边,中美对东盟不同的战略期待似在默默较劲。

东亚是个多事的地方,不光是因为事多,还因为大国利益在这里频繁摩擦,中国崛起又不断给以往的游戏规则和习惯增加无形压力。把范围缩小到东盟,那里既是各方往来频繁的活水,搞不好也会成一个大漩涡,东盟显然应加强本地区的活力,避免身陷大国纷争之中。

东盟10国2007年签署《东盟宪章》,确立了一体化目标,但东盟政治、安全方面的一体化应致力于本地区的团结与和平,维护对其发展最有利的外部大环境。菲律宾等与中国有领土纠纷的国家试图把东盟推向同中国的政治对立,美日也不断诱导东盟用更统一的声音强硬应对中国。

这使东盟的战略注意力有可能变得混乱,发展经济的大目标因各种惊扰而飘忽不定。反过来利用美国平衡中国的主张有一定诱惑力,而如何在大国之间游戏东盟国家又缺少经验。东盟国家与美日的相互利用中谁更能调动谁?针对这个问题,东盟能拿到主动权而不最终成为玩偶的难度很高。

从现实来说,东盟国家"联合"同中国作对完全不可能,中国早已是东盟最大贸易伙伴,中国是"坚持原则"但却很温和的大国,给每一个东盟国家以认真的尊重。警惕"中国威胁"虽然容易引起共鸣，但它同与中国合作的迫切性相比，后者意味的国家利益更实际，不可取代。

即使菲律宾，也不敢用对抗中国排斥同中国合作的需求，它不得不在两者之间寻求别别扭扭的平衡。越南更是注意不放大同中国领土纠纷的政治意义，希望保持越中的友好。

奥巴马虽"来势汹汹"，其国内的智囊建议相当活跃、耸动，但他可以说是"空手而来"，他顶多能说几句可供舆论夸张引申的话，加强美国"重返亚洲"的印象。但他改变不了东南亚经济已同中国形成紧密利益关系的现实，政治军事暗示所能起的作用只是心理上的，过去4年东亚已被美国反复无常的暗示刺激过许多次，它们的效力在衰退。

当然，美国如果在东亚不断找碴，中国的麻烦肯定会增多。减少东盟包括东亚其他国家对中国的疑虑，是中国争取主动的根本。

这不是说中国应在领土纠纷中后退，这做不到，中国国内舆论不会答应。但中国需要与东亚国家耐心沟通，让它们同时了解中国"强硬"出发点的边界，中国的底线不容触碰，但中国决不是野心勃勃的帝国，与周边和睦相处是中国的基本愿望。

中国在遭到挑衅的时候，反击必须坚决、有力，但"度"和"边界"也需是清晰的，这样中国的政治信誉就会在看似毫无规律的地区摩擦中越来越成型，也越来越有力量。

东盟不是中国的战略竞争者，无论遇到什么问题，我们也决不会往那方向想。菲律宾同中国的领土摩擦也不具有战略性质，我们的这个认识应坚定不移。中国同东盟国家是亲疏不太一致的朋友和邻居，这里的所有纠纷、包括吵架都决不会有"什么都豁出去"的，更不会有你死我活。

(2012.11.19)

缅甸民主应促进而非封杀生产力

中缅合作建设的莱比塘铜矿项目遭到日益强烈的抗议。缅甸政府27日逮捕了一些示威者,但抗议势头并未遏制住。民盟领导人昂山素季表示今天将赶赴铜矿与示威者沟通,她的态度也是缅甸应遵守同中国公司已经签署的协议。中国在缅投资已经有了密松水电站中途下马的前车之鉴,如果莱比塘铜矿也遭此厄运,中缅必双输,只会有一些包括西方力量在内的"第三方"偷着乐。

莱比塘铜矿项目抗议者起初要求得到更多经济补偿,但现在演变到为了环保停建该项目,甚至有极端分子打出"中国企业离开缅甸"的口号。

尽管抗议者背后肯定有非政府组织及一些西方人士的煽动和出谋划策,但事情闹成这样,更大原因是缅甸政治生态发生了变化,政府已经驾驭不了民意,中缅签署项目时的缅甸社会条件出现走样、扭曲。

看看中国的什邡、启东、宁波镇海几个大项目因为民众抗议说下马就下马了,企业的前期投入全都打了水漂,就会大致明白今天的缅甸在发生什么。所不同的是,缅甸的"民主"更彻底,而国家几乎赤贫,民众甄别各种信息的能力要比中国公众差得多。

中国在缅投资的企业面临巨大挑战,它们需要国家的支持,而中国也的确尚有影响事件走向并未用尽的资源。避免莱比塘成为另一个密松的努力不到最后一刻决不应放弃。缅甸政府应承担起它的责任。

中国要通过一切努力让缅甸政府和社会明白,缅甸必须用自己的行动来证明,它有能力走上一条有秩序的发展道路,否则,缅甸的改革不会得到国际社会支持。

然而无论事情的最后结局如何,中国都不应泄气,为了在缅甸的投资挫折就对中国周边外交丧失信心。我们在缅甸遭遇的是该国民主化对投资规则的冲击,与缅甸"新外交战略"风马牛不相及。缅甸既不存在向中国发难的动机,也没有做这种冒险的实力。

少数国人对中资大项目在缅甸的困境幸灾乐祸,宣称这是中国同"独裁政权"合作的报应。这是对缅甸真实情况的无知,以及多元化时代中国社会内部一些稀奇古怪情绪的宣泄。

当然了,中国企业今后需要更多做投资国民间的工作,并为此花更多成本,这是民主化浪潮席卷穷国提出的客观要求,中国向外走的企业必须跟上这个变化。

密松水电站的厄运和莱比塘铜矿的危机吸引了中国人对缅甸的关注,我们不妨把这个邻国看得更真切些。长期的军政府统治和西方制裁导致缅甸极度落后,民主化带给这个国家希望。然而缅甸民主一上来就封杀大型建设项目,而不是助推生产力的释放,这对人均GDP只有中国八分之一的这个国家来说,不像是什么福音。

如此的民主决带不来缅甸经济的补偿性高增长,不会转化成缅甸民生的实际好处。西方取消制裁本身带不来财富,缅甸的繁荣最终取决于缅甸人民的努力和付出。

换一个方向看,中国今天的人均GDP恰好也大约美国的八分之一,因而从发展民生的社会能力看,中国就是相对于美国的"缅甸"。中国综合国力很强,但对人民实际生活水平最管用的是人均财富。中国人如果想未来生活得更好,就得比美国人更辛苦,更自我克制,我们即使有权利要求,也绝对做不到享受同美国人一样的物质及精神待遇。

民主像是在把全世界人的权利拉平,其实这根本就是假象。缅甸人就算和美国人拥有了完全一样的投票规则,也决不可能有同样的权利。发展是硬道理,这句邓公在20多年前说出的话,才是走到哪里都不会错的普世价值。

(2012.11.29)

要增大越南在九段线内采油的风险

越南国家石油公司3日抗议中国船只割断该公司在南海水域探测船的电缆,中方对越方的抗议不予接受,并驳回了菲律宾方面针对《海南省沿海边防治安管理条例》的指责。

中方对"割电缆"的事情未做详细通报,但我们对中国有关方面在南海坚决维护国家领土主权的行动表示支持。

越南是在南海采油最激进的国家,它通过与第三国石油公司合作不断在九段线内发展海上油气业务。但从本质上说,越南不是采油,而是偷油。它偷上了瘾,有了"光明正大"的错觉。

以往由于中国的力量鞭长莫及,也因为中国的克制,使得越南在南沙水域钻了些空子。如今中国维护海洋权益以及捍卫主权的决心空前坚定,越南必须收敛过去的行为,这样的识时务和分寸把握对越南的长远利益将有益无害。

中国出于大局考虑,或许会继续对越南、菲律宾的一些侵占行为采取克制的应对,但中国今后肯定不会什么都不做,越菲的态度越僵硬,中国越会去摸他们的老虎屁股。这是中国公众对政府的强烈期待。

我们不知道割越南探测船的电缆是否系中方的"蓄意所为",但即使是,中国公众也会支持。中国就是要通过一些低烈度的措施增加越南在九段线内开采油气的风险,强化其合作者对中国下一步行动不确定性的预期。搞这样的油气开采应最终变成越南得不偿失的自找麻烦。

越南、菲律宾经常指望国际压力迫中国后退,但他们得知道,中国民意比任何国际压力都更重要。捍卫领土主权是中国人民高度统一的意志,越菲对抗的绝非是中国政府,而是与13亿中国人作对。

中国没有在南海搞实力或意志对抗的意愿,但"尽可能避免麻烦"再也不会是中国的实际对策。中国已经有了在南海"陷入麻烦"的思想准备,我们今天的评估是,多这么一个麻烦虽然不是好事,但也不会把中国怎么样,中国完全可以在不影响发展大局的情况下承受它。中国有了对南海局势"顺其自然"的大态度,什么样的情况我们都有决心和把握应对它。

越菲两国应放弃对中国以小制大、"四两拨千斤"的幻想。南海的政治环境虽因美国插手有些复杂,但这里绝非是可以变政治魔术的地方。中国主意已定,心态也已放平,我们不会昏头,也不会眼花,因地区上演的几个外交动作就不知所措。

越南、菲律宾无论怎么同中国相处,我们都不会纠结。我们仍希望同两国有正常甚至友好关系,领土纠纷和其他交往一码归一码,不把问题扩大化。但如果任何一方要大闹,中国绝不会在乎,我们有的是力量,并且如今也有了耐心奉陪这样的挑衅,乃至挑战。

越菲闹一次,叫一次,中国就会回敬它们一次,地区就会多紧张一分。中国的回旋余地比它们大得多,它们自己看着办吧。

(2012.12.05)

瓜达尔港,驱不走的猜疑就由它去

瓜达尔港的经营权 18 日从新加坡国际港务局移交给中国企业。瓜达尔港自立项并主要由中国公司在 2007 年投资建成以来,一直受到国际舆论特别是印度方面的关注。一些人把它看成中国的潜在海军基地,各种联想漫无边际。

瓜达尔港位于巴基斯坦俾路支省,靠近霍尔木兹海峡和伊朗边界,被认为"战略意义重大"。西方猜测那里会是未来中国西部能源走廊的开始处,并会成为中国影响海湾局势的一个战略支点。还有人提出瓜达尔港是中国包围印度"珍珠链"的一部分。

这些分析和担心的背后,都是对中国崛起的不安和戒备。能源安全对中国崛起有着基础性意义,西方很愿意中国的能源安全至少有一部分攥在他们的手里。因此中国的海外行动只要跟能源能沾上边,西方就很警觉。

任何港口都有潜在的军事价值,但瓜达尔港的设计用途和迄今运营都完全是民用的。关于中国有一天会向印度洋甚至更远的海域派驻大型舰队,并为此四处建立海军基地,外界这样的臆想越来越多。但可以肯定的是,持这种想法最少的是中国人。我们不知道未来的中国人会不会像西方预测的那样产生"扩张"的冲动,但我们很清楚,西方的描述同迄今为止的中国文化格格不入。

同样,我们不知道"包围印度"对中国有什么好处。跟印度下这种"战略围棋"适合放到科幻小说里。中印两国的现实战略设计者们大概都不会搞这种歇斯底里的游戏。

胡锡进论激荡世界

中国崛起对世界力量格局带来了触动，一些人预期这种触动将越来越深刻。然而直到今天，中国对在地缘政治博弈中使用自己的力量非常克制。中国对是否扮演更重要的全球性角色一直不太积极，中国的低调文化并没有因为国力的壮大而改变。中国在世界各地探路的主要动力是寻找经济合作机会，与合作者共赢是这些探路者们共同的现实主义原则。

中国没有过对外殖民史，到海外圈地、扩张势力范围对中国人来说都极其陌生。今天强大了，中国的商船走向几乎世界的每一个港口，但中国"黄土文明"老实巴交的传统根深蒂固，"海盗文明"强买强卖甚至冒险去抢的那一套，中国人根本不愿意去试。

不过中国究竟是一个什么样的崛起大国，光凭中国的倾诉是不够的。瓜达尔港交由中国公司经营后，它是否能促进地区经济的繁荣，对印度洋国家来说将是更有力的证据。可以想见，会有很多力量不断通过这个港口搜寻中国"进攻性"的蛛丝马迹。

外部对中国的疑虑由来已久，但各种"中国威胁论"对中国这些年的实际损害并没我们曾经担心的那样大。现在看来，只要中国在世界各地的投资和其他活动的确是出于中国自身发展的需要，中国压根不想搞什么扩张，我们总能找到同外部力量控制彼此互疑，不让它们产生破坏性后果的办法。

别人的嘴是堵不住的，对他们劝太多了也没用。中国的发展需要瓜达尔港，巴基斯坦的发展更需要中国。我们的合作应尽可能减少外界、特别是印度的猜疑。我们已经很谨慎了，如果还有人要猜疑，只能由他们猜疑去了。

(2013.02.19)

不应纵容美国放肆编造"黑客门"

关于中国军方"组织黑客大量盗窃美国政府数据和企业秘密"的荒谬指责正在发酵。美联社 20 日的消息称,奥巴马政府正在考虑采取罚款和其他贸易行动进行回应。美国这一次把戏演得很精致,中国人很难理解华盛顿究竟想干什么。

全球互联网的根服务器绝大部分都设在美国,从一定意义上说,互联网处于美国的"管理"和"监督"中。此外全世界的顶级黑客美国最多,他们中尖子的尖子恰恰云集在五角大楼。美国互联网忽然变得不安全了,而且到了它对来自中国的网络攻击"没办法"的程度,这是要骗小孩子吗?

互联网上最安全也最能为所欲为的就是美国。美国通过网络损害其他国家利益很多都是公开的,它是规则制定者,对此毫不客气。黑客最早就出现在美国,他们帮了美国政府不少忙,这造成了美国从一开始对黑客态度暧昧,并致使一些黑客潜规则向全球流行。

我们不相信中国军方在网络攻防战上毫无准备,但我们坚定地相信,中国决不会做这个领域的激进角色。说中国军方蔑视网络道德,践踏各种规矩,像孙悟空一样在美国互联网上横冲直撞,这让中国人听上去就像是天方夜谭。

基于这样的基本判断,我们认为美国对中国"军方黑客"近乎疯狂的指责是其行使网络霸权,肆意规定谁是"官民"、谁是"贼寇"的一部分。它要想给中国戴"贼寇"的帽子,可以找无数中国的茬,没有茬它甚至可以编出几个。

我们还高度怀疑美国炒作中国黑客威胁是为其升级网络战能力制造舆论，我们甚至怀疑美国在为其发动公开或半公开的对外网络攻击储备借口。

当然了，美国通过这些争吵廉价增加一个打压中国的外交工具，简直就是"搂草打兔子"的事。

中国以往在互联网纠纷上对美国实在太客气，这纵容了华盛顿的嚣张。既然中国的温和换不来美国的投桃报李，中国就应收起低垂的姿态，与美方捅破窗户纸，直至针锋相对。

中国需扎实搜集、细致验证、坦率公布美国方面做互联网侵犯的各种证据，通过多个渠道进行追究，惩罚有证据支持的美国侵害者。迄今为止美国只依据美方证据对中国很多公司和个人都进行了制裁，中国很少这么做，这样的不公平应当结束。

中国还需密切关注美国打造网军的动向，如果美国炒作中国黑客威胁真的包括提升网络作战能力之目的，中国就应快速坚决应对。我们决不可在网军建设方面冒进，为美国构陷我们提供借口。但我们也要防止被美国忽悠了。中国处在互联网能力的下游，我们要对自己的各种被动有清醒估计。

中国不怕美国舆论的鼓噪，也不怕美国政府对华采取行动。这些年来美国舆论和政府客观上相互配合做的那一套早已经让我们受够了，美国愿意再多一个，我们只能笑对并奉陪。

一个曼迪昂特公司和几个所谓"中国黑客攻击受害者"的故事就能扰乱中美关系，只能说明两国关系还太不成熟。那就请它再多经历一些风浪的洗礼吧，中国没有义务在美国一些人朝它吐唾沫时，我们全社会都辛勤地为它浇水。

（2013.02.21）

美国官民联合对付中国令人警醒

美国白宫 20 日公布一份长达 141 页的战略文件，宣称将采取严厉措施打击日益严重的外国盗窃美国商业机密活动。白宫是在美国一家网络安全公司指责中国军方参与网络黑客攻击行动的背景下公布这份文件的。尽管这份报告未表明"针对某个特定国家"，但美国舆论全都认为白宫的首要目标是中国。

这是美国官方和民间机构联合对中国出手的又一突出例子。Mandiant 网络安全公司 18 日发布了美国目标遭网络攻击长达 60 多页的报告，对所谓中国军方的"幕后操纵"做了详尽描述。白宫仅隔两天后就出台了同类主题的报告，这能是巧合吗？

美国民间机构、媒体同政府这种天衣无缝的配合实在令我们吃惊。在这个据说研究机构保持独立、媒体完全自由的国度里，政府要出台一项政策，可以如此细致地操控民间力量为其做舆论铺垫。围绕着美国的国家利益，美国政府和相关机构编导了把美国公众和中国这样的大国都当作舞台和"群众演员"的剧目。

我们或许没理由指责美国政府联合社会力量一起"欺负"我们，美国上下为了国家利益的团结合作从其自身的角度看没有错，他们倒是为我们竖立了一面镜子，值得我们对照和借鉴。

今天的中国做得了美国官民机构在对外斗争中的这种配合吗？大概做不了。首先中国的官方高度封闭，国家各核心部门极少有在制定重大政策时与社会力量、特别是与媒体互动的经验。中国官方部门几乎不主动向媒体透露敏感信息，涉及到中外冲突，第一拨消息差不多全来自国外。

中国媒体、尤其是互联网如今也缺少旗帜鲜明维护中国国家利益的氛围。舆论对官员的"扒粪运动"降低了许多人对政府的信心，殃及到对外冲突中舆论支持中国政府的质量。爱国主义受到一些人质疑和嘲讽，维护"普世价值"在舆论场的某些圈子里成为时髦。特别是在互联网安全问题上，国人的态度是分裂的，支持美国及西方立场的人不在少数。

由于缺少像西方那样的官民配合，使得中国在对外摩擦中愈发笨拙。守护中国国家利益现在只能靠国家的硬实力，软实力的运用无从谈起。连对外舆论斗争也主要靠官方碎片化的发言和回应。中国13亿张嘴内斗起来滔滔不绝，遇到与美国这样的精细较量，官员们往往只念一段声明，能少说几句就少说几句，而民间完全不了解情况，想说也不知道该说什么，成了看客。

这样的局面必须改变，否则中国就是国际舞台上任人嘲弄的半哑巴巨人。西方的攻击不仅破坏中国国际形象，而且中国的对外尴尬和受辱会部分向国内转移，损害中国社会的自信，制造一些人对政府国内政策诚信的怀疑。

政府核心部门应改变思路，在制定重大政策和对外斗争中走群众路线，调动社会力量协同政府维护中国国家利益的积极性，给爱国主义创造鲜活的实践机会。通过一件件具体的事，历练官民合作，凝聚全国人民。

中国对外开放是中国社会的全面开放，几个政府部门根本应付不了对外摩擦、碰撞的诡谲多变，唯有鼓励社会力量的广泛参与，中国才能在同世界的海量交往中应对有力，不在重要时刻失声，不在一线位置缺位。不做这样的调整，中国必将越走越被动。

(2013.02.22)

中俄越紧密，各自全方位外交越主动

习近平主席昨天在莫斯科会见普京总统，中俄领导人的这次握手再次扎牢了两国全面战略协作伙伴关系。世界舆论高度关注中俄能源合作是否会有突破性进展，西方媒体传到 2018 年，俄向中国出售的石油将达 5000 万吨。这些本周末将见分晓。

中国最终将成为俄罗斯最大石油购买国，这意味着将两国各自的战略命脉进一步栓紧。俄罗斯的石油销售和中国的能源进口都会继续维持多元化格局，只要中俄的战略互信足够牢固，两国能源的突出合作只会加强各自同其他伙伴谈判销售或购买石油的地位。

这也是中俄紧密合作对两国各自全球战略具有拉升作用的缩影。中俄拥抱不会损害各自同西方发展关系，只会增加两国同西方打交道的主动性。对因苏联解体综合力量大幅下降的莫斯科来说，这个效果将更明显。

中俄战略合作的潜力不是两国各自国家潜力的相加。两国的互补性是全方位的，但互利合作只是中俄结为战略伙伴意义的一部分。中俄合作最重要的是创造了两国巨大的战略弹性，也给 21 世纪的国际关系开辟了新空间。中俄合作对西方之外的道路探索提供了合法性和安全性的重要来源。

中俄合作不具有进攻性，两国的力量之和也不足以让它们携起手来对抗西方。但中俄结为全面战略协作伙伴，足以瓦解外界对它们任何一个的孤立、乃至围堵。中俄合作既有相当彻底的开放性，又有背靠背的相互支持和保护性。中俄关系的这种特质超越了以往国际政治的各种定义，同时促进了两国的战略安全和战略自由。

中俄关系已经给两国带来实实在在的好处，几乎没给各自带来什么负分。这样的国家关系比传统的"盟友"更契合冷战之后的国际政治现实。中俄友好没影响两国同任何第三方发展关系，相比之下，日美同盟就显得过时，它成了日本同中国等之间的一道障碍。

中俄现在都想让两国的特殊战略关系给各自带来更多日常利益，尤其是经济好处。这是值得努力的方向，而且两国事实上也未在这个方向上空转。两国能源买卖越做越大，这会逐渐导致一定的相互"战略依赖"。没有超级战略互信，这根本不可能。

中俄是有历史阴影的邻国，两国比邻地区都不是各自的发达部分，但两国能解决全部边界问题，贸易量不断上升，边贸尤其红火。如果非两国全面战略合作，这些都难以想象。

中国已是全球贸易大国，中国的经验显示，国家间的经济和政治合作相互促进，但并非绝对的正向关系。中俄一方面需用政治带动经济合作，一方面也应清楚我们最需要从两国的战略关系中得到什么。中俄关系很难大而全，至少我们不应为没有做到大而全而焦虑。

中国的北方有了最稳固的朋友，历史上这样的时候并不多。俄罗斯东部出现其全球战略的新支点，这还是它历史上的第一次。中俄全面战略合作为国际政治向未来过渡搭建了有创意的可能性。

（2013.03.23）

互联网,美国说谁是贼谁就得是

互联网是片混沌之地,是最容易让美国和它的西方盟友说什么以及做什么都对的地方。

英国路透社把协助中国军方搞网络攻击的帽子又扣给了中国上海交通大学。理由是该大学几篇有关电脑网络安全与入侵侦查的研究报告,有军方人员参与撰写。路透社称,西方的大学"很少有"这么干的。

美国公开宣布组建"网军",其中有13支部队是攻击型的。这比中国军方"涉嫌"做的事要严重不知多少倍。但中国成了西方舆论中"政府支持网络攻击"的最大"被告"。路透社及西方主流媒体为什么不去调查和报道一下,美国的网军究竟都在国际网络空间里干了些什么,拿哪些国家的哪些目标"练了手"。

中国长期遭受西方媒体攻击,官方做事小心谨慎。在西方这么使劲找中国茬的时候,中国军方可以放手组织黑客部队对美国发动"网络战",简直不可思议。这与中国的政治规则格格不入。

在互联网安全问题上,西方舆论把监督对象完全搞反了。这里面已经不是追求全球网络安全的问题,而是美国和西方在互联网领域里赤裸裸的"强权"和"霸道"。中国不是互联网技术与应用的"一流国家",说中国政府支持的黑客把美国搞得防不胜防,这是天方夜谭。

互联网安全尚未形成国际公认的行为准则。什么属于在网络上窃取情报,什么意味着"网络战",都不甚清楚,而由美国一家说了算,其他西方国家似乎成了美国的"应声虫"。美国有世界上最强大的网战部队，又"义正词严"地指责别国搞"网络攻击"。这让人们怀疑，美国这两手中的后一手是支持其前一手的舆论作秀和铺垫。

事实上，中国遭受的外部网络攻击比美国遭受的要严重得多。中国不仅吃了亏，而且现在还很受气，我们不能不为中国在世界舆论场上的悲剧性角色而长叹。

美国和西方握着国际舆论话语权，中国无力改变之。但至少我们自己别被西方的高音喇叭忽悠了。中国互联网上的舆情显示，连这条底线中国也正在失守。跟着西方舆论一起指责中国政府网络行为"不道德"，把民间喜欢炫耀的黑客当成"中国正规网军"的，大有人在。

中国互联网上主张"世界利益"高于中国国家利益的理想主义者也有不小一批人。现在看来，全球的"世界主义者"大多都在发展中国家，因为这样的主张在西方毫无政策影响力，在美国尤其边缘。西方主流舆论对"国家利益"总是喊得山响。

西方国家在网络问题上结成鲜明的阵营，显示他们对中国有着根深蒂固的偏见。解决这个问题对中国来说难度极高，忍辱负重既是中国的策略，也是我们的无奈选择。

"网络战争"有可能真的爆发，当然这不意味着它一定有"宣战"的正规形式。网络战争有可能战而不宣，也有可能日常化，它对世界现实秩序将造成多大损害还很难说，它是否会升级为国家间现实的军事冲突也有不确定性。

中国人需要清醒、团结，中国人多，IP地址多，我们必须建立起在互联网上捍卫国家安全的能力，还击、惩罚敢于向我们发动"战争"的网络入侵者。

(2013.03.26)

金砖合作很轻松，西方的警惕很心累

金砖国家峰会正在南非举行。5个新兴大国不断往一起凑，这在国际政治上意味着什么，众说纷纭。

它们显然同西方七国集团有很大区别。后者有美国那样的领袖，能形成经济和政治决断。"金砖"是5个"平等国家"的聚会，彼此的价值观分歧一目了然，该机制的任何雄心都要以这一现实为基础。

然而金砖国家合作在打破世界的旧有状态，彰显西方力量对全球治理的局限性。而这恰是当今世界的核心问题。西方对固化以它们为中心的世界利益格局最在意，已有特权一点不想失去，而金砖国家的崛起与合作对此构成长远、自然的竞争。

金砖国家深化多边合作有很多问题需要面对，但它们至少形成了彼此的鼓励，使它们之间的利益接近，和它们与西方国家的利益距离更加清晰。这会进一步厘清什么是这个世界的公平与正义，逐渐削弱西方对世界事务的主导权，增加发展中国家的影响力。

全球化时代，发展中国家及发达国家在经济上搞成一团，但依然"同床异梦"，达成共识一点也不比过去容易。集团政治常常成为这一困惑的避难所，美国等西方国家似在这方面越走越远。

金砖国家政治上各不相同，但它们政治诉求的出发点都与西方国家完全不同。这很可能会逐渐促成国家间多边合作的崭新范例。这同多元化的世界更贴切，因此很可能更有后劲。

西方七国集团长期在国际政治经济事务中叱咤风云，但西方国家的相对衰落会导致七国集团光环的消失，这已是正在发生的事情。

金砖国家机制从一个语言游戏般的概念走到今天，显得很轻松。五国都没设定强制性目标，没想同谁搞对抗，它是个说实话的论坛，是发现、创造机遇，并对五国彼此双边合作锦上添花的机制。

这份"平常心"很难得，五国都应保持它。五国都是所在地区的主导性大国，发展势头强劲。它们的国家命运有着各自深层成因，与金砖国家机制的关系都不是第一位的。金砖国家机制应有助于加强它们发展的战略机遇，它是否会在未来发挥更大作用，也将是个自然的过程。

中国人没有主导金砖机制的愿望，中国在金砖机制里的"特殊性"今后不会受到人为推动。中国人不喜欢对自己国际角色的刻意拔高，我们至今相信那样做有害无益。

改善中国国际处境的最大动力是国家发展，其他都是次一级的。保持自身的低调和对外尊重本是中国的战略理想状态，但在外交民主时代，它很难是绝对的，而只能在与维护国家具体利益之间寻找平衡。中国多参加国际多边合作，可以为我们的坚守和调整提供更多空间和杠杆。

金砖国家的合作内容需要不断充实，但五国对这种推动很从容。西方的不安来自于那里一些人自己的心虚，来自于那些西方人对利益和权力的贪婪。所以，现在西方国家显得比相对穷得多的金砖国家更加"心累"。

（2013.03.27）

金砖银行是解决实际问题，不是对抗

金砖国家德班峰会取得突破性成果。五国同意建立金砖国家开发银行，以及金砖国家外汇储备库和金砖国家商业理事会。外汇储备库初始规模1000亿美元，此前有媒体说，中国拟出资410亿美元。巴西、俄罗斯和印度各出180亿美元，南非出资50亿美元。另有媒体报道说，金砖国家还将建设2.4万公里的海底光缆，直接连接五国。

这个长长的项目单子还需进一步证实，但这些信息已经组成了强烈的信号。此次德班会议成为"金砖国家"从一个概念转变成实体的关键一步。西方舆论相信，这一实体的目标就是挑战西方霸权，终结西方主导的世界秩序。

西方舆论的这种反应有些过激了。这大概源自西方力量的相对衰落和自信流失。德班的成果更多带有务实性，它们将被用来解决发展中国家的现实问题，而并非成心要同西方对抗。

金砖国家无心同国际货币基金组织（IMF）和世界银行作对，但金砖国家确有愿望能校正现有国际金融体系对发展中国家利益的忽视，大幅提高金砖国家对世界金融的话语权。

目前的世界金融体系是以西方国家利益为中心的投融资秩序。它是攸关西方特权及霸权质量的生命线。发展中国家并无"颠覆"它的雄心，但用建立金砖国家开发银行触动它，制造一些变化，却是现实的，也是合理的。

金砖五国酝酿成立金融机构已经有一段时间，西方虽有不安，但没理由反对。现在不是在国际上划出阵营搞零和对阵的时候，西方的巴掌没那么大，罩不住整个世界，金砖国家在发展中国家之间开展金融自助，即使这对西方构成了竞争甚至"挑战"，也非来自金砖国家的战略恶意。现行国际金融秩序应有接纳这种摩擦的弹性。

西方应通过金砖国家的合作反思现有国际金融秩序的缺陷，如果西方继续从自私自利的角度审视金砖，拒绝改革，西方对世界金融及经济的领导力只会进一步萎缩。

金砖国家都重视同美欧的关系，不想顾此失彼。西方舆论对德班会议的惊诧反映了一种思想的僵化，一些欧美精英不愿面对现实，拒绝与新兴国家做分享利益上的调整，他们把金砖国家"改革"的呼声，往往简单看成那些国家要"革西方命"的信号。

金砖国家合作处在比较重要的关头。中国作为五国中经济实力最强的国家，很可能占向金砖金融机构注资的最大份额。必须指出，这不意味着中国"吃亏"，它将带来中国在金砖国家开发银行中的最大话语权。

这是中国的外汇投资，只不过它不同于购买美国国债，追求的不仅仅是外汇保值增值。这样的投资能同时帮助扩大中国经济的外溢空间，带动中国企业向外走，加强中国同新兴国家一起与美国及西方竞争的权利。

中国国内围绕使用外汇储备的争论显示，我们的舆论大大落后于中国崛起将国家战略位置的向前推进。中国与世界打交道的方式和态度都不能随着发展一成不变，但舆论对中国承担一个大国的义务很不情愿。由于中国舆论越来越开放，这个问题在逐渐变得严重。

但中国承担更多国际义务是世界对中国的硬要求。中国对这些要求既小心又积极互动，这是中国的根本利益之所在，而且这也是中国实际的唯一选择。

(2013.03.28)

博鳌，为亚洲人的合作搭舞台

为期三天的博鳌亚洲论坛年会昨天已经开幕，中国国家主席习近平将出席今天的开幕大会。这次年会还将有7位国家元首、3位总理、2位议长、1位联合国大会主席参加。会议增设了非洲和拉美分论坛。这一莅临阵容和话题规模都向外界传递出丰富信息。

然而这次年会的主题是"革新、责任、合作：亚洲寻求共同发展"，说明中国主办的这个论坛没有偏离亚洲区域合作的主调。这可不是"大而空"的话题，因为中国很想将它做实，也有人则乐见它被做空，亚洲不少国家态度积极，但也有的国家出于种种考虑患得患失。

中国正在成为一支世界性力量，但中国无论经济上还是政治上，又都首先是亚洲国家。看看欧洲一体化和北美一体化的现实好处，亚洲人大多明白本区域在一体化的方向上，有很多值得做的事情。中国虽然大而强，但推动亚洲一体化的初衷，与其他亚洲国家没什么区别。

以往人们对亚洲一体化的议论，主要是针对它的"难"，比如亚洲国家政治上分歧多，领土争端也不少等等。不能不说这些担心都是正常的。

这两年的新情况是，美国"重返亚太"了，而且有的东亚国家出现亚洲一体化"值不值"的新争论，很难说这两者之间有多少直接或间接关系。怀疑论者认为，中国是亚洲一体化的最大受益者，而其他国家"做了陪衬"。

当中国是全球发展最快的大经济体，也成世界性经济引擎的时候，大概很难对中国与亚洲国家谁从一体化中受益更大做量化认定。但中国的发展不是孤立的，亚洲成为全球经济最活跃的庞大区域，这一事实有目共睹。一体化带来了中国与其他亚洲国家的共赢,这一认识更具客观性。

当然,由于中国的超大规模,有的亚洲国家对中国尚存"防范之心"可以理解。我们想提醒的是,类似的"防范之心"即使在欧盟内部也未消失得一干二净,在美国重返亚太之际,它显然多了很多被激活、甚至被放大的机会。

这决非仅仅是中国的问题和遗憾,加强亚洲国家的彼此信任和共识,是整个地区的共同利益之所在。

最近几年南海问题活跃了,美国主导的TPP与亚洲一体化形成竞争关系,中日钓鱼岛争端激化,这些事情之间隐隐约约的联系决非亚洲国家的福音。

中国不是什么都怪亚洲一体化"破坏者"的怨妇,中国官员的反复表态显示,中国愿意为进一步消除亚洲国家之间的误解和障碍承担自己的责任。比如中国加大努力为亚洲国家分享中国的发展创造条件,用实际行动减少有些国家对中国"赢者通吃"的担忧等等。中国希望化解问题,不准备藐视这些问题,或与这些问题对抗。

博鳌论坛逐渐成为积累、扩大亚洲国家话语权的新舞台,它今后对达沃斯论坛构成竞争是再自然不过的事情。这对世界的政治平衡有利无害,对亚洲国家的彼此认识少受西方舆论干扰尤其有益。

在对外交往方面,中国是个相当耐心、谨慎的大国。中国真心与各国寻找共同利益,同时又有核心利益不受损害的底线,这其实也是国家不论大小的"最低外交姿态"。中国也应对本国外交战略有信心,中国在真心与亚洲共繁荣,中国不是当年的日本、德国,也非当年的苏联,不管世人嘴上说什么,这一点越来越多的人能在心里分得清。

亚洲区域合作是必由之路,亚洲国家的任务大概是如何让它的发展更顺利,如何解决问题,消除干扰。亚洲因某些分歧而朝一体化反方向走是不可思议的。

(2013.04.07)

中澳结战略伙伴不是强扭的瓜

澳大利亚女总理吉拉德访华，中澳昨天正式启动两国总理年度定期会晤机制。中澳还决定建立外交与战略对话、战略经济对话等机制。澳元与人民币9日开始历史性的直接兑换。中澳昨天站上"战略伙伴关系"的新水平。

这是吉拉德出任总理以来第二次访问中国，但上一次访问的背景受到热比娅访澳等因素的干扰，她的那次到来没获得中国舆论多少掌声。这一次访问被澳大利亚媒体称为她的"纠偏之旅"。

中澳之间长期以来有着非常复杂的相互感受。对澳大利亚来说，中国是它的最大贸易伙伴，但澳中关系又需与澳美关系"做平衡"。澳大利亚在文化上自定义为西方世界的一部分，华盛顿也把它同日本看成美国战略在亚太南北方向上的"两只锚"。美国2011年宣布向澳大利亚派驻军队，尽管中国很不悦，但澳大利亚还是"站到了美国一边"。

但中国对澳大利亚的重要性不断上升。因为地缘的接近，也因为中国的不断崛起，澳大利亚经济对中国的战略性依赖业已形成，澳大利亚的对华贸易分别约占其总出口和总进口值的三成和二成。澳大利亚的"平衡"被大体总结为从中国谋经济实惠，从美国得安全好处的实用主义。

对中国来说，澳大利亚也是外交重点国家。澳是中国第六大进口国和第九大出口目的地国。中国对澳大利亚的工业原材料有旺盛需求。在政治上，美日澳是三国保守势力反复强调的"战略三角"，而这三国中与中国最少利害冲突的就是澳大利亚。

中国很难在短期内消除澳大利亚社会对中国的政治偏见，两国的政治和意识形态摩擦不可能消除为零。但避免澳大利亚同美日站队，使它成为"西方世界"里对华最友好的国家之一，却是完全有可能的。中澳昨天结为"战略伙伴关系"证明了这一点。

中国不必为此求着澳大利亚。两国友好事关澳大利亚的核心经济利益，而这个利益比澳大利亚的安全利益在迫切性的排序上更加靠前。它是澳大利亚全体国民日常生活和感受的组成部分，也是澳大利亚各派政治势力竞争的关键舞台。

美国亚太外交的主打方向是安全外交，日本近年来主打价值观外交。中国在这两方面都不宜与它们较劲。中国的优势是经济外交。中国的强劲发展散发出挡不住的磁力，现在没有一个东亚国家愿意因为地缘纷争而在经济上远离中国。经济是中国外交最有力的资源。

常有国人因为有不止一个东亚国家同中国"政冷经热"而感到沮丧，但事情也完全可以反过来看。经济成为中国约束合作国家对华态度的强有力杠杆，使得很少有国家能决然走上"反华"的道路。一个国家与中国的摩擦再多，或者受到了再多挑唆，也需提醒自己慎重和克制。

这已是中国的战略性胜利。中国大致巩固了与广大国家和平共处的基础，并使得任何反华阵营难以构成。中国只要保持发展的强劲，就能让经济外交的力量越来越变得强大。经济外交终将全面扩大中国的"气场"，转化成中国的地缘政治主动，这样的演变将充满后劲。

澳大利亚集中了外界对华态度南辕北辙的种种材料，它们将如何搭配，构成澳大利亚的现实对华政策，是时局的一面镜子。中国需耐心、坚定，对自己有信心。我们把自己发展好，一切都不神秘。只要中国不断壮大，同时对外公平交往，让世人分享我们发展的机会，中国外交将在不卑不亢中不断结出"自然果实"。

(2013.04.10)

管理互联网，各国有着自己的坚定

德国联邦法院上月中旬作出判决，责令谷歌在用户举报和要求的情况下，必须删除"诽谤性搜索提示"，这等于是对谷歌搜索的"自动填充"功能做出了限制。有人认为联邦法院的这一判决对规范德国互联网具有里程碑意义。

管理互联网正在全球范围内摸索、展开，在舆论的压力下，一些大型网站增加了自律。比如美国脸谱网站几天前宣布将对员工进行内容识别和删除不当言论的培训。在正出现大规模骚乱的土耳其，政府猛烈抨击社交媒体是土耳其"社会稳定的头号威胁"，类似谴责也曾出现在英国议会。

互联网世界千奇百态，它所依存的现实社会背景又大不相同，这使得管理互联网很难在全球形成统一做法。各国的现实做法都是立足本国实际，选择最能维护本国公共利益的方案。

英国是互联网管理比较成熟的国家，将有害信息分为三类，即非法信息、不良信息和令人厌恶的信息。很多国家借助法律、行政以及行业自律和技术支撑等多种渠道，尽量保障互联网发展对国家和社会利益的建设性。

中国是互联网对社会生活介入度比较深的国家之一，也是对该不该以及如何管理互联网争论较多的社会。其中一个原因是，互联网在一定程度上参与了中国社会的"民主化"及"多元化"进程，它所产生的复杂作用很难用非黑即白的绝对评价来概括。

一些人宣称在中国实施任何互联网管理都是"打压言论自由"，

这种极端说法在一些圈子里产生了误导乃至欺骗性。这种声音同时获得西方舆论力量的支持和推动，使得在发达国家被视为正常的互联网管理，有时在中国会遇到额外阻力。

让反对互联网管理的人今后不再反对，这已不太现实。但中国主流社会需对管理互联网的必要性形成坚定共识，这很重要。

选择与现实更契合的管理方式，更易于获得最广大群众的支持。由于舆论已经存在的复杂性，寻找这样的方法并不容易。方法问题其实是互联网管理难度最高的部分。

比如过去的管理措施经常是悄悄进行的，而一段时间以来，重大管理措施和行动都公开采取，提前宣布或及时说明，效果就明显更好。社会在逐渐理解互联网管理的实际内涵，领会社交网站的应有边界。

绝大多数中国人既想要互联网上的言论开放，也想要这个国家的有序性，人们能大致明白互联网上的言论自由不能与国家的现实秩序相抵触。因此管理互联网有着强大的社会共同利益为基础，它决不仅仅是政府的意志，中国社会是它的实际委托者。

中国人见的世面越来越多，对互联网是怎么回事，对民主和自由的真谛是什么也越来越了解。该删的帖还是要删，需要让所有人越来越清楚什么样的帖会被删掉，什么样的发言会被追究责任，直到那些散布有害言论的人自己有了忌惮，在真正的公共利益面前退缩。

互联网是虚拟社区，但应当避免那里出现一些蒙骗网民的政治及道德陷阱。让网上少些谣言，让欺人害国的鼓噪受到抑制，这样的管理应当依法依规坚决推行。

（2013.06.04）

放弃幻想,认真经营与欧盟的"双输"

欧盟委员会4日宣布,从6月6日起对产自中国的太阳能电池板及关键器件征收11.8%的临时反倾销税。如果中欧双方未能在8月6日前达成解决方案,届时反倾销税率将升至47.6%。临时税率将维持6个月直到12月份,此后欧委会将决定是否对中国产的光伏产品征收永久性关税,一旦征收,该关税将持续5年。

欧委会的这一悍然决定将中欧推到贸易战的边缘。我们认为中国应放弃通过协商解决分歧的幻想,充分调动报复欧盟的资源,或者到12月份逼和欧盟,或者准备与欧盟双输,用今天的代价威慑未来的贸易战对手。

中国过去一直致力于通过谈判和协商解决贸易冲突,在中国对外贸易量较小的时候,这种办法比较管用。如今中国成长为全球最大贸易国之一,这次欧委会反倾销涉及中国200多亿美元的光伏产品,对中国和欧盟都是一块不小的利益。国际间的利益只有靠利益才能兑换,光靠说,包括到法庭上讲理,作用都很有限。

中国需要让欧盟了解对中国光伏产品征收反倾销税的后果是什么,也要让世界看清这点。不双输一次,今后的双赢就很难有吸引力。

中国早已不是赤手空拳,有一半以上的欧盟国家反对欧委会决定,这说明欧盟内部现在就不乏清醒者。中国需要用自己的行动扩大欧盟的清醒人群和清醒的深度。

如果能避免数百亿美元规模的贸易战,当然是好事。但现在看来这样的希望已经"细如丝"。中国需迅速转身,将精力集中到对欧盟的反倾销税"以牙还牙"上。中国做得越坚决,反而说不定会创造转机。我们越不反制欧盟,越不会有转圜的机会。

必须指出,我们不应对12月的欧委会终裁抱太多希望,我们需清楚,中国的对外贸易环境在随着中国贸易量的剧增而发生改变,它很难根本逆转。我们需要有新的战略性思考,并配之以新的手段和行动。

中国是个注重和谐的国家,不喜欢对抗,往往把双输看成最坏结果。其实未必,中国最要避免的是我方单输,双输是实力的显示,会成为未来双赢的铺垫。经营好双输,与经营好双赢同样重要。

中国下一段要做的事就是要让欧盟尽量输得惨些,如果能让它的损失比它从反倾销税中所得更高,就有可能坏事变好事,创造中国的一项战略得分。

欧盟执意征收反倾销税的做法不禁让人感觉,中国对外贸易环境的持续恶化大概很难避免。我们一方面与外部斗,一方面也要加快国内市场的开发,不断降低中国经济增长对出口的依赖。中国的经济总量已是世界第二,出口量世界第一,世界市场已经被我们挖得差不多了,我们如果调整太慢,外部压力不从欧盟来,也会从别的方向来。

国内市场扩得越大,反击外部的贸易保护主义就越有实力。不过这是"远水",解决对付欧盟反倾销的"近渴",我们还需迅速筹划,形成更强的"战斗力"。贸易战就是一场"没有硝烟的战争",它不全是比喻。

(2013.06.05)

"双反"欧洲葡萄酒不是中国唯一子弹

中国5日宣布启动对欧盟葡萄酒的反倾销和反补贴调查程序。这显然是对欧盟委员会4日宣布征收中国光伏产品临时反倾销税的回应。这场考验刚刚开始,中国应对的成功程度有着长远意义。

欧盟宣布的临时反倾销税率为11.8%,跟它威胁的47%比相对较低,这说明前一段时间的中方交涉以及李克强总理访欧起了作用,欧盟对中国的可能报复亦有所忌惮。

中国拿欧盟的葡萄酒开刀,它的贸易量虽只相当于中国光伏产品向欧洲出口额的大约1/20,但它首先打击了法国、意大利等支持对中国光伏产品"双反"调查的国家。此外中国还有购买欧债、对欧投资等其他牌,欧盟机电产品、化工产品等每年对华出口数百亿美元,中国可以视欧洲的反应逐渐打出这些牌。

由于中国产太阳能板是欧洲光伏产业很难找到同价同质替代品的中间环节,制裁中国产太阳能板,欧洲很多企业要陪着倒霉,因此有十几个欧盟国家和数百欧盟企业反对对中国太阳能板"双反",中国具备在这起冲突中"离间"欧盟的条件。

现在中国需要下手重一些,刺激欧盟内部的争论,让舆论给欧委会施加更大的压力。这样即使不能把欧盟对华贸易保护主义的时钟倒着拨,也至少可以避免欧盟对中国光伏产品征收47%永久性反倾销税的最坏结局。

战争中交战双方谈判基础是战场上的形势,当面临贸易战时,道理是一样的。欧盟能不能认真同中国通过协商和相互妥协解决问题,关键取决于那样做是否对欧盟更有利,取决于它同中国相互制裁对欧盟的损失是否大于它不那么做。

无论最终结果是什么,这件事都是对中国光伏产业敲响的一记警钟。低价战略已走到头,行业内部的恶性竞争总是会促使意想不到灾难的更快到来。中国光伏行业本来沾着高科技的边,但有些乱象就同服装和玩具行业差不多。

这也是对中国对外出口整体性的一次警告。中国不断遭到反倾销调查,但这一次涉及的出口额高达200多亿美元,创了新纪录。尽管这次"双反"调查中有欧盟的自私,但需看到,自私是世界市场的本性,欧盟的激进反应又一次隐约勾勒出外部市场容纳中国经济成长外溢的"边界"。

国际贸易规则只有在符合大国利益的情况下才会被坚持,自由贸易曾受到美欧的积极倡导,因为那时它最符合那些发达国家的利益。中国适应了这一规则并取得成功,如今自由贸易对中国比对美欧更显有利,美欧重操贸易保护主义就成为必然。它们会找出各种理由对已有规则打折扣,如果这还不管用,它们就会修改规则,甚至另外创建贸易体系。美国现在分别同亚太国家谈判TPP,同欧洲国家酝酿TTIP两大贸易体系,就是要重建对美国及西方的有利性。

中国如果不迅速扩大国内市场的容量,就会逐渐滑入战略被动,中国崛起的潜力就会枯竭,世界不可能让中国做垄断性的加工中心,其他国家分别承担原料提供者和消费市场的角色。总体上说,只有中国的国内市场更大,中国得到别国市场的能力才会更强。

中国改革开放的确面临重要升级,需要做的调整量相当大。我们要打好每一战役,同时必须有对战略方向的清醒。中欧这次反倾销冲突的信息量远远超过光伏产业本身,我们既要坚守利益,铺垫未来,也要有冷静下来把这些信息掰开揉碎的理解力。

(2013.06.06)

中美不冷战或是一段大历史的开局

随着几百名高官参加的中美战略与经济对话举行,全球舆论的一大块注意力又投向这两个最重要大国的关系上来。如何评价它呢,真是一言难尽。

中美关系显然避免了最坏的情况:战略对撞和冷战都未发生,而且两国的主流意愿都是不让它们发生。应当说中美已经创造了历史,人类近代史第一次见证了守成大国与崛起大国既非敌人,也不能一口咬定是"对手"的关系。两国官方公开说既竞争又合作,实际情况比这一表述更复杂些,但相差不算太远。

当前的中美关系有可能处于一段大历史的开局,两国相处的难题成堆,它们指向了一些不确定性。中美或许能从目前的战略互疑和防范逐渐走向互信,成为稳定的伙伴和朋友,那将是全人类意义的伟大政治突围。但也说不定两国会在互疑中相互绕进去,最终面对重大危机。

中国仍是中美关系中的弱者,这一身份还要维持很多年。中国对建立中美战略互信的愿望因此更强烈。美国的宏观控制力强,它也愿意同中国保持稳定关系,但会为此提出一些条件。

这就是中美每次高层对话美方都会从战略层面"走神",向中国提各种具体要求,包括一些无理要求的原因。

像这一次战略与经济对话,美国在栽了斯诺登这个跟头的情况下依然指责中国网络盗窃商业情报,要求中国汇率改革等,一点也不见它心虚。

美国的对话强势仍有牢固的实力基础,这一现实会将我们团团围住。中美对话一方面是我们与美国的沟通,同时它应有助于我们梳理对美战略思路。

我们首先有必要在美国的力量面前谦逊，这样的态度和自省应包含我们的现实主义哲学观和政治观，也包含中国从古至今的经验。但同时我们也要对自己的实力充分自信。我们要清楚，美国对中国崛起的相对温和态度是对中国实力的尊重，是美国国家利益的不二选择。如果中国只是普通大国，美国的对华态度大概不会是现在的样子。

美国对华的各种要求将源源不断，它们的总目标是要增加中国崛起接下来的成本，拉长美国作为全球唯一超级力量的时间。美国觉得中国在上一轮全球化过程中崛起得太顺利了，它希望结束中国接下来的好运，让我们加入艰难发展国家的行列。

美国会为这一战略目标投入一些力量，但不会为了实现它"不惜任何代价"。美国的政治制度使它很难做主动与中国战略对撞的政治动员，它只能量力而行，而且它的做法需要在美国的舆论和法律层面说得通。

这一切使中美"既竞争又合作"成为可能。对于美国提出的具体要求，动机都是自私的，但这些要求并非对中国全都有害，我们需要甄别。对中国部分有益的，我们就可以给予不同程度配合；对触及我国根本利益或者基本没好处的，我们就拒绝，不理睬，或者挂起来拖着。

中国的实力虽矮美国一头，但由于我们没有打算同美国全球竞争，而只是捍卫自己逐步扩展的利益面，相对于后一个目标，我们的实力又是宽裕的。一旦围绕中国核心利益进行博弈，美国没有制胜中国的把握。

我们应当很踏实，对中美关系保持基本平稳树立更多信心，对在保护自己利益的情况下实现这一目标同样应有信心。中美互信重要，中国自信更重要。自信的中国更加确定，美国会围绕它做自己的调整，逐渐实现美国自信同中国自信的融合。中国自信了，也会减少敏感，平静承受中美关系的曲折。

（2013.07.12）

葛兰素史克是所有行贿者的殷鉴

葛兰素史克（中国）投资有限公司涉嫌商业贿赂，4名中国籍高管被拘留，1名离境的英国籍高管很可能也涉案。共有超过20名药企和旅行社工作人员被立案侦查。这是近年来最严重的跨国公司在华涉嫌商业贿赂案，它的侦破标志着中国反腐败向前跨了一大步。

有外媒质疑中国在"收缩"针对外资的投资环境，还有外媒抱怨葛兰素史克在其他国家的表现"都挺好"，但却在中国"学坏了"，证明中国是个"大染缸"。这些声音都有一定为外企在中国违反商业道德甚至犯罪辩护的意思。

然而中国公安部门的坚决行动是对这些杂音的最好回答。犯罪没有理由，跨国公司在境外的"高贵身段"带不来它们在中国触犯刑律的豁免权。葛兰素史克公司15日就行贿向中国公众道歉，这次刑事追究的正义性显示出了它的扎实。

跨国公司的投资对拉动中国经济发展做出了贡献，外资也在中国各地享受了不少优惠待遇。外资给中国社会留下的总体印象应当说是好的，各地至今仍在竞争对重要跨国公司的引进，国家和地方对外资的整体态度很平稳，没有陡变的表现，也没有那样做的动机。

但反商业贿赂是另一回事，它是中国反腐败事业的一部分，只能有一个标准。必须指出，有些外资公司在华的商业贿赂行为非常严重，几乎到了明目张胆的地步。它们败坏了商业道德，破坏了中国的经济秩序，它们出问题是迟早的事。

葛兰素史克花大笔"公关费"在售药中间环节行贿几乎是半公开

的，中国的廉政风暴掀开它的盖子一点不令人意外。

这几年反腐败主要打击的是受贿方，腐败官员一直是公众的关注焦点。至少在舆论上，行贿方被忽略了，他们有时甚至得到理解和同情，似乎他们是官员贪婪所拖累的受害者。

其实行贿同样是对法律的践踏，是法制建设最难对付的敌人之一。并非所有行贿者都是"被迫的"，有不少行贿者把这样做当成从商的"主打手段"，作为牟取不正当高额利润的捷径。他们扰乱了正当商业竞争，强行把邪门歪道变成"潜规则"，他们是腐败蔓延的推波助澜者。

打击行贿应成为反腐败的重头戏之一，这将能很大程度上抑制腐败的活跃度，起到釜底抽薪的作用。对行贿者和腐败官员需同时从两头打，效果也一定是加倍的。

中国过去也抓过行贿者，但跨国公司在中国的高层几乎被"一锅端"还是头一次。我们希望这一次的依法追究能做得坚决、彻底，对有不良念头的人起到"杀鸡儆猴"的震慑。

因为反腐败触及到跨国公司，一些外媒就说起风凉话，往中国的外资政策上牵连，这种做法是道德上自我要求很低的表现。他们应当把鞭子抽向葛兰素史克，抽向那些为了商业利益在华什么都敢干的一些外资公司。

中国在朝着廉洁社会一步步前行，虽举步维艰，但绝不会倒退。葛兰素史克应成为在华所有中外公司的殷鉴，贪腐的风险急剧增加，行贿的风险也必将跟着增加。我们相信，对行贿的举报和揭露也会逐渐走上互联网等全新平台，对行贿的监督早晚将变得无处不在。

(2013.07.17)

油气管道，缅甸对华态度的试金石

中缅油气管道7月28日成功实现输气，这是中国多元化能源战略的又一重大突破，对减少中国油气进口对马六甲海峡的依赖具有一目了然的意义。但随着缅甸政治的转型，这条油气管线未来平稳运行的保险系数似乎降低了不少，一些人甚至为此"捏了一把汗"。

没有什么事是绝对保险的，中缅油气管道也跳不出这个逻辑。中国在缅投资的密松水电站和莱比塘铜矿都遭遇重大挫折，它们严重影响了中国人对在缅大型项目投资的预期。

缅甸在"离中国而去"成为时下流行的地缘政治分析之一。一些西方观察家认为缅甸已是美国"重返亚太"的囊中之物，一些日本政治家也对"夺取缅甸"雄心勃勃。西方的舆论声势削弱了部分国人的信心，他们对中缅关系很悲观。

但中缅关系没有糟糕到"破裂"和"不可收拾"的理由。缅甸"民主化"会导致该国舆论对华态度的一些变化，但这些变化不会朝着意识形态的歇斯底里狂奔，它们会在缅甸国家利益的边界上停下来反思，形成对中缅正常、友好国家关系的互动和配合。

巴基斯坦实行西方式选举制度，但它对中国形同"巴铁"，这是因为中巴国家利益的契合度极高。缅甸也不是能被西方用一个糖果就骗向同中国对立的傻瓜。

缅甸过去受西方制裁，中国是其"唯一的朋友"。如今它向西方开放了，选择变多了，这会极大稀释中缅合作的热情，但这同缅甸产生与中国"对立"的愿望是两回事。

密松水电站和莱比塘铜矿引发了围绕征地和生态的纠纷，这种纠纷在今天的中国也有可能发生。西方对这些项目的阻挠是通过舆论影响和非政府组织的渗透实现的，当地人受了忽悠，这样的额外代价和成本是今后中国对缅投资不得不承受的，对缅投资的政治风险最终大多都会转化为成本风险。

中缅油气管道已经建成并输气，它符合中缅两国的共同利益，它完全有条件跳到缅甸不同派别的政治斗争之外，服务于全体缅甸人的福祉。它的未来风险是缅甸政治多元化后麻烦比以前多了，但除非缅甸国内大乱，政治崩溃，它们动摇不了管线正常运营的根基。

包括围绕油气管道，建设从云南边界到印度洋的铁路和高速公路系统，都有条件继续推进，因为它们符合缅甸人发展经济、过更美好生活的根本利益。排除一些舆论干扰，让缅甸人更清楚地看到、相信这些利益，这是中国应当有能力做到的，也是我们应当不惧风险为之奋斗的。

要让缅甸人更多分享油气管道创造的利益，中石油等中国相关公司需更加细致地工作，它们应忘了缅甸"民主化"之前所能享受的"工作简单"，那一页永久翻过去了。

需要指出，中缅油气管道有两国政府间协议做保障，缅甸任何新政府上台都须确保协议的执行，中国作为有实力的大国，需要长久保持督促缅甸履行协议的决心和能力，这应是中缅正常国家关系的重要基础。缅甸的对华关系必须是严肃的，中国人会将缅甸人对油气管道的态度当作他们对华基本态度的试金石。

实现中缅油气管道的平稳运行关系中国重大利益，中国西南地区的人民群众是最直接的受益者。围绕油气管道前前后后的各种事情再次告诉我们，中国外交面对的新环境是多么复杂，它与中国人的现实利益挨得有多近。外交不是"现用佛现烧香"的临时交易，它需要我们的长久付出和坚忍不拔的努力。

(2013.07.29)

美富豪投身创新交通蓝图令人钦佩

美国3家公司的创立者马斯克12日发布"超级高铁"的设计蓝图。据称这是一种全新的交通系统,是利用磁线性加速器推动舱体在钢管里穿行,达到1220公里/小时的速度。现年42岁的马斯克有志于在洛杉矶到旧金山之间的600多公里距离上实现这样的交通方式,他给出的两地互达时间仅为35分钟。

这听起来很像是科幻故事,但马斯克不是小说家,而是硅谷最成功的创业者之一,是地地道道的亿万富翁。他看来要搭上自己的绝大部分财富,并且要大举融资,来做这次别开生面的高科技和商业冒险。他的成败必将充满变数,但这一计划得以出笼,由私人公司朝着实施层面大胆推进,这本身就足以令人称奇。

我们不能不说,美国社会的基因中流动着创新的冲动和对这种冲动的鼓励。马斯克的计划星期一公布后,美国媒体纷纷以非常严肃的态度予以报道,一种鼓励的氛围迅速形成。具不具备这样的大环境,对高科技和商业模式创新往往有着截然不同的意义。

美国已处于人类发展的前沿位置一个世纪,创新、尝试没做过的事逐渐成为美国文化的一种习惯。这个过程有大量失败,也有生命的牺牲。可以说,美国人享受了引领世界高科技发展的好处,也为此付出了该付出的代价。重要的是,他们消化了这一切,全社会在成果和付出之间感受了平衡。

我们必须不断学习美国文化中勇于闯荡的这种精神,在中国经济总规模仅次于美国的时候,这样的学习变得尤为重要和紧迫。如果中国人不敢创新，或者懒于创新，我们就不可能站到世界经济和科技发展的真正前沿位置，我们的民族复兴就是表面的，不堪一击。

有人总结说，希腊神话中的英雄是商人和海盗形象的折射，中国古代神话中的英雄则是模范农民的化身。这种说法未免牵强和简单化。但与此同时，农业文明对中国人思想的禁锢直到今天仍没有完全散去却是不争的事实。中国的思想解放决不应仅仅局限在政治领域，它应当是思维方式和思想材料的全面开放，是对思想胆略的一次全面武装。

思想创新必须有现实社会的调整来接盘，否则创新就永远是少数人的离经叛道之举，而不会成为中国社会的集体选择。新事物这些年在中国因具体失误而陷舆论险境的情况比比皆是，这让人怀疑如果有一天中国设计全球没人见过的航天器，或者一种全新的军事平台，舆论是否会支持国家带着我们吃全人类的"第一只螃蟹"。

中国今天比苏联1957年放人类第一颗卫星时的技术能力高多了，但我们的创新状态与那时的苏联相比还有距离。我们无法一夜之间焕然一新，但也决不能气馁。我们需要认真行动起来，为社会创新氛围的形成铺就一个个具体条件。

比如对知识产权的严重侵害已经成为中国科技创新的重大拦路虎，能不能有效遏制这一问题，这完全可以看成中国是否真正鼓励创新的试金石。还有国家能否让民营高科技公司享受到国企拥有的政策倾斜，这对创业者们也将是一目了然的信号。

中国需要自己的比尔·盖茨、乔布斯，也需要涌现出一批我们自己的马斯克。那么第一，我们应真心欢迎这样的大家在中国社会成长起来，而不是犹犹豫豫。第二，从你我做起，从小事做起，少背诵，少抄袭，少人云亦云，少用山寨货，多支持原创，别歧视身边的创新失败者。你我变了，中国就变了。

（2013.08.14）

调查美国公司，中国做得很温柔

西方媒体纷纷转引中国媒体上周末的报道：中国准备就安全问题调查 IBM、甲骨文和 EMC 三家美国大公司。这被认为与斯诺登揭露美国间谍机构通过互联网手段入侵中国关键网络基础设施有关，也被认为与美国以国家安全理由抵制中国华为等高科技公司进入美国市场有联系。

中国启动调查的声势与美国调查中国公司相比差远了。按道理说，如果处于技术上游的美国都认为华为、联想等能够威胁美国安全，中国担心美国这些公司的理由就更充分了。有人指出，正因为美国没少通过信息技术搞国际间谍活动，知道这里面"水有多深"，才会对中国公司充满提防。

中国人如果相信西方大公司都会遵守不参与其政府对华政策实施的道德，那我们就天真得太可爱了。斯诺登至少列出 9 家美国大公司参与了政府的"棱镜计划"。

问题是中国明知道有些不安全，但美国大公司的产品能通通不用吗？以中国的现实技术水平，如果我们弃用美国所有有安全隐患的信息技术产品，显然有困难。此外中美贸易的利益格局也未必承受得了如此剧烈的震动。

所以中国正确的做法是尽可能查出美国产品的隐患，堵住它们，同时加快本国信息技术产业的升级，最终摆脱被动。

采取现实主义的态度并不意味着我们要在反对美国的间谍行为上也保持低调。相反，由于我们处于弱势，更应该提高舆论的嗓门，警告那些有可能与美国政府串通的跨国公司，这至少可以增加对它们的压力，不会毫无作用。

与美国针对华为等中国公司"隐患"的大喊大叫相比，我们显然过于温柔了。我们的涵养会被一些美国人认为中国人好欺负，当成我们接受跨国公司在中国想干什么就干什么的默认。

一些西方媒体宣称中国的外资投资环境因我们调查有的外国公司而"进一步变糟"。拿投资环境说事几乎是西方舆论保护本国商家利益的下意识手段。但在出了斯诺登的事情后，中国查美国公司的理由空前充分，反对声变得少有虚弱。

当然，网络间谍活动的真实意义不应被无限夸大，中美建立新型大国关系的战略方向不可被具体摩擦遮住。中国的调查需实事求是，即使发现问题，社会上也不能以民族主义的态度对待外国公司。其实美国之前炒作"来自中国的网络间谍活动"，一方面有莫须有的味道，另一方面就是犯了夸大这个争议对中美关系实际影响的毛病。

遗憾的是，国际关系常常并不遵循礼尚往来的规矩，中国讲道理换不来美国的克制。美国在网络间谍方面"恶人先告状"，它在迫使中国加强对美国公司的监督审查，以心照不宣的平衡唤醒美国方面的些许冷静。

中国调查美国三家公司给人总体上是某种"反应"的印象。中国今后需要一些"主动出击"。那未必就是"惹事"。中国被西方压制得太久了，我们需要伸展一下自己的胆量和想象力。

（2013.08.19）

全球发展自有序,美国也该顺应之

亚太经合组织(APEC)领导人非正式会议昨天在印尼巴厘岛举行,中国国家主席习近平的讲话备受关注。中国总理李克强也将于明天前往文莱,出席东亚领导人系列会议。中国国家主席和总理几乎"同时"出现在东盟,与美国总统奥巴马因政府关门而取消参加APEC会议及整个东盟之行,都令世界舆论印象强烈。

亚太地区是世界经济最活跃的增长带,但这里的争议也层出不穷。由于美中两大国隔洋相望,交往和互疑都很突出,世界如今谈亚太必谈中美,但角度和基调则见仁见智。

美国推出TPP(跨太平洋伙伴关系协议)进程,给整个亚太地区出了一个难题。美国在这个新贸易体系中究竟要给中国画什么样的圈子,以及中国将以什么样的姿态应对之,这已成为亚太贸易体系未来最大的不确定性之一。

然而无论美国怎样设计亚太及全球经济秩序,有一个趋势它是改变不了的,那就是在全球化时代,发展中国家的全面进步是世界经济无法替代的动力。发达国家需要从参与、促进新兴市场的繁荣中获取自身利益。

发达国家虽然技术创新能力强,但经济对技术进步的接受并非是无限的。比如视窗和苹果手机的代际更新不能过快,汽车市场并非由技术单一主导,生产地的劳动力价格和销售地的购买能力等许多非技术因素也很重要。

而发展中国家的潜力在全球化时代十分突出,这些潜力对经济的拉动至少不小于技术创新。正因如此，世界上增长速度靠前的大多是新兴国家。事情很简单，那些国家需要大兴基础设施建设，修更多的路，盖更多的楼，方方面面把发达国家曾经走过的好几步合成一步。

西方工业化的那些经验大体已经成为全球经济及政治学的 ABC，发展中国家只要能大体保持社会稳定，不内部瞎折腾，它们的经济增长率超过发达国家是很容易的事。

美国等西方国家对经济增长率偏低有些焦虑，这种心态很正常。但除非发展中国家再陷入连锁性的大规模动荡，主要新兴国家重新沦为殖民地或半殖民地经济体，否则后者发展速度在未来一段时间继续快于欧美，是很难扭转的。

欧美国家需看清大势，为自己所能为，以人类整体进步为前提，实现本国利益的最大化。一个人不能太自私，一个国家同样如此。如果美国为本国经济增长不惜损害发展中国家的经济社会进步，那么这样的急功近利对其自身只能是有害的。因为美国已经坐在世界经济的最高端位置上，只有发展中国家"水涨"，它才能"船高"。

由于美国的政治本身往往鼓励自私和急功近利，它在世界贸易体系的"改革"上走出弯路的可能性令人担忧。

TPP 尚未定型，它与 WTO 和 APEC 的关系也未确定，世界还有很多机会促它"走正道"。发达国家处于优越位置太久了，它们需要认真清理在 21 世纪遇到的新情况，接受全球化是逐渐缩小世界差距、而不是越来越扩大它的过程。唯如此，它们才能重新确认什么是世界经济的应有秩序。

（2013.10.08）

减持美债,并非像喊的那样容易

美国民主、共和两党终于就债务上限达成妥协,从而在北京时间17日上午结束了长达16天的"政府停摆",亦使债务危机得到临时解决。不过双方的妥协期只能续到明年的2月7日,如果搞不好,说不准到时候两党又要折腾一回。

作为美国国债最大单一持有国的中国,肯定会因此而不踏实。呼吁减持美国国债的声音这几年一直在中国此起彼伏,最近又响成一片。

关于是否应减持美国国债,以及这样做是否现实,中国能否实际做到,中国财经界的看法有相当大分歧。主张大规模减持的学者每次这样呼喊都能获得很高关注,甚至赢得舆论场的掌声,但实际情况却是中国虽有短期的减持,这几年持有美国国债的总量不降反升。

看来事情不像减持派所说的那样简单。增持派和维持现状派认为,中国大量国际收支顺差积累的外汇储备无更好消化渠道,美债仍是当前全球国债中的重要选择。美国作为全球最大经济体和金融霸权国,有很多办法对付中国减持美债,中国一旦那样做将面临更多风险。

一个很重要的现实是,美国是美元的发行方,美元是国际贸易的最大结算货币,只要中国经济总量不达到与美国同量级水平,人民币的国际地位不与美元并驾齐驱,中国安排外汇储备的用途就总体上很难跳出"美元的手心"。

中国对美出口挣的钱又要借给美国人花,这看上去很不公平,但这就是后发国家的艰难之一。中国扭转这一局面需要付出极艰苦的努力。

然而中国在这一漫长过程当中并非是完全被动的，中国仍有不小空间能同美国开展博弈。比如对持有美国国债附加有利于中国公司进入美国的条件等。这么大的国债量毕竟意味着一定权力，美国有很多气短的时候，中美实际在互相拿着对方，中国需要有能力不断积累自己的强势。

中美经济已经高度"互相持有"，一旦美债最终出大问题，那将意味着美国经济的重创，进而牵动世界。中国作为全球性的开放经济体，届时不可能做到"独善其身"，跟着受一些损失是躲不过的。中国需要做的是要确保我们的债务损失远远小于美国国家信誉崩溃的损失，那应是美国经济"近乎完蛋"来换中国部分外汇的泡汤。必须说，这种情况出现的可能性极小。

我们最要防止美国一点点吞噬对中国的欠账，通过剥削中国单方面损害我们的利益，肥了美国自己。这是中国人时下最担心的。

中国急需国际大金融博弈的操盘手，他们不仅要熟谙西方金融的各种工具和规则，还要非常忠诚于中国国家利益，并且了解国际政治，能与中国金融决策者形成良好沟通。

美债解套的根本出路是中国逐渐强大起来，使得美国不敢对中国耍赖。从人与人之间的关系我们就能悟出，要一个人不敢对你赖账，你自己都需要有什么本事。

让普通中国人都能理解中美债务博弈的复杂性很难，在民粹主义喧嚣的时候，这对国家操盘外汇储备意味着额外困难。经常有人提出"为何不把外汇储备用于国内教育和医疗"等听上去挺有道理、实则违反外汇常识的问题。美债一直有在中国国内被"政治化"的倾向。

3.66万亿美元的巨额外汇储备实在太大了，中美之间的债务是人类历史上经济体之间最大的主权债务，而且它是在两个既合作又互相视为潜在对手的国家之间发生的。只有中国国力的持续增长和金融外交的快速成熟才能有效对冲这些风险。

(2013.10.18)

美日挡不住中国崛起为一流强国

中国崛起的战略环境是否在严重恶化呢?美日是否会联手发起对中国的全面遏制,并窒息中国的进一步发展呢?还有,中国是否有足够的力量,来应对未来的种种不测呢?这些问题离我们忽远忽近,真正能回答它们的,或许只能是时间。

但历史的经验和国际政治的基本规律还是能帮我们找出脉络。一个重大的现实是,中国已经步入工业文明时代,中国的工业化进程向前走了很远。中国与美国仍有差距,这使得我们在西方力量面前保持谦逊。但反过来说,人类历史上还从未有中国这么大的工业化国家被外部力量征服过,从外部击垮今天的中国,同样是西方无法想象的。

尤其重要的是,中国崛起的原动力是老百姓要过更好的日子,而决非国家的刻意政治设计。是中国老百姓更高质量的日常生活最终要把这个国家抬到与美国并驾齐驱的位置。中国崛起是真正的"人民战争"。

只要中国自己不在根本性问题上犯颠覆性错误,美日敢于遏制中国进行总动员的可能性极小。它们的大策略只能是对中国施加压力和影响,促使中国社会从内部自我严重变形,直至"崩溃"。

中国社会转型期的矛盾多发让西方看到一线希望。中国社会的现代化是依靠市场化和对外开放取得的,但市场化也带来各种不安因素。中国人喜欢市场化进程带来的物质丰富和生活改善等,但接受不了市场化的资源分配结果,如区域差距拉大,贫富不均等等。这些内部因素已经导致中国对建设硬实力有点分心,对建设软实力则显得底气不足、怕遭议论。

内部矛盾是中国崛起的最大牵制。它们的凶险会加剧内部分歧，导致国家战略定力的缺失。大国崛起必然冲击原有国际权力结构，伴随一定对外冲突。如果缺乏定力，国家就有可能进退失据，比如在未做好准备时与外部发生冲突，或者因没有调控冲突烈度的能力，丧失冲突爆发后的战略主动。

中国的崛起路上需要全方位战略定力，要对自己的力量有信心，对美日等有客观估计，既不低估也不高估威胁，并且不在国内外各种杂音中乱了脚步。作为崛起的大国，外部真正怕的不是中国走得快，走得猛，而是中国走得稳，甚至走得悄无声息。

发展巩固战略定力，最重要的是解决国内问题，或至少让它们呈缓解之势。但舆论也很重要。中国存在意见多元很正常，很多争吵有利于科学决策，促进社会共识。但现在一些人热衷价值观的自我标榜，用一切西化对抗主流价值观，这种基于价值观的对立会带来各个方面的分歧，而且会越吵越分裂。这种分裂恰是美日特别希望看到的，也是它们要全力促成的。这是它们打乱中国步伐的捷径。

中国需认真探索互联网时代的言论自由，这个问题不达成基本共识，它就永远是隐患。但无论我们怎么构建言论自由，那些煽动社会分裂和对立的言论，不能被纵容随意传播。那些违背法律精神公开造谣诽谤的，需要严格依法制裁。那些违背社会道德规范和人文价值观的，则应遭到舆论批评和学术批判。

爱国主义仍是中国下一步崛起必不可少的，它除了是国家士气的重要源泉，还能在关键时刻对一些社会裂痕做出临时的紧急修补。弘扬爱国主义的社会环境已经深刻变化，这是一份额外的考验。如今国内互联网上流传着一些抹黑爱国主义的异端邪说，它们的有害性尤其应当受到重视。

中国的爱国主义在任何情况下不能弱于美日的爱国主义，这应是条底线。

(2013.11.29)

拉东盟对抗中国？日本人别做梦了

日本与东盟特别峰会13—15日在东京举行，会议要讨论的是日本与东盟之间的经济合作，日本能否扩大在东盟成员国的投资等。有日本媒体分析称，安倍有意在会上讨论"天空安全"和"海洋安全"，谋求东盟对日本就防空识别区及钓鱼岛立场的支持。日媒认为日本这样做可以拉东盟"共同对抗中国"。

这次会议在日本开，安倍会在会上说什么话外界很难把控，但如果想把这次会议搞成"包围中国"链条中的一环，这大概只能是日本一部分人的幻想。

很多东盟国家的领导人同时赴会东京，说明了日本在东盟的一定影响力。但这种影响力主要是经济上的，东盟国家领导人去日本奔的是日元贷款援助、日方投资，以及让日本多向东盟开放市场。除了菲律宾，东盟国家才没有兴趣给日本当枪使，同它"联合抗华"。即使菲律宾，它有多大兴趣同日本搞战略性"统一战线"也值得怀疑。

中国的海岸线呈一个大致的弧形，外面是岛链和国家链，这使得有些人动不动就把外部力量的各种动作往一起联想，大谈"共抗中国"，甚至"包围中国"。日本社会的这种谈论最多，但看看日本今天的实力，这分明是那些日本右翼在过嘴瘾。

日本希望在东南亚保持影响力是可以理解的，它是资源匮乏且市场狭小的国家，与外部的联系一弱，日本就有点像是"关押所有日本人的监狱"。因此即使中日有钓鱼岛冲突，我们也没兴趣掐日本对外关系的喉咙，它与东南亚发展经贸合作，不会给中国带来什么危机感。

大国在东南亚的竞争从来就没停止过，我们将之看成东亚地缘政治的常态。大趋势一定是中国在东南亚的影响上升最快，这不用我们只争朝夕地筹划运作，它是中国发展的必然过程，中国人对此很自信。

日本再怎么折腾，它也不可能在东南亚获得高中国一头的战略强势，它要想拉东南亚国家形成一个对抗中国的联盟，将是自取其辱。没有人会为了逐渐衰落的日本而与中国对立，即使日本的庇护者美国，也要在支持日本上打些折扣，因为面对日益强盛的中国，美国也要努力维系同它的关系。

日本同中国争钓鱼岛是一回事，但日本借钓鱼岛之争同中国搞战略对抗，是另一回事。鉴于日本的后一个动向，中国社会正在逐渐形成一个决心，那就是这一次一定要给日本一个战略性教训，彻底扭转它自明治维新以来对中国的认识，打垮它因对中国崛起百般不服气、不接受而要大闹西太平洋的意志。

日本手里如今没有什么可以撬动中国的杠杆，它的最大希望就是中国为了和平崛起的大局，选择对它做出策略性让步。所以它近来虚张声势，摆出要同中国"死磕"的姿态，借"中国威胁"突破日本和平宪法，又不断在东南亚搞小动作，给中国添堵。它在等待中国因为烦了、受不了了而主动转为向它退让的那一天。

但东京想错了。中国现在既无兴趣主动同日本升级成军事冲突，也无兴趣跟它迅速讲和、热络。我们觉得中日关系就像现在这样僵着挺好。日本人不断计算说，中日冷淡对中国的损失更大，其实中国人根本懒得做这样的计算。我们只知道，自己承受中日关系损失的能力相当充裕。

希望日本也能踏踏实实接受两国关系至少较长一段时间的冷淡。别做额外挑衅，也别咋咋呼呼试图引起中方的特别关注。双方就这样"冷对抗"（比冷战稍好些）几年，彼此都重新反思一下两国关系，搞清楚我们究竟想从对方得到什么，然后再寻求两国关系的转圜，或者再走向进一步的对抗。中国这么大而厚重的国家，可以承载一切，消融一切！

(2013.12.13)

网攻扰乱中国全网系统，这是警钟

21日下午3时10分左右，中国所有通用顶级域的根服务器出现异常，导致国内部分互联网用户无法正确解析域名，对全国互联网链接造成系统性影响。很多网站被解析到65.49.2.178，金山毒霸安全专家表示，该IP位于美国北卡罗来纳州卡里镇Dynamic Internet Technology公司，这很可能是一起黑客攻击行为。

这是中国互联网全系统遭到的严重攻击，这次攻击造成的实际损害和攻击背景是必须要搞清楚的。鉴于美国对互联网的绝对管理权，我们在此强烈要求美国政府对此开展调查并公布结果。这次受害的不是中国某个具体用户，攻击虽然持续的时间很短，但其所展示的危害强度令人惊讶。如果美国政府不对此采取正确态度，它对中国人在互联网领域的对美信任将造成"秋风扫落叶"般的后果。这只是其次，这件事或会对向美国发动网络攻击具有强烈的示范作用。

实话实说，全球13台根域名服务器有10台位于美国，美国在互联网上的霸权远大于其现实霸权，世界上没一个国家在网络安全方面对美国是放心的。美国曾在战争的特殊时间里清除过伊拉克、利比亚的国家根域名，使得那两个国家的全部网站从国际互联网上消失。此外谁都知道，全球所有电子邮件都要到美国"转一圈"，什么密码都没用，美国情报机构想看都能看到。

从理论上说，美国也随时可以从国际互联网中清除.cn根域名，把中国打回"石器时代"。中国人如果罗列自己"理论上的不安全"，我们恐怕根本就不再能睡得着觉。

除了舆论战和心理战，美国显然有能力从网络空间对中国的"物理域"构成威胁。我们的能源、电力等网络都很难同国际互联网做完全的物理隔绝，想想北京、上海这样的大城市如果3天供电系统出现混乱，社会上会发生什么？这样的担忧同美国某个议员的私人信箱遭到攻击，完全不是一个级别的。

中国人电脑的硬盘来自希捷，操作系统来自微软，CPU是英特尔的，很多大型交换机是思科的，我们的网络安全大概不是有"漏洞"，这种安全是否是"成形的"，或许都成问题。

中国人对网络空间的认识落后于美国，这会影响我们对网络安全的认识。网络空间和现实空间错综交叉的大方向就控制在美国手里，这一问题的严重性很可能是不断叠加的。

中国加强网络安全的任务是全球最繁重的。中国是大国，是美国眼里的竞争对手，与此同时中国的IT基础设施弱，而且不能为了建设安全就牺牲发展和对外开放。这样复杂的后发大国如何建立"网防"，只能中国自己摸索。

无论如何，中国都必须加快互联网关键技术的开发和创新，只有在技术领域走到最前列，中国才能根本改变网络安全的形势。中国已经有了华为、中兴这样的一流电信设备供应商，但还缺少像俄罗斯卡巴斯基那样的网络安全公司等。我们的技术能力远未连成片，华为、中兴等还像是孤岛。

中国的网络安全呼唤系统协作，从顶层战略设计，到机构设置与协调，到政府与民族企业的合作，再到观念的健全与培育，必须全面推进。全民应当高度重视、支持国家的网络安全建设，这是中国的核心国家利益，也是全民重大利益。在这个问题上可不能搞"小清新"，轻信"普世"，误以为互联网真的已是"世界大同"。全球都呼吁美国将根服务器交由联合国管理，但华盛顿强硬拒绝。美国的国家利益是互联网世界的"价值支柱"，这是互联网世界的最大"潜规则"。

昨天中国互联网全系统遭攻击，我们应从中听到尖厉的警钟。国家需要行动，公众需要清醒，我们要让自己未来离互联网上的陷阱尽可能远些，再远些。我们不可能清除互联网上的所有陷阱，但是我们可以提升应对陷阱的能力。这种能力需要强些，再强些。

(2014.01.22)

第三辑

军事角力

为什么应实质性报复美国

中国是否会因为对台军售真的报复美国,世界在等着看。《纽约时报》等美国媒体认为中国不会付诸行动,中国发出的抗议和威胁被一些人当成了虚张声势。这对保持中国"愤怒"的质量非常不利,在中国周边环境趋于复杂的今天,确保中国的政治意志不被轻看是重要的。

中国有必要拿出比以往更多的报复行动,改变外界关于中国对美抗议的认识,强化中国捍卫核心利益决心的可信性。目前不仅美国舆论,中国周边也有不少人认为中国的核心利益是可以挑衅的。中国需要一个机会,对外界的这些看法做出修正。

这是有一定风险的,它的最坏结果是美国联合中国周边国家做出反弹,最好结果是中国在一个点上采取行动,收到的效果形成全面覆盖。

美国对台军售提供了这个恰当的点。首先,美国对台湾卖的是军火,而不是别的什么,即使在西方舆论中,它能获得的道义保护也相对有限。中国在此挑战美国,受世界舆论围攻的可能性最小。即使中国做过些,西方舆论也很难像在跟人权沾边的冲突中那样,形成批判中国的"统一战线"。

第二,美国对中国报复其对台军售,有一定心理承受力。尤其是这次美国卖的军火数量大,理亏在先,对中国进行等量或过量反报复的可能性也相对最小。

第三,周边国家对中国的种种挑衅,或多或少都有美国战略上撑腰的因素。中国对美报复将对整个地区形成展示，中国对美国使出的每一分力量，都将在全地区收获放大的政治及外交效果，而且可以避免中国以大欺小、吓唬周边的罪名。

中国可以报复美国的手段有很多。中国可以公开宣布暂停对美一切军事交流，此外中国可以宣布调查参与对台军售的美国公司，并对这些公司进行制裁。中国还可减少从美国的进口，使美国损失的就业人数不低于它从对台军售增加的就业岗位。

美国有可能对中国反报复，中美将因此双输。大陆应同时从经济上制裁台北，使双输变成三输。在这三方中，中国大陆的承受力至少不是最弱的，只要美台有一方从中汲取了真正的教训，美对台军售的局面今后就将有大改观。

中国对美进行实质性报复，是对以往中美对台军售"游戏规则"的一次打破，有一定风险是肯定的。但它的收益是全面的，并且是事半功倍的。中国的体量在迅速增大，美国现在的对台军售是试图继续把我们当成过去的中国揉搓，这种示范对中国造成的综合危害实际上远超台海地区，中国反抗带来的那点风险，与我们要冲破的那些危害相比，实在算不了什么。

我们失去的将很有限，但我们将收获尊重，我们将因此改变中美之间由美国决定什么时候摩擦以及摩擦到什么程度的被动局面。我们将积累经验，这些经验将重建我们的信心。我们将与世界一道，探索中国使用新增国力的方式和边界。中国不可能不使用它们捍卫自己的利益，但世界需要适应中国使用它们的过程。中国不能用力太猛，也不能缺少胆略，不敢越雷池一步。

中美关系没有那么好，太好的中美关系只能是假的。但中美关系也不可能坍塌，无论中国是否报复美国。我们要做的是，让中美之间的痛苦由双方、而非中国一方承担。让我们坚信：我们能做到这一点。

（2011.09.24）

东亚难免摩擦，但应避免斗气

中国渔民"刺死"韩国海警的个案，迅速升级为中韩国家及社会层面的麻烦。这些年中国公民个人以及中国公司成为国家外交纠纷"主角"的情况越来越多，今后大概还会更多。这是中国对外开放带来的一个新问题，也是中国必须与世界共同适应、协调的过程。当越来越多中国人纷纷走出国门时，世界的交往舞台会更热闹，更有活力，但互视和互动也会从原来的轨道发生部分"溢出"。

中韩交往给两国带来巨大经济利益，韩国是中国对外开放的主要受益国之一。但中国的开放不会是那种对韩国利益丝丝入扣的精致，中韩渔业纠纷，是两国宽大接触面中一个有时会"磨出泡"的纠结点。

现在的东亚有些像19世纪后期的欧洲，各国内部都出现高速工业发展，国家认同高涨，对外有骄傲也有不安。由于海上纠纷也拿到这个阶段来清理，地区内有了很多可以用来相互斗气的火柴。

欧洲悲剧性地发生了两次世界大战，很重要的原因是欧洲各国相对均衡，容易"互掐"起来。而亚洲有一个庞大的中国，很难真正相互动手，但彼此又"有气"，于是就陷在小摩擦里。

对这样的"小摩擦"，中国首先应当表现得大度些。但这说着容易做着难。民族主义在东亚区内普遍存在，相互刺激。就像世界大国关系中保持"大度"只是理想主义一样，东亚鼓励外交"大度"的现实条件同样相当不成熟。

其实对韩国"尽量大度些"是中国不少人的主张，但这个主张很难在中国全社会层面形成稳定。韩国社会对周边的体谅也一直没有进展，它还给外界留下"口气比力气大"的印象。现实是，中日韩之间每一个纠纷都要掰扯得清清楚楚，像这次韩国单方面公布"中国船长刺死韩国海警"，在案情及来龙去脉没搞清楚之前，中国就"大度地"向韩国匆忙道歉，这在今天的东亚完全不现实。

中国是现代国际交往新到的活跃者，特点是体量呈爆炸性，民间性逐渐压过官方性。中国应加强对对外交往的理性引导，但中国不可能对这些交往的质量形成控制。它们的质量只能在这些交往的发生过程中慢慢提升。

其实中韩之间的现实冲突相对比较少，但中韩之间每一次小摩擦，对韩国民间情绪的触动常常达到最高级。换句话说，中韩民间对对方"都有气"，但韩国民间的"气"显然更大。气大背后的潜意识都是认为自己"有权力生气"，韩国并非一个例外。

首尔舆论对韩国在东亚大国之间具有特殊平衡能力非常自信，他们往往认为大国为了相互博弈，都会把韩国当做争取对象。这在一定程度上也是事实，并使韩国舆论在东亚地区经常"最有脾气"。

东亚各国都应跳出意气之争，让交往中的具体摩擦回归个案的本位。整个地区没有你死我活的战略冲突，也没有哪一个冲突胜负的意义，能够超过相关国家参与整个地区的合作与繁荣。为一个具体冲突宁肯"不惜任何代价"，无论哪个国家说这种话，都是咬牙硬撑着说的。

中国渔民"刺死"韩国海警就是典型的不幸个案，韩国舆论即使上纲上线说一通气话，最终也得回到把它看成个案的态度上来。

(2011.12.15)

美追求"绝对安全"是在逼中俄

伊朗问题正接近摊牌，美国的三艘航母已进入或正在接近那一带海域。如果战争爆发，它将是美国为追求"绝对安全"搞出来的又一作品。华盛顿的主流精英们在向美国社会灌输一个观点：清除中东的那些安全隐患，值得美国人付出财力甚至一些生命。

其实这是荒唐的。它早已不是冷静的分析，而成了美国政治中宗教信仰般的一个信条。美国对安全的追求已经变得贪婪，它的强大超过历史上的任何强国，但还是不放心。它对各种潜在挑战的排除越来越细致。

美国已经拆除了阿富汗和伊拉克两个雷管，它还灭了米洛舍维奇的南斯拉夫联盟。现在它又来拆除更大的伊朗。它看上去对重演空中打击致胜充满自信。

美国没有节制地展示和使用力量，增加了俄罗斯和中国这样大国的不安。美国似乎无意尊重俄中的态度，更不会尊重对美国有疑虑小国的意见。

一个简单的道理是，这个世界没有绝对安全，增加对手的不安全感，实际上就增加了自己的潜在不安全。美国做不到让所有针对它的敌意都自生自灭。

美国的"安全癖"带来了它的自我强迫，以及对世界局势的强迫。萨达姆捣点小鬼，再威胁美国，造成的伤害也不会比死在伊拉克战场的数千美国士兵更多。如果伊朗战争爆发，伊朗发展核力量的潜在威胁，与战争带来的实际损失也未必就是同一量级的。

也许美国真的习惯了用战争来解决地缘政治的一揽子问题,华盛顿或许认为,它的军事实力是最强的,使用起来最有把握。战争带来的恐吓,可以强化世界对美国意志和利益的顺从。

但很多人担心,这样搞下去美国早晚会与俄中的力量对撞,导致世界很久没有经历的全球性紧张。迄今为止,北约在欧洲东扩,挤压俄战略空间。在亚洲加强针对中国的军事同盟,俄中的反应都相对克制。但两国渐渐有了"再也不能后退"的焦虑。

美国和西方真的在把俄中往"结盟"的方向逼。两国本来都把同美国的关系看得最重,不愿意因俄中关系过热而带来外界的疑虑。但现在俄中内部主张把对方当成"盟友"的人越来越多。

绝对安全是没有任何国家能消费得起的奢侈品,美国对它的追求就像中国古代"炼丹"以求长生不老的君主。美国的政治精英们在失去清醒,他们在"美国是谁"的问题上似乎误入歧途。

俄中可以反制美国的手段并非没有,这两个国家如果真要"绝地反击",显然都非赤手空拳。俄中也完全有力量让美国的一些盟友惶恐不安。总之,只要俄中真的下决心像"盟友"一样联手做事,很多事情上的力量对比就会改变。

美国如果无节制地强推自己的意志,甚至逼迫中俄,世界就有可能重回混乱。美国没有能力驾驭这一切。历史的经验是,任何大国高估自己都是世界的不幸。

(2012.01.19)

立威是中国在南海的当务之急

菲律宾昨天向黄岩岛海域增派海岸警卫队船只,但同时有消息称它撤走了军舰。如果是这样,黄岩岛海域就形成中菲两国执法船只相互对峙的局面。

是中国的坚决态度促使菲律宾考虑降低对峙级别,中国海洋执法船为我在南海立威做出了贡献。

立威是中国在南海的当务之急。菲律宾、越南等国长期不把中国警告当回事,这使它们与中国发生摩擦的概率变得更高。两国在领土问题上往往表现得很激进,常有不惜与中国冲突的头脑发热。

用抗议和规劝让菲越冷静下来大概是徒劳的。中国只有采取坚决维权行动,通过几次对峙和摩擦,才能让马尼拉与河内醒悟,对南海争端采取更加现实主义的态度。

这次黄岩岛对峙提供了这样一个重要的机会。中国必须做到这次摩擦的完胜,重塑其他南海声索国对中国维护主权决心的认识,使它们对今后与中国的摩擦三思而后行。

中国有必要向黄岩岛增派海监力量,同时要让中国海军做好应急增援准备。海军是海监和渔政执法的强大后盾,中国对此用不着遮掩。

中国同时还应通过此次摩擦在南海立信。这个"信"就是中国会坚持和平解决南海争端的原则,不会主动挑起军事冲突,中国的这个大原则不会因黄岩岛摩擦的升级而改变。

由于中国的南海和平政策一直有较高的可信度,在寻求立威和立信平衡的同时，当前应把立威放在更突出位置。因为只有"威"的保护，"信"才有价值，才会受到南海其他声索国和域外国家的普遍尊重。

中国应在此次对菲摩擦中展示自己的大国力量。中菲之间的实力悬殊是事实，它至少不应遭到菲律宾方面的无视和嘲弄。马尼拉经常暴露的以小欺大之狂妄，是国际关系中最危险的无知表现之一。

中国应借这个机会，全面提升海监渔政力量在南海巡逻执法的密度和级别。中国应加快大吨位海监船的建造和部署，敢于使用包括撞对方犯境船只在内的各种对抗手段。中国还应认真研究、尽快落实一些学者关于组建海岸警备队的建议，并考虑在黄岩岛设立永久设施和相关的保护力量。

中国有必要实质性加强和扩大自己目前在南海的执法优势，使其成为南海无可动摇的政治现实，最大限度地压缩菲越对南海诸岛"宣示主权"的空间。

中国不必怕菲越及西方舆论的指责。之前中国更克制时，也没有得到舆论的便宜。中国事实上已没有什么可以在西方控制的舆论中进一步失去。

当然，我们不能指望只要调整自己的态度，南海形势就会有立竿见影的好转。这不切实际。南海局势的复杂性中不仅仅有菲越的贪婪和无知，还有民族主义在东亚全地区兴起对各国政治的牵制，以及美国为重返亚洲向南海战略资源和意图的注入。

这不是个能把看上去简单的领土问题做一劳永逸解决的时代。中国崛起所获得的那些力量也并非都能转化为我们在南海的行动能力。对此中国社会必须清醒。中国注定会被"南海问题"搞得很累，菲越很可能因此比我们更累。

南海面临"持久战"。让我们把心态放平，不惧不急，也不怒不躁。这样的中国会令所有挑战者沮丧。

(2012.04.13)

东亚感觉不安全的不只日本

日本今天发表2012年度防卫白皮书,里面大谈中国军力,显示了日本军方对中国的高度警惕。这份白皮书把中日关系朝"撕破脸"又推进了一步,现在日本似乎成了在东亚敲"防范中国"警钟最起劲的国家。

日本对中国的防范之心可以理解,中国崛起带来了不确定性,日本对日中力量消长的快速变化不适应,它作为亚洲最有力量的国家已经很久,不愿意中国的综合国力重新超过它,甚至对此有些惊慌,都不是奇怪的。

然而日本不能对警惕中国的情绪过于放纵,不做任何克制,使它逐渐主导日本的行为,进而影响中国和亚洲其他国家的行为,使东亚局势走进牛角尖,最终失去回旋余地。

在缺少集体安全体制的东亚,所有国家都缺少安全感。中国也一样。中国严重怀疑美国"重返亚洲"的意图,中国的军事力量再怎么发展,与美国加上其盟友的军事实力相比也在相当长时间里无望摆脱劣势。日本有美日军事同盟做后盾,而谁来为中国"协防"呢?

韩国和朝鲜也都各自感觉不安全,东南亚国家感觉自己"很安全"的大概也没有。"安全困境"在折磨东亚所有国家。从安全的保障性来看,至少在东北亚,日本应算是排在前头的。

作为综合力量仍很强大、国家安全的保障度又总体上相当高的国家,日本大叫受到中国威胁,强化地区内的战略互不信任,这的确是在东北亚带了坏头。

中国的军事实力最终全面超过日本大概很难避免。中国的经济规模已经超过它，中国国家安全面临的挑战以及对国防的现实需求，都比日本更多。我们无法要求日本"理解"中国发展国防的必要性，但日本至少应当明白，中国这样做不是反理性的，歇斯底里的，中国的做法是任何负责任政府都必须有的选择。

日本需要就应对中国崛起表现出战略上的纵横捭阖能力，而非沉浸在条件反射般的不安和恐惧中越陷越深。日本应清楚中国崛起的真正文化涵义和地缘政治涵义，不那么轻率地就下战略结论，甚至臆想中国崛起是"冲着日本来的"。

中国崛起触动的问题实际上超越了日本算计的东西，中国并非想做这么大范围的触动，所有这些是是非非是国际政治本身的不确定性造成的，中国也很无奈。日本如果跟中国在一些安全问题上针锋相对，也在一定程度上是大格局混乱带来的"错恨"。

别让"错恨"变成中日之间在全球化时代的相互咬牙切齿，两国历史上有很多理由可以更容易促成这种局面。需要指出的是，它对日本没什么好处，日本不该为眼前的一些小利使劲往那种局面里钻。

或许中日都应放松些，日本别用冷战的眼光死盯着中国，评估中国变化。中国也别为日本对华有所警惕而不自在，一定要对日本的警惕做对等反制。东北亚处在非常敏感的十字路口，而红绿灯的操控权在很多时候攥在美国手里，各国不在这个路口撞车，也不刮蹭，这需要非常复杂而认真的把握。

(2012.07.31)

翻二战案，日本的荒唐梦想

如果能翻二战的案，会令日本很多人开心。日本与周边国家这些年摩擦不断，都跟二战的结果认定多多少少有关。日本人心里不服，尤其对它曾经侵略、奴役过的亚洲邻国不服气，它想让确定东北亚战后格局的《开罗宣言》和《波茨坦公告》形同虚设，日本翻过身来还是亚洲的"老大"。

在日本国内，二战的牺牲同史上历次战争的牺牲没有多大区别。14名甲级战犯的牌位被送进靖国神社，参拜靖国神社是日本社会"有道德感"和"神圣"的事。幸存下来的当年"神风队"飞行员可以充满"自豪"地写回忆录，记述他们当年如何在最困难的时候"帮助国家"。日本对那场战争的真实舆论就是这样。

如果说日本人对那场战争有耻辱感，那是因为他们战败了，而不是因为他们发动了那场战争。由于对那场战争有正式结论，翻案很难，日本就在细节上找茬乱拱，削弱战争的结果和结论。

靖国神社危机、慰安妇争议，还有对南京大屠杀的否定，都是日本人要证明他们的国家在那场战争中表现"没那么坏"，它的罪名至少有一部分是外界强加的。它仍希望以"文明"对"野蛮"，"民主"对"专制"的优越感同周边国家争辩。

制造领土争端是它不接受二战结果的表现之一，也是最突出的一个。它对中俄韩的领土要求都同结束二战的法律文件相抵触，它提出的那些交涉理由，仿佛二战根本就没发生过。

它经常说钓鱼岛是日本的"固有领土"，其实日本明治维新之前就那几个主岛和附近的几个离岛，莫说钓鱼岛，连琉球（冲绳）都不是它的。它与泱泱中华谈"固有领土"，真好意思张得了口。

即使不扯更远的历史，二战把日本重新打回四个主岛是不争的事实。东北亚这几个国家中，日本是唯一的二战战败国。战败国的意思就是无条件投降，并且接受战胜国关于领土的重新划界。

日本因为抱了美国的大腿，美国把不属于日本的琉球和钓鱼岛交给日本"管理"，但美国没有与同为战胜国的中国等商量，这种行为是对其他战胜国的背叛，因此完全不合法。

日本翻二战的案不会有胜算。因为第一，日本在对待二战的态度上是东北亚的绝对少数，是被孤立者，美国对它的支持也只能含糊其辞，美国断不敢公开否定二战结果，抛弃《开罗宣言》和《波茨坦公告》。否定这段历史，就意味着美国否定自身战胜国的历史。

第二是日本的国力在达到顶点后已经开始历史性衰落，它重新在经济、政治上主导亚洲毫无希望。它越是想翻二战的案，周边国家越会坚持二战的结果不可更改。这是一场日本处于绝对劣势的综合实力对抗。

日本想摆脱二战的阴影可以理解，但它的路径完全错了。它不是在接受二战结果的前提下举国彻底反思，重打旗鼓另开张，而是像俄罗斯套娃一样，把新日本装到旧日本的套子中一脉相承。它这样走决迈不过周边亚洲国家的坎。

日本已经从经济奇迹的神话堕落成亚洲政治麻烦的制造者，今天世界媒体只要谈日本，几乎都是它与周边国家的冲突。它想翻二战的案，但结果是它把自己的丑态刻到越来越多的二战标本上。

（2012.09.17）

为罗老号高兴之余,韩国应顾及其他

韩国30日下午发射"罗老"号火箭,并随后宣布卫星成功进入预定轨道。由于"罗老"号系韩国同俄罗斯联合研制,韩国只负责二级火箭中的第二级,因而它不意味着韩国自动拥有了洲际弹道导弹能力。在中俄日朝都能发射卫星的东北亚,这件事"可大可小"。

但它"变大"的可能性更高,原因是朝鲜半岛"无小事"。三八线两边的事环环相扣,小事也能互动成大事。不久前朝鲜发卫星,受到安理会制裁决议的惩罚。韩国发卫星失败了两次第三次才成功,却一路大鸣大放,什么事也没有。想都可以想象到平壤会多生气,感觉这世道多么不公平。

当然事情的逻辑也并非这么简单,禁止朝鲜发展与弹道导弹相关的技术,这是安理会针对朝鲜核试爆制裁决议中的条款之一。而韩国没搞过核试验,它自行研制导弹的射程也曾长期被美国限制在300公里以内,直到去年才被放宽到800公里。

但这也不是半岛复杂逻辑的尽头。韩国同美国是军事同盟关系,美在韩国有驻军,直接保护韩国安全。而朝鲜基本单打独斗,面对韩美日三国的军事挤压,朝鲜的不安全感是韩国根本无法相比甚至想象的。

再深究下去,朝韩都能吐出无穷无尽的苦水,究竟谁在威胁谁,谁发火箭是对勉强平衡的最新打破,这完全取决于评判者的所持立场。

半岛局势的砝码正在经历混乱积累,并逐渐临近新的危险爆发:

朝鲜第三次核试验。虽然多方希望中国努力劝阻之,但外界对中国真能劝阻成功抱的希望并不大。一些力量嘴上喋喋不休,其实已经做好准备堵住耳朵迎接朝鲜"砰"的那一声响。

所以韩国有必要为"罗老"号成功发射举国欢庆时悠着点,韩国在东北亚的安全序列中大体处在朝韩日这个圈子中,它的每一个战略动作都会在这个圈子里回响,这使得利弊得失很容易转换。

韩国在东北亚各支力量里是最容易被多方接受的,但韩国忽视了自己的这一潜在角色,荒废了"人缘",越来越专注于自己的力量建设。而韩国的力量最终很可能是一锅"夹生饭",不足以在东北亚撑起一个单独的战略方向。

其实朝鲜的力量也不够。朝鲜的力量再具有进攻性,它的最终战略意义也是防御性的。朝鲜是以攻为守,它在反抗冷战后国际政治向它施加的各种压力和威胁,它的真实目标是自保。

身陷东北亚这盘乱棋,中国也有不安全感,可想而知韩国的了。但在东北亚最不能做的就是追求自己的"绝对安全",如果有谁这样追求,只会摧毁相对平静,置自己于更激烈的漩涡中。

东北亚紧张和稳定的传递,韩国都是有特殊中继意义的一环。无论东北亚什么样的大环境,韩国也都会首当其冲。因此韩国最好不随波逐流,而是在思想和行动上契合地区和平对它的期待。

和平利用太空总不是坏事,但地缘政治对它如何反应,就未必简单了。韩国了解这一切,并适当照顾这些事实上存在的复杂性,由此产生的好处也一定首先属于韩国。

(2013.01.31)

中国有可能被半岛局势恶化殃及

美韩今天开始在朝鲜半岛东部海域举行联合军事演习,而韩国媒体一直盛传朝鲜第三次核试爆已经"箭在弦上",甚至有猜测称它的发生就在今天。分析人士很自然把这两件事叠起来看,虽然这同预测半岛突发冲突有不小区别,但谁都能感到,半岛的紧张逐渐令人窒息。

朝鲜拥核看来已是既定决心,它对谈判的忽冷忽热态度组成了总体上的缓兵之计。这样一来,朝鲜越接近研制出可用于实战的原子弹,它与大国的复杂博弈越接近摊牌:或者大国最终接受它拥核的现实,或者美国不顾东北亚诸国对地区稳定的特殊关注,贸然对朝鲜采取极端行动。

美国会对朝鲜核设施采取"外科手术"式的打击吗?美国历史上曾对多个核门槛国家有过上述企图,但从没有实施过。唯一一次的类似打击是以色列于1981年对萨达姆治下的伊拉克发动的。

希望朝鲜半岛永远不要面临这样的极端考验,那将是地区的灾难。现在根本没法设想届时朝鲜半岛会乱成什么样,整个东北亚甚至东亚为之埋单的代价究竟有多高。

亚洲是当今世界经济增长的心脏性区域,但亚洲的问题也日益活跃,它们逐渐构成对地区和平与秩序的现实威胁。比如朝鲜被高度繁荣包围,但它却因种种缘故与繁荣无缘。在朝鲜同外部繁荣无法对接、反而陷入孤立和危险的情况下,它发展核武器实际是对大环境近乎绝望的反应。

从东亚到南亚、西亚,很多国家都是发展各种战略能力的活跃力量,当然更包括中国。亚洲整体的高速增长在改变地区力量的对比关系，这导致了种种不安。各国为自保采取行动造成了周边更多不安，形成恶性循环。

亚洲没有欧洲那样的集体安全保障机制，各国大体是单打独斗，因此这样的混乱势必要持续一段时间。

中国身处亚洲，而且是一些争端的参与者，加上美国掣肘，暂时无法扮演构建亚洲集体安全保障体系的领导者角色。我们实际在乱局中随波逐流，我们构建环境的主动性很有限。

但中国显然不能放弃对亚洲和平的构建努力，因为所有亚洲国家中，中国的力量最强，中国的利益范围也最大。亚洲乱了，中国在世界大国中受的影响最多。

因此如果中国自顾不暇，只能由着外界去乱。但中国的对外开放已经没有回头路，我们的力量成长就是亚洲政治变动加快的原因之一，我们如果不更积极地影响亚洲热点的解决方向，我们最终被殃及几乎无可避免。

中国虽然召集了朝鲜核问题的六方会谈，但在会谈中断后半岛对抗持续升级的过程中，中国的作为很有限，虽不是"看客"，但也只能给各方冲突做些"物理降温"，中国既没有药方，也没像样的药。

如果朝鲜半岛局势失控，中国很可能被"卷进去"，这同采取相对主动的应对，战略结果是不一样的。

当然，由于有美国在，中国发挥主动性的空间受到压制。但我们是否对美国因素考虑过重了呢，我们的顾虑重重与美国的对华遏制政策是否有着很真实的对应关系呢？

中国处在朝鲜半岛等各种难题的复杂互动中，如果中国要逐渐积累自己的主动性，就要更坚决。即使和稀泥，也要和得有权威。比如要避免半岛各方最终摊牌，让各方的相互妥协和适应最终凝结成谁都突破不了的强大板块，这样的和稀泥就要求中国的一定强势。总之，半岛局势在恶化，中国仅靠招呼各方来北京谈判就有人应和并能管用的时候过去了。

(2013.02.04)

钓鱼岛危机已成中日意志较量

钓鱼岛局势严重吃紧，中日发生军事摩擦的可能性在升高。两国因为钓鱼岛交战在几年以前还不可想象，而如今双方看来都在做这样的"最坏准备"。那么钓鱼岛冲突的深层含义是什么呢？

钓鱼岛危机显然是日方率先推高的，它去年的"国有化"钓鱼岛行动犹如打开了潘多拉的盒子。之后中方的反制非常猛烈，其中最核心的就是中国执法船开始在钓鱼岛海域做例行巡视，不断进入钓鱼岛12海里。中国的海监飞机也飞临钓鱼岛，这一切等于打破了日本自诩的对钓鱼岛所谓"实际控制"。

日方"国有化"钓鱼岛是对钓鱼岛"现状"的单方面改变，中国的回击是改变了钓鱼岛的"海空控制现状"。日方改变了一张纸和名义，中方作出反击，带来的改变更加实质。

当前的情况最复杂，日方对是否咽下"偷鸡不成蚀把米"的苦果犹豫不定，它一方面希望缓和同中国的关系，一方面加强其在钓鱼岛的海空力量存在，试图顶住中方的压力，大体维持住它对钓鱼岛已被捅出大漏洞的所谓"实际控制"。

这既是日本政府的实际愿望，也是上届野田政府做过了头，新上台的安倍政府需要硬着头皮，迎合日本右翼的狂妄叫嚣。

中方面临选择。由于我们在钓鱼岛的维权进展虽是重大成果，但尚不稳定，守住他们并不容易。我们是否需要顶着日本的反扑压力继续向前实质性推进，或者至少用"以攻为守"巩固已有的成就呢？还是我们需要暂时放慢节奏，留出一点空间，确保避免中日进入战争呢？

前一种选择的风险肯定大一些，但同时它不意味着日本就真敢同我们硬来。那是一个双方都有些紧张的相互摩擦和试探过程，它拼的是意志，以及两国对一旦爆发军事冲突的真实承受力。

客观而言，两种选择各有各的理由，如果中国做第一种选择，就应接受它所带来的风险，不能患得患失。中国需要做的利益比较和评估是：究竟是纵容一个不断挑衅中国的日本对中国的长远损害更大，还是一旦中日海空军开战对中国战略机遇期的伤害更大。

目前西太平洋的基本地缘政治形势为，中美战略互疑上升很快，互为主要防范对象。日本对中国崛起的不服气把它推向与中国摩擦的最前沿。朝核问题在中间串场，增加了地区战略的不确定性。但有一个因素亦很重要，即各方都没有战略摊牌和打大仗的意愿和意志。对后一点的大判断使各方又都愿意展示强硬，寄希望对方在紧要关头后退。

几乎可以肯定的是，中日之间不会爆发全面战争。但两国一旦交起手来，它的升级程度和破坏力究竟什么样，没有人能够预估。钓鱼岛之争实际上已经成为中日的意志较量。

需要指出的是，中国的战略主动性已经超过日本。中国军力的增速很快，综合国力同样"一年一个样"。而且中国在亚洲的地缘位置比日本更有优势，中国比日本更有战与不战、小战还是升级一些的主动权。

中国的命运牢牢掌握在自己手里，我们不应为了有多种选择权而忐忑，我们最需要的是在做任何选择前保持高度清醒，知道我们在选择什么。

（2013.02.08）

朝核，中国须不怯懦不幻想不急躁

媒体传朝鲜或在今年进行第四次、第五次核试爆。由于平壤同国际社会的对抗没有缓和的机会和渠道，它在核道路上继续铤而走险是有可能的。可以想见届时东北亚的乱局会有多严重。

北京面临艰难的外交平衡，我们没有好的选择，只能尽可能排除更坏的。我们需避免局势的轮番升级。

中国应减少对朝援助，作为对其第三次核试爆的反应。我们反对朝鲜核试验，这种反对必须通过行动表达出来。无论平壤多不高兴，我们也要这样做。

北京还应告诉平壤，如果其再发战略火箭，再搞新的核试爆，我们还会进一步减少对朝援助，中国的这个态度是坚定不移的。

但中国继续是朝鲜的朋友。这不是虚伪，它意味着中国不会与美日韩联合起来从海上和陆上封锁朝鲜，会反对安理会对朝决议加入有可能威胁朝鲜政权的激进内容。中国反对朝鲜拥核，但不会在对朝态度上有180度的大转弯。

朝核问题极其复杂，中国没有力量单独解开这个死扣。国际社会不应这样要求中国，中国自己更不应有这样的指望。我们的能力就这么大，我们需要同时对半岛无核化和朝鲜的安全承担力所能及的责任。朝鲜同美日韩的敌对不是我们造成的，问题的最终解决还需它们的彼此缓和实现突破。

在朝鲜确保核活动不污染中国东北的前提下，这应成为我们的稳定态度。中国东北的环境安全，以及美日韩不对朝鲜进行直接军事攻击，日韩不发展核武器，都是中国保持上述平衡的前提。

　　国际社会没能阻止朝鲜的核活动，但半岛无核化原则不能放弃，它的一个延伸性涵义应当是，外部永远不承认朝鲜是核国家，不给它新的话语权。朝鲜核武器形不成对周边国家的进攻性战略威慑，它或许能够吓阻外界对它的进攻和颠覆，但完全不够把朝鲜变成东北亚的进攻性国家。它在整个地区仍是最弱的，它有没有核武器，这点都不会改变。

　　事实上朝鲜在拥核道路上走得越远，只会越孤立。由于平壤这样做损害了中国利益，中国不会与美日韩站成一队，把它往绝路逼，但我们也没有义务帮它化解因此造成的国际孤立，它该承受的就应自己承受。

　　核武器给朝鲜带不来实际好处，这不仅是个道理，而且应当是谁都看得见的现实。朝鲜国际地位的最终改善必须与它放弃核活动挂钩，半岛无核化这个"掌心"应是它无论怎么折腾到头来也跳不出去的。

　　朝鲜是个小国，现在它自己和外界都把它错当成大国对待了。美日韩夸张了朝鲜的威胁，对它的遏制不断升级，惊吓了它。平壤追求只有大国才有能力埋单的战略安全工具，并与美日韩死磕，这样的国家战略之路只能在扭曲中越走越窄。

　　朝鲜问题必须软着陆，各国应重新把它作为一个小国善待，并真心帮助它加入东北亚的繁荣，理解、照顾朝鲜政权对确保平稳过渡的关切。美日韩应彻底死了颠覆朝鲜政权的那条心。一旦有了这样的条件，朝鲜也应反过来安心做个和平小国。

　　东北亚没有人愿意打仗，朝鲜姿态总是很强硬，但真正最打不起的就是它。它的以攻为守，以及不顾一切地发展核武器，都是其不安全感的焦躁表现。各国需要围绕这个认识开展东北亚外交。

　　中国主导不了东北亚局势的发展方向，但我们应当保持立场的鲜明。谁与我们更配合，或者更不配合，会决定我们反过来对它的具体态度。

（2013.02.17）

中国参与"制裁"朝鲜必须把握的度

美国、日本、韩国以及欧洲都已发出严厉制裁朝鲜的强烈信号，随着朝鲜有可能加快核弹小型化的研制进程，并最终装备部队，美日韩也将针锋相对，欧洲会助阵。中国不可能置身事外，将很难受。

美日韩迫切希望中国改变对朝政策，它们不断为此向中国施压。由于朝鲜的核活动触犯了中国利益，中国对其给予一定"惩罚"是必要的。关键是中国"惩罚"朝鲜的度或者边界在哪里？

朝鲜拥核决心已定，在六方会谈的那几年，美日韩和朝鲜都没有抓住机会实质缓和彼此关系，朝核问题已经结成死扣。在双方敌对如此尖锐的时候，朝鲜和美日韩都不太可能后退。朝鲜会以"鱼死网破"的心态，努力把核武器搞成。

中国即使完全加入美日韩的制裁，也未必就能阻止朝鲜拥核。但中国的态度如果急剧转变，就会成为整个局势的最突出变量，从而把局势中聚集的能量吸引过来，背到自己的身上。

这是中国一定要避免的。这会非常符合美日韩的利益，但会使中国成为至少一段时期内朝鲜的头号敌人，想想当年中苏、中越都发生过什么。如果中国与美日韩结成一伙，在中朝之间什么都可能发生。

中国说不上是朝鲜的盟友，但中国在任何时候不应主动做这个国家的敌人，尤其是在它处在核门槛的时候。这应是中国对朝政策的战略底线。

然而中国要敢于将对朝核活动的反对付诸行动，否则朝鲜会认为它无论干什么中国都会站在它的一边，它还有可能误以为中国怕它。

国际社会也无法接受中国对朝鲜的一味庇护。

我们认为，中国应当"惩罚"朝鲜，但这种"惩罚"在量上不应大于美日韩欧对朝制裁的增加量，也就是说，中国减少对朝援助不应比美日韩欧加强对朝制裁更突出，从而将朝鲜和全球舆论的注意力吸引过来。这应是中国参与对朝国际制裁的具体底线。

朝核问题极其复杂，朝鲜半岛至今保持冷战体制。朝鲜错过上一轮改革开放的机会，既有朝鲜自身的原因，也有地缘环境的牵扯。西方舆论不断将朝核问题向"意识形态的大是大非"上推，但美国在半岛问题上一直在拨自己的战略算盘。中国舆论如果跟着美日韩跑，就会使公众判断什么是中国利益时误入歧途。

朝鲜半岛蓄积了太多爆炸性，朝核问题已经是个大地雷。朝鲜有责任，但美日韩作为力量绝对优势的另一方，也有至少一半的责任。美日韩什么都不改变，要求中国以自己的重大改变做突破局势的赌注，这既没有把握，也很不合理。

中国应坚持做朝核问题的调和者，调和得动或调和不动，都不加入一方对抗另一方。中国难同朝鲜成为盟友，但同美日韩做盟友就更不可能。中国决不可稀里糊涂就被美日韩拉下水。

随着朝鲜核弹逐渐成形，它有可能试图用核活动做撬动美日韩态度的杠杆，打破自己的孤立。但它未必就真是进退有度的外交高手，半岛爆发进一步危机甚至热战的危险还是存在的。中国需要加紧为应对半岛极端局面做准备，这是中国维护自身安全、不被任何一方绑架的重要保障。

中国不具备大规模调整对朝政策的条件，但什么样的政策延续，也不可能毫无调整和改变。现在朝鲜很鲁莽，美日韩逼得急，中国需要有所作为，在动态中保持自己东北亚战略的稳健。

(2013.02.18)

希望朴槿惠给半岛缓和带来机会

韩国女总统朴槿惠25日宣誓就职，舆论普遍分析她比前任总统李明博"温和"。她昨天的就职演说也提供了这种分析的最初验证，比如她呼吁朝鲜"尽快弃核"，并提及半岛的"信任进程"。这与李明博当年在就职演说中就对朝鲜提出"废除核计划、选择开放式道路"的强硬要求，姿态要低一些。

朝鲜半岛被大国利益环抱，但半岛的安危最终捏在朝韩手里。只要朝韩拒绝敌对下去，没有外部力量能逼双方做势不两立的敌人。

李明博的对朝强硬路线并没有达到其原先设想的目的，他执政的5年里韩国经济持续走下坡路，南北关系严重紧张，发生了天安舰事件、延坪岛炮战等。朝鲜核活动进一步加剧，平壤被认为接近拥有可用于实战的核弹。

朴槿惠去过朝鲜，见过朝鲜前领导人金正日。此外她能讲流利的汉语。这些都为她纠正李明博的激进路线提供了特殊个性化资源。当然，个人愿望和经历在地区形势的现实面前都很脆弱，但朴槿惠是位值得期待的女总统。

朝韩关系是韩国地缘政治的生命线，其他方向为韩国国家安全的全部补偿，也抵消不了首尔与平壤敌对的激化。希望朴槿惠上台可以帮助她的国家真正搞清楚这一战略上的轻重得失。

韩国过去几年里对中国的认识经常摇摆，韩国舆论不断为中韩的具体分歧而冲动。但韩国应当看到，中国不仅是韩国最大贸易伙伴，还是真心希望朝鲜半岛稳定的国家。无论朝鲜弃核还是半岛保持和平，对中韩都同样重要。在错综复杂、极难解决的朝鲜拥核问题上，中国的无奈不是装的。

中朝友谊不会给韩国国家安全带来实际损害，所谓损害是韩国人在对朝冲突时情绪化的臆想。韩国不能以韩美同盟的协同性要求中国，中国的劝和是半岛虽紧张但避免爆炸的关键砝码，而韩国的稳定只能是整个地区稳定的一部分。

韩国不能只从实力主义的角度思考对朝外交，也不能很固执地要求中国做这做那。韩国作为美日韩这个"小团体"里最在地缘上接近朝鲜和中国的国家，应尽量调动其对半岛和大陆的理解，成为促进东北亚稳定的新力量。韩国终将从整个地区的和平稳定中受益。

美国的半岛政策总要符合其全球战略利益，日本的半岛政策也不会被置于其外交的优先位置。如果韩国也不把半岛和平与稳定看得压倒一切，经常给它加上意识形态等枝枝权权，那么半岛和平就不会有比韩国更焦急、认真的守护者。

韩国的地缘位置决定了其在朝鲜问题上的利益与美日不同，朝韩紧紧贴在一起，两国的安全几乎是一个硬币的两面，如果韩国以为它的安全能以朝鲜的不安全为条件，那就实在太天真了。

希望朴槿惠就职成为韩国反思其对外战略的一个机会，韩国要从为朝鲜的安全着想为自己的安全辟出一条新路。韩国舆论一直将平壤政权标签化、妖魔化，朴槿惠曾亲临朝鲜，与其领导人有过第一手接触，她应为打破韩国的对朝思维做出贡献。

朝韩关系缓和了，中韩关系就会减少相当多摩擦。即使朝韩难和好，也望韩国看中国时更加理性。中韩无重大利益纠纷，两国舆论热议的摩擦经常是些鸡毛蒜皮的事情，两国政府只应对之降温，切忌受舆论绑架跟着一起掺和。

在朴槿惠履新之际，我们愿意相信她的政治智慧和领导力。祝福她成为韩国最杰出的总统。

(2013.02.26)

朝美韩都应放弃吓住对方的幻想

朝鲜军方发言人3月5日宣布，朝鲜将不承认朝鲜停战协定，朝鲜人民军将全面停止朝鲜人民军板门店代表部的活动，停战协定将"完全无效"。朝鲜给出的直接原因之一是本月举行的美韩联合军演。

朝鲜经常对美韩放狠话，但宣称废除停战协定还是头一遭。如果朝鲜真与美韩失去那张"纸"的隔绝，重新回到"战争状态"，半岛紧张局势将再推升一轮。

必须指出，美韩总搞针对朝鲜的联合军演是不对的。两国的力量加起来不知道比朝鲜大多少倍，它们应当考虑朝鲜对其联合军演的感受，以及由此带来的实际后果。或许它们就是想吓唬朝鲜，但吓唬这么多年，吓唬出了朝鲜的核试爆。如果美韩一点都不思变，只想让朝鲜因恐惧而变，那它们就准备面对更坏的今后吧。

但还应指出，朝鲜的这次反应显然过头了。美韩不是第一次搞联合军演，而且今年也不是规模最大的一次，平壤却突然把对抗提升到废除停战协定的级别，这即使相对于双方以往轮番报复的尺度，也算得上出格了。

朝鲜或许也想吓住美韩。安理会已就朝鲜第三次核试爆举行过会议，但还没有对制裁决议投票。朝鲜的激烈举动被广泛怀疑要在投票前对美国等施压。但平壤应当考虑这样一个问题：既然美韩都吓唬不住它，以它的力量，能吓唬住美韩吗？而这轮局势升级后，朝鲜的处境恐怕比美韩更加不利。

朝鲜不应过于相信"穿鞋的一定就怕光脚的"，关键是它不能通过过激反应，让美韩这两个"穿鞋的"也有了"光脚"的危机感。

外界还有一种猜测，认为朝鲜的激烈反应源自其国内政治的需要。我们不知这种说法有多少真实性，我们只想提醒，如果朝鲜国内的稳定真的对局势紧张、而非和平发展产生依赖的话，那对朝鲜的长治久安将是灾难性的。我们宁愿相信外界的传闻是子虚乌有。

半岛紧张真应了中国的那句话：一个巴掌拍不响。无论朝鲜还是美韩都应清楚，它们各自都对当前的危局负有责任。它们各方的政策都很失败，美国不想朝鲜获得核弹和洲际导弹，但朝鲜有了。韩国希望它的安全牢不可破，但危机层出不穷。朝鲜虽然搞出了核爆，但国家贫困，而且越来越孤立。

美韩和朝鲜应当死了吓住对方的心，因为它们自己谁也不想真的开战，在对方的眼里，它们各自都是虚张声势的表演者。

然而局势一轮一轮地升级，各方转身的空间逐渐趋近于零，本应有回旋余地的战略控制局促得几乎插不进一根针。每当这种时候，和平与战争的重大选择权就会从最高指挥部部分流出来，落到边界上并不掌握全局、甚至缺少经验的年轻士兵手里。这有可能成为朝鲜半岛的真正危险。

如果朝鲜半岛真爆发重大军事冲突，各方都是输家。在人口和经济如此密集的地区发生战争，21世纪不会给任何一方以"胜利"的奖励。如果半岛真"意外地"走到那一步，三八线南北一定都会发出"何必当初"的喟然长叹。

(2013.03.06)

韩国需要战略上的大智慧、大胸怀

韩美"关键决断"联合军演11日开始举行，朝鲜方面反应强烈。虽然战略分析界普遍相信朝韩美都没有现在发动战争的意愿，也未做大规模准备，但半岛局势的高危运行还是让人惴惴不安。双方出现类似延坪岛事件的可能在上升，而一旦出新突发事件，它对整个局势的爆炸性也一定与过去不同。

现在最难受的大概不是朝鲜，而是韩国。朝鲜虽然很孤立、困难，但对它来说情况已经"坏到底"，因此反而有了一定主动性。韩国不一样，它的坛坛罐罐多，战略诉求也多，比如韩国重视韩美同盟，对半岛和平也需要"死保"，它还要经济高速增长，要扩大国家的影响力，等等。

韩国有些患得患失，在战略上理不清头绪。半岛和平对韩国比对任何国家都重要，和平与否首先是朝韩之间的事，但韩国把自己完全绑到了韩美同盟上，随着美国在东北亚的战略调整起舞。

韩美对半岛和平的需求度完全不是一回事。和平与否攸关韩国的国家命运和前途，但对美国来说则是需要应对的不同选项。随着中国崛起，美国对半岛事务的战略设计中会加入越来越多围绕"中国因素"的考量，韩国也越来越像美国在东亚搞"战略再平衡"的一个棋子。

韩国大概也能意识到它同美国的屁股坐的不是一个地方，也知道出了"天安"舰和延坪岛事件，真正吃亏的都是它。但首尔有些无奈，它缺少让自己政策溢出韩美同盟的勇气和能力，它依赖韩美同盟的时间太久了,这一同盟带给它的安全感比韩美利益偏差制造的安全损耗要多,所以韩国放弃了手动调整安全焦距的努力,宁肯用韩美同盟这个"自动相机"。

但如果长此下去,韩国会越来越深地陷入美国"战略玩偶"的角色,韩国永远拿不回其半岛及东北亚政策的主动权。

韩国的一些抱怨虽然在细节上挺有道理,但从战略上看就是十分可笑的。比如韩国认为都是朝鲜"主动挑衅",韩国从未对北主动攻击。韩国还很希望朝鲜"不再极端",这样韩朝合作就有了基础。韩国的这些说法听上去真是如泣如诉。

但韩国忘记了,朝鲜是整个东北亚真正最无安全感的国家。朝鲜还最穷,被完全排除在东北亚的繁荣之外。韩国认为这都是平壤"自找的",他们为何不改革开放?但这种质问毫无意义。朝鲜的不安全感和朝韩的严重差距都是半岛无法稳定的核心原因,朝鲜决不会在自己很痛苦的时候,让韩国的日子过踏实了。因为举望东北亚,韩国是朝鲜最合适的"人质"。

朝鲜新政权已经透出变革和开放的意愿,否则平壤为何要高调请美国篮球明星前往访问?朝鲜的孤立和贫困决不能说百分百都是平壤的原因,如果韩国不能反思自己其中的责任,那么这实在是韩国政界和思想界的悲哀。

韩国经济成就跻身东亚前列,其文化成果也开始不断收获,但韩国缺少一批能在西太平洋复杂局势中看准韩国战略生命线,并有能力引导韩国告别南北长期对峙困局的政治家。韩国不能像韩剧那样琐细、计较,韩国现在需要大智慧、大胸怀。

韩国需要三八线和海上边界周围的和平,那么就请给朝鲜更宽更远的战略和平。己所不欲,勿施于人,相信韩国人对这个道理并不陌生。

(2013.03.12)

半岛，中国需在动态中维护现行政策

朝鲜半岛局势持续紧张，美国核潜艇在参加韩美联合军演后将在半岛附近留驻一段时间，韩国国内要求研制核武器的呼声在上升。韩美与朝鲜相互刺激，战略分析家们都看不到半岛局势的出路。

中国的位置很尴尬，无论朝鲜还是韩美，没有一方愿意听中国的劝告。与此同时，双方又都对中国有所要求。朝鲜希望中国做得像"真朋友"，甘愿为其错误的核政策埋单。韩美则期待中国表现出"真道义"，全面加入制裁朝鲜的联盟。

中国左也不是右也不是，我们看似中立，但上世纪朝鲜战争一定程度上固化了我们的角色，谁都不真买我们"中立"的账。我们没有做到对半岛冲突的超脱，也没做到对冲突的有效介入，我们在半岛无一兵一卒，中朝关系的强度远低于韩美军事同盟。

朝鲜是中国的一道战略屏障，这话总体上没有过时，但它的疑点逐渐增多。朝鲜直接与中国接壤，它同中国敌对还是朝着反方向敌对，对中国维护战略空间有重要影响。朝鲜对韩美强硬，促进了华盛顿在地缘外交上有求于北京。朝鲜的麻烦还会分美国在战略上集中对付中国的心。但中国围绕半岛直接遭遇的麻烦越来越多，有些时候朝鲜搞得我们比美国还难受。

中国今天的国际角色同50多年前大不相同了，加上中朝特殊关系在朝鲜战争之后有过一段"真空期"，中国已难以继承那场战争的全部战略果实。中国今天的对朝政策应当以今天的地缘形势和中国的国家利益为出发点，这个想法没错。

中朝之间不是"很铁"的朋友，但毕竟是朋友。此外中国在东北亚没有公开的敌人，这是中国的独特战略处境。没有公开敌人，但也没有影响半岛局势的强有力杠杆，中国在让半岛局势很被动地拖着走，很难给中国的地缘形势做综合评级。

剧烈改变半岛政策对中国不利，但当半岛局势变化时，如果中国不做任何调整，这反而是相对原有战略格局的掉队。中国或许需要好好理清自己的思路。

中国是否需要更有效影响半岛局势的杠杆呢？或者我们需要走向真正的"中立"，把主要精力转向不被或少被半岛动荡殃及的能力建设上来？

如果我们做第一个选择，进一步加强中朝关系最现实。这就需要朝鲜承诺不再惹是生非，中国为朝鲜提供其所需要的安全保障，包括公开重申在朝鲜遭到攻击时出兵援助朝鲜的义务，将中朝合作恢复到军事级别，给朝鲜政权完全的安全感。但如果是这样，就意味着半岛重新回到冷战格局，对亚太局势的影响是不言而喻的。而朝鲜作为很敏感的主权国家，它想要这样的救世主吗？

如果做第二个选择，意味着我们对朝鲜的重新战略定位，其带来的变动冲击会更大，朝韩都会不太适应，这样的"甩手"几乎无法操作。

中国的唯一可行选择看来还是在动态中维持现行政策。原因之一是中国没有强大到可以对半岛局势"说了算"，中国其实仍是半岛问题的"小股东"，我们能对影响半岛使上劲的资源很有限，我们没有能力说变就变。

中国对制裁朝鲜决议投赞成票，这是政策连续性的应变之举。现在美国要把核潜艇留在半岛周边，中国也需反对。中国应更主动、率性地处理半岛事务，这样的转变是中国国力完全可以支撑的。

中国摊上了朝鲜半岛乱局，对此我们需要接受。但只要半岛不打起来，那里就同时会有实现国家利益的机会。中国需多利用那里的机会，以补自己被迫卷入的损失。这应是我们的现实主义态度。

（2013.03.13）

南海，各方挑衅中国的空间在收窄

中国海军编队近日在南海中国最南端的领土曾母暗沙附近巡航，官兵们在舰上宣示保卫领土的决心。此前中国舰只在西沙群岛附近对非法进入中国海域的越南渔船发射警告性信号弹，这些都展示了中国不会从南海领土争端中后退的坚决态度。

美国国务院两次对中国海军的动向都做了表态，用词或轻或重，保持了美国可以随时介入南海问题的姿态。

美国新换了国务卿，希拉里个人咄咄逼人风格带来的一些附加东西在凋谢。但美国仍是美国，其在南海对中国的挤压不会有南辕北辙的变化。中国明里同菲律宾、越南摩擦，实则与美国在南海博弈，这样的复杂性和紧张感都不会消失。

经过希拉里用巧实力外交在南海4年的搅和，也经过菲越同中国几次摩擦，南海的各种风险都涌上表层。各方彼此更加熟悉，更清楚对方的力量和决心。

中国通过对菲越挑衅的强有力反制，改变了以往的被动。中国一直非常担心南海摩擦会恶化周边环境，损害中国的战略机遇期。这一轮博弈帮助中国打消了大部分顾虑，也磨炼了中国对摩擦尺度的把握。

黄岩岛等危机捅破了中国与菲越之间的一层窗户纸：这毕竟是力量极度悬殊国家之间的较量，如果南海问题变成实力对抗，菲越承受不了，也无获胜希望。

中国对南海问题的立场和态度也没有变，比如中国没有一举夺回菲越等非法侵占所有岛屿的打算。但中国对菲越挑衅的反制变得果断而坚决，中国变得"强硬"了。而南海局势总体上对中国的"强硬"出现了适应。

中国对南海问题的控制力在增强，深层原因还是中国国力的稳步发展，其抵制美国插手南海的底气越来越足，可用资源越来越多。菲越可以在南海上同中国作对的空间都在不断收窄，美国南海政策受到的牵制则在增多。

只要中国继续保持南海基本政策的延续性，就会在这一地区有不断增长的战略宽裕，逐渐扩大在南海的主动权。得了教训的菲越将忌惮做新的大动作挑衅，如果他们再敢胡来，中国回击挑衅的舆论风险将更小。

中国需要对南海的事做出实事求是的总结。中国的得分证明我们不需在任何力量面前苟且求安，但它也不应造成我们可以放纵自己，我们所有愿望都应实现的印象。

在南海问题上中国是"忍"了的。中国是在"忍无可忍"的情况下对菲越发动了反制。中国的反制在战略上没有出格，因而菲越闹一阵，美国帮帮腔也就过去了。中国的反制构成了实际的渐进性，菲越等与中国激烈对抗，比接受中国带给他们的教训，麻烦要大得多。

中国今后也应在南海认真经营不妥协的战略，敢于迈步，也给局势的适应留足空间。中国崛起不断积累不怒自威的力量，中国需要顺着这种力量的自然扩散调整行动。

中国致力于和平发展，但我们敢于为维护核心利益采取坚决手段，中国对外摩擦的是是非非应总体上塑造外界对我们这一大的认识。我们本来就是这样的，让外界不误判我们，对中国的长远战略环境至关重要。

(2013.03.29)

朝核几近失控中国需增强应变力

朝鲜昨天宣布重启宁边核反应堆,这意味着朝鲜将能获得更多制造核武器的原料——钚。平壤在与美韩升级表面对峙的同时塞进了扩大核计划的"私货",进一步拴紧了朝核问题的死扣。

对于朝鲜这一最新行动,美韩很难拿出新的应对措施。朝鲜核问题几乎完全失控,各国眼看着平壤"大闹"东北亚,它至少暂时在与美韩的对抗中占了主动。

或许外界需要很认真地看一看朝鲜,了解今后与它打交道的几个难题。

第一,在朝鲜半岛冷战格局不破的情况下,做到让朝鲜弃核已相当渺茫。外界当然不能转而承认朝鲜的核国家地位,但目标转为冻结朝鲜目前的核状态,不允许它再搞新的核试验,这样可能更现实些。

第二,朝鲜经济正常化,以及朝鲜国家安全和政权安全的软着陆,就是整个地区局势的软着陆。在这之前,朝鲜会不停"闹事",它的问题不解决,周围就别想消停。

第三,韩国将进一步成为朝鲜的"人质",朝鲜捏定了韩国这个东北亚相对的"软柿子",即使韩国也造出核武器,这个局面同样改变不了。

第四,朝鲜不会敢于主动攻击美国,但它对美国的远程打击威慑逐渐形成。朝鲜也不会大规模攻击韩国,但它一定会搞得韩国"很难受",直到韩国和它"同样难受"。

第五,朝鲜总体上仍是东北亚最弱的国家,但要防止朝鲜政权

"脑子发热"，误判自身的实力，以为自己真的是"强大国家"。中国无力说服朝鲜弃核，但有必要对朝鲜政权保持冷静多做规劝。

第六，中国目前在朝核问题上处于"正常的被动"，也就是说，中国的被动不比整个地区的其他国家更严重。这里没有真正的"主动国家"。中国需要进一步增加国力，包括军事力量和经济力量。中国力量的不断积累终将实质性缓解当前的尴尬，在战略上更加游刃有余。

朝鲜重启宁边核反应堆，只是朝核问题肥皂剧中的一幕。现在美国实际上已经放弃要求朝鲜弃核，因为美国虽然声色俱厉，又是制裁又是军演恫吓，但美国不肯对朝鲜做些认真的交换，这等于是，让"朝鲜弃核"逐渐蜕变成了美国的一个口号。

中国也应继续高喊半岛无核化口号，但只要我们不再认真追求它，就会一下子轻松不少。中国的战略目标应变成争取半岛不发生大的战争。

围绕朝鲜半岛未来还会有种种意外发生，中国没有预先阻止它们的能力和机会，我们只能从国力的加快增长中不断获取应变力。

中国要保证自己不是半岛新战争的第一拨以及最大受害者，只要真正做到这一点，我们虽然对调控局势束手无策，但第一拨受害者当中很可能总有危急关头紧急刹车的，中国未必就不能对半岛危机"无为而治"。

中国需要增强对半岛危机的承受力，需要有应对半岛局势突变的坚定预案。这些都是中国获得半岛战略主动性的源泉。我们的战略空间和弹性都会因此而越来越大。

(2013.04.03)

无论起因是什么，朝鲜都做过了头

朝鲜官方昨天呼吁在韩国的所有外国人和外国机构制定疏散方案，称"不希望战时误伤"。另据国际媒体报道，朝鲜近日将试射"舞水端"新型中程弹道导弹。甚至有韩国媒体称，朝鲜在准备第四次核试爆。

朝鲜政权在使劲跺脚、敲锣，震动了世界。尽管绝大多数分析都认为半岛爆发新的战争"不可能"，但对战争危险的密集议论已经开始冲击东北亚局势。由于朝鲜新领导人很年轻，外界不清楚他对把握"战争边缘"的游戏是否能做到娴熟和进退有度。很多人倾向于认为半岛局势在经历一次特殊考验。

中国学者的普遍估计是，平壤不想战争，它的真正目标是将半岛的停战协定变成和平协定，获得持久的安全保障。一些人认为，平壤这一次就是要把"战争边缘"的游戏做绝，让国际社会在恐惧中正视朝鲜的"正当要求"。近日国际社会出现紧张，美韩态度有所软化，一些分析认为局势已经接近了转折点。

但朝鲜半岛的危机从来就不是早就编好的现成剧本，对它的高潮各个角色毫无默契。当朝鲜这个主角做过于激烈的临场发挥时，它的结尾就是高度不确定性的。

朝鲜政权对它的"核武器"表现出像对法宝一样的看重，已经不停地把它挂在平壤高官们的口头上。给人的印象是，"核武器"对朝鲜的鼓舞，远远大于它对朝鲜对手的真实威慑。

从道理上说，朝鲜政权应当具备看清全局并把握战略深浅的能力。它应当知道自己这一轮表现在继续恶化朝鲜在国际上的形象,损害它的信誉,它在透支朝鲜未来的威慑力。

朝鲜的国家安全没有危急到需要它如此"不顾一切",而朝鲜急需的国家经济发展资源,是不太可能通过当前做法换来的。"核武器"的现代功能主要是"防身",它不是可以用来对国际秩序实施"暴动"的工具。平壤不能对"核武器"寄予过高希望。

朝鲜走"战争边缘"路线,最有可能的还是把自己逼上越来越不正常的道路。因为它的国际形势日趋恶劣,国内团结严重依赖与外部的对抗,转圜的难度势必越来越大,国家开放的风险也会高得令执政者却步。

中国和俄罗斯都是朝鲜宝贵的战略伙伴,但朝鲜"大闹"东北亚,不符合中俄的利益。中国民众对朝鲜的好感在快速流失,很多过去在朝韩争端中更同情平壤的中国人,如今也觉得平壤做过分了。这种情况对朝鲜的长远国家利益决不是有利的。

经过反复对抗,朝鲜和美韩实际上已经互相摸准了底牌,那就是双方谁都没有意愿挑起第二次朝鲜战争。此外朝鲜的"什么都不怕"也已得到充分展示。平壤接下来再围绕"核武器"和战争做游戏,已经没什么意义。

美韩也应当汲取教训了,尤其是韩国。朝鲜总体上太弱,它的全面转圜需要力量和信心。韩国只有认真帮助朝鲜鼓起转圜的勇气,而不是逼它"破罐子破摔",才是有政治智慧的表现。否则韩国只能牢牢做朝鲜激进政策的"人质"。美国总向朝鲜施压,如果压爆了它,美国也决好不了。这是朝鲜半岛是是非非的另一面。

(2013.04.10)

坚持对印友好，但不"惯"印度坏毛病

印度媒体和反对派政客近日不断炒作中国边防军"入侵"印度，称中国军队在"印度领土"上搭了多个帐篷。这同2009年印媒炒作中国边防军"入侵"印度并在岩石上"涂红漆写字留念"如出一辙。那场闹剧最终由印度高官出面澄清而偃旗息鼓。

《印度时报》的一则报道还称，中国网民要求政府"给印度一个教训"，该报竟然进一步评论说，如果印度是"友好国家"的话，中国政府不会允许这样的言论出现。《印度时报》是印度发行量最大的英文报纸，它的偏颇报道会对印度主流社会产生影响。

曾有多位印度官员告诫环球时报，印度媒体经常为了商业利益进行炒作，中国人对它们的激进言论"不必在意"。但问题是，印媒和一些政客造成的恶劣影响却是真实的，由不得我们视而不见。

印度公众一再受到中国军队"入侵"新闻的刺激，印媒和印度政客的挑衅性言论也通过互联网迅速传到中国，毒化两国间的舆论氛围。而据我们所知，中印围绕边界问题的沟通是通畅的，两国边防军已经很多年未发一枪一弹。两国官方都对边界的平静给予较高评价。

由于众所周知的历史原因，中印在边界问题上存在分歧，对实控线的认知存有差异。对此，印度政府心知肚明。中印两军在各自声称的界线附近巡逻时有发生。为了避免冲突，中印双方采取了错开巡逻的方案，双方都无意愿因上述分歧而起边界摩擦。

对于所谓的中国军队"入侵"，印度政府本应及时向印媒澄清，承担起他们维护中印间良好气氛的责任。但印度政府显然该做的没有做，他们或者沉默，或者表态模棱两可，实际纵容了印媒的肆意妄言。想想看，如果中国媒体也经常报道印军"入侵"，而中国政府不置可否，那么中印两国之间现在会发生什么！

印媒不断借助印度的"言论自由"在中印关系中撒娇耍赖，虽然印度政府和军队表现出一定的稳健，但印度作为整体还是慢慢积累了一定主动。中印气氛好不好，主要由印度说了算。印度的对华政策可以是弹性的，中国对印政策的杠杆则要简单、匮乏得多。

因此不能让印度媒体和反对派成为中印政府间沟通和谈判之外享有"特权"的力量，它们必须受到制衡。或者印度政府及时站出来向印度社会通报真实信息，或者就应鼓励中国舆论与印媒抗衡，形成中国与印度政府对政府、社会对社会的对等结构。

中印边界是中国与周边国家领土争议最严重的地区，这段边界能够带着重重难题保持和平与安宁，对中国有重要意义。但这决非来自印度方面的恩赐。中印边界的和平稳定对印度同样至关重要。印度承受不起在克什米尔和中印边界两个方向上同时紧张，尤其是，印度像中国一样把发展经济置于国家战略的最高位置。

中国要坚定保持对印友好的政策，但这不意味着"惯"印度的坏毛病。否则印媒炒作所代表的对华那股"邪劲"终将在印度社会不断做大。

(2013.05.02)

接受现实，中美就是大国博弈关系

美国国防部当地时间6日发布新一年度的"中国军力报告"。这份报告再次宣扬"中国威胁论"，宣称中国政府和军方与美国频遭的网络攻击有"直接关系"。报告还说2012年9月中国公布的钓鱼岛领海基线"不恰当"。此外还有一些中国人也很熟悉的陈词滥调。

有人说，年年都出的这份报告差不多成了中国军力的"海外版年鉴"，其实它更像在中国崛起面前美国人心态的一面镜子。报告折射出美国人对中国力量增长的深层忧虑，以及他们想大幅度确保战略优势的强烈愿望。美国人很想让中美之间的差距保持在大学和幼儿园之间的区别。

五角大楼报告让人看到，中美关系中无论有多少合作，说到底还是大国博弈关系，甚至是潜在对立关系。美国一直从战略对手的角度审视中国，对这一点，我们也不应抱有幻想。

但"中国军力报告"这些年的影响力在递减，这份报告坚持写下去，掺入了五角大楼需要更多预算，美国军工联合体需要敌人的利益。由于中美关系牵动的利益面庞大而复杂，美国的对华外交同时必须是现实主义的，因此关于中国军力的极端描述，对美国制定对华政策，以及对中美实际交往的影响又将是有限的。

五角大楼报告带给中美两国谁的负分更多还很难说。它让中国人看到美国一些人对华的深层敌意，联想到近年来美国的战略东移，只能增加中国社会的警觉。对美国社会来说，它制造的更多是误导，仿佛中美军事竞争日益紧迫。

其实中国对美"最有威胁"的竞争恰恰不是军事，而是中国不断壮大的经济规模和综合实力。中国能在军事上挑战美国是很遥远的事，即使在西太平洋，中国也很难建立全面的军事优势。

但中国的一些经济指标逐渐对美构成实质竞争，中国的市场总规模在可预见未来就可能超过美国。美国需要以和平方式认真应对由此带来的挑战，这是美国在军事上花力气鞭长莫及的。

五角大楼报告给人一种印象，中国要以军事为突破口蚕食、颠覆美国的霸权，美国守住军事超强地位就守住了一切。

美国是中国劝不动的，中国政府的语言说服力对中国国内一些人都不管用，更何况要促使美国人改变主意。中国需要接受美国就是把中国视为博弈对手的现实，争取与美建立对手之间的合作、甚至和谐关系。

有来无往非礼也。面对美国要横，中国过去显得"忍气吞声"，今后不妨更率性些，与美国形成相互态度上的对等。中国要学会大国博弈的语言，让美国知道它对华一旦有过分言行，就会付出相应代价。

比如既然美国公开成立了网战部队，而且把防止中国的网络攻击作为成立网军的主要理由，中国就应择时宣布成立自己的网络战部队。要让美国人明白，是他们推动了中国建立网军。

中国应在外交层面重视美国的每一个对华举措，但从战略上，我们应藐视"中国军力报告"这样的小动作。中国有能力捍卫自己的国防安全，并不断强化它的可靠性。但中国最有力量的博弈优势将率先形成于经济领域，它将成为中国寻求对美平等权利的第一个战略性阵地。

"中国军力报告"已经构不成对我们的实际损害。我们之所以感觉不舒服，还是看重自己的名声，在乎中美之间的气氛。我们需再多一些自信。那样的话，五角大楼的这种报告就将什么都不是。

(2013.05.08)

中印走出"帐篷对峙",换成中日准砸

中印两国军队近日在边境地区结束了"帐篷对峙"。在此期间,两国政府都未相互公开指责,印度政府顶住了国内舆论的压力,没有说重话。看看在东部方向上,中日为了小小钓鱼岛难解难分,日本高官几乎天天冒出对华狠话。真是天壤之别。

中印的争议领土面积多达十多万平方公里,现阶段基本无解。两国对实控线的认识又不一样,双方军队经常会巡逻到对方所认为的"领土"上。两国边防军为此错开巡逻,避免撞上。尽管这样,"帐篷对峙"还是"偶然发生"了。中印边界当前的特点不是会偶发"对峙",而是能化解它们。如果换成中国和日本,还不知会闹出什么。

即使中越和中菲,也在一阵较为激烈的摩擦后,形成相互适应的某种"分寸"。南海的紧张是间歇性的,由于中国作为地区最大的国家无意武力解决问题,人们对那里发生严重军事冲突的预期在降低。

唯独日本,像是要同中国"死磕"。日本社会向钓鱼岛投入的注意力高度集中,而且对同中国摩擦、对抗如痴如醉,官员和议员们参拜靖国神社,仿佛就是为与中国对着干做"精神动员"。

为什么中日冲突与中印纠纷的表现如此不同呢?根本原因是中印都在高速发展,两国要做的事情太多,社会愿景丰富。两国都有民族主义,但民族主义的出口多,比如印度舆论除了高度关注边境问题,还热衷同中国比发展速度,不断寻找新的民族骄傲。印度媒体虽然炒作中印"边境紧张",但主要是为了扩大收视率和发行量,媒体人都清楚现在不是解决中印边界问题的时候。

日本则不同。日本经济停滞，社会在经历国家竞争力和影响力萎缩的痛苦。个人未来因国家未来的黯淡而黯淡，机会在变少。不少年轻人因此丧失斗志，成了"宅族"。而整个社会却需要刺激，寻求对低迷状态的打破。

但经济萎缩的后果是什么都跟着停滞，突破口十分稀缺。只有民族主义最容易在一片萧条中猎猎招展，带给日本人大范围的激动和团结。因此日本的民族主义非常彻底，是悲情式的，抱住了就不肯松开。不像中印的民族主义，虽然也一点就着，但不那么低沉、绝望，而且有较大的可替代性。中印的民族主义属于"即兴的"，并非国家"政治之魂"。

与日本为邻，算是中国"摊上了"。几个世纪以来中国不断吃这个岛国的苦头。但现在毕竟是中日国家实力的转折点，日本民族主义之所以这么邪乎，首先就是对这个转折无法接受。

中国在钓鱼岛对付的不只是日本海上保安厅或自卫队，而是日本的这种疯狂。钓鱼岛只是"中国梦"的一角，但它却成了日本民族意志整个防线的核心阵地。

中国必须同日本下"围棋"。在当前东亚地缘政治形势之下，钓鱼岛的直接拼杀很难形成持久后果，中国的优势就是战略盘子大，棋子多，时间充裕。我们可以围着钓鱼岛的实质冲突布棋子，直到最后把我们要攻克的目标团团围住。这种围住就是赢。

(2013.05.09)

中国被迫在很低层次上同菲日交手

马英九政府11日对菲律宾发出"最后通牒",要求菲政府72小时内道歉、赔偿、惩凶,否则将召回驻菲代表,要求菲驻台代表离境,冻结菲劳来台工作。菲律宾13日举行中期选举,台给菲留72小时期限,看来是希望菲政府在选举结束后,接受台方通牒的压力会小一些。

马英九政府即使发了"最后通牒",还是给人"软"的感觉。菲律宾这几年先后惹了香港、大陆和台湾,只是因为直接撞上大陆,在黄岩岛上"吃了大亏"。菲是个缺少外交文明、不怕公理只惧"实力"的国家,它对世界的理解,似乎处在该国"外劳"们认识世界的水平上。

比如菲律宾不能同时得罪中国大陆、台湾和香港的民意,这3个坑差不多能把菲在东亚的前途"埋"掉一大半。但菲律宾完全不像有这样的战略视野,它的外交是地地道道民粹主义的。

外交都应以战略考量为基础,但东亚少数国家现在热衷做"偷鸡摸狗"的事,大大降低了东亚外交的品质。像菲律宾这一次,公然干射杀渔民这种违背区域共识和国际伦理的事,大概觉得这样干很长菲律宾的威风。

这带来了一个问题,中国同菲律宾、包括同日本如今往往在很低的层次上交手。他们"意外"打死一个我们的渔民,高官去靖国神社晃一圈,或在钓鱼岛问题上搞个极端动作,中国都必须反击,但这些反击同国家发展的主要方向无法自然协调。

不仅菲越，连日本大概也算不上中国国家安全未来最突出的挑战。但中国现在又要花很大力气忙活同他们之间的那些事。这是矛盾，也是无奈。

由于现代传媒特别是互联网的高度发达，国家安全最活跃的问题变得捉摸不定，这会带动国家外交重心的漂移。

国家安全在互联网时代不仅意味着要让国家真的安全，而且还要给公众足够的"安全感"，让人们从对外细小的摩擦中感受到国家强大的骄傲，而不是憋屈。中国作为大国，这是政府应当提供给民众的一项"精神福利"，政治家们对社会的这种期待切不可忽视。

有些习惯做战略分析的人认为，中国不应同周边国家计较"小事"，而应当主谋发展，关注国家安全的核心问题。这是理想主义的，也是书生气的。中国不是由13亿个"勾践"组成的国家，社会的耐心即使理论上应该有，也根本不可能在现实中形成。

设计中国对外大战略其实更容易些，难的是如何应对处在战略边缘位置上的那些具体摩擦。打个比方，如果今天日本右翼再组织一大帮人登上钓鱼岛，在那里插面日本国旗，或者在争议海域撞沉了中国一艘渔船，这就是天大的事，比中国同某个国家搞个联合声明、宣布成为"战略伙伴关系"一点都不小。

"大国外交"的内涵有可能比我们想的要复杂，让所有的对外接触和摩擦都服从一个"大战略"，那个时代可能不会再来了。战略需要同时是大量"非战略"的总和，整个世界说不准都会这样"轻浮"。

(2013.05.13)

为台湾强硬制裁菲律宾鼓掌

台湾昨天宣布立即实施对菲律宾的三项制裁措施,并启动第二波八项新制裁。台湾民意迫使马英九政府从开始时的犹豫转为强硬,这是在近年的中国对外海上纠纷中台湾表现最不含糊的一次。

台湾方面一直避讳与大陆在对外主权争端中的合作,但只要台湾独自对外硬起来,对大陆在广阔的海域上捍卫海洋权益就形成了实际支持。反过来说,大陆这几年打压了菲日等国的气焰,也对台湾硬起来是个鼓舞。这应在未来成为两岸的稳定默契,它对双方的内外事务都将是促进性的。

东亚海上摩擦涉及主权争端,对各国来说都触动了"重大利益",谁往后退都不容易。常有人指责中国大陆民众围绕领土的爱国情绪是"民族主义"的,甚至宣称这种"民族主义"同大陆政治制度有关。大陆内部一些人亦受到这种说法的影响。台湾民意的这次激动表现可以让我们把问题看得更清楚。

台湾四面环海,南北都对外涉及海洋权益纠纷,直接危及台湾渔民的生命财产安全。台湾对外发生海上摩擦的机会虽不如大陆多,但台湾的承受能力太小,因此冲击力有可能更大。扩大海上安全的可靠性,一直是台湾社会的基础性愿望之一。

马英九政府这次教训菲律宾,不仅利于台湾之长远,也是对整个中华民族的贡献。从台湾的最新八条制裁措施看,马政府应当说是尽力了。台湾这样做是撑住了一块有重要意义的阵地,从战略上看,这几乎是台湾开辟了中国人捍卫海洋权益的"第二战线"。

台湾的举动增加了中国大陆强硬反制菲日的合法性和正当性，打破了中国周边几个国家"被中国欺负"的假象。东亚海洋问题的复杂性得到更清晰的呈现，中国人有捍卫自己海上权益的权利，这一点更加无可争议。

对台湾的正义之举，大陆应给予道义上的支持，以及多方面的实质性配合。大陆官方应继续少说多做，一方面鼓励台湾把这一次的"主角"扮演下去，一方面大陆决不推卸自己的责任，我们的"配合"应是强有力的。

南海和东海上的海洋权益之争必将长期化，"大中华"的维权资源是任何其他声索方无法比拟的。中国的海洋战略优势在逐渐形成，接下来的考验是我们是否有能力让似乎不可控的海上摩擦有一定的可控性，使海上问题的解决过程与我们对东亚战略局势的综合期待相协调。

中国一定要保卫每一寸国土，但中国同时还有其他同样紧迫的战略目标。我们的最高利益是让这些目标同步实现，我们越强大，越有可能安排对我们有利的时间表和路线图。

两岸应当追求这次针对菲律宾的"完胜"，在这之后，双方舆论对两岸关系的诸多问题，如共同利益、各自角色对对方的价值、发展互信的潜力等，或许都会有新的认识。

(2013.05.16)

菲军要斗争到"最后一人"非常滑稽

菲律宾国防部长伏尔泰·加斯明23日就中菲南海争端发表强硬言论，表示菲律宾在仁爱礁上的士兵将斗争到"剩下最后一名军人"。说这样空洞的豪言壮语，使这位国防部长看上去就像是菲律宾的网络愤青。

中国显然没有武装夺取仁爱礁，与那里菲律宾士兵殊死一战的计划。菲律宾在1999年5月中国驻南使馆被轰炸的第二天非法占领仁爱礁，而且所用方法是让一艘破旧的登陆舰故意在那里坐滩。中国军方要是想以武力搞沉那艘登陆舰，赶走舰上士兵，大概早就动手了。

但仁爱礁是中国领土，中国军舰和公务船去那里巡航，中国渔船前往那里作业都天经地义。菲方需避免主动同中方在仁爱礁附近对峙，如果菲方挑衅，使双方在那一带海域的摩擦升级，仁爱礁重蹈"黄岩岛模式"就完全有可能。总之菲律宾每挑衅一次，都一定以它的"吃亏"和失败告终。

中国需要向南沙争议岛礁的周围海域多派舰船，形成在那一地区的例行巡航和经常性作业。中国的国力完全可以支撑这些行动，它们虽然花钱多，但对当前的民意和对未来都意义重大。

菲律宾在南海上的力量投入不可能与中国相比。中国不需要与菲律宾直接动手，我们在那一带海域的常态性力量存在就是对菲方的长期压力，它会消耗菲方的意志，为我们进一步改善南海的现实环境创造各种机会。

菲律宾没有力量在南海上同中国比拼人力和物力的投入，因此它一定会在一场马拉松式的维权竞赛中最终输掉。

南海上有发生军事冲突的可能性,不排除菲律宾在美日一些信号的鼓舞下采取些冒险行动,但中国不必为此过于担心。因为中国的反击能力有压倒性优势,这一点在南海上有足够的可信性。如果菲律宾胆敢军事冒险,我们一定要对自己的反击能力做一次充分展示。我们的这一决心现在就要让菲律宾非常清楚,这会让它保持三思而行的冷静。

我们认为中国在南海的对菲对峙中永远都不要开第一枪,同时我们要准备好让菲律宾长期不能忘记的第二枪。我们应把南海之争变成长期的消耗战,我们的政策和做事方式应当稳定和明确。

菲律宾国防部长宣称要斗争到"剩下最后一名军人",如果这个话会加剧南海的紧张气氛,菲律宾因此受到的损失只会比中国的损失大得多。南海的利益是中国庞大利益的一角,但它对菲律宾内外事务的占比就要高多了。南海上任何风浪最先扑打的就是菲越这样的国家,所以菲律宾人想把事情闹多大,请他们自己看着办。

中国真心不希望南海发生战争,只要菲律宾是冷静的,保持判断能力的底线,中菲之间就将长期和平。如果菲国防部真有意思在仁爱礁打一仗,并且斗争到"最后一人",那么事情的发展一定滑稽可笑,中国将被迫成全菲律宾军队的爱国主义表演。

(2013.05.24)

美国的对华"防范派"别太投入了

美国防长哈格尔1日在香格里拉对话中表示,美国将把60%的军舰和本土以外60%的空军力量到2020年间部署到亚太地区,以落实在亚太的"战略再平衡"。这算不上很新的表态,但可以看成奥巴马第二任期亚太战略的确认。

解放军副总参谋长戚建国所展现的中方姿态要温和多了,而温和态度的背后通常是自信。

美国人总说亚太"战略再平衡"的内容包括政治经济文化和军事等方方面面,但最吸引人的就是军事。经济方面美国搞了个TPP,但它的前途很不确定。

美国调海空军过来被很多人看成它对自己以及对盟友的一种安慰。这种调动是美国最容易做到的,也正因为容易,所以缺少实际的针对性。中国崛起发端于经济领域,它创造了一种"势",这种"势"不是美国军舰的部署位置换个地方就能改变的。

中国崛起是人类文明层面的一次隆起,人类社会治理文化的进步、科技进步以及全球化等共同为中国崛起做了铺垫和准备。中国在证明13亿人超大社会建立文明秩序的可能性,以及这一旦成为现实所能释放的发展能量。同中国崛起的内在动力相比,美国围绕中国搞的各种动作都是些皮毛。

中国不大可能打破本国发展的节奏,接美国"战略再平衡"的招。中国发展军力不是要挑战美国在亚太的利益,中国是要保卫本国发展的战略安全性。我们对做到这一点越来越自信。

美国要调海空军过来,中国挡不住。美国这样做会把亚太搞得更紧张，它对中美两国利益的损害，其实差不多。亚太其他国家也不会因此捞到什么好处。"大西洋中心"已在衰落，"亚太中心"取而代之。美国坐拥两头、东方不亮西方亮只是一些人的幻想，美国的未来取决于它同亚太关系的性质。

用军事部署"平衡"中国来自其他方向的崛起动力，这是美国一些人的自欺欺人，是对美国社会认识亚太政治经济形势的误导。这也是美国应对中国崛起乏力，实在没什么好牌时"随手"扔到桌上的一张牌。

有中国学者将美国的亚太"战略再平衡"称为"瘸腿的平衡"，军事突出，其他方面跟不上。中国只要按现在的节奏发展下去，同时保持相应的军力增长，美国的"战略再平衡"就是虚张声势。

美国的战略重心应当调整为同中国共同确保后者崛起性质和过程的和平性，以及确保中国崛起的利益真正向全球开放，而不是中国一家独赢。这不仅顺应历史大势，也对美国和世界各国有利。而逆着历史的方向搞"平衡"，美国没那么大力气，也不会有几个国家完全倒向它的一边。

中国真心和平发展，多数中国人也未必愿意美国"快速衰落"，中美和平竞争是中国社会的总体愿望。美国无法轻易相信中国的表白，它搞些针对中国的防范，这也可以理解。但美国不应做得太过分，否则就会搞乱亚太，害人害己。

这些年中国人对美国"防范"甚至"遏制"我们已经习以为常，并且不认为这是中美关系的全部。虽然从新加坡香格里拉对话上传来美国防长对军事部署的强调，但中国人更期待习近平同奥巴马即将举行的会晤，我们已大致了解中美关系的复杂和丰富。

希望美国的对华"防范派"或"遏制派"别太投入了，也抬眼看看中美商人之间在做什么，学生的交流是多么活跃。他们需要知道，航空母舰、核动力潜艇、隐形战机并非中美关系的全部。

（2013.06.03）

越南，不同于菲日的海上对立面

越南国家主席张晋创访问中国，成为两国高层就南海问题及两国战略合作伙伴关系进行沟通的重要机会。习近平主席会见张晋创的新闻稿显示，两国领导人达成了一些共识，中越和平解决南海领土纠纷的可能性是存在的。

中国目前同越南、菲律宾和日本都有海上摩擦，其中中越纠纷涉及的领土范围最大，共有29个岛礁及其相关海域。而在这三国之中，越南又是同中国开展谈判政治基础最好的国家。中越如果能降低并最终控制海上摩擦的烈度及范围，形成和平解决问题的不可逆转趋势，菲律宾就很难再把南海搅乱，中国周边海上纠纷形势就会出现新局面。

中越和平解决海上纠纷的最大障碍是两国对南海领土主权的认识相差较远，两国都难做出实质性让步。但有利条件也明显存在，中越是相邻的世界上两个最大社会主义国家，面临着改革开放、发展国家经济的共同任务。中越的主要政治难题和风险非常相似，两国经贸关系的密切、战略合作的需要，特别是越南在政治上借助中国的需要，长期大于领土纠纷对两国关系的割裂力量。

越南近年表现出"拉美制华"的动向，但越南这一战略不可能像菲律宾和日本走得那样远。越南对美国只能是相互利用的关系，它不敢也无法彻底投入美国的怀抱。

中国同越南既发生过海上冲突，也有过边界战争，这些记忆都会影响越南关于对华政策利弊关系的思考。越南近年来始终没有像菲律宾那样同中国全面外交对立，一直在"对华友好"上不松口，这当中的原因是丰富的，也是稳定的。

中国的对越态度这些年一直在寻求领土纠纷的有利位置与维系周边和平的平衡，这样的平衡策略恐怕要长期保持下去。中国的国际环境同上世纪七八十年代已经截然不同，我们更加强大，但面对的国际心理环境变得更加脆弱。今天中国制服领土争议者的技术能力大大增强，但我们因此面临的国际政治风险也变得前所未有。

总体上看中越都有控制彼此海上摩擦、改善两国关系氛围、增加现实合作的意愿和需求。尽管两国做好这样的互动难度很高，但首先相互珍惜、强化彼此的上述战略意愿就已经很重要。这样的尝试和努力对中越两国都是值得的。

看看中印之间，两国的领土纠纷面积非常大，印度又是民族主义情绪在媒体上畅行无阻的社会，但中印对摩擦的控制比较成功。中越之间理应具有用政治谈判取代海上摩擦的更好条件。

中国人首先要对我们拥有处理南海纠纷的主动权保持自信，另外我们一定要搞清楚我们围绕南海问题究竟想要什么，它们同中国的整体国家战略是什么关系，以及要搞清楚我们各种目标和愿望的战略排序，并且划清我们打破这一排序、把一个具体问题升级为国家突出目标的底线。

中国周边问题极其复杂，这是因为美国等大国纷纷卷入。就中越关系来说，中国最重要的是全面保持清醒并且运用自己的综合影响力促进越南的清醒。南海是中国实力、也是中国外交智慧的用武之地，只有将二者配合使用，中国才能成为南海以及全球力量复杂变局中的"赢家"。

(2013.06.21)

埃及在为政治"随大溜"付出代价

埃及连续发生百万人规模大游行，要求民选总统穆尔西下台。埃及军方7月1日发出最后通牒，要求满足"人民的要求"，并作为"最后机会"给各派系48小时承担他们的历史责任，否则军方将宣布一个"未来路线图"，并监督其落实。埃及宪法已经瘫痪，这个国家面临重回军人治理的"休克式"政治选择。

埃及"革命"已两年半，穆尔西携穆斯林兄弟会上台已一年，但在全中东有标志意义的开罗解放广场一直没平静下来。革命在继续，一轮接一轮。埃及人在那里赶走了穆巴拉克，轰走了军人临时政府，最新的革命对象成了前革命者穆尔西。

所有人都认为民主是个好东西，但把民主操作好却显然是政治领域的"高端技术"。西方式民主看来是由全体国民共同参演的大戏，在不同力量的激烈对抗中实现国家的政治平衡和有序。这大概已经不仅仅是"政治技术"层面的问题，而必须上升为强大的、全方位的文化。埃及太单薄了，它的民主宪法孤零零的，因此不堪一击。

埃及"人民的要求"有很多，在赶走穆巴拉克后，经济繁荣和生活水平提高已占据核心位置。但这比更换一个政权难多了，穆尔西除非能变"无米之炊"的魔术，否则他注定以悲剧告终。

埃及当前的混乱很可能要延续十年以上甚至更长，对历史来说，这是可以一笔带过的"过渡期"，假如人的生命可以更长久，十几年乃至几十年的忍受也很值得。只可惜人生短暂，谁碰上了民不聊生的一大段时光都是悲剧。这是"民主浪潮"把很多人吓住的重要原因。

埃及经济在发展中国家里属中游水平，9000多万的人口规模在西亚北非地区高居首位,在世界上也算中等偏上,因此它的革命在"阿拉伯之春"中最典型,也是世界的大事件。埃及的持续混乱会打击西式政治制度对第三世界国家的吸引力,刺激非西方世界的其他政治探索。

美国将维护其头号世界强国作为自己的战略目标,它对顶级技术看得很紧,唯有对输出3亿人"民主而不乱"的政治技术很热心。美尤其强烈建议中国等"山寨"它。如果发展中国家一搞美式民主就会走向强大和繁荣,岂不是好事?但美国的政治家们大概很清楚,美国的什么技术外界都可以学会,唯有它的民主制度是发展中国家最难学,也最容易"山寨"歪的。

现在就对埃及革命下结论为时尚早,但它两年半里越来越乱应唤起我们对西方政治影响的更高警惕。这个世界有少数学习西方的政治幸运儿,但大多数至今都很不幸。在这个复杂的世界上,"一人一票"在逐渐连成片,这当中包括美国的敌人伊朗,世界最动荡的伊拉克和阿富汗等。如让统计学者出一份报告,它同政治"理想主义者"的结论一定大相径庭。

并不是所有国家都有能力走一条"自己的路",对很多国家来说,它们只能在政治上随大溜。它们的命运其实更像大政治潮流中的浮萍。埃及革命也是随大溜的表现。

中国的历史文化积淀使我们拥有特殊的选择权。随着物质条件的改进、政治决心的坚定,我们就可以放眼看世界,从全球经验中选择我们认为最好的元素,打造中国自己的道路。这点是西亚北非国家绝对做不到的,埃及政治走到关键处,说"最后一句话"的权力戏剧性地又回归到军方以及在军方背后的力量——美国。

中国拥有的国家道路选择权极其宝贵。中国人醒来了,我们不笨,我们的选择不是拍脑袋,是大量实践和经验参与的梳理和创新。这比"随大溜"要合理和可靠得多。

(2013.07.03)

大历史讴歌革命，人道主义愿其避免

埃及军方发出的 48 小时最后通牒北京时间昨晚 11 时到期。穆尔西拒绝下台，大体保持了要"用生命来捍卫总统合法性"的强硬。埃及昨天早上发生支持和反对穆尔西两派群众的流血冲突，无论军方与穆尔西和反对派做什么样的摊牌，都不会是埃及局势的"最终结果"。埃及的动荡被普遍认为将持续下去。

埃及当前的局面比穆巴拉克时期更糟糕，也许未来这个国家能够走出困境，大多数革命都有这样的代价和不确定性，也都有希望。不知道当代埃及人要承受国家的混乱多久，这个时间越长，这一代埃及人对革命的感受就越负面，但未来的历史评价有可能把这代人的经历忽略。

大历史总是磅礴辉煌的，个人命运在其中都很渺小，民生的一时损失不会被计算。大历史通常支持、讴歌革命，人道主义又都希望避免革命，革命既是诗，也是坟。

从埃及的事情中，我们作为外人至少应得到以下启示。

第一，处于全球发展相对下游的国家一定要加快有利于人民利益的改革，这是缓释、化解国家危机，实现社会和平转型的唯一之路。发展中国家的社会都对西方发达社会有所羡慕和崇拜，对本国的不满和对变革的渴望几乎是天然的，它们在一定条件下就会转化为国家政治的火药。

只有能真正带领国家前进的改革才能彻底消除革命发生的危险。当然，全球化条件下不成功的革命也会成为更广范围内的教科书，潜移默化修正人们对革命的态度。

第二，革命大多是痛苦的，这个规律在今天的世界上仍未改变。历史上的革命都伴随了巨大的社会损失，像伟大的法国大革命，根本经不起用人道主义眼光的细看。伟大的辛亥革命开启了几十年内的反复革命和运动，也有着巨大的人道主义损失。

现代"颜色革命"中有个别东欧国家算是幸运，但埃及、利比亚、叙利亚都发生了什么，人们一目了然。东欧的南斯拉夫被打碎，乌克兰、格鲁吉亚等至今缓不过来。

第三，世界大国能投入力量实质援助革命发生国的时代结束了。冷战时期美苏为巩固各自阵营、打击对方，分别向一些盟友国家投入"血本"，但大国对抗体系已经终结，不会再有世界性力量为意识形态充当"冤大头"，支持、鼓励革命基本是口头的，发生了革命的国家需要靠自己的力量过渡，这样的过渡期因此会拉得很长。

全球化会通过一个漫长的时期把各国发展水平逐渐拉近，它刺激各国的改革，也会诱发一些革命。由于发展中国家的公众都看到了世界各方面最好的例子，对现实发展节奏的不耐烦情绪很容易发生，但欲速则不达的硬道理也会通过种种教训向全人类展示。各国都不乏能理解"最佳节奏"的聪明人士，但"最佳节奏"能否成为一国的实际选择，将取决于该国政治和经济社会的综合成熟度，取决于该国的自我驾驭能力。

中国是最近几十年改革最成功，高速发展与社会代价性价比也最高的国家。但这不是全球化时代特殊赛跑的最后撞线。中国的改革走进艰难的深水区，各种思想激烈竞争。中国的国家道路已经选定，但围绕它巩固、坚定社会共识仍任重道远。中国这么大的国家不能指望幸运，我们每一个时期都会感觉挺难的，因此清醒、自信、坚持，这些对我们来说都至关重要。

（2013.07.04）

"日菲轴心"渐成,"包围中国"是狂想

菲律宾的所谓"全球反华游行"昨天中午在马尼拉稀稀拉拉地开场,参与人数远低于预期。马尼拉的这场戏还不如几天前抗议本国政府、烧了阿基诺三世头像的那场活动热闹。看来大多数菲律宾人知道,在南海问题上同中国激烈对抗不会有前途,就像看一场注定要输的比赛,人们的热情自然大减。

但菲律宾政府相当于"拿了钱的演员",观众多或少都要演下去。而"给它钱"的是华盛顿,还有东京。美国重返亚太战略需要几个稳固的支点,南海纠纷是最合适的之一。所以美国表面上不做冲突的参与者,但它是菲律宾对华强硬的精神支柱。在华盛顿半明半暗支持下与中国作对,逐渐成为菲律宾政治的一种习惯。

日本在东海与中国对峙,虽也有美国背后撑腰,但不像南海有不止一家同中国闹,它在东海不得不同中国"单挑"。随着中国发展,日本的压力会越来越大,它急需与中国领土纠纷上的同盟,很希望中国陷入多方招架的困境。

安倍近日将出访东南亚,菲律宾是其中一站。他极可能在那里向菲政府转交日本捐赠的巡逻艇,它们将用来增强菲律宾同中国海上摩擦的能力。

日本和菲律宾逐渐形成在周边海域协同对付中国的"轴心",但"日菲轴心"能发挥的战略作用非常有限。它能帮日菲相互打气,造成它们"得道多助"、中国"失道寡助"的幻象,鼓舞各自国内的士气。

但日菲不敢大张旗鼓,使这一"轴心"正规化。它们与中国的岛

屿争端涉及很模糊的国际政治领域，中国在法理依据上占优势，综合实力的优势也越来越明显，日菲都没有同中国殊死一搏的战略决心，它们也都没有为领土争端放弃同中国经济合作的打算，两个患得患失的国家凑到一起，结成的"轴心"也不会有多大力量。

当年二次大战中，日本曾经在占领东南亚一些地区后从南部包抄中国。今天的日本像是在下意识地重走旧棋，但时代却完全不同了。日本在东南亚的外交构建由于缺少超级国力的支撑，形不成大战略的意义，它们只能帮日本做生意，鸡零狗碎，所谓"包围中国"实在是部分日本人的狂想。

菲律宾知道中国不会真把它怎么样，所以就不断搞些小的兴风作浪，寻求菲律宾国内的政治平衡和自圆其说。菲律宾政治的特点是不闹这件事，就要闹别的事，不断抗议中国让其国内不少政治力量都找到了事做。

与日菲摩擦已成为中国对外事务的常态，我们适应就好了，没有必要也没有工夫同它们一来一去地互动。像菲律宾搞全球示威，而菲律宾人在世界上才有多少？如果全球华人为南海领土搞一次联合大示威，那才真的好看。但对付菲律宾实在不值得我们搞这么大的动静。

菲律宾的示威和日菲串联是不同层面的造势，但反映的都是怯懦者的心态。中国不需要造什么势，中国只需按照自己的节奏发展，有条不紊地行动。

中国几天前正式成立了海警局，几艘海警船已取代海监船在在钓鱼岛附近海域维护中国主权。但中国对这件事的宣传很低调，我们既不需要用这件事在国内鼓舞什么，也不需要用它对外宣示什么。成立海警局是中国加强海上维权的正常步骤之一。

力量是最好的语言，越有人要同我们作对，这个道理就越发挥作用。只要中国的力量不断增加，摆在那里就是一种威慑，会让日菲的极端主义者感觉冷飕飕的。他们紧张，会更激烈地折腾。那就让他们折腾吧。

（2013.07.25）

"出云"号，日本怀念帝国时代的呐喊

昨天是广岛原子弹爆炸 68 周年纪念日，就在昨天下午，日本新一代直升机护卫舰 22DDH 举行下水命名仪式，被正式命名为"出云"号。那是当年侵华战争时期一艘日本旗舰的名字。它舰长 248 米，宽 38 米，满载排水量 2.7 万吨，可搭载 14 架舰载直升机，也能搭载固定翼战斗机。它的实际"块头"比英、意及西班牙现役的有些航母都要大。它挂了个"护卫舰"的名，其实就是"轻型航母"。由于日本和平宪法禁止建造航母，这是日本政府打的又一个"擦边球"。

这个"擦边球"既是向和平宪法打的，也是向亚太地区对日本的警惕打的。日本战败快 70 年了，日本国内有一股执着的力量想要打破至今仍套在它身上的种种限制。日本官方在历史问题上表现出惊人的纠结，在迈向军事大国的问题上难以掩饰自己的踌躇满志。"出云"号以"护卫舰"的名义出现，同日本高官以"私人身份"参拜靖国神社，是很类似的半遮半掩。

一艘"出云"号当然改变不了西太平洋的军事战略格局。这是日本重回军事大国强烈愿望的象征，是它怀念曾有二十几艘航母，把美国人打得晕头转向那段历史的无声呐喊。日本被憋了这么久，它太想重新登上亚太政治军事的主舞台走几步。

日本如今"一身枷锁"，但它同周边的领土争端和历史问题摩擦何其活跃。日本文学不时出现为军国主义招魂的作品，以及假设日本没有战败、而是战胜了美国的狂想。日本右翼是东亚最激进、号召力也最强的极端思想圈子之一。很难想象，如果世界为日本"解套"，

这个国家将有多少极端主义恶性泛滥的风险。

日本注定必须被压在"五指山"下，由于它的历史里缺少"德治"传统，宣扬畸形的尚武精神，只用"紧箍咒"限制这个国家是远远不够的。除非日本全民族经历一次彻底的历史反省和文化思想重建，他们需要肃清民族性格中海盗式的进攻性，以及岛国"我不打人就会人来打我"的危机感。

日本不要以为可以通过实力膨胀重塑它的地缘政治环境，以为建造先进的舰队和发展大规模杀伤性武器就能实现其在亚太的政治军事"突围"。过去它被美国攥着，未来中美都是它跳不出去的"如来佛掌"。日本也做不到"以美制中"，它的力量根本不够做棋手，它只能是中美之间的棋子。

日本在东北亚最和平的时代陷入悲情、狂躁和对实力的崇拜，它表现出偏离战后和平轨迹的意愿，对做各种挑战都跃跃欲试。它有可能带动塑造亚太地区新的"火药桶"，而将自己置于其中心位置。这未必就是它的本意，但它激发的政治合力或许最终做出这样的安排。

日本已经构不成对中国生死攸关的威胁，不过它很可能成为中国越来越现实的麻烦。我们很难劝说日本，那个国家似乎只向实力膜拜。对"出云"号这种打着"护卫舰"名义的轻型航母，中国只能用发展真正的航空母舰做出回答。

（2013.08.07）

印度国产航母下水，中国别太落后

印度首艘国产航母"维克兰特"号昨天下水，它的排水量3.75万吨，共能搭载36架战机。尽管它的实际列装要2018年才能实现，但印度媒体都将8月12日称为"历史性的一天"。

印度航母下水比不久前日本准航母"出云"号下水在中国引起的震动要小。虽然中印的陆地领土纠纷不比中日海上纠纷轻松，印度发展军备的态度很公开，但它近年来在中印关系上较为温和的做法与日本形成了对照，加之印度国力同中国有很大距离，对中国人心里的感受来说，日本是来自周边的最大威胁，普通中国人经常想不到印度。

印度在发展航母等大型军备上走得快一些，反而可以给中国必要的刺激，改善中国发展同类、但更先进军备的国际舆论环境。中印之间没有军备竞赛，至少中国的国防计划同印度的时间表没什么关系。

印度国产航母下水带给我们的主要触动是，中国的国产航母计划需要加快。这不是为了同印度竞争，而是印度做的事在提醒我们，发展航母的战略意义在亚洲并未衰减，航母仍是维护国家海上利益最有效的战略工具之一。中国早一天建成有规模的航母力量，就会早一天获得与之相应的独特战略主动。

认为国产航母的出现将加剧中国威胁论，这样的担心不应再来干扰我们的思路了。有关中国威胁论的很多因素难以捉摸，但这些年的经历告诉我们，它对中国的实际伤害非常有限，如果它没有吓倒别人，反而先吓倒了我们自己，那只能说明这一代中国人没有出息。

21世纪的"航母无用论"、"航母靶子论"等不断冒出来，它们并非毫无道理。从大国的终极对抗手段来说，很可能的确是这样。但国际政治充满不同强度的摩擦和博弈，很多冲突不是一上来就"捅刀子"的。国家间除了低耗材的信息战，以及战略导弹甚至核威慑，航母力量仍占据着施展战略威慑的大量空间。没有航母，大国的战略系统就有直觉都能发现的漏洞。

中国启动航母国产化的时间在大国中是相对很晚的。连印度都走到我们的前面很说明问题。中国获得了核武器技术、战略导弹技术、核潜艇技术，但中国这些战略力量的规模也都很有限，中国证明了自己的确是实行"战略防御"的国家。

但中国现有的战略力量对维护国家安全利益逐渐捉襟见肘。中国国际地位的上升速度极快，国家商业利益面在世界范围内跳跃式展开，世界大国和地区力量都在调整对待中国的策略。它们的依据是什么？其中必包括对中国战略力量的评估。

俄罗斯的核武器从未使用过，据说它们在老化、过时。但直到今天，庞大核武库仍是俄罗斯国家力量的支柱。世界情报界都认为中国东风21D导弹已是打击航母的可靠克星，但美国航母在敏感时刻到第一岛链附近转一圈，仍是有价值的行动。航母的力量是经过验证的，而作为"航母克星"的东风21D还没有。

中国建立可靠战略威慑力的道路十分漫长，我们还需花很多钱，而且不能保障每一笔钱都用得非常准确。中国战略威慑力的受益者是全体中国人民，包括中国的明星、中国的商人、中国的海外输出劳工，以及在网上喊着"国家强弱与我无关"的任何人。

我们希望早日看到中国国产航母下水的那一天。我们相信那将不是"历史性的一天"，它将是中国真正复兴路上的普通一天。

(2013.08.13)

空袭，世界捕捉到奥巴马的犹豫

美国总统奥巴马8月31日宣布他认为有必要对叙利亚政府军发动"有限军事行动"，但他又表示将寻求美国国会的同意。美国内外的舆论齐声认为奥巴马"眨眼了"，表现出人们未曾预见的"犹豫"。由于美国国会要到9月9日才复会，紧绷的中东局势出现一个喘息期，有分析家在探讨美国放弃空袭叙利亚的可能性。

奥巴马有不经过国会批准就发动空袭的权力，他之所以自找这个麻烦，表现出"数十年来美国领导人身上没有过的软弱"（美国前常驻联合国代表博尔顿之语），根本原因是空袭决定过于勉强，连铁杆盟友英国都宣布退出，主要西方国家里只剩下法国支持，美国国内的反对者也很多。美国如果最终发动空袭，几乎就是"裸奔"，奥巴马缺少底气，所以把球踢给国会。

新世纪几次美国挑头的战争，阿富汗战争得到联合国授权，伊拉克战争无联合国授权，但美国组织起大规模志愿者同盟。这一次它要空袭叙利亚，连组织联盟都困难了。这个趋势不是一连串偶然组成的，它是美国全球影响力缓慢衰减趋势的写照，也反映出世界在逐渐看清战争解决不了中东的复杂问题。

普京高声要求美国拿出叙利亚政府军使用化武的证据，这一要求的国际法力量远远高于美国支支吾吾的说服力。美国发动伊拉克战争的证据欺骗了世界，但那一次美国还敢把那些虚假证据拿到联合国去展示。这一次美国连这点胆量都没有，它的所谓证据据传只是以色列情报机构提供的一段电话录音，根本拿不出手。

美国政府之前太相信自己空袭叙利亚的号召力,以为它振臂一呼,别管证据扎不扎实,西方盟友就会一拥而上,世界其他国家也会噤若寒蝉。但奥巴马和克里显然错估了局势,英国议会给了白宫沉重一击,叙利亚政府军面临空袭的士气也不像是可以轻易打垮的,美国很难光荣取胜,顺利退出。美国在经历新世纪以来最纠结的战与不战"两难"。

奥巴马政府仍有可能获得国会批准,发动对叙利亚的空袭。但即使那样,奥巴马这次犹豫所产生的后果也不会在未来中东局势里抹去得干干净净。它暴露了美国的失道寡助,也暴露了美国政府对干涉政策的有效性开始动摇。世界反对战争的力量将因此更活跃,美国那几颗炸弹所能带给叙利亚局势的政治冲击力也将更小。

在埃及的"阿拉伯之春"发生逆转后,奥巴马政府空袭叙利亚的政治目标本来就被认为模糊不清,奥巴马这一犹豫,西方的人心将更混乱。围绕叙利亚问题已经散落成碎片的美国和西方意见很难重新凝聚起来。

如果美国最终从空袭决定中后退,将是国际政治的重大事件,美国的威慑力将因此受损失。但这也将被视为美国现实主义的表现。如果美国硬撑着往前走,把炸弹都丢到叙利亚国土上,人们也会看到美国至少有一半在跟自己较劲,世界会把这次空袭看成美国因为贴出了海报不得不做的表演和平比什么都重要,普京提醒奥巴马是诺贝尔和平奖得主,全世界媒体都突出报道了普京的这句话,这在相当程度上反映了世界人心之向背。

(2013.09.02)

战和大牌局，美国气势暂输俄罗斯

叙利亚化武危机出现新的戏剧性转折。俄罗斯方面建议叙利亚政府交出化学武器，在国际监督下逐步销毁，并加入《禁止化学武器公约》。叙利亚方面迅速表示接受这一方案，美国总统奥巴马也很快抛出了积极的信号，认为叙利亚的声明"可能是一个积极的进展"。自美国政府表示将军事打击叙利亚以来，这是最明确的一次局势松动。

美国媒体已在议论奥巴马开始"设计逃跑路线"，预测空袭计划最终将被取消的人大增。他们的依据主要是美国民众支持空袭的比例太低，议员中目前已经表态反对空袭的人则太多。奥巴马自己表示对国会通过对空袭的授权"不能说很有信心"，一些分析认为普京这个时候提出叙利亚交出化武，是给奥巴马铺了个台阶。

局势的下一步仍充满变数，但围绕美国的这些变数已是冷战结束三十多年来空前的。从来表示要惩罚某个小国就一定会那样做的美国，表现出前所未有的犹豫。奥巴马不敢放手使用总统的开战权，把球踢给国会。国会在涉及美国重大利益的决策上又严重分裂，这些难道都是奥巴马个人"缺少领导力"的结果吗？

显然不是。这种犹豫的根源是美国对中东局势失去了方向感，对空袭的真实效果缺少把握。中东"反专制"容易，但埃及穆兄会通过选举上台让西方感觉更糟。空袭获得军事胜利容易，但它的政治目标模糊不清，风险重重。总之，推翻萨达姆时提出的"大中东民主计划"被证明是乌托邦，打不打叙利亚，奥巴马都很难。

美国的国际号召力也大大下降，冷战后美国的空袭行动还没有一次离开过英国皇家空军的配合。但这一次奥巴马却几乎要单干。在俄罗斯提出最新和平方案后,欧洲大国几乎都表示欢迎,西方显然无心再战。

在西方信奉的国际政治游戏里,绝对强大的一方是不用讲理的,或者它就是理。奥巴马的一再犹豫显示了美国力量的相对下降,这个国家对自己一意孤行蛮干变得不那么自信了。

普京是在这个时候高调阻击美国的战争计划,并且对奥巴马软硬兼施的。莫斯科击中了华盛顿的软肋,迄今为止形成超水平发挥,令全世界刮目相看。俄罗斯在南联盟等多次危机中都在关键时刻退缩,莫斯科这一次的表现最坚决,也最有手腕。

然而最近十多天的戏剧性变化都是叙利亚化武危机这幕大剧的中间情节,只有最终的结局才对中东地缘政治乃至大国关系产生塑造力。第一个关键性结局是美国最终放弃还是实施对叙空袭。接下来是如果美国实施了,它能否推翻巴沙尔政权。

如果无论以什么理由美国最终放弃军事打击,那么它有可能成为结束西方军事干涉时代的开始,也可能是美国面临巨大争议时被迫开始"讲道理"的序幕。力不够,理来凑,这本是政治的规律。

如果美国到头来还是发动了对叙利亚的空袭,那将是近年来最激烈、结果最不确定的一次角力。美国支持者少了,叙利亚的盟友则比此前几次遭军事打击的阿富汗、伊拉克、利比亚都要多,这场战争将在一片悬念中开打和终结。

(2013.09.11)

为普京批"美国例外论"喊一声"赞"

普京本月 11 日在《纽约时报》发表文章,除了呼吁通过外交手段化解叙利亚危机,还在文章最后部分批评了奥巴马前一天全国电视讲话中强调的"美国例外论"。从最近几天美国舆论的反应看,普京不啻是捅了"马蜂窝"。美国大小媒体纷纷抨击普京对美国重要价值理念的不恭,奥巴马用不着自己开口,他的身边就形成一大拨"近卫军"。

美国虽然内部争议很多,但舆论在关键时刻或围绕重大问题有能力突然团结起来,这还是相当醒目的。美国作为超级力量能够独步世界,遭遇挫折也总是能够缓过劲来,大概与此有关。

"美国例外论"是自其 1776 年宣布独立以来两个半世纪中逐渐形成的价值观念。它既包括美国社会对本国成就所产生的骄傲,也有上帝对美国特殊照顾的宗教认识。它是理想主义的思潮,也是美国基础性的政治理念。总体看,围绕"美国是否例外"是很难同美国人争辩出一个所以然的,既然是价值观,道理在它面前就是第二位的。

有人说,除非有一天美国真的衰落了,沦落成今天英国这样的二流国家,"美国例外论"才会从美国的核心价值体系中淡出。而这样的假设从国际政治学的角度看,显然毫无意义。

然而即使这样,我们还是要为普京敢于抨击美国引以为豪的观念而鼓掌。即使美国人把普京的质疑顶了回去,普京的话还是会在美国人的意识中留下点什么。美国舆论"很生气",还是说明普京戳痛了他们。美国一直在教训世界,它这些年反过来遇到的重量级批评者太少，美国多少被这个世界有些惯坏了。

在叙利亚化武危机中，俄罗斯再次回到与美国战略对弈的位置，并且表现出色，获得外交加分的效果。以俄罗斯当前 GDP 总量大约两万亿美元的国家实力，似乎难当这一角色。然而西方世界低估了克里姆林宫和普京。

一个国家的综合实力取决于两方面，一是它的力量是不是强，二是它的弱点是不是少。俄罗斯除了军事力量很突出，科技力量差强人意外，其工业化和信息化总水平都算不上世界一流。但是俄罗斯的弱点非常少。比如它既不依赖外部市场，也不依赖外部能源和原材料，因此外部世界几乎没什么战略筹码可以威胁俄罗斯，俄是敢于为核心利益同任何威逼者"翻脸"的特殊全球性力量。

叙利亚化武危机显示，俄是当今世界的重要平衡者，它最大化使用本国力量的能力扩大了它的全球影响，而且它对扮演高于本国力量的角色很有兴趣，这也符合它的利益与外交传统。俄罗斯国土辽阔，资源丰富，民族关系复杂，与前苏联国家纠缠不清。它需要以积极的、甚至有些咄咄逼人的姿态吓阻外界对俄各种利益的侵犯和觊觎。

当今世界的大国均势过于脆弱，这时俄罗斯对恢复国力和影响力的追求虽是从本国利益出发，但它对全球均势的再塑造有益无害。普京亲自到美国媒体上撰文，直言对"美国例外论"的不满，也是值得世界舆论欢迎的。

所有人生而平等，这既是西方政治思想的基本主张，也是在美国占主导地位的基督教基本教义之一。但"美国例外论"必然延伸成美国人同时"例外"的幻觉。作为西方民主的代表性国家，美国应当能做到对世界的不同声音"兼听"。但美国国内众多"名角"对普京的过度指责恰恰是美国社会缺乏度量和自尊的表现。

(2013.09.17)

恐怖主义马蜂窝被捅破，穷国最遭殃

肯尼亚首都内罗毕的恐怖袭击尚未平息，巴基斯坦边境城市白沙瓦又发生针对基督教的自杀式爆炸。两起恐怖事件都造成大规模人员伤亡，情况悲惨，令人唏嘘。

如今全球的绝大多数恐怖袭击都发生在第三世界国家，大中东地区尤其是重灾区。美国的十年反恐战争大体保证了美国和西方世界的安全，但同时期恐怖活动在动荡的不发达国家严重泛滥，这让人们产生一种印象，西方反恐战争诱发了更多恐怖袭击，使它们像癌细胞一样扩散，只不过西方给自己修了一道"安全堤"，同时任恐怖主义在堤外蔓延。

美国从上世纪九十年代起，先后动用军事力量打击了索马里、苏丹、阿富汗、伊拉克、利比亚等多个伊斯兰国家。这些国家今天无一例外都更动荡。巴基斯坦的失控性混乱发生在其帮助美国开展反恐战争之后。西方的反恐并未做到准确割掉恐怖主义的瘤子，而实际上只是将它们捅破，导致它们就地放毒感染。

作为极端斗争方式，恐怖主义很快被用于动荡国家的内部政治。反恐是个非常昂贵的综合工程，由于动荡国家都很贫穷，政府无力反恐，而西方又不致力于消除恐怖主义的根源，它们的反恐目的都是自保，这使得恐怖主义向更容易得手的动荡国家内部逐渐集中，恐怖主义在全球范围内越反越多。

全世界不可能调集那么多人力物力开展西方水平的反恐运动，第三世界国家首先要避免惹上恐怖主义，不能因短期利益蹚进与之相关的浑水。肯尼亚和巴基斯坦一个靠着长期混乱的索马里，一个挨着阿富汗，它们想躲开是非也难。12年前巴基斯坦几乎是在美国逼迫下充当攻击塔利班的前线基地的，这进一步引爆了巴国不同力量的殊死搏斗。

发展中国家经不起内部严重的政治对立，它们缺少内部调和、妥协的能力，政治、宗教、民族对抗很容易失控，升级为社会动荡。一旦走到这一步，恐怖主义就会用来当做追求政治目标的廉价工具，财力薄弱的政府只能眼看着恐怖主义发酵，而无力阻止之。

西方社会目前对反恐的注意力仍大体局限于直接"涉我"的范围内。如果恐怖活动针对的是西方目标，或者殃及了西方人，就会受重视。否则西方就相当麻木，甚至对恐怖主义采取双重标准，就一些西方不喜欢国家里的恐怖主义者给予或明或暗的支持。

恐怖主义是全球最严重的公害之一，现在一定要制止它作为一种政治斗争方式在全球被效仿。全球对恐怖主义的定义需要实现高度一致，在反恐问题上各国政府必须坚决，相互配合支持，恐怖主义力量尤其不能作为国家间斗争或博弈的筹码。

这种呼吁似乎是理想主义的，因为无论是对恐怖主义的定义还是在反恐行动上，大国之间都做不到一致和团结。在反恐领域更多呈现了各国的实用主义甚至利己主义，而西方的自私是世界无法形成反恐统一战线的主因。

美国等西方大国已经自我建成反恐的堡垒，堡垒之外的世界参差不齐。中国显然无力引领世界在这方面的变化，让我们好自为之。

(2013.09.24)

中越海上纠纷峰回路转值得鼓励

中国总理李克强13日在河内同越南总理阮晋勇达成共识，双方将成立海上、陆上、金融三个联合工作组。其中成立海上共同开发磋商工作组被普遍认为是中越关系的重大突破，也是近来南海事务令人眼前一亮的进展。

众所周知，南海领土纠纷中，以中越争议的范围最大，"品类"最全。中越除了发生陆上边界战争，也发生了多次海上军事冲突和摩擦事件。至今双方除北部湾以外的海上划界尚未解决，越南还占据着中国29个南沙岛屿。而越南方面则声称连西沙也是他们的。

虽然黄岩岛危机突出了中菲海上领土争端，但中越南海之争隐藏着更大的爆炸性。最近几年中国成了越南国内民族主义的主要矛头，而因为具体海上摩擦以及河内鼓励美国在南海牵制中国，越南在中国舆论中的形象也已同两国海上冲突绑定。

尽管中国互联网上也有人夸越南的"民主进展"，但鼓动政府派军舰"夺回"南沙被占岛礁的声音显然更多。然而当中越将成立海上联合工作组的消息传来后，舆论的总体反应又是正面和接受的。这件事在很大程度上反映出，不仅中国政府，中国民间也很愿意通过和平方式解决南海纠纷。只要外界不逼中国，我们并无意把南海纠纷演变成显然中国人胜算更多的实力对抗。

领土纠纷是不能使劲"拱火"的，因为斗争的激情一旦燃烧起来，冲突的哪一方都无退路。

中越成立海上共同开发磋商工作组不可能很快弥合两国围绕岛礁

主权和海上划界的分歧，但这是双方愿意和平解决争端、尽可能防止发生摩擦的重要姿态和举措。它不仅将提供两国处理纷争的直接管道，还将给两国社会增添彼此友好的信心。

没有国家会觉得有一寸领土是多余的，但东亚各国之间的领土纠纷再严重，也没中印目前涉及争议的陆地领土面积大。同样的争议导致过中印战争，也在今天中印对彼此关系的新思维中实际处于半搁置状态。南海争议或许一时解决不了，但它们不过多干扰地区内国家合作却完全是可能的。

越南是东南亚最有影响的国家之一，中越南海纷争的时间长度和强度也都最突出，中越如果能通过谈判真的达成海上谅解和合作，对整个地区将具有示范作用。作为亚洲最严重的地缘政治难题之一，南海问题就有可能从这个突破口开始，呈现柳暗花明。

如果说中越纷争恶化总能找到理由的话，中越合作解决问题的战略牵引力其实更多。中越不少学者在谈论这个问题时，都会立刻想到两国相同政治制度和意识形态对两国战略合作的特殊意义。越南的敌友性质会决定中国全球战略刚一走出家门口的感受，而越南作为东盟唯一社会主义国家，作为西方的潜在颠覆对象，它背靠友好还是敌对的中国，对其长远国家安全尤其至关重要。

外部有媒体称中国在"拉拢越南，孤立菲律宾"，而越南的重要性很可能比这一对照所呈现的更大。

当然了，中越海上纠纷十分复杂，牵扯到双方的核心利益，需要两国政府和社会都保持长期的清醒。领土纠纷总会要多严重有多严重，但多严重的问题也是可以管控的。中国不会放弃一寸领土，同时中国也在追求民族复兴的平稳和全面成功。看似必有冲突的这些意愿，一个伟大的民族应当有能力把它们协调起来。中国应能做到这一点。

(2013.10.15)

安倍在赌他能把中国吓住

日本首相安倍晋三接受《华尔街日报》专访时宣称,复苏的日本将表现出更有决断力的领导作用,在亚洲做对抗中国强权的"舵手"。日本国家最高行政长官以充满恶意的语言描述中国,如此明确地宣扬中日对抗,尽管他同时也谈到了中日关系的"互利互惠"等等,但那些套话根本抵消不了他在中日之间散布的敌意。

不久之前日方曾宣布考虑"击落"飞往钓鱼岛空域的中国无人机,中国国防部发言人就此回应说,如果日方那样做将是"战争行为",中方必将果断"反击"。

中国领导人从未像日本领导人那样公开宣扬中日"对抗",中国军方也从未做过任何可以理解为要"先发制人"的威胁,中国国防部至今使用的措辞是"反击"。中国至少在迄今与日本的摩擦中使用了相对克制的语言。安倍的对华语言嚣张则达到日本历届首相之最。

如今中日官方口舌战已不再避讳"击落"、"战争"这些字眼。日本舆论不停喊"包围"中国,中日摩擦上升为军事冲突的可能性在变得越来越现实。

只要有一架中国飞机被击落,中日之间的各种"深仇大恨"恐将全面激活,东北亚局势也将像多米诺骨牌一样垮塌,中日冲突升级为一场局部战争极有可能。由于美国支持日本的态度很确定,但其以什么方式介入并不确定,中日局部战争会打成什么样,变数很多。

中国已很久没有打仗了,现在突然面对了来自日本的尖锐挑衅,如果中日你来我往摩擦下去,等在前面的大概就是战争。中国社会对战争的真实态度是和平时期很难准确评估的。

中国海军同日本海上自卫队之间的力量对比存在争议，但加上空军和二炮，中国的总力量大于日本无疑。一旦爆发战争，中日两国经济都将遭受打击，但中方的承受力应比日方要强。

现在安倍政府多少有些在赌他们能把中国人吓住。他们认为中国战略目标远大，现在为钓鱼岛同日本军事冲突会威胁中国人倍加珍惜的"战略机遇期"。此外中国人虽不怕日本，但有些"怕美国"。

中国人的确不像抗美援朝和抗美援越时那样对美国这只"纸老虎"满不在乎了。但其实美国也有点在西太平洋"怕中国"。如果中美因中日冲突在中国近海交手，中美相互"谁更怕谁"，应当说同样是不确定的。

如果西太平洋"打成一团"，中国同美日以及东亚国家谁的经济及社会发展损失更大，今天很难预测损失排行。

我们认为中国一定要想清楚了，我们究竟要在钓鱼岛冲突中争取什么，要在与日本不断上升的对抗中坚守什么。我们必须知道，这些目标有可能通过高超的战略表现以及幸运"无痛实现"，但也有可能我们真的会卷入战争，付出我们已很不熟悉的代价。

就历史经验而言，大国极少能完全"和平崛起"，中国迄今的努力获得极大成功，但也一定程度上导致外界对中国人"惧战"的怀疑，这增加了日本等用战争吓唬中国的兴趣。

战争大概是中国需要迈过去的一道坎。我们需要在心理上迈过它。我们决不招惹它，但这么大的国家，需要有对它的"平常心"。如果我们没有那么好的运气绕过它，它非来不可，我们就应当坚决接受它，不抱怨它给我们带来的一切。

我们不该幻想一旦开战就"灭了日本"，我们需要很认真地做到让日本的损失比中国"稍微大那么一点"。我们要同日本打的是持久战，让它长痛。中国不会用战争"灭日本"，最终将是中国的实力增长把它"压垮"。日本其实最怕中国这种冷静、持久的决心。

(2013.10.28)

挑战中国防空识别区，日本在过嘴瘾

中国国防部 23 日发布关于划设东海防空识别区的声明，中国空军随即进行了首次空中巡逻。由于中国所设防空识别区同日方设立的防空识别区在钓鱼岛一带有较大重合，日本方面反应强烈，除了对中国"严正抗议"外，日防卫省召集紧急会议，要求日防空自卫队"加倍警戒，毅然应对"。

我们认为日本方面的所谓"严正抗议"既虚伪，又无耻。众所周知，日本在东南西北各个方向上都设立了防空识别区，在北部方向距俄罗斯只有 50 公里，东海方向距中国大陆的最近距离只有 130 公里。中国设立防空识别区无论于法于理都是正当之举，中方特别强调这一做法"不针对特定国家"，这是避免地区紧张升级的姿态。

日本是个不停用激烈语言刺激地区局势的国家，而且经常把本该模糊的针对目标做突出处理。此前日方不断公开宣布中国飞机进入日本防空识别区，尽管这与"入侵领空"是截然不同的概念，但日方经常同时发布其战机升空"拦截"中国飞机，其实两国飞机离得很远，根本不构成通常人们理解的"拦截"。日方强化了两国随时可能"爆发空战"的印象。

在东海目前的形势下，中国设立防空识别区是大势所趋。日本这两天过过嘴瘾，但估计其实际行动将有一定克制。美国方面的反应延续了它偏袒日本的态度，但目前没有美国会直接介入中日争端的迹象。如果日方战机真敢对中国飞机强制"拦截"，那么中方战斗机就应坚决对其"反拦截"。降低东海局势的紧张需由中日同担责任，日本休想逼中国单方面让步。

钓鱼岛危机已成中日两国之间的死结，两国争端是事实，谁也不能幻想完全主导钓鱼岛局势。日本方面至今不承认钓鱼岛存在主权争议，不断由其高层级领导人就两国摩擦发表狂妄言论。与此同时日方在行动上有所退让，大体接受了中方目前在钓鱼岛地区的维权方式，形成中日围绕钓鱼岛主权争议新的复杂现实。

在中日两国防空识别区严重重叠之后，日方究竟怎么做，对东海能否保持和平将很重要。日本方面说"豪言壮语"的人太多，虽然多数情况下"光打雷不下雨"，但这些言论对中国民间对未来形势的预期产生了破坏性影响。现在有越来越多的中国公众倾向于相信，中日在东海将"难免一战"。

这种预期使得日本不仅不再是中国的朋友，而且逐渐成为中国公众心中的"敌人"。我们不知道这是不是就是安倍政权刻意追求的中日关系状态。

我们支持中国宣布设立防空识别区，这有益于各方加深对中国保卫领土主权决心的认识。同时我们希望中日双方正视彼此的立场差距，建立有效的危机管控机制。我们作为中国人清楚中方的和平意愿，但大多数中国公众不了解日本是否同样珍惜东海的和平。日本官方的表现在中国人看来非常好斗，很多中国人对日本会贸然铤而走险存在疑虑。

中日之间有各种对立，但社会心理对立是使其他对立真正结成死结的那一部分，"防空识别区"的对立其实是最表面的东西。否则中印有那么大面积的领土争端，双方的对立不知要严重多少倍。日本没有理由以为中国会被它的强硬吓倒，如果安倍政权真那样想，那将是整个日本国的幼稚。

中国把防空识别区设了，不宣布针对谁，但肯定会坚决回击对这一防空识别区的狂妄挑衅者。如果日本把同中国斗作为其战略选择，那么就请嚼口香糖长大的安倍这代领导人带着这个国家来吧。

(2013.11.25)

B52想赚威风,应及时对它喝倒彩

美国国防部美国时间26日主动爆料称,美军两架B52远程战略轰炸机在北京时间26日上午进入中国新设立的东海防空识别区,两架飞机没有装备武器。美方一方面称这是早就计划好的训练演习的一部分,一方面毫不掩饰此举有向中国防空识别区示威之意。

中国国防部27日中午对此回应称,中国军队全程监视、及时识别了美军飞机。美方刻意无视中国空识区的存在,中方的回应则显示空识区已在运转。

从世界舆论的最初报道和中国互联网上的反应看,美方此次行动在舆论上占了上风,中方较显被动。从空识区的实际国防作用看,它得到了发挥,美军的表演对它毫无损害。

中国不可能做到让美日心悦诚服地接受中国设立东海防空识别区,把它们的所有军机活动都向中方通报。事实上中国也不会向日方通报本国军机进出其防空识别区的情况。防空识别区不是领空,它的真正作用就是"识别",而不是别的。

但防空识别区在东海成为"政治项目",中日两国空识区部分重叠,这种交叉客观上有利于增加识别,避免意外摩擦的发生。然而美日同中国现在斗的就是政治。

美军B52轰炸机进入中国空识区,中国空军监视跟踪了它们,这是很正常的空识区情景。不正常之处在于美国主动公布它,并且摆出挑战的姿态。这与军事摩擦毫无关系,这就是美国对华突然发动的一次舆论战、心理战。

中国空识区本身的运行经受住了考验,但我们对美方舆论战、心理战的反应不熟练,表态比舆论期待慢一拍,看不出有预案。从美方公布消息到我方作出回应,大约过去十个小时。按说这个速度挺快了,但在互联网时代,这段时间足以出现对我防空识别区形象不利、甚至有损我军整体形象的海量信息。

客观而言,无论中日之间,还是中美之间,离爆发有准备的、较量彼此意志的直接军事摩擦还有相当距离。现在双方比的是外交层面的意志,有冲突也谈不上"打仗",而是"打脸"。这时的行动有很大一部分是给舆论看的,中方有必要对此做全面总结。

中国方面习惯于"低调"做事,"外交无小事"的意识很强。中外发生摩擦,最初爆料的几乎都是外方。我们喜欢"只做不说"或者"多做少说",这样的做事态度在国家各部门相当普遍。

如此做事机制显然已适应不了互联网时代光速般的信息传播现实,中国官方必须加快对各种挑战性舆论的应急反应,并把反应的权限更多下放给相关部门及官员。我们的官员也应敢于担当,勇于站到敏感事件的最前沿。

美日挑战不了中国划定的东海防空识别区,如果两架 B52 来东海走一圈,那里的地缘政治形势就陡然改变,这也太可笑了。两架 B52 只不过是各方在西太平洋经济、政治及军事综合博弈的小插曲,无法撼动中国东海空识区已经确立的既有事实。它们更像是在一场大剧中出来跑跑龙套。

中国方面需要奋发进取,全面抖擞精神坚决改革信息发布机制,不让美日在信息和心理战上贪得便宜。这关系到中国社会的士气和凝聚力。我们需清楚,对外关系的细节远没有国内团结更重要,中国国内凝聚力的强大,是我们迎接各种外部挑战的真正基石。

(2013.11.28)

泰国误以为投票和街闹就是民主

泰国反政府抗议群体3日占领了政府总部和警察局,警方放弃了对这些占领行动的阻拦,以避免发生新的流血。抗议活动领导人、前副总理素贴宣布抗议活动取得局部胜利,但他同时表示,"只要英拉政权还是完整有效的,我们的抗争就将继续"。

此次大规模抗议活动是由英拉的为泰党推动通过一份特赦案引起的,该特赦案若通过,将为英拉的哥哥、前总理他信合法返回泰国扫清道路。然而冰冻三尺非一日之寒,最近十来年泰国社会围绕支持他信和反对他信发生越来越严重的分裂,是更深层原因。支持他信的群体大体以农民和草根阶层为主要力量,相反的一派则以城市中产阶级为基础和骨干力量。

从他信2001年上台,到他2006年被军事政变赶下台,再到他信的力量通过选举卷土重来,然后是新的严重街头冲突,泰国已陷入一个怪圈无可自拔。街头隔一段时间或被红衫军占领,或成黄衫军的天下。双方都打着人民的名义,泰国宪法对于解决他们的分歧失去了权威。

泰国显然处于学习民主的艰难过程中。泰国国王仍有巨大影响,军队通过一次次政变证明了它的特殊力量,泰国的政府虽然通过选举上台,但却缺乏西方国家所拥有的类似社会基础。街头抗议不是或不仅仅是向民选政府施压,抗议者同时是向国王和军队传递要求,促他们使用非正常甚至非宪法手段改换政府。

泰国人只学到了西式的投票选举形式,全社会并未形成对选举结果的绝对尊重。此外泰国承认了街头表达的合法性，但西方社会对街头政治同时采取的种种限制，泰国社会没有学来。泰国街头因此成了与议会几乎并行的政治舞台，哪一方在议会失败了，就走上街头，用无穷无尽的抗争重建优势。

泰国要跳出这个怪圈，还有较长的路要走。举望世界，大多数引入西方政治制度的不发达国家，也处于类似怪圈中。泰国需要更多的经济成就做大和分好社会福利的蛋糕，也需要进一步发展教育，加强法治，不断刷新社会推行民主的条件。

泰国的遭遇还显示，协调好社会不同阶层和群体的利益，对改革成功至关重要。他信当年上台后，为巩固选情将经济政策更多向他的票仓农村地区倾斜，对城市中产阶级的利益照顾不够，从而不断加剧选举动员中就开始变得明显的社会分裂。这种分裂最终打倒了他。

不得不说，西方体制对于弥合不发达社会内部的政治对立一直不太有效，全世界非常缺少这样的成功例子。大多数遭遇这一困境的国家，基本都随波逐流，国家的命运取决于社会对动荡的承受力有多强，当时的国家经济水平有多高，以及有多少财富性资源和外援等其他因素可以帮国家渡过难关。

设想假如中国社会出现类似泰国今天的局面，而且如此一折腾就是十来年，将是非常恐怖的。以泰国为鉴，我们会想到，中国大概需要长期保持一种建立在社会广泛共识基础上的政治能力，使本国的政治进程不以民主名义把街头当成决定性舞台。中国的中央政府必须有对重大争议一锤定音的权威。

泰国未必会长久乱下去，但为了实现稳定，它肯定要面临一场全面、深刻的改革。实际上，这个世界上没有完美的政治体制，学习外部经验也需边学边改。东南亚国家里新加坡的制度"四不像"，但它造就了那个小国的繁荣、发达和稳定。西方几乎从不夸新加坡是"民主国家"，但那个国家给自己的国民带来了实惠。

(2013.12.04)

韩国扩大识别区是趁乱占小便宜

韩国8日宣布了其防空识别区的扩大方案,扩大后的空域涵盖了苏岩礁上空,与中国刚公布的东海防空识别区在这一地区重合。对韩国这一举动,美日的态度相当缓和,与它们对中国设识别区的反应反差强烈。韩国官方昨天自我欣赏道,判断此举不会与周边国家"引发大的矛盾",可以看做"外交成果"。

韩国称公海上的水中暗礁苏岩礁为离於岛,并在上面采取单方面举动,修建了"海洋科学基地"。由于中韩两国各自主张的海洋经济专属区在苏岩礁一带重叠,划界一直没有进展,此前两国大体采取了搁置争议的态度。

韩国借中日因防空识别区严重对立的时候扩大本国识别区,在本地区局势中并不具有战略性意义,它就是韩国的机会主义行动,占一点战术上的小便宜。韩国喜在外交舞台上争强好胜,但它又总是把自己在中美日之间当"小牌"打,逐小利。

韩国针对独岛(日本称竹岛)的态度很强硬,日本基本忍了。苏岩礁本是礁,谁的领土都不是,但韩国指礁为岛,在上面盖永久性建筑,试图增加与中国谈判海洋经济专属区划界的筹码。如果这些事发生在中日之间,必闹大。韩国知道中日都想拉它,它最怕的反而是朝鲜。

韩国"轻轻松松"扩大了防空识别区,与中国的遭遇迥异,这让我们清楚看到,做崛起大国受到的地缘政治压力,与中小国家的国际环境是多么不同。中国设立防空识别区,被普遍看成我们要修改东亚大国间的行为规则,我们今后的许多举动也会受到外界的战略性解读。

  中国这时候不会与韩国较真,但中国公众很难喜欢这种做事方式的韩国。尽管韩国这时候出来搅和,也有让美日反对中国防空识别区没道理的一面。由于韩国空军在大国林立的东北亚更像是一支"仪仗队",它设防空识别区并不具有什么现实军事意义。

  韩国的外交战略这些年飘忽不定,思路不清,最后变成了战术上的实用主义。比如如果东北亚只有中日,它一定会选择中国。但是日本背后还站着美国,它就糊涂了。美国实力的存量大,中国实力的增量大,朝鲜又同中国保持特殊关系,韩国的做法是一面维持韩美同盟,一面努力同中国发展关系,对朝鲜今天哄,明天压。它同时是东北亚最有人缘也最纠结的国家。

  然而韩国同日本不一样,韩国社会的民族主义对中国不具伤害力,我们可以把它看成韩国人自娱自乐的精神玩具。韩国如果在中韩关系上严重出轨,需要考虑到随后而来的严重后果,中国在经济上或通过半岛外交能撬动韩国的杠杆很多。

  中国有句俗话:出来混,早晚是要还的。在东北亚这个超大江湖上,各方恐怕都应这样想。中国尊重韩国的利益,韩国是中国发展友好的重点对象。希望韩国能充分回应中国方面的善意,什么时候都不对中方做过头事,不仅发展两国官方的合作,也在中国社会赢得好的声誉。

(2013.12.09)

避免在中国门口相撞，美舰责任第一

美国媒体援引美国军方的消息称，中美两国军舰本月5日在南海海域一度出现"对峙"，美国"考本斯"号巡洋舰在辽宁舰航母编队附近航行时，一艘中国军舰迎面驶来，阻住"考本斯"号的行进路线，两船最近时相距不到500米。美方称美舰为防止相撞而紧急避让，在此期间中美军舰的无线电通信一直畅通。

美国太平洋舰队对美国媒体称，美国国务院已经向中方交涉，但美方又认为双方做出这样的接近是"寻常的"。到昨晚为止，中国军方尚未作出回应。

事情的细节无从证实，但中美军舰"对峙"在南海早已不是第一次，空中"对峙"也屡有发生。中美如果公开争辩，肯定公说公有理婆说婆有理，我们要看的只能是基本事实。

基本事实是，中国早就宣布了南海的三块海域是军事海域，外界都清楚它们将用于辽宁舰的科研和训练。此外南海是中国近海，很多水域还是中国专属经济区。美国分明是堵到了中国的家门口，美舰抵近辽宁舰侦察已经不是什么"无害通过"，它已对中国的国家安全构成威胁。

如果美国海空军总在中国家门口转悠，"对峙"是注定要发生的。2001年发生中美撞机，就是中美海空军反复对峙而很难避免的意外事件。

美方强调中国海空军要守对峙的"规矩"，希望中方"专业"，但这些"规矩"都是以方便美方抵近侦察和炫耀武力为目的。它们不是国际法，是美国的"私法"，以美国的实力为后盾，美国强迫世界各国遵守它们。

中方当然无法彻底"造美国的反",很多情况下我们只能忍了,大体按美国主导的"规矩"与之互动。但美国不能太过分,尤其是它不能毫不尊重中国的合法权益和安全关切,把损害和威胁中国的国家安全也当成美国海军的"航行自由",在中国近海如入无人之境。

因为南海不是"无人之境",它靠近中国大陆,在很大程度上处于中国综合力量的威慑范围之内,中国海军不会允许美国军舰在这里想干什么就干什么。我们并不认为南海是美国太平洋舰队可以肆意炫耀武力的舞台。避免中美在南海摩擦,来自于我们同美建立新型大国关系的愿望,而并非是美国这支舰队施加压力的结果。

中国不是海上玩猫捉老鼠游戏的老油条,中美管控危机,一方面要以过去的做法为基础,一方面也必须有中国方面对规则制定的参与。美国领导人口口声声说欢迎中国和平崛起,但并未在行动上尊重一个事实,那就是,随着中国利益的拓展与实力的增强,其安全关切也自然会随着延伸和深化。美方如果不想与中方撞船撞机,它就得学会与中方相互沟通和尊重,给中方的行动留足空间,它在呼吁中方防撞的同时,自己也需不断增强避让意识。

展望今后,美国仍会讲实力大大重于讲理讲法。中国最重要的恐怕还是加快力量建设,只有美国感觉同中国拼实力越来越费劲、越来越没有把握的时候,它才会很认真地同中国按道理出牌。

中国当然要避免同美国发生摩擦,但2001年的撞机也告诉我们,我们需有针对突发和极端事件的预案。中国要对保卫本国利益非常坚决,不留悬念,一旦外界有人跨过红线,我们的反制行动需当即发生。这应成为外界、包括美日对中国深信不疑的认识。

这不是"中国威胁论",这是中国必须建立起来的对外威慑。只有外界带着这样的预期同中国打交道时,南海和东海才会彻底太平。

中国和平崛起的愿望不会变,但和平的中国必须有强大实力和政策外壳来保护。海上的风波显示,实现上述二者的统一是个有种种风险的过程。但我们除了承受它,别无选择。

(2013.12.16)

美在南海东海两面三刀想吓唬谁

美国国务卿克里 7 日对日本外相和媒体表示，美国不承认也决不接受中国设立的东海防空识别区，并将保护日本在包括中国称拥有主权的岛屿上不受任何攻击。就在前几天，美国官员还公开质疑中国在南海的"九段线"，并根据中国将设南海防空识别区的传闻对北京强硬喊话。美国显然说多了，这让中国反感，也让整个地区不知所以然。

必须指出，东亚现在无任何一方有战争的愿望和意志，这里有的是权益之争和由此产生的摩擦。日本、菲律宾等出于私利伪造来自中国的"战争威胁"，美国能一眼看清它们的把戏，但华盛顿陪它们玩，纵容它们打悲情牌，假戏真做，这是危险的。

美国传递出错误信号，不仅有可能使日菲更激进，增加东亚发生更激烈对抗的几率，而且会在中美之间制造更多困惑，削弱两大国脆弱的信任。美国如果以为这样做是得了战略便宜，那它就是枉做超级大国，心眼并不比日菲大多少。

美国从来就没有离开过亚太，它高喊"重返亚太"的战略目标是什么，它自己看上去就挺糊涂。

美国是要对冲中国崛起吗？那么它越来越了解，中国崛起根本遏制不了。它究竟是想要东亚的和平，还是想要中国同日菲等国的对抗，抑或是要这些国家不战不和？美国经常发出矛盾信号，它自己未必就比对此充满困惑的东亚国家更清楚。

中国总体上是东亚最支持"搁置争议、共同开发"的国家，当前的一系列冲突，最初的打破者都不是中国。中国的战略目标不是要武力解决东亚海上纠纷，而是要推动上述准则在东亚真正受到尊重，各方都不再以单方行动肆意颠覆它。

美国如果认为自己在做"平衡手"，那么它的平衡很愚蠢。如果它就是要拉偏手，那么它在加剧东亚的混乱，它在使这里失去政治解决的任何条理，只剩下实力比拼和与此相关的纵横捭阖。

中国是决不会吃美国捣乱及威胁这一套的。中国没想同谁打仗，但会坚持自己的主张和正当权利，不惧因此同日菲等摩擦。我们相信日菲也没有胆量主动向中国发动战争，我们蔑视那两个国家对中国所说的各种狠话。

至于美国高官也对中国说不着调的"狠话"，我们同样予以蔑视。美高官这样做将大大损害华盛顿在中国社会中的政治可信度，中国人只会因此认为美国善于两面三刀，跟这样的国家打交道，我们必须多防它一手。

随着中国力量的增加，我们会因为一再受美国的刺激，动心思刻意发展一些能够针锋相对触动美国的杠杆，对美实施不同程度的反制和报复。我们即使仍力量不足，对华盛顿的挑衅也绝对不会无动于衷。中美关系很重要，但这不意味着在华盛顿从桌子底下踹我们的时候，我们不可以也反过来踹它两脚。

美国在帮日本、菲律宾，在帮达赖、热比娅，此外华盛顿还热衷于帮助中国的所谓"异见人士"。美国做这一切，至今都未能撼动中国，倒是帮中国人看清了美国在中国复兴路上的角色是多么"复杂多面"。这种认识的生成，或许比东海、南海上我们多一分或者少一分压力重要得多。

(2014.02.10)

美欧的口炮难敌俄罗斯真坦克

俄罗斯上院1日以压倒性多数票通过普京向乌克兰派遣武装部队的提议，奥巴马与普京通电话，要求俄停止军事干预乌克兰，但普京不为所动。2日来自乌克兰的消息说，乌新上台的临时政府已号召全国军事总动员，但乌的能力根本不足以阻挡俄军的进入。

北约和西方大国领导人都在磋商，该如何应对这一被有人称为捷克斯洛伐克危机以来欧洲的"最大危机"。《纽约时报》认为，美国向普京施压很难奏效。

如何评价乌克兰正在上演的事情呢，它是俄的入侵，还是俄去保护其在乌合法利益和俄罗斯族人安全？此外亚努科维奇是民选总统，推翻他的反对派同样打了人民的名义，克里米亚要闹独立，要求俄军的保护，又是当地大多数民众的意愿，每一个环节都有"人民的授权"，但它们又是彼此尖锐抵触的，那么其中哪一段才是真正的民主呢？

完全是各说各的，而谁的说法最终证明是管用的，看来只能靠实力来决定，这当中根本不是哪一个道理能把其他道理驳倒的问题。

苏联解体后初期，莫斯科提出的道理四处遭到否定，以至于车臣反它，格鲁吉亚踹它，俄罗斯人可谓受尽了窝囊气。后来普京引导俄罗斯走向复苏，俄扫平了车臣反对派，狠狠教训了格鲁吉亚的萨卡什维利，西方喊了几声不也就作罢了。

直到几天前，乌克兰反对派在西方支持下，用违反宪法的方式赶走了民选总统亚努科维奇，曾经效忠他的警察们甚至跪地向反对派道歉。反对派力量一强，他们的理就占了上风，成者王侯，亚努科维奇沦为败者寇。

普京决定出兵，刚翻过盘来的乌克兰又乱了。亚努科维奇宣布自己仍是总统，乌克兰海军的旗舰也"易帜"挂出俄罗斯军旗。合法性很勉强的基辅新政权开始左摇右晃。

如果北约出兵，基辅新政权一下子就会硬起来。问题是北约会出兵吗，那可意味着欧洲二战之后从未见过的战略对抗和摊牌。目前相信北约会为乌克兰两肋插刀的人极少。

乌克兰的事很清楚地说明，在国际舞台上，理是跟着力量走的，没有力量的扶植和护佑，国际上的理啥都不是。

这几天华盛顿在乌克兰问题上就像个受气包，完全没有了它被人们熟悉的威风凛凛、义正词严的样子。根本原因是奥巴马没有靠谱的牌可出，光动嘴皮子，不敢动真格的。美方已表示将抵制在俄举行的八国峰会前期会，把这当成对俄的"制裁"之一。但连很多美国人都说，对莫斯科来说，这算个甚？

联想到中美之间，华盛顿不断耍弄双重标准，一套一套的，尽管常常自相矛盾，但经常能使得开，把中国的一些知识分子都唬住了。这哪是什么理，还不是因为在那些争论的领域里，美国的力量更大。

军事力量是国家力量中最重要的看家本领，同时它决不能是没有其他力量在左右支撑的"孤军"，俄罗斯这些年的沉浮再清楚不过地告诉了我们这一点。乌克兰是这个道理的最新一页。

（2014.03.03）

中国增12%军费,压根没想同谁竞赛

中国计划将2014年度国防预算提高约12%,达到8082亿元人民币,约合1320亿美元。一些西方媒体针对这个消息又炒起了"中国威胁论",日本政府昨天迅速就此批评中国,对于这一切指责,我们当然不能买账。

中国的国防预算多吗?看跟什么比,怎么比。中国的年度国防预算确实已经超过周边国家,但中国是大国,世界第二大经济体,已在扮演全球性战略角色,中国安全形势同小国根本不具可比性,它们做不了中国国防预算的标尺。

中国的年度军费已经超过俄罗斯,但是中国的军事能力有俄罗斯强吗?显然没有。中国军事力量欠账太多,与俄相比,我们还有一些关键性的军事短板。

中国的军费就应该比日本多一大块,我们的海空军,以及战略打击力量都应该对日本形成绝对优势,因为日本有美日军事同盟为它提供军事保护,日本自卫队的作战能力就应受到限制。有美日同盟在,日本根本不存在中国入侵之虞,它的担心都是装出来的。而中国的安全需要独立实现,没人为我们提供保险。

中国是全球大国中安全形势不确定性最多的国家。首先西方对中国的政治制度耿耿于怀,"颠覆"中国的念头在西方一些圈子里始终存在。第二中国尚未实现统一,对外有领土纠纷,边疆民族地区存在分离主义势力,这些问题背后常常有外部大国势力的影子,让我们感到一些令我们不安的外部战略图谋。第三中国是世界贸易大国,海外

利益越来越多，即使对它们实施最低限度的保护，如今中国的军力也远远不够。

此外，随着中国崛起为世界第二经济大国，很多矛盾或者向中国这里集中，或者会强行扯上我们。如果中国军力是块绝对的短板，一定会出现某种危险因素的决口，中国的安全和世界和平都会因此飘忽不定。

中国决无颠覆世界现有安全格局的野心，对我们来说，与美国搞军备竞赛是荒诞愚蠢的。中国战略的防御思想根深蒂固，我们的社会内部问题错综复杂，将会持久占去这个国家的绝大部分精力和财力。中国太大，保护民生的基本面，以及维护国家的自我运转和团结都是西方难以想象的挑战。中国决不可能去争夺传统意义上的世界霸权。

中国军费继续增长的步子一时不会停下来，但很多分析人士认为，中国军费的规模不会无限扩大，其中一些人认为它长远的最佳规模应为美国的1/2至2/3。毕竟中国和美国的战略目标不一样，美国是要维护全球霸权，中国只在乎保家卫国。

由于军费规模毕竟是敏感的事情，中国须强化国防开支的利用率。有人认为，随着中国陆上安全的巩固，以及社会化服务体系的不断完善，中国230万常备军队在未来有较大的人员裁减空间。那样的话，中国军费将能更有效地用于提升军队战斗力。

中国增长军费总会让西方舆论以及日本等国说三道四，但需看到，这点"中国威胁论"的噪音，同我们发展国防力量的战略收益相比，实在微不足道。中国军力增长仍远远落后于巩固防御战略的基本需求，根本就没有可以拿到世界上挑战现行秩序的余量。外部大国对此都是清楚的。一些炒作并非西方的严肃态度，我们不必在意。

(2014.03.06)

菲律宾耍无赖侵占仁爱礁就该难受

中国海警船编队 9 日在南沙阻止了两艘载有施工材料、悬挂菲律宾国旗的船舶靠近仁爱礁。仁爱礁是中国固有领土，也是近年中菲南海争端的爆发点之一。1999 年北约轰炸中国驻南使馆的第二天，菲趁中国之危，故意将一艘旧军舰在仁爱礁坐滩，妄图对其非法侵占。

菲方不仅拒不履行当初关于拖走该船的承诺，反而想加固面临可能自行解体的该船，在仁爱礁搞永久性设施。如果大国对小国耍这一套还可以理解，但菲律宾竟会以为它对中国这样做能最终奏效。这真是个天真的国家。

美国驻菲律宾大使馆昨天宣称中国的举动是"挑衅性的"，华盛顿的偏袒大概是菲律宾死抱幻想的主要动力。但马尼拉需要知道，美国人能把南海搅出些乱子，但他们决定不了中菲摩擦的结局。

中国有力量随时以更彻底的方式解决仁爱礁问题，中国社会的这一呼声，并不比菲律宾"捍卫"该礁的呼声低。中国迄今采取了相对柔和的方法处理两国这一争端，完全是出于维护南海稳定大局的善意。

仁爱礁纠纷必须以菲方终止旧军舰坐滩的方式结束，或者菲律宾拖走该船，或者那条船破得不能住人、自行解体。中国决不会允许菲律宾加固该船，更不会允许菲方在仁爱礁搞任何其他施工。

菲律宾政府如果用仁爱礁在国内煽动民族主义，那只能是给当政者自己挖陷阱。他们面对菲律宾公众所说的任何豪言壮语都不可能兑现。

如果菲方敢在仁爱礁方向搞任何动粗的举动,那么它都必须准备接受中方给它的最新教训。而且那很可能是仁爱礁纠纷提前以中国主张方式彻底解决的契机。

中国不想把南海问题搞得很热,但如果菲律宾想那样做,中国不会刻意避免那一局面的出现。还是那句话,如果南海有大一些的麻烦,中国淹了脚,菲律宾就会淹了脖子。

菲律宾12日改向仁爱礁坐滩船上的菲军士兵空投食品和淡水,他们抱怨这点给养只够那些士兵用几天。昂贵的空投方式是菲律宾挑衅的新代价。如果菲律宾有钱,它可以同中国继续相互消耗,中国不在乎。

中国在南海表现了克制,但我们同时也坚定不移。挑衅中国都须付出代价,以无赖方式同中国打交道终将自作自受,仁爱礁就是一个例子。

至于美国,是来搅浑水的。它如果主动越陷越深,最终将置自己于被动。美国也改变不了南海局势的大方向,那不光是几艘军舰就做得了的事,美国有那么多地缘政治经验,它应该懂的。

(2014.03.13)

核安全，莫让克里米亚冲淡了它

中国国家主席习近平 24 日在世界核安全峰会上受邀率先发表主旨讲话，他阐述了四个"并重"的中国核安全观，呼吁国际社会携手合作，实现核能持久安全和发展。

世界第三次核安全峰会于荷兰海牙举行，主题为"加强核安全、防范核恐怖主义"。美国方面试图借机组织对俄罗斯的孤立，报复俄针对克里米亚行动。但核峰会的内容涉及全人类的根本利益，核安全如果出大漏洞，其对世界稳定与和平的冲击将远超克里米亚事件。

中国是当下全球核能发展最快的国家，中国新建核电站占世界约一半。德国 2022 年就将停止使用核能，日本社会强烈要求停用核能，而中国的趋势正相反。中国现代化进展迅速，能源需求旺盛，大力发展核能是唯一选择。

中国迄今创造了优秀的核安全记录，中国同时努力成为核安全技术的创新国。由于中国在不久的将来就将是世界主要核能国家之一，中国在核安全领域的实践必将具有全人类意义。

西方国家已经度过了发展高耗能重工业的前期现代化，因此有了缩小核能规模甚至逐渐关闭核电站的资本。中国无法那样做，其他人口巨大的发展中国家也将早晚走上核能发展之路。中国的核安全努力是在为整个第三世界铺路。

很难说发达国家不会有一天掉过头来重新扩大核能规模，日本缩小核电规模的进程十分艰难。探索核安全因此不光是新兴大国的紧迫任务，它对发达国家同样利益攸关。

奥巴马曾在上任初期提出"无核世界",但那主要是针对核武器的。在核武方面,"无核世界"是个很好的理想,但它显然有点遥远。人类需要一步一个脚印,"无核世界"无法从天上掉下来,我们只能逐渐接近它。

中国的核政策也包含了一道安全保险。中国宣布不首先使用核武器的政策,不对无核武器国家和无核武器区使用或威胁使用核武器,中国是做出上述承诺的唯一核大国。如果所有核国家都做出与中国同样的承诺,那么核武器对人类的威胁将有质的下降。

防止核扩散、尤其是防止恐怖主义组织获得核武器,是国际社会的急迫任务,也是西方最关心的。但是西方的实际做法时常南辕北辙,有可能诱导具体核扩散行为的发生。

西方在定义恐怖主义这一核心问题上常奉行双重标准,这对全球的反恐怖主义统一战线造成裂痕。此外西方对一些不与它们合作的中小国家百般压制,搞颠覆活动,这使得那些中小国家有强烈的安全危机感,而这种危机感构成了它们获得核武器的主要冲动。

在发达国家里也有直接破坏核安全准则的例子,比如日本储藏大大高于其实际需求的敏感核材料,其动机令人质疑。美国在要求日本交出多余核材料的问题上,时而紧催,时而任其拖延。

核安全的特殊性在于,它必须是百分之百的,不能有丝毫差错。它必须有世界各国尤其是大国的高度合作,容不下"博弈"或两面三刀。日本福岛核电站出事,重挫了日本核能,也震动了全世界。人类出不起第二个福岛事故,全球所有核电站都须确保安全。此外,世界再也不能出新的拥核国家了,更不能让任何恐怖组织的手伸向核武和核材料。

这么沉重的任务,岂能由各国独自完成。但大国以干涉、威逼中小国家的方式去实现它们,有可能危险性更高。人类必须走出在核安全上携手合作的崭新之路。

(2014.03.26)

日本用扩大武器出口挑战中国

日本政府1日召开内阁会议，通过了"防卫装备转移三原则"，以取代已存在47年的"武器出口三原则"。新的规定大大放松了武器出口限制，它虽与修改和平宪法不同，但却是日本摆脱战后法律状态的重要一步。

安倍政府这样做，被普遍认为将加大日本对中国周边与我有领土争执国家的武器出口，这将对中国周边环境构成新的威胁。东京这样做还将刺激日本军工业的发展，巩固其同中国战略对抗的能力。

这是安倍政府的一个狠招，但中国显然没必要怕它。中国的力量增长完全具备消化这一威胁的能力，在中国的整体战略环境中，日本所能制造的冲击力并非东京想要多大，它就真的能有这么大。

然而日本是东亚的麻烦制造者，昨天显露得更加清楚了。日本突然改变武器出口政策，是对东亚已存在47年"现状"的一种改变。日本不断突破二战后形成的种种面貌，从教科书的编写，到领导人参拜靖国神社，"国有化"钓鱼岛，并渐渐接近修改和平宪法的"主题"。

日本曾反复侵略亚洲国家大半个世纪，它是近代史上东亚侵略战争的源头。为了制服它，全球大国都参与进来，并付出了牺牲。被美国扔了两颗原子弹之后，它总算低下了头，推行和平宪法。然而安倍政权显露出好了伤疤忘了疼的历史观及政治冲动，它对与中国为敌、与韩国对立蛮不在乎的胆大妄为，让人预感到东北亚未来的某种不妙。

也许日本就是到了"再折腾一次"的历史循环点上，安倍政府在想方设法突破日本二战战败所导致的桎梏，积蓄颠覆东亚二战后秩序的力量。

如果真是那样，这将是中国与日本为邻的新的不幸。我们或许不得不迎接日本军事崛起的第一轮冲击波，与日本进行让我们很不舒服的周旋。

好在东亚的力量分布格局沧海桑田，中国再也不是日本关东军当年面对的那个中国了。中国的科技实力虽然仍不如日本，但中日的综合力量对比发生历史性转变。中国已经具备在东亚范围内大体驾驭战略风险的能力，我们有力量对任何挑战进行反制和回击。对于中日战略对抗，中国的承受力和赢取主动的能力都已超过日本。

中国尚无力塑造日本的对华战略思维，但中国可以继续壮大自己的力量，遏制日本对华奉行极端冒险政策的危险念头。中日已无对话能力，双方很难听懂对方的语言。那么就让力量来说话吧。

中国需要准备中日关系进一步滑向实力对抗。日本已经放弃和平思维，在它吃一个大亏之前，我们不应对它的重大思想转圜抱有幻想。同时由于中国的总实力越来越强于它，我们对日本不敢轻易越过对华战争的红线要有充分的信心。

中日处在过去的战略互惠关系已垮、双方对抗能走多远谁都没有把握的过渡期。日本对中国实力的长足发展颇有危机感，并因此躁动、折腾，我们需要以静制动，逐渐消耗它与中国对抗、为敌的意志。

中国是东亚力量格局的打破者，日本是东亚和平稳定局面的挑战国。日本充满精神上的狂躁，大大增加了整个地区的风险。中国只能用力量去磨平安倍这一代日本政客的棱角，这恐怕是东亚两大强国21世纪上半叶的宿命。

(2014.04.02)

朝鲜"有核武器就有一切"是幻想

朝鲜外务省 3 月 30 日公开表示"不排除进行新型核试验",引发外界的关注和猜测。韩国有媒体预测朝鲜第四次核试验可能会在一个月内进行,该报道可信度不算高,但朝鲜新的核试验"迟早会发生",这是战略分析界普遍的担心。

朝鲜此次谈新型核试验,直接目的被大多认为是要引起美韩关注。这也是平壤对美韩联合军演的回应。核试验、发导弹成了朝鲜外交仅有的牌,这同时是朝鲜和东北亚的悲哀。

朝鲜核技术的进展情况处于绝密状态,外界只能猜个大概。通常认为,朝鲜的核能力没它自己宣称的那么成熟,它应当尚未解决核武器的小型化和与导弹的对接问题,加之朝鲜导弹还打不到美国本土,所以华盛顿对朝拥核的担忧远未达到恐惧的水平。

朝鲜同其他被疑发展核武器的国家不同,后者都是极力否认,朝鲜则高调宣传,生怕外界低估了它的核能力。根本原因还是朝鲜的威慑力太单薄了,不说核武器几乎没别的可说。

这种状态会让朝鲜和东北亚越陷越深。当前者虚张声势的时候,这一地区会出现连锁性的误判,导致一系列不可预测的后果。在朝鲜接近掌握对外发动核打击真实能力的时候,美国及韩日的反应也将达到极点。一些人相信,美国不会允许有朝鲜核导弹具备打到美国本土能力的那一天。美国会在那一天到来之前向朝鲜下手。

朝鲜发展核武器是为了获得"核遏制力",以保国家战略平安。前几步平壤算是"成功迈出",尽管付出巨大的经济和政治代价。但这不意味着平壤真的能把美国吓住,对它来说更严峻的考验尚未到来。

迄今尚无朝鲜这样规模的小国在国际压力下完成核突破的先例。这盘棋的惊险和难度无穷无尽,平壤显然低估了它。

朝鲜拥核有可能再往前走几步,但朝鲜实现将核武器变成有效战略工具将遥遥无期,而且很可能永远都不会有那一天。这个世界上只有核威慑,而没有核恐吓。朝鲜想吓唬的对象是当今世界的头号力量,它能如愿的概率几乎为零。

中国不会像美国和韩日那样对待朝鲜,但中国反对朝鲜拥核的态度十分明确。朝鲜核问题导致了周边及中美之间的一些分歧,但是美日韩对朝鲜的压力决不会经平壤运作,变成美中之间的对抗,从而为朝鲜带着核武器"解套"创造战略性机遇。平壤如果有这样的期待,须及早放弃。

朝鲜的其他力量支持不了它的核威慑,它的核能力突兀孤单,很难得到真实国家安全和其他战略利益的变现。因此朝鲜不能在核道路上低头狂走,它需要稳住、思考,重新设计其国家利益最大化的现实途径。

如果朝鲜就像现在这样走下去,搞第四次、第五次乃至更多核试验,朝鲜未来几十年的战略境遇现在就可以大致看到。朝鲜将长期受到国际孤立,国家贫困难以消除。这一切对平壤政权构成的风险,是拥有核武器根本无法抵消的。

中国是朝鲜的朋友,朝鲜的安全、稳定与繁荣符合中国长远的国家利益。大多数中国人也都愿意看到朝鲜走出困境,共享东亚发展的战略机遇。朝鲜因发展核武器已同国际社会对抗 20 年,换一种思路,至少做一些这样的尝试,平壤或许会获得焕然一新的战略发现。

(2014.04.03)

第四辑

观念碰撞

理性客观地看日本救灾

日本强震和海啸震惊了世界，也带来外界对这个岛国应急反应的全面关注，迄今为止外界对日本社会的表现总体评价较高，高于日本舆论的自我评价。这种赞扬声音蕴含了一定的同情和鼓励，就像中国汶川大地震时那样，世界舆论对中国的表现评价很高，但我们自己因身在其中，很容易产生各种不满。

中国是个多天灾的国家，我们身边的发达国家遭遇顶级灾难却是近年来第一次。仔细观察日本社会救灾的细节，客观评估关键时刻的那些关键步骤，无论对中国今后救灾，还是对中国社会的不断进步，都将十分有益。中国互联网上近日出现大量评论，其中有两种比较极端的声音，一种认为日本的救灾表现"比中国差多了"，另一种认为日本的所有表现都"无可挑剔"，并用日本的表现贬低中国的几次大型救灾，这些评价都显得有些偏激、情绪化。

客观地说，日本的大多数房屋比中国的结实，日本的国民应急教育做得比中国强，民众在大灾难面前表现得更有秩序，这些都是我们早就预见到的，并在这次强震中得到了印证。我们应以日本为镜，看清中国社会距离发达社会还有多么远的距离。另一方面，日本也有让我们惊讶的地方。比如日本政府最初几天围绕核泄漏的信息披露不够全面和确切，导致后来的一定恐慌，以及媒体的强烈不满。这让我们看到，在危急关头政府如何用透明的信息稳定社会情绪，在全世界都是高难度的动作。中国各级政府以往在这方面吃的亏不少，现在有了全程跟踪日本争议"信息不透明"的机会，我们应认真思考并模拟，类似情况下，我们会怎么做？

由于福岛核电站的全线崩溃，东京电力公司很可能在危机过去后遭追责，中国的相关核电公司必须引以为鉴。中国发展核电是在几乎没有遭到社会反对的情况下进行的，相关核电公司也因此有了极高的道德和法律责任，它们有必要对中国的全部核反应堆的安全标准做一次额外的垒高，确保中国核电站能抵御人类已知的所有自然灾难。

日本民众最开始几天沉着，但随后也出现抢购食品和瓶装水等社会惊慌的迹象。日本社会的承受力通常被国际舆论看好，但最新的情况显示，任何社会的忍耐力都是有极限的。政府的救灾计划不能过多寄望于灾民的"觉悟"，美国2005年卡特里娜飓风后，曾出现过灾区哄抢的混乱，情形有如"第三世界国家"，反映的是同一个事实。

能够做到真正客观地看日本，并且看清楚它，就意味着我们能把自己也看得更清楚些，能发现我们的短处以及我们做的比别人好的地方。中国实现社会进步，比把GDP搞上去更难。我们既不能沾沾自喜，也不能把自己看得一无是处。崛起的中国需要这样的理性和自信。

(2011.03.17)

现实将压垮"中美敌对"的狂想

击毙拉登被不少美国人认为标志着反恐战争的结束,美国战略注意力的调整不可避免。认为美国将投更大精力对付中国崛起的分析大量出现,这带来了中国战略环境可能恶化的悲观预期。

长期以来中国人一直有一种担忧,即有一天美国会"集中精力"对付中国。这种不安已有很多年,挥之不去。但这种情况一直没有发生。国内国外都有分析认为,过去的10年是反恐战争阻止了美国那样做,有人顺着这种逻辑分析,今后10年,阿拉伯世界的乱局有可能继续牵制美国。

这些分析都不能说没有一点道理,但它们很可能都被夸大了。按照中国有可能再用10年左右GDP赶上美国的流行预期,中国早已是影响美国未来霸权地位的头号因素。无论是拉登,还是卡扎菲,或者叙利亚、伊朗的统治者,他们能给美国带来的纷扰,决不可能挡住美国对中国的"特殊关注"。白宫的主人不至于蠢到吃一口沙拉就忘了主菜的地步。

问题是,美国对中国的防范一定是对抗性的吗?两国都有越来越多的人说"不是"。防范是一定有的,就像中国也在战略上防范美国一样。但美国在1993年"银河"号事件后一直没有骚扰中国商船,一直没在中国经济的咽喉马六甲海峡搞危险动作,是因为这样做太有爆炸性,它的碎片必将击伤美国自己,这样做的风险比美国与逐渐强大的中国共处可能带给它的风险大得多。

未来的美国大概会用更多的精力"对付"中国,但中国有足够多的资源和力量进行回应，使美国控制其"对付"中国的方式，不把美中之争变成当年的美苏之争。

最根本的一条是这些年持续发生作用的中美经济联系，它的规模之大和程度之深，已经能够压碎美国右派的很多政治狂想，迫使美国领导人对华奉行更为现实的政策。美国总要搞一些小动作，甚至恶作剧，但随着中美关系的船越造越大，它一旦倾覆的后果已经是噩梦。

中国需要自信，坚持快速发展自己，坚守自己的原则。现在已经没有任何外部力量能够阻挡中国崛起，骚扰永远有，但即使这些行为有战略图谋，也未必就能产生战略效果，只要中国自己走得稳，外部力量推不倒我们。中国这样的自信会影响美国对中国行为的判断，从而减少中美双方"小题大做"的几率。

要像对付苏联那样对付中国，美国需做彻底的战略重构。中国的和平崛起虽然让美国不安，甚至让它感觉到某种"威胁"，但这一切提供不了美国对中国政策做激进更改的强迫性动力。事实上，中国这些年的发展速度总是快于美国增加对中国"遏制"的速度，这不是偶然的。

美国是超级大国，世界上哪儿的事都管。中国的利益范围也越来越大，与美国摩擦的机会将增多。我们既要警惕，也要以平常心对待那些摩擦，不逼自己往美国是在"集中精力"遏制中国的思路里掉，豁达的风险不会是零，但警惕并不总是带来安全。基辛格对美国人说过，把中国当敌人，中国就会是敌人。中国人或许也有必要提醒我们自己：把美国当敌人，美国就会是敌人。

（2011.05.05）

中美,谁对谁发号施令都是幻想

美国副总统拜登今天结束为期六天的对华访问,双方都表示此次访问成果丰富,意义积极。但一些美国媒体却另有调子:由于美债危机削弱了美国的地位,拜登此访不能像以往那样在人民币汇率上强势压中国,而反过来要听中国要求美国保持美元稳定的"教训"。

美国舆论中的这种心态很不健康。

有些美国人觉得他们就应该"强势压中国",这种想法本身就挺荒唐。人民币是中国的主权货币,由美国国会和媒体里的一帮外行来定它的汇率?这太天真了。美国以前一直"压",但中国不可能遂他们的心愿。他们压来压去不能说一点用不管,但肯定管不了大用。

中国要求美国保持美元稳定,这能算是"教训"吗?难道美国人自己不愿意看到美元稳定吗?一旦美元不断贬值,中国购买的国债跟着缩水,美国人虽然"赖掉"一些账,但这种过日子的方法,是美国的长久之计吗?中国表达担心,甚至给美国敲一下警钟,只有小心眼的人才会往"大国兴衰"的方向胡思乱想。

拜登来访期间,中美对话的总体表现比很多西方媒体预测的要好不少。这让人想到,美国行政部门对待中国显得更冷静些,因为他们得对美国的利益负责任,没什么可以乱来的空间。美国媒体及一些议员则充分表演了"站着说话不腰疼",他们怂恿拜登对中国说狠话,讽刺他对中国过于"讨好",似乎只有跟中国吵翻了,美国才算"强大"。

中美之间这么大的贸易量和金融关系,决定了两国的关系必须是充分务实的,是相互尊重的。对中国发号施令是一些美国人的幻想,反过来美国被中国发号施令,是同一种狂想症的不同表现。

美国衰落了吗?这个无聊的问题在中美两国都有人议论,但对它"聊上瘾"的美国人,似乎比中国人更多。美国经济在全球的比重在下降,这个势头是明摆着的,可以把它叫美国的"相对衰落",也可以叫别的什么词。但美国经济、军事、政治及科学技术的实力仍雄居世界第一,这个事实同样是明摆着的。

世界各国、包括中国与之天天打交道的,只能是那个仍处处都是"第一"的美国。至于"相对衰落"的美国,只能是人们心中一种感觉,或者"私下的议论",这种感觉还远不能摆到国际政治的台面上。

美国一些媒体把拜登访华简单化成来"劝说中国人相信美债的安全",这种说法有点像是对美国副总统的羞辱。"堂堂的美国"向"堂堂的中国"借钱,肯定不是这两个国家关系的全部。仅以美债观测中美全面关系,恐怕不免有对着哈哈镜看事物的后果。

中国即使减持美国国债,也不该动辄往政治方面去联想。中国逐渐减少美债,这同样是美国的战略愿望,美国显然不想永远做一个靠借钱度日的国家。借钱太容易对美国未必就是好事。靠买美债就能把当前的经济模式长久运行下去,也未必就是中国的好事。中美既要互利,但大概也不能完全避免"互逼"。两国保持相互战略上的基本善意,是双方不彼此过度解读某个"不友好动作"的前提。

中美只要不在乎,双边关系随时都有可能出"危机"。如果两国真正在意彼此关系对两国人民福利及世界的数影响,两国往来庞大、丰富的规模,又能让很多麻烦事都"变小"。中美关系就是如此既真实,又玄妙。

(2011.08.22)

美国应修正"领导世界"的内涵

美国的"大外交"近来十分活跃,针对中国的部署在增多。美国舆论对奥巴马政府与北京打交道的每一个细节都很在意,构筑对中国的"强硬"很像美国的主流政治意志。

其实美国用不着刻意"强硬",它的强大和硬朗中国人从不怀疑。真正相信"美国衰落"的中国人很少,说这种话的美国人和欧洲人反而更多些。

美国的综合力量将长期世界第一,但"第一"的含义冷战后出现了幻觉。美国的部分精英一度认为,"第一的美国"拥有了统治世界的力量,它的全球打击能力,它的GPS,它的经济能量和政治软实力等等,使它成为可以超越"没有一个大国能统治全球"历史告诫的特例。世界的意识形态异类,不听华盛顿安排的小国,都让美国舆论前所未有地难以忍受。

美国从未说过要"统治世界",但对做世界"领袖",美国的愿望是公开、热切的。美国的力量越强,"领导世界"和"统治世界"之间的界限在美国人心中就越模糊。

就这样的雄心来说,美国的确在衰落。美国当前的危机感,也主要来源于对美国"全球领导能力"被削弱的担心。奥巴马政府在亚太地区的战略部署,目标正是对"全球领导能力"的捍卫。

这会让美国不堪重负,尤其是"领导世界"和"统治世界"的界限已经乱了的时候。美国不是真的弱了,而是它的战略要求比它的真实能力高出了一块。冷战时期,美国霸权的边界局限于西方,因此力量比较充裕,如今在美国经济所占世界比例下降的时候,它要规定整个世界的秩序,这是跟历史和现实都过不去。

美国试图调动他国的资源,补充自己"领导世界"的力量亏空。美国的财政不断恶化,逐渐沦为"美国内部财政",它的"国际主义"气势逐渐在褪色。以往美国"半个世界的霸权"地位摆在那里,它就是美国的军事、经济实力以及制度和理念建设。如今美国的"全球霸权"显得有些"猥琐",它在帮美国实现自身私利的成功猎取。

由于经济力量捉襟见肘,美国倾向于更频繁地使用军事及政治压力,试图走国际政治的"捷径"。然而军事及政治上的胜利总是得不到巩固,伊拉克、阿富汗的情景都是这样。

在对中国的问题上,美国用政治压力解决经济问题的念头很强烈,本应美国CEO们解决的事情,成了美国议员和政治家们带头干预的"正业",从宏观上看,这是政治对经济的"瞎插手"和"瞎指挥"。

这样的美国太累了,而且这样下去它只会越来越累。中国有句话说:退一步海阔天空。美国或许应当接受世界多极化的现实,修正自己"领导世界"的内涵。只要姿态稍稍放低,美国就重新成为生机勃勃的国家,它今天的困难并没有超出正常范围,和"美国衰落"没多少关系。

美国对中国崛起有某种"不安感"是正常的,但这种不安变得很激烈,就是不健康的。它的背后一定是对世界不切实际的野心。世界不是美国的,这不是中国人或者哪国人的挑衅性语言,它就是一个美国人应心悦诚服接受的现实。

(2011.11.15)

别被美中"价值观之争"蒙住眼

中美两大国的竞争和互动正沿着大国关系熟悉的各个层面展开,但中国舆论中,一些人把中美的意识形态之争放到了统领位置,仿佛价值观之争反映了中美关系的全貌。

美国与苏联当年的竞争,其实也是多层面的,其中意识形态层面和地缘政治层面都很突出。但后来美苏的这两大竞争面变得高度重合,并随着苏联的解体,美国一并得到了胜利。

今天的中美完全不是美苏当年那回事。中美有竞争,合作面也出奇的大。双方的竞争表现因合作及全球化的牵制,变得更复杂:不那么张扬,有时只做不说,或者只由媒体或智库说,政府不说。

价值观差异对中美的渗透并非无所不在,其破坏性也本应很有限。中美在经济、环保、地缘政治、发展模式等其他领域的摩擦和竞争往往触动更现实的利益。然而美国在其他领域令其自信的资源快速流失,它现在越来越惯用价值观竞争的优势,补其他资源之不足。

回顾这几年,美国对华"发难"效果最好的,都是用意识形态打头阵,但后面往往跟着从经济到地缘政治等美国最想要的各种利益。由于中国一些人同美国的价值观已有共鸣,在谷歌退出中国市场、要求中国"尊重少数民族权利"等对华摩擦中,美国对非意识形态利益的隐藏得到一定成功,中国社会团结受到了干扰。

中国社会必须找回并巩固一个清醒:中美之间最大的结构性紧张点是中国崛起这个事实,美国对中国的绝大部分担心和防范都是围绕这个事实展开的,而中国最要保卫的也是这个事实的继续扩大。我们试图把中国崛起变成全人类的共同受益过程，但即使这样，美国人对它的感受肯定也跟中国人不一样。

未来真正受威胁的，正是中国崛起得以继续的各种环境。中美的绝大多数摩擦，深层的缘由都将出自这里。或许美国人也觉得世界保持政治的多样性没什么不好，他们未必喜欢千篇一律，但在意识形态上攻击中国可以带来丰富的后果，而且可以事半功倍。

中国崛起是中国人在现实世界中实现各种利益的国家级打包，内部利益细分的困难自然存在，但内部的纷争不应导致国家对外竞争环境的恶化，中国应尽量避免某支内部力量为了改善在国内竞争中的地位，而与外部力量相互借重。

但这不是谁发出个号召就能做到的，言论自由的扩大必将对中国社会的团结造成某些挑战，中国不可能再用"统一思想"的老一套来应对。有意或者无意配合西方对华意识形态攻击的情况，在中国早已层出不穷。中国社会的团结必须在这样的新现实之上构筑。

这是很重要的构筑，它的成功可以帮中国在外界压力下敢于坚持，在被动中逐渐积累优势。

(2012.01.12)

亚太和平之责应由各国分摊

新加坡外长尚穆根 8 日在美国的一个研讨会上提醒东道国要慎言"牵制中国",称这会引起亚洲的冲突。他还呼吁美国以"其他方式"介入亚洲。尚穆根此前曾大赞美国介入亚洲。他的这番讲话被很多人看成新加坡态度的一次回拽。

东南亚是美国"重返亚太"的核心着力点,南海又是重中之重。过去一段时间,东南亚出现大量欢迎美国"平衡中国"的声音,菲律宾走得最远,摆出要与美结盟对抗中国的姿态。

中国不应纵容东南亚国家的类似言行,而应公开表达我们的不悦和反对,对美国的过分之举,以及个别东南亚国家的出格言行,应针锋相对地回应甚至反制。

这会导致一些摩擦,但中国决不应独揽减少摩擦的责任,而只应承担自己应当承担的那一部分。亚太和平的福利以及亚太紧张的坏处都是公共消费,大家种瓜得瓜种豆得豆,好坏都不是中国一家的事。

当中国过于谦和忍让时,就会造成一些国家放任自己,比如它们配合美国以挑战性姿态"重回亚洲",挤压中国的战略空间,它们从中美"相互平衡"中捞取好处,却几乎不用付出任何代价。

中国坚持自己的合理利益,就会让美国介入南海的后果更加真实,也分摊得更合理。实际上正是因为中国前一段时间做了这种坚持,才促成新加坡、越南等国的态度回调。因为域内国家担心"做过了",它们不愿意东亚发生中美对抗,届时它们被迫选边站。

长期以来,一些国家在口头指责中国强硬的同时,却在心里认为无论它们做什么,中国都会忍让。中国一定要扳正亚太国家对中国的实际预期。

中国维护亚太和平与稳定的意愿是真实、一贯的。但无论为了什么,中国都不会一味退缩,中国同时愿意为维护自己的核心利益付出必要成本。这应是外界认识中国的边界之一。

中国是亚太地区承受摩擦能力最强的国家之一。中国很不愿意域内出问题,但实情是,一旦域内出事,中国如果被水淹了脚,其他国家就可能淹到腰,甚至脖子。这不是什么秘密,也一点不深奥。

当然,中国决不会主动惹事,不会破坏地区的公共利益,对一些国家对中国崛起的担心,我们也能理解。中国对立场的坚持与对周边的善意不矛盾,中国只是应当把责任线重新放回到合理的位置。

亚太地区各国减少误判,会让各自的言行都多一些克制,不自以为是,不强人所难。中国一方面要了解他国,同时也要更真实地对外展示自我,不为短期和眼前利益刻意朝某个方向打扮自己,比如刻意强调自己的谦和,或者刻意显示自己的强硬。

中国对本国利益的坚持度,其实大约就是亚太国家的平均值。中国作为大国,天然地会劝自己豁达些,但任何国家都有的"想不开"的那一面,中国不可能根本克服。各国应把中国看成"正常的国家",这样或许最接近真实。

(2012.02.10)

亚洲没有谁愿意做别人的棋子

"民主改革"的缅甸是否在"去中国化",一些西方媒体对此津津乐道。这个词还潜含着一层寓意,即缅甸在"亲西方化"。西方一些人很可能把亚洲的变化看歪了。其实中国清楚,不仅缅甸前些年对中国的"依附"不会是永远的,今后朝鲜也有可能调整对华关系在其外交中的比重。它们都是独立的利益体,对外关系迟早会朝平衡的方向摆动。中国不会因此而感到失落。

倒是西方如果把缅甸调整外交看成他们的胜利,未免自作多情。缅甸不是从中国阵营"倒戈"到西方阵营的傻瓜,中国周边今后恐怕很难有这样的傻瓜。亚洲小国都不会愿意做中美对弈的棋子。

亚洲国家都很精,看出中美的实力差距在缩小,双方都想拉它们,于是它们都在追求左右逢源,实现自己国家利益的最大化。

只要亚洲国家不愿当傀儡,这种情形就是再自然不过的。缅甸以往对中国的"依附",是西方制裁逼的。如果西方愿意让朝鲜也"去中国化",那他们就早点取消对朝鲜的制裁好了。

即使中美彼此战略对撞,并逼亚洲国家,那些国家也未必就会选边站,让亚洲成为中美G2的亚洲是幻想。亚洲国家的独立外交都很活跃。即使有美国驻军的日本和韩国,也不会事无巨细都听华盛顿指挥。

中国对在亚洲找回当年朝贡体系时的主导位置没有兴趣。中国从当年的体系中没得到什么便宜,说是"纳贡",实际是中国"还的"更多,说白了就是中国花钱买太平,保周围政权不骚扰中原。

中国现在也是希望周边安定、繁荣，与中国的发展遥相呼应，别惹中国，别成中国的外交负担。至少现在，中国没有"整顿亚洲"的野心，更无任何相应的对策。

但美国"重返亚洲"，刺激了中国的一些思考。中国被迫在亚洲与美国竞争影响力，使自己更容易得到亚洲国家的信任，避免美国很容易就拉出对中国不利的山头。

由于亚洲国家众多，中美都不可能靠施计谋在如此大的范围里服众。中美谁想让亚洲国家与自己结为完全排他性的关系，都是枉然。中国没这样的目标，美国似乎也没有。美国的"巧实力外交"，更像是要在亚洲多制造些对中国的猜疑，消耗中国或者用美国规矩"规范"中国的发展。

亚洲注定要"乱一阵"，各方需逐渐看清环境，清理自己的各种诉求，确定自己最想在亚太大环境中要什么，并与别人的战略利益尽量搭上关系。

中国暂时没本事拿出一套成型的价值及利益体系，给亚洲国家当规则和坐标。这些靠硬造造不出来，它们只能在中国的不断发展中自然生成。但中国也不必过于悲观，中国在上海合作组织中的政治威望就比较高，东亚对西方价值观的态度实际也很复杂。

中国没敢高估周边的亲华度，西方也不应高估亚洲的亲美度，尤其是大家都别把亚洲按照亲中亲美进行区分，这不真实，是用裁缝的小皮尺度量亚洲的多元和不规则。判断缅甸在"去中国化"的人，大概根本就没搞清缅甸和中国都是谁。

(2012.02.17)

周边民族主义比中国的厉害多了

这次黄岩岛之争,菲律宾的民族主义很突出。中国的社会情绪相对冷静得多。菲律宾人昨天在世界一些城市举行示威,中国民众大多不屑与之针锋相对,也就是在互联网上撒一些愤怒。其实最近几年在与周边国家摩擦时,中国社会的民族主义比过去温和多了,倒是一些周边国家的民族主义不断升级。这与中国发展带给国民更多自信有直接关系。外部面对中国的自信则相应减少。

所有国家都有民族主义,对一个国家自身来说,民族主义说不上好坏,对他国来说,对方的民族主义加强了与它的对抗性,因此在国际政治语境中使用"民族主义"这个概念时,它经常是贬义的。

西方舆论现在抓"民族主义"典型时,中国总是被列在前头。除了他们成心想恶心中国外,还有一个原因是中国有让西方畏惧的行动能力。当然这其中也不乏一种偏见,即西方认为菲律宾等是民主国家,其民意是真实流露,而中国的民族主义"是受到政府操控的"。

中国国内一些西方的意识形态盟友也将国内民族主义当成重要靶子,这加剧了中国民族主义问题在世界舆论中的受关注频率。

由于对中国民族主义的舆论炒作逐渐脱离中国的真实情形,这种舆论的实际效果只会越来越差。中国近年没有国家或民间的重要行动直接同极端民族主义有关,中国国家的克制性和民间的温和性都相当稳定。

在对周边的冲突中,中国公众大体把"不打第一枪"当成天然的道义原则。"先发制人"思想在很多国家被公开列入自己的战略选项,但中国社会基本未出现这样的主张。

目前很多中国人反思一些周边国家对中国"以小欺大"的成因，要求在必要时严惩菲律宾这种自不量力的挑衅者，但这一思潮依然是战略防守性的，只是呼吁必要时以攻为守。中国社会没有对外部世界的进攻性心态，对目前的快速崛起，中国社会的真实感受是如履薄冰。

中国人的民族自信在缓慢增长，民族主义受到动员的几率则逐渐降低。尤其是中国的社会精英和知识精英们，国家的经历给予了他们克服冲动情绪的大量经验，太极思想尤其影响了他们，他们大多清楚，中国这么大的国家崛起必须有民族心胸的配合。

自信多了，走极端就会越来越少，中庸其实首先是基于实力判断的选择。当前中国需要稳扎稳打，系统、渐进地扩展利益存在。中国目前独立在南海搞深水油气勘探，私人企业被允许参与经济开发，渔政海监部门的执法船加强定期巡航，中国在借处理危机全面发展海洋经济，以及工业、科技和军事力量，这比在一两个具体冲突中压倒对手的意义还要重大。

未来南海完全有可能发生军事冲突，届时中国的行动必将十分坚决，但这同"极端民族主义"无关。中国的战略稳健将有越来越多的实力资源支撑，在很多时候我们已经用不着民族主义帮忙。

(2012.05.12)

当前更要"把朋友搞得多多的"

中国社会的分歧在增多,裂痕也在增多。反主流的一些声音在互联网上逐渐巩固了阵地。弥合分歧,扩大共识的任务很重,但对当前情况有针对性、并能产生效果的方法并不多。中国需要维护社会团结的探索和创新。

我们首先需要一个实事求是的判断:完全由官方主导中国意识形态的时代过去了,中国思想多元化的趋势是不可逆的。承认了这个现实,用新的凝聚力对冲并消化多元时代的极端性和负面性,就显得十分紧迫。

一元化时代的最大特点是,社会有完全一致的价值取向,所有人朝同一个方向竞争、进取。竞争的失败者自动处于从属地位,接受远离社会中心位置的现实。

多元化时代则大不一样。社会在价值观层面就已出现分歧,主流价值观再强大也形不成对社会的全覆盖。竞争的主流方向开始模糊,一个竞争方向的劣势者有了替代的选择。渐渐地,不同发展方向开始竞争在中国社会的影响力,谋取在社会中更有优势的位置。

官本位的思想在中国仍很强大,中国人常说的"体制内",其实是一个以官为本的大圈子。中国人对政治感兴趣,因为政治的影响力的确最大,而商的影响力至今是次一级的。通过某种形式在"体制内"有一席之地,对很多人仍具有吸引力。

当前很有成就的企业家及社会名流,大多不拒绝在官方的安排下获得参政议政的机会。而进入了这个体系的人,很少有向政治对抗方向发展的。

然而不幸的是,中国"体制内"的规模和对外接口都是有限的,有很多商业成功者、有才气并获得成功的名流与"体制内"无缘。工商界对社会的实际作用与他们的话语权尤其不成比例。可以想见,即使这些人的基本价值观同"体制内"是一致的,他们变得热衷发牢骚,或对国家主流前进方向找点别扭的概率也会大得多。

全球化时代,西方的影响大举向中国渗入,而自感被"体制内"冷落、在国家主流政治方向已无前途的人,对西方产生亲近感几乎是"很自然的"。这种结合既是思想的,也是利益上的。

中国现在已经出来一批与现行体制采取对抗态度的人,而且他们的存在逐渐合法化。他们当中的少数人因触碰法律底线受到制裁,但这样的人今后会层出不穷。

思想和利益的多元化不可阻挡,我们甚至不能说,"对抗"的存在对中国就是完全无益的。但它们带来的政治冲击对国家的确是风险和挑战。或许唯有扩大中国政治与这种多元化的结构性互动,尽可能改变它们带来的冲击力的性质,才能形成社会新的稳定和活力。

中国为此应打破目前"体制内"的边界,让国家政治资源不再固化,而与社会各个领域不断贴近。要创造合法参政议政的新途径,不断制造"体制内"与"体制外"的新接口,甚至实现体制内外的流动。

中国一直崇尚统一战线,直到今天它仍被视为法宝。然而"统战"的对象需要根据新形势不断调整,中国社会内部的"统战"或许是当前最应下力气去做的。

中国在快速发展,中国保持当前的发展态势符合绝大多数国人的根本利益,当前的一些裂痕包括一些对抗都并非不可化解。别让西方来中国搞了"统战"工作,我们不应轻易言"敌"。相反,我们要"把朋友搞得多多的"。

(2012.05.23)

希望美国彻底改变百年前的心态

美国 18 日正式就 100 多年前的排华法案做出道歉，美国国会的决议案值得欢迎。这件事告诉我们，直到 100 年前，西方的社会政策中仍有大量野蛮的东西，而在当时，英美等西方重要国家的精英们曾相信自己是文明的。

一个问题是，西方今天彻底"文明"了吗？西方当下的精英们大概是这样认为的。然而未必，西方主流价值体系仍有强烈西方中心主义色彩。文化歧视扮演了对种族歧视的某种传承。

美国今天对中国的态度，远不是建立在客观评价体系之上的。美国相当一部分精英对中国充满偏见，这种偏见和百年前美国人对在美华人的偏见有不少相似性。美国舆论常用"专制"甚至"独裁"这样的标签概括中国，不愿细究中国蓬勃发展的内在原因。

再过若干年后，美国的未来精英们回头看今天美国舆论对中国的压制和诋毁，很可能也会觉着今天美国精英们做过了头。

偏见常来源于优越感，而对绝对利益的追求会让偏见走向极端，并在不受限制权力的帮助下升级为违背文明的行为。

当年华工赴美促进了美国经济的发展，但华工后来的增多也带来了一些就业压力。美国人对华工的态度完全是实用主义并且自私自利的，他们只想要华工带给美国的好处，而拒绝为获得这些好处承担必要的付出，所以就出现了后来的排华法案。

今天美国国会似乎在以同样的自私自利对待世界。他们清楚中国的发展是人权进步的最大源泉，但他们不断给中国发展出难题，下绊子。因为他们不仅不希望中国的发展损害美国的现有地位，而且他们认为美国应当调动各种力量阻止中国对美形成挑战。

人类政治文明在不断演进，对个人权利的尊重逐渐形成全球公德，对族群的尊重也在逐渐发展，但对国家的尊重还处于最初的摸索中，根本原因是世界秩序依然是民族国家之间的强权模式，所有人和族群仍以国家为单位进行利益最大化的竞争。

美国需要有更多的"觉悟"和公益心，才能更正常地对待中国。但世界没有促成美国这些"觉悟"的力量，美国利益左右着世界舆论的价值判断方向，美国有能力把错的说成对的，把正常的说成不正常的。

中国人大概不能对美国的"新觉醒"抱太多指望。美国国会的这一次觉悟已经为我们送来足够多的信息。那是个同样会犯错误的国家，美国的对外态度有可能很不靠谱，甚至极端。当涉及到我们自己时，尤其需要对它的甄别。

尽管如此，美国国会 18 日的决议案依然值得赞扬，它代表了人类理性的进步，以及道德强制性虽然缓慢但却坚实的扩大和加强，人类处于充满希望的进程中。

（2012.06.20）

越南给美国当"带路党"早晚吃亏

希拉里·克林顿星期二在河内一方面赞扬越南,表示美国支持河内为解决南海争端所做的努力,但称同时越南在人权保护方面需要做更多。她批评越南"继续拘留"记者、博客博主、律师以及异见分子,并对网络言论受限"尤其担忧"。

此前一天她在蒙古国说:"我们要让亚洲各国人民在21世纪不仅更加富裕,而且更加自由。"

希拉里对越南当局又拉又打,清晰勾勒出越南同美国发展"战略友好"的边界。美越只是相互利用的"露水夫妻",越南如果把美国的力量真正放进来,它必须放弃自己当前的发展道路,做东盟的"另一个菲律宾"。

越南在政治上好似"微缩中国",走的是渐进式改革道路,实现了高增长。其国内的政治反对力量目前不如中国国内的活跃,没有形成已同西方政治结盟的精英群体。

然而,西方价值观在越南的渗透在加快,这必将深刻影响越南今后的国家政治面貌。越南迄今未发生过激烈的反政府抗议,它的一些零星示威几乎都是针对中国的。但这些不意味着今后的示威方向不会陡然转变。

越南主流社会普遍看好中国发展模式,很多人对中越因领土纠纷而对抗感到无奈。民族主义既凝聚了越南社会,又拆散了越南对中国的政治借重,把它推向美国这一很愿意在政治上拆越南台的"保护者",越南在走战略的钢丝。

胡锡进论激荡世界

越南不是千八百万人口的小国,同时又非有牢不可破战略自主能力的大国。自从法属殖民地独立以来,越南的身后一直有大国支持,它没有独自拉大山头的能力。

越南想用中国的成功证明本国政治道路的正确,再借助美国的力量反对中国,这样的战略设计需要中美两国以及越南国内所有力量的高度配合,根本不可能长久操演下去。

越南的唯一可持续发展之路,就是同中国战略上呼应,共同对美国重返亚洲的影响进行限制。两国的领土纠纷不应导致彼此战略敌对,越南不应成为美国围堵中国的一环,而应成为亚洲防止美国深度干涉的阵地之一。

河内这两年像是被领土问题"绑架",成了美国重返亚洲最积极的"带路党"之一。河内必须清楚,美国压制中国一旦奏效,必将有一大块能量落到越南头上。如果东亚发生政治大动荡,越南很可能是最早一拨受害者。

中国和平发展是整个亚洲稳定的基石。希拉里星期一在蒙古国不点名做了一番攻击中国政治体制的放肆演讲,这再次表明美国"重返亚洲"不仅仅是军事和经济上的,它同时也是美国价值观对亚洲的"新征服"。

无论中国还是越南,都在朝着不仅人民更加富裕,而且更加自由的方向前进。希拉里真正可以炫耀的是美国所处的发达位置,而不是今天美国的"再创辉煌"。今天的美国乃至整个西方,都在吃前辈们攒下的家底。希拉里和她同僚现在不该喊口号,而是向世界证明,他们有能力带领美国和西方走出华尔街导致的大混乱,给世界的民主和进步创造新空间。

美国试图搞晕亚洲各国人民,它当然希望河内当局也成为它的俘虏。河内会往美国划的圈子里跳吗?

(2012.07.11)

翻二战案，日本的荒唐梦想

如果能翻二战的案，会令日本很多人开心。日本与周边国家这些年摩擦不断，都跟二战的结果认定多多少少有关。日本人心里不服，尤其对它曾经侵略、奴役过的亚洲邻国不服气，它想让确定东北亚战后格局的《开罗宣言》和《波茨坦公告》形同虚设，日本翻过身来还是亚洲的"老大"。

在日本国内，二战的牺牲同史上历次战争的牺牲没有多大区别。14名甲级战犯的牌位被送进靖国神社，参拜靖国神社是日本社会"有道德感"和"神圣"的事。幸存下来的当年"神风队"飞行员可以充满"自豪"地写回忆录，记述他们当年如何在最困难的时候"帮助国家"。日本对那场战争的真实舆论就是这样。

如果说日本人对那场战争有耻辱感，那是因为他们战败了，而不是因为他们发动了那场战争。由于对那场战争有正式结论，翻案很难，日本就在细节上找茬乱拱，削弱战争的结果和结论。

靖国神社危机、慰安妇争议，还有对南京大屠杀的否定，都是日本人要证明他们的国家在那场战争中表现"没那么坏"，它的罪名至少有一部分是外界强加的。它仍希望以"文明"对"野蛮"，"民主"对"专制"的优越感同周边国家争辩。

制造领土争端是它不接受二战结果的表现之一，也是最突出的一个。它对中俄韩的领土要求都同结束二战的法律文件相抵触，它提出的那些交涉理由，仿佛二战根本就没发生过。

它经常说钓鱼岛是日本的"固有领土"，其实日本明治维新之前就那几个主岛和附近的几个离岛，莫说钓鱼岛，连琉球（冲绳）都不是它的。它与泱泱中华谈"固有领土"，真好意思张得了口。

即使不扯更远的历史，二战把日本重新打回四个主岛是不争的事实。东北亚这几个国家中，日本是唯一的二战战败国。战败国的意思就是无条件投降，并且接受战胜国关于领土的重新划界。

日本因为抱了美国的大腿，美国把不属于日本的琉球和钓鱼岛交给日本"管理"，但美国没有与同为战胜国的中国等商量，这种行为是对其他战胜国的背叛，因此完全不合法。

日本翻二战的案不会有胜算。因为第一，日本在对待二战的态度上是东北亚的绝对少数，是被孤立者，美国对它的支持也只能含糊其辞，美国断不敢公开否定二战结果，抛弃《开罗宣言》和《波茨坦公告》。否定这段历史，就意味着美国否定自身战胜国的历史。

第二是日本的国力在达到顶点后已经开始历史性衰落，它重新在经济、政治上主导亚洲毫无希望。它越是想翻二战的案，周边国家越会坚持二战的结果不可更改。这是一场日本处于绝对劣势的综合实力对抗。

日本想摆脱二战的阴影可以理解，但它的路径完全错了。它不是在接受二战结果的前提下举国彻底反思，重打旗鼓另开张，而是像俄罗斯套娃一样，把新日本装到旧日本的套子中一脉相承。它这样走决迈不过周边亚洲国家的坎。

日本已经从经济奇迹的神话堕落成亚洲政治麻烦的制造者，今天世界媒体只要谈日本，几乎都是它与周边国家的冲突。它想翻二战的案，但结果是它把自己的丑态刻到越来越多的二战标本上。

(2012.09.17)

不彻底遏制日本右翼，东亚难安

在中日螺旋式上升的激烈摩擦中，日本右翼扮演了推动两国冲突的"源动力"角色。标准的日本右翼是指右翼组织成员，他们的人数并非很多，但有右翼思想的日本人范围就更大了，他们包括很多右翼政客和学者文人。右翼思想左右日本政局的能力越来越强。

日本的右翼思想有很多表现，但最突出的有两点。一是部分甚至全盘否认日本的战争罪行，怀念甚至主张恢复武士道精神。二是热衷领土争端，鼓动强硬对付与日本有领土争端的四邻。

上世纪90年代以前的二三十年里，日本经济奇迹非常夺目，充分满足了日本国民的骄傲感。日本社会的信心那些年里得以恢复，它与亚洲国家相处也有了相当宽松的心理空间。

然而这之后，日本陷入长期的经济萎靡，而它的身边韩国在发展，中国高速崛起，连俄罗斯也在不断恢复国力。日本的经济奇迹被东亚各国特别是中国崛起稀释了，甚至有些被淹没了。日本的国家自信备受打击，战略恐慌逐渐在日本社会蔓延开来。

日本右翼借这个契机像蘑菇一样在日本社会最潮湿的心理暗角长了出来，它带着日本人朝着历史深处和被二战重塑的日本国土边缘走，汲取在颓势中刺激日本社会的奇异力量。

右翼的语录都很激进，听上去很爱国，也很有思想，敢于挑战二战战胜国的权威，还能剥掉中韩等国经济发展的外衣，让日本人重新回味对中韩的傲慢。

右翼思想逐渐在舆论中击败了温和主义，建立了某种"政治正确性"，使一些即使不喜欢他们的政客也逐渐不敢公开与其作对。每逢选举来临，有谁担心选票不足，喊两句对中国强硬的右翼口号，就有可能多捞一些右翼选票。

日本社会逐渐右倾化在东北亚带了个坏头。日本是近代以来亚洲的主要侵略者，又是当前亚洲最发达的国家，它先大搞民族主义，搞强硬外交，在很多问题上翻二战的案，其他国家又如何对其温和得起来，东北亚如何不纠纷迭起？

有人说，极端右翼组织在日本国内受到警惕，其在政治上不会有前途。这大概是实情。但右翼组织在日本不是封闭的政治微系统，它在与日本社会不断互动，并且通过后者实际上与亚洲邻国的社会情绪形成恶性互动。它在以小搏大，它事实上已是日本社会病变的主要癌细胞。

在日本的特殊历史中，民族主义同军国主义有千丝万缕的联系。通常认为日本军国主义不太可能复活，但这样的判断过于绝对。一旦东北亚紧张升级，日本社会就很可能分不清自己是动荡的挑起者还是被动承受者，右翼就会有能力将民族主义升级为新军国主义，已经"死亡"的武士道精神就会从坟墓中重新走出来，危害东亚。

日本舆论经常指责中国社会的民粹主义，但日本右翼对民族主义及民粹主义的煽动才真正是没有底线的。最近这些年，中日和韩日之间的几乎所有尖锐政治冲突都发源于日本右翼的嘴巴及一些古怪举动。

和平主义已在中日韩有了相当根基，但这不意味着战争已经真的彻底走远了。最大不确定性就是日本右翼。如果日本找不到抑制它的有效办法，日本就有可能最终被它推向战争边缘，重新面临战与和的抉择。

因此决不能小看日本右翼的破坏性。不搞臭搞垮这股力量，东亚难安。

(2012.09.18)

80 岁的石原在祸害日本未来

日本右翼代表性人物石原慎太郎昨天组建了名为"太阳党"的新党,并欲借此打造日本政坛民主、自民两党之后的"第三极",可谓踌躇满志。太阳党的渊源明显是极右翼的,它要想坐大并不容易,但在日本社会迷茫、主要两党都不景气的时候,极右翼集团掌握"关键少数"而实现以小博大,从而搅动日本政坛,并非没有机会。

有韩媒称,"八次当选议员、两次担任内阁大臣、四次连任东京都知事"的石原比每年更换一次的首相"更能代表日本"。这话不无道理。然而石原获得如此影响力,却是日本的悲哀。

石原已经 80 岁,太阳党的 5 名身为国会议员的基本成员平均 72 岁。石原的政治立场是彻头彻尾右翼民族主义化的,他对外部世界的态度总是关联着日本历史上的不幸和挫折。这是个有学问、但永远愤愤不平的老头。周围的世界在变,但他始终生活在自己的感动和悲壮里。

发展顺利时代的日本人曾被各种机遇刺激、鼓舞着,如今日本不断摔跤,蹉跎的伤感油然而生,石原的机会于是来了。这个既要对美国说不,更要对中国说不的极端政客愈老愈勇,今年的日本快可以称"石原年"了,他先是用东京都政府"购买"钓鱼岛发动了中日自邦交正常化以来最尖锐的冲突,现在又组建新党,试图长期把日本政治朝右翼推。

在东方哲学里,年长通常与宽厚、和善相联系,而石原坐镇日本社会强硬、激进的制高点,做了日本右翼愤青们最老牌的榜样。他充分调动了大和民族的各种想不开，把它们通通变成对大海各个方向对岸的警惕、恐惧甚至仇恨。

然而日本人应当清楚，周边大到中国、俄罗斯，小到韩国、朝鲜，没有一个国家会吃石原那一套。近代以来，在东北亚干坏事最多的就是日本，如果日本人不用他们的诚意去捂热四邻，而指望周边国家都来央求日本友好，那么真实情况是，东北亚没有一个国家会这样向日本犯贱。

如果日本选民给石原机会，让他以一个小党玩转日本政坛的两大党，那只能是日本对自己未来的作践。这将给东北亚平添麻烦和风险，但毫无疑问，日本因此遭遇的麻烦和风险将比谁的都要多。

中国并不想和石原代表的势力一般见识，因为中国大，操的心多，以往经常顾不上多瞥石原几眼。但今年石原竟然撬动了日本政府，这让我们吃惊。

然而我们很快就适应了，接受了不得不同一个更右翼的日本打交道的现实。虽然这不是好事，但我们有足够力量应对眼前的这个日本。

中国今后也不会真有热情同日本不停较劲下去，但我们已经知道那是个欺软怕硬、在邻里交往中缺少自尊的国家。我们会把球踢给日本：想明白了有诚意要发展友好，我们欢迎；又钻牛角尖了狂妄了要来挑衅，我们的回敬一定会比上一次更有力，让日本更难堪。

(2012.11.14)

包围中国？日本人开什么玩笑

日本首相安倍晋三今天开始其上任后的首次对外出访，出访地是越南、泰国和印度尼西亚。世界媒体都把他的访问同当前紧张的中日关系联系起来，认为是要"牵制中国"。日本甚至有人喊出"包围中国"的字眼。

包围中国？写下这种话的人大概根本就不知道自己在说什么。日本有一些人像是妄想狂，总以为中国是可以被"围住"的。日本有些政治家也不够清醒，比如安倍上一任期时就提出过"自由与繁荣之弧"，没直说"包围"，但很多人解读他有那个意思。

日前《产经新闻》报道了安倍的"安保钻石"构想，即澳大利亚、美国夏威夷、印度、日本结成一个菱形的、像钻石一样的"安保钻石包围圈"。中国的南海诸岛以及钓鱼岛等都被囊括其中。《产经新闻》称，这是为了牵制在海洋上活跃的中国。

中国太大了，日本要同今天的中国下"围棋"，只能是国际战略界的笑话。即使美国加进来，它们也围不住中国。

安倍访问东南亚，这不会让中国有危机感。日本是亚洲地缘政治正在下落的太阳，日本想挽留住自己的一些影响，想在中日关系前景不妙的时候巩固其在东南亚的利益，这些我们能理解。中国非常重视东南亚，但并不认为那里是中日竞争影响力的阵地。

亚洲有个日本，这对中国也是好事。日本不时极端、偏执，把中国未来可能遇到的各种危险都提前做了彩排。日本不能把中国怎么样，即使中日交战，日本毫无在战略上击败中国的希望。但日本带给了我们刺激和警惕，让我们知道中国进一步崛起会遭到什么样的外部阻力。

中国既要认真对付日本，又要在战略上对它抱以"三心二意"的态度。中国是日本"危机感"的绝大部分来源，但日本对中国不是，它只是中国战略隐患的一小部分，尽管它在今天变得十分尖锐。中国的安全利益是全方位和放射性的，中国愿不愿意都在成为21世纪的全球性角色，我们的战略筹划要"克服日本"，同时也必须"超越日本"。

如果安倍去东南亚主要为了"牵制中国"，他只能把日本在亚洲政治舞台上的角色自降为"小丑"级别。因为这不可能有实质内容，只能是逗观众一乐的夸张作态。也许安倍的内阁班子没那么蠢，他们更想开拓"后中日友好时代"的日本经济空间。

关于中国舆论的反日情绪，我们最要避免的是不让它成为我们自己的陷阱。就像中国电视剧别的题材不好拍，就纷纷拍抗日片一样，中国社会的反日情绪也因"政治最正确"，得以充分释放。但我们不能把自己气着了，把注意力统统集中到日本头上，忘了其他。

对中日关系，现在最应着急的是日本，而不是中国。中国冉冉上升、壮大，我们是亚洲地缘政治变化的推动力，有什么可急的？让日本在中国周边折腾去好了，它同南海声索国协商对中国的态度，什么作用都起不了，那顶多是日本和有关国家的某种自我安慰。

日本内阁更迭在全世界最频繁，这加剧了日本政治的表演性。看日本，中国既要警惕，也不妨有一点观戏心态。

(2013.01.16)

中美共同利益成长速度应压倒互疑

中国国家主席习近平昨天会见来访的美国总统特别代表、财政部长雅各布·卢。这是习近平当选国家主席之后会见的第一位外国客人。在已经宣布习近平首访定在莫斯科之后，美国财长成为习近平"首见"的客人，这样的安排大概不是偶然的。

俄罗斯显然是中国最重要的战略协作伙伴，而美国则是对中国利益影响最大的国家。对如今的中国来说，美国无处不在，开心不开心，我们都得与它相处。美国的超级实力和地位是客观的，它同中国国家利益的紧密纠缠不断增加。很难给中美关系找一个准确的词定性，两国关系的重要性同它的性质关系不大，而是因为它"铺天盖地"的总量。

中俄关系很大程度上源自两国领导人的不断推动和塑造，源自两国地缘政治利益的清晰和两国社会对彼此全面战略协作的总体支持。换句话说，中俄友好里面，两国的主动性都起了作用。

中美关系当然也有两国高层的战略塑造，但它有更多"野生"的因素，民间的参与量极其庞大，双方、首先是美方各种力量都进来搅和，这些共同构筑了中美关系极其特殊的面貌。

中美关系是利益的超大篮子，这种利益既包括双方商界都能挣钱，给两国提供支持就业的大量订单等等，也包括给很多政治上的活跃人士提供了新舞台。这些利益有些是"共同利益"，有些则不是。

中美关系当前主要靠各种利益不断"滚雪团"前行，两国官方和战略界对它未来的设计能力有些吃紧。思想的理性在起作用，但各种利益的未来合力形势不太确定。两国政府都表现出大的稳健,但各自社会上都有极端声音,两国的战略互疑呈不断增多之势。

鉴于这种复杂性,中美政府有必要在两个方面着力。一是尽可能扩大两国关系利益篮子里的"共同利益",培育人们更宽阔的共同利益观。至少要让两国共同利益的增速快于两国互疑的生长速度,也快于两国对"最坏情况"的准备。

中美的共同利益通常都被归纳到商业利益的圈子里,这种认识过于肤浅。中美的最大共同利益是21世纪的和平。看看"基地"那几个"毛贼"给美国带来了什么,也看看中国经济对动荡的承受力是多么脆弱,就知道和平的红利对中美比什么都重要。本世纪会不会成为不再有大战争的人类全新纪元,关键就取决于中美这两大国的相处方式。

二是中美要真正建立起对分歧和冲突的管控机制。中美公开摩擦最多的是经贸和意识形态领域,地缘政治竞争也在逐渐加剧,后者同钓鱼岛等非中美关系的直接问题连在一起。中美对它们做战略性管控当然很难,但并非做不到。只要两国有强大的政治决心,两国共同利益快速增长能及时提供源源不断的支持,一切皆有可能。

未来十年是中国人追求实现"中国梦"的过程,但"中国梦"同"美国梦"不是对立关系。西方文明习惯了零和思维,中国的复兴必须创造大国崛起带来共赢的先例。这是中国的真实愿望和决心,西方如何反过来对待中国,将考验西方文明的气量,也要看整个人类文明在21世纪的运气。

奥巴马是获得了诺贝尔和平奖的,有鉴于中美关系对世界持久和平的特殊意义,他对塑造其长期稳定的努力不应小于中国领导人。

(2013.03.20)

执迷于历史之争，日本注定是输家

正在德国访问的中国总理李克强在波茨坦会议旧址发表讲话，他强调了《波茨坦公告》第八条的内容，那就是日本必须归还他们窃取的中国东北、台湾等岛屿。他指出这是用几千万人生命为代价换来的胜利成果，也是二战后和平秩序的重要组成部分，因而不允许被破坏、否认。

所有人都会自然联想到日本对二战结果的抵触，以及日本右翼和官方否定历史没完没了的挑衅。中韩等亚洲国家的人们还会特别想到：同是二战的法西斯战败国家，德国的反省相当认真，日本却不断琢磨为那段历史翻案，如此大的差距，这真是亚洲人的不幸。

但我们有一个信心：无论日本怎么折腾，它们一定是这场围绕历史"持久战"的输家。日本人闹的时间越长，会把人们的目光越多引向当年日本军国主义的细节，也必将让世界人民更多看到日本侵略亚洲国家的残暴。决不会有别的结果。

为二战历史翻案是日本做的一件最蠢的事。否定南京大屠杀的史实，美化日军对韩中慰安妇的摧残，这不可能得到世界舆论的同情与支持。日本官员不断参拜靖国神社，这件事的滑稽只能向世界展示，日本政坛在被奇怪的力量和情绪占据。

钓鱼岛问题表面上看只是中日围绕一个无人岛归属的争端，但它反映的同样是日本对待二战结果的态度。只要中国把个中缘由向世界讲清楚，这件事的性质就能得到世界舆论的重新认识。

过去是日本反复挑起历史之争，中国以低调回应，尽量维护中日友好的大局。如今中国下决心把事情摊开捅破,通过与日本的正面较量搞清历史是非,伸张东北亚的正义。中韩等亚洲国家与日本"历史之争"的形势一定会根本转折。

日本明治维新之后一直是亚洲最大的侵略战争源头,中国今天与日本的所有争议无一不与日本的侵略史有关,它们都是日本侵略没有得到彻底清算的后遗症。中国理应向问题的根源坚决回溯,揭开日本极端民族主义的原形。

在捍卫二战结果方面,不仅中韩的感情和利益相通,俄罗斯也可以成为中国的同盟者,即使经常偏袒日本的美国,也很难公开与日本沆瀣一气。这大概是中国对外斗争最容易登上道德制高点的领域。

我们不可能在有关历史的争议和纠纷中让日本"心服口服",其实美国的原子弹当年也没能把日本彻底搞定。日本的执迷不悟程度远高于我们以往的推测。但中国越坚定,越能压制极端主义在日本的抬头,也才能吸引世界认真分辨中日争端的深层原因,不被日本的"悲情主义"忽悠了。

围绕历史斗争已成为中日战略摩擦的一种方式,总体上看它对中国有利。日本的愚蠢使得它挑选了毫无前途的对抗主题,它暴露了日本的不良心态,以及它与公理和天道的敌对,日本这样做对中国造成的实际麻烦和伤害很小。中日这样再斗上十几年,中国会更成熟、强大,日本将在下坡路上越滑越远。

李克强总理在波茨坦的讲话必将被世界舆论长久记住,它对世界认识东亚历史和现实所产生的影响亦将同样深远。

(2013.05.27)

奥巴马的华丽演说需用行动兑现

美国总统奥巴马昨天在柏林勃兰登堡门发表演说，和平、民主、自由、裁减核武器等成为贯穿他讲话的关键词。在柏林墙倒塌的这个特殊地点，奥巴马描述了西方期待的欧洲未来以及世界未来。他的演说获得西方公众的掌声。

奥巴马对未来世界的泛泛描述，反对的人大概不多。但奥巴马对世界其他国家的呼吁，远多于对美国自己的要求和鞭策。其实，世界向何处去，关键取决于美国的表现。当今世界没有挑战和平的突出力量，主要新兴国家没有一个热衷国际斗争的，金砖国家都注重本国的和平发展，不希望卷入对抗和冲突，这一局面是人类近现代史上从未有过的。

奥巴马在讲话中提到伊朗和朝鲜，但这两个国家的战略目标也都是自保，它们没有显露出威胁地区安全的特殊抱负或野心。它们未必就能对世界和平与安全构成实质威胁。

中国是崛起势头最强劲的发展中大国，但中国战略姿态放得相当低。中国在同周边国家的领土纠纷中小心翼翼，从不炫耀自己近年迅速积累的力量。中国处理对美关系尤其谨慎，极力避免中美堕入崛起大国与守成大国的传统对抗。奥巴马的演说中堆积了美好的词汇，但他的调门并不谦和，而是显示了西方领导人业已习惯的政治强势，以及道德优越感。事实上，西方中心主义同现实世界多极发展之间的不和谐构成了当今世界的主要摩擦面之一，奥巴马如果要让他的任期被历史记住，他就应该为缓解、淡化这种不和谐做出贡献。

奥巴马应当更积极地回应中国关于中美建立新型大国关系的主张，彻底把大国之间的力量变化带出国际政治的零和博弈，让大国兴衰更多成为经济和文化过程。促成这一变化比泛泛谈论世界和平与普世价值更加具有实质意义。

奥巴马应推动西方世界对人类社会政治多样性的理解和尊重。西方的精英们对非西方体制具有的长处连想都不愿意去想，武断地宣扬西方制度是人类唯一正确的治理模式，这当中既有短视，也有政治自私。围绕这个问题的争执导致了一系列混乱，不少非西方国家成了牺牲品。

奥巴马应当做世界自由贸易的捍卫者，而不应带头重启贸易保护主义。他还应当积极回应多国关于建立更合理金融秩序的要求，促进世界经济体系的公平。奥巴马及美国政府做不做这一切，事关全球能否安然度过金融危机，重新走向繁荣。

奥巴马是位演讲天才，但世界不仅关心他怎么说，更注重他作为美国总统将如何做。过去的世界秩序极不稳定，挑战者很多，但如今挑战和反挑战不是国际政治的主导性矛盾。美国是否会对世界力量格局的变迁更多采取"顺其自然"的态度，还是会强行维持它的霸权，以及西方的既得利益，这已成为当今世界越来越重要的不确定性。

希望奥巴马的所作所为能同他昨天所说的那些美丽词汇真正对应。希望他不辜负世界公众的期待，跳出以往美国总统的狭隘。

(2013.06.20)

"自由的美国"与自由主义者为敌

斯诺登1日向21个国家提出政治避难申请,各国的第一反应都比较消极。俄罗斯总统普京亲自回应,向斯诺登提出避难的条件,斯诺登随即放弃了向俄罗斯的申请。斯诺登的命运正在成为"全球性难题",但最难堪的仍是美国。

斯诺登已让华盛顿名誉扫地,他对美国监视其盟友驻美机构的最新揭露似在产生严重后果,法德等欧盟国家反应激烈。美国的不道德像一颗"脏弹"一样在大西洋体系内部炸开,这将进一步让美国今后对世界指手画脚变得滑稽。

斯诺登先是让世界看到美国的虚伪,其侵犯公民隐私权的随意性,对他国从事网络间谍活动的胆大妄为等。美国软实力的惯性没能阻止这些认识和感受在全球范围内发酵,美国之外的世界大媒体有些出于顾忌没有对美"落井下石",但斯诺登的爆料反复洗礼全球公众,大家都不是傻子即使话没说透,但心里都明白了。

斯诺登接下来要向世界展示美国的霸道了。他递出了21份避难申请,美国迅速"不怒自威",用它的脸色就让各国或者退缩,或者说话吞吞吐吐。美国确是这个世界的"唯一"。

然而美国的国家实力用不着向世界陈列,它如此突出地证明自己"不可一世",效果将正负参半。全球化时代,国际民主即使"算个P",但做"恶霸"也未必就是什么好事。否则奥巴马何必要对日本天皇表演"九十度鞠躬",何必要在访问其他国家时对主人说肉麻的场面话?

美国在追缴一个被全世界网民捧为英雄的自由主义小青年,此前它追缴了另一个主持维基解密的互联网自由主义者。全世界两个最著名的"互联网自由主义英雄"都成了美国的敌人,这样的对抗是非传统意义的,美国越强大,它的形象风险其实越高。

自由的国家容不下两位全球互联网自由主义的精神领袖,这个悖论花多大力气也解释不清。美国此前被很多人认为是世界最自由的国家,但斯诺登和阿桑奇的遭遇在向互联网世界证明相反的故事。此外美国至今不向任何国家道歉,甚至对批评它的欧盟国家争辩"监视有理",美国在加深世界对它能把"贼喊捉贼"做得浩然正气的印象。

公平和正义成为世界各国社会的普遍追求,它们不可能不向国际关系层面上浮。无论美国在其国内做得怎样,但它在国际舞台上的道德表现实在与它谋求的"世界领导者"角色不符,甚至相当差劲。它要求别人不做的事自己总做,它还经常搞双重标准、多重标准,它在很多时候成为由它自己主导制定国际秩序的破坏者。

观察斯诺登事件的走向,可以大致推测美国在相关领域的未来表现。一个连"解释"都懒得做的国家,我们大概不能指望它做什么改变。美国的国家利益仍是华盛顿制定网络政策的出发点,而且美国对国家利益的理解似乎仍停留在上个世纪。

我们相信斯诺登不是最后一个反抗美国政府的自由主义斗士,这些"突如其来"斗争的背后都有时代的厚积薄发,它们对世界的触动深度很可能比我们今天看到的更甚。未来历史对"人物"的选择和记述或许会更有趣。

互联网在改变世界,我们对这句话的理解远未走到头。

(2013.07.03)

防卫白皮书，日本的最新狂妄秀

日本发表新的防卫白皮书，其中关于中国的表述大幅增加，渲染"中国威胁"的用词更加严峻。比如白皮书宣称中国采取"高压"做法，日本防卫相小野寺五典进一步解释说，"这是对包括东海在内的各个地区所出现状况的总称。"白皮书认为"只靠外交努力无法防范侵略于未然，防卫力量是排除侵略的国家意志和能力的表现"。

这份白皮书给人的第一个印象是，日本不会顾及中国有什么反应。一名日本高官公开说，日本根本"没有考虑中国的反应"。这样的蔑视已在日本官方言论中司空见惯，似在成为某种固化的东西。

日本希望保持日美同盟对中国的制约，保持其对钓鱼岛的自由处置，在这两个前提下维系同中国关系的平稳。白皮书淋漓尽致表现了日本的这一狂妄。

中日两国的隔阂与对立在一步步加深，似乎已经迈过可以灵活调动、转折的特殊心理区间，两国的相互怨气每一天都在增加，像自由落体一样坠入连接着历史仇恨的深渊。中日矛盾在从历史纠纷和岛屿争端这些本来可控的问题向着战略敌意发展，两国都像是没有退路。

从白皮书这件事可以看出，日方对中日关系的危险倾向更愿意显示不在乎的态度，它在极力营造压倒中国的气势。日本国力在中国面前的衰落已成绝对趋势，但日本坚信只要它保持强硬，中国就无计可施，它认为中国会为了其全球战略而牺牲中日之争的局部感受。

日本还对美日军事同盟达到痴迷的程度，它笃信中日越紧张，日本就越能浓缩整个美日同盟的力量，期待着美日同盟总能在关键时刻将中国吓倒。

但日本的自我安排已经失去战略的大气，它虽然像是周边与中国对立的举旗者，实际它把自己摆在美国战略棋子的位置。它更像是中国的挑衅者。

中国面临两个选择，一是认真构筑对日本的"高压"，从经济、政治、军事等多方向打击其气焰。中国只要坚持这样做下去，日本最终被压垮是迟早的事。

第二个选择是轻视日本，划清我们的红线，反击它一次出手要重，平时则避免与之纠缠。原因是中国的战略雄心早已覆盖并跨越了日本，日本不配做我们的战略对手，它只能在我们面前的棋盘上跳来跳去，让我们生一些闲气。

日本高官非常廉价地轮流出场，表现他们对中国的强硬。他们还搞出防卫白皮书这样的官方文件挑衅我们。日本在非常集中精力地对付中国，但它对我们来说，只是诸多操心事务中的一块。其实现在提到日本，很多中国人更容易联想起来的国家是菲律宾。

把对日心态放坦然，我们就可以继续学习它的管理经验，先进的电子和汽车技术等，对它的舆论挑衅可理可不理，全凭我们的心情。

中国逐渐大得让日本窒息，日本政客的一些刺耳叫声真正传递出的是那个国家的焦虑甚至恐惧。只要中国正常发展，我们就可以同时有一份悠然的心态，欣赏那个岛国上一些人绝望的样子，以及他们为了掩饰绝望的种种夸张表演。

日本是物质建设的榜样，同时也是我们走向未来的一块精神垫脚石。与日本为邻曾让我们付出巨大代价，但今天它带来警醒和刺激，又伤害不了我们，它的纠缠和挑衅从一定意义上说就是对中国的"陪练"。

中国如今怎么对待日本都可以。我们可以拉拢它，蔑视它，对它施以"高压"，也可以"胡萝卜加大棒"。我们应通过再有一二十年的发展对它"不战而胜"，我们应当享受中日之间的这个过程。

(2013.07.10)

"台湾是我国神圣领土"哪错了

在香港已经出版7年的《香港基本法小学生读本》近日招来争议。书中有"台湾是我国神圣领土","管理香港的人须爱国爱港"等字句,一些反对者宣称这都不是基本法内容,放到《读本》中是一种"洗脑"。基本法推介联席会议名誉主席黄富荣怒斥这些人"全都没有看过"基本法。

香港社会不同于内地,会发生这样我们极不熟悉的摩擦。我们能够分辨出这是那些反对者在故意找香港国民教育的茬,特区政府及香港社会将如何对待这些明显夸张的指责,我们会带着好奇旁观。

但这些人的态度触及到内地人的感情,作为媒体,我们认为有必要在这里说几句。

香港是中国领土,香港公民同时是中国人,不管有些人承不承认,他们都是。一些人想模糊这个问题,在香港的现实下可以理解。但如果有人要刻意表现他们"不是中国人",或者要极力颠覆中国人之间的政治常识,他们大概总能出语惊人,但他们的政治档次一定会处在边缘位置上。

"台湾是我国神圣领土",这句话有着传达给每一名中国人的特权,作为香港国民教育的一项内容,它的正当性不容置辩。少数香港人反对它只能被当成三岁顽童的一声抗议。

《读本》未必没有值得进一步完善的地方,但来自反国民教育组织的说辞,引起更多反感也在情理之中。政府与任何人打交道都需耐心,但对于其他爱国爱港的人来说,他们没理由对那些反对者那么客气,他们有权蔑视后者,让后者知耻。

香港是多元社会,随着接触的增多,内地人对"多元"有了更多认识。但即使这样,欣赏香港出现极端主义言论的内地人也很少。我们相信,无论什么社会里,讲大局识大体都是主流社会的选择,偏执不应处于一个社会的中心。

香港给内地的主要印象是社会发达、开放,充满时尚、流行的元素。但最近一个时期,"政治化"成为从香港传来的新信息,那里不断有游行、抗议,还有一些人莫名其妙针对内地民众的声讨。香港似在流露出一些"第三世界"的现象,社会深处泛起一些敏感和自卑。我们很愿意保持为香港骄傲的感觉,不希望香港成为低档、劣质政治现象的滋生地。

香港一定会受到内地的一些影响,就像它在港英时期受到英国的影响一样,它回归祖国后不可能在思想上毫无痕迹。这用不着"洗脑",这个过程将自然发生。如果有谁希望香港的思想面貌完全冻结在1997年7月1日以前,那他一定会失望、痛苦。

香港保持一国两制下的独特性是内地大多数人的希望,这里没人愿意香港"内地化",因此对香港很多现象,内地人的第一反应蛮谨慎的。希望香港各派力量都珍惜内地社会对香港的善意甚至爱港情怀,这对香港长期繁荣只会有益无害。

(2013.07.12)

析"中国若动荡将比苏联更惨"

互联网上近日流传网友王小石以"中国若动荡,只会比苏联更惨"为题的文章。此文的大判断与中国主流社会的看法是一致的,但文章对俄罗斯现状的描写不够专业。自由派人士猛批此文,但后者对俄罗斯命运的解读同样不专业,认为苏联解体是"俄罗斯人民之福"的说法尤其幼稚。

中国与苏联的可比性和不可比性孰大孰小很难说,但是苏联动荡导致国家解体简直就像专门为中国敲的警钟。中国自己的历史也告诉我们,这个大一统的国家经不起动荡,分裂与混乱如影随形。中国一旦走向动荡,决不会像苏联那样相对"文明"地解体,中国的"崩溃"将被战争和流血一路相伴。

俄罗斯已经从苏联解体之初的极度困境中大体缓过来,迈向繁荣。现在的问题是,国家分裂和十几年经济停滞甚至倒退的代价为那个国家换来了什么?俄罗斯大致沦为世界二流国家,对外竞争力衰退,俄罗斯不再具有对世界事务的领导力。国家大小的好处虽有争论,但俄罗斯的这一经历同世界各主要国家在国际舞台上的努力方向无疑是相反的。

说俄罗斯人现在过得不错,乱十几年"值了",这只能是部分人在某个时间点上的看法。首先这是那些人从今天往后看的感受,或者是"好了伤疤忘了疼",或者是"站着说话不腰疼"。它消耗了很多人青壮年十几载的人生,努力避免它是任何国家领导层的神圣责任。如果按时间顺序正着看,主流社会群体会愿意承受如此巨大的代价,哪怕是不确定性吗？

苏联解体是国家政权对改革进程完全失去控制下的剧变，这对全世界都是教训，这已是国际政治学的定论，连很多西方政治学者也视戈尔巴乔夫那一班领导者是无能之辈。今天仍在吹捧戈氏的人都是出于意识形态考虑，几乎无人对他给予发自内心的尊敬。

然而中俄毕竟不同，至少对俄罗斯，我们今天应更多跳出苏联解体带给我们的视角，客观观察它十分独特的国家轨迹。俄罗斯走的路既非"西方的"，也非"东方的"，那里正在发生的一切都与它超级地大物博和自成一体的文化传统密切相关。

俄罗斯的综合社会发展水平仍比中国高，但最近二十多年两国的差距急剧缩小，而且俄在世界上的相对位置低了，中俄之间的差距缩小比中国同西方的差距缩小更明显，这两方面都是不容辩驳的事实。

额外需要指出的是，世界舆论、包括西方舆论对中苏不同改革的评价也截然不同，尽管西方不喜欢中国，但其主流舆论对中国改革的打分很高，"成功"是经常送给中国改革的评价。而戈尔巴乔夫的改革从未得到过"成功"的评语。

普京领导俄罗斯逐渐脱离戈尔巴乔夫和叶利钦时代的政治路线，重新强调国家的强大和团结。他的治国之策开始取得成功。今天俄罗斯的恢复由多重因素促成，普京的领导力是其中之一，俄罗斯的资源优势也是之一，今天的石油价格是戈尔巴乔夫时代的七八倍，俄罗斯的工业能力和科技竞争力实际都远未恢复，它已经不再是昔日的工业大国。将俄罗斯时下的民生成就说成是苏联解体和"民主化"带来的，是极不准确的。

中国崛起的自身条件和地缘政治环境与历史上的大国崛起相比都是很差的，中国已经是世界第二大经济体，但却仍是穷国，因而充满纠结。中国和俄罗斯都未完成"转型"，两国需要相互借鉴经验，汲取教训，"重蹈覆辙"应是这两大邻国彼此观察的长期警觉。

（2013.08.05）

海外民运需吞下被边缘化的苦果

多名海外民运人士近来在网上联络，扬言要在明年的某一天回国闹事，或者到中国政府驻世界各地的机构门口"围城"。一些几乎被中国人忘记了的名字，或者本来就不为人知的名字，又像流星一样划过媒体。

接受《环球时报》采访的中国大陆学者几乎有着同样的第一反应：民运人士在西方已被边缘化了，这是他们证明自己存在、抓取媒体关注的一种方式。没有人相信他们能掀起什么大浪。

在学者看来，海外民运作为一个共同体已经不复存在。有人统计说，各种海外民运组织有多达几十个，但总人数只有大约200人。他们彼此联系不多，很不团结，相互竞争在海外的影响力和越来越有限的物质支持。1989年出走的那批人大多步入中年甚至老年，新加入者参差不齐，他们都越来越"实际"，很多人现在谈政治成了维持生存和影响力的一种手段。

海外民运人士在西方对华博弈中扮演的角色也越来越边缘化，逐渐成为"最小的棋子"。由于民运人士长期脱离中国社会，既毫无行动力，也已经不再是撬动中国国内舆论场的杠杆，中国年轻人很少有人知道他们，西方社会中的反华力量已把大部分精力从这些人的身上移开。这让民运人士饱尝政治上的世态炎凉。

从部分民运人士的利益上说，他们急需"干出点事"，至少在舆论场制造出一些动静。这对涉华政治能造成实际影响的几率很小，但这对他们个人在西方重获一些重视，改善他们目前备受冷落的情况却很重要。这也可以满足部分人的政治表现欲。

很多在国外与民运人士有过接触的人都有一个共同印象：由于长期隔绝，这些人已对中国近20多年的变化缺少最基本的切身感受，他们对国家现状的认识甚至不如部分西方人士。他们在利益上同祖国断了，因此不少人很希望中国"出大事"，幻想这会为他们的人生转折带来机会，或者证明他们的人生选择是对的。

他们大多是高度意识形态化的人，有些逢中必反，其中不少人连语言风格都停留在上世纪80年代。他们已经失去了同中国主流社会正面互动的能力，出于某种目的，他们中一些人甚至与"藏独"、"疆独"搞到一起，想从西方对那些分离主义势力的支持中分一杯羹。这使他们进一步走进死胡同。

海外民运人士的人生轨迹具有标志性意义。他们的经历证明了极端政治对抗在中国没有前途。中国是蓬勃发展的社会，中国体制的反思精神和改革意愿都很活跃、真实，在中国搞政治对抗会将自己推向极端，从而盲目反对中国的进步和成为普遍共识的一切。这必将把自己逼到中国最广大人民群众根本利益的对立面。

需要指出的是，有些海外民运人士曾在上世纪80年代末深刻影响了中国大众舆论，当时他们左右人们看法的能力，直到今天中国的舆论领袖无出其右者。出走国外后，他们一度组成联盟，对"推翻"中国体制充满信心。他们之后政治上的失败和人生空耗如此没有余地，令人长叹。

大概没有人能比民运人士自己更清楚他们走错了路。他们需要思想上痛切反思的能力，以及向社会展示这种反思的勇气。否则他们就是时代风中刮过的尘沙，继续折腾或者纠结下去不如随遇而安了。

（2013.08.14）

英国就香港事务表态应谨慎、自重

英国负责东亚及香港事务的高官施维尔14日在香港《南华早报》和《明报》上撰文,表示英国对香港2017年的特首普选"随时准备提供任何支援"。一段时间以来,美国驻港总领事夏千福就香港政治多次说三道四,中国外交部驻港特派员宋哲日前给予公开批评。9月15日是国际民主日,英国官员借这个机会发表上述谈话,不能不在香港引起敏感联想。

众所周知,香港内部围绕普选的争议一直存在,泛民力量要求按照"国际公约"推进普选,把香港完全当成独立政治实体对待。这一要求与香港是中国特别行政区的法律地位相抵触,不可能得到中央支持。中央已经表示,香港普选要依据《基本法》进行,与中央对抗的人不能作为特首候选人。

可以预见,"普选之争"随着2017年临近将会风波迭起,但泛民派不可能将特区政府和中央压倒。因此泛民派很欢迎英美力量过来插一杠子,尽管这也不会有什么实际作用,但总能帮着壮壮声势。

英美官方就香港普选说几句话,这只能是一场游戏。但政治的规律有时会鼓励某些假大空的表演。英国在还控制香港的最后日子里都斗输了,现在它说几句"官话"能有什么作用?香港泛民派竟然觉得英国发声很重要,他们当中至少部分人的思想还停留在旧时代。

经常有人拿一个质问揶揄英国政府:你们现在关心香港的民主,早干什么去了?港英时代的港督都是女王直接任命,什么时候听过香港人的意见?说英国人在推动香港民主的问题上"动机不纯",逻辑是缜密的。

香港回归 16 年，民主获得了大发展。立法会议员的直选比例不断增加，将在 2017 年同特首选举实现"双普选"。香港用 20 年时间完成向民主的全面过渡，这是它在中国怀抱里的全新经历。此前英国统治了它 99 年，派总督，强行输入英语，要求香港人对女王效忠。因为这一切，英国方面在谈香港民主问题时不该像功臣似的，而应有几分歉疚。

香港特首梁振英 15 日已经做出回应，表示香港不需要英国政府和任何其他外国政府提供"支持"，普选行政长官是香港特区市民、特区政府和全国人大、中央之间的事，完全是中国人范围内（中国内部）的事，与英国无关，亦与任何其他外国政府无关。

香港回归之前邓小平就表示，香港制度将 50 年不变。这一承诺在《基本法》的保障下得到严肃的落实。香港舆论比港英时期更多元（那时是不允许骂女王的），游行示威更容易得到批准。香港反对派达到开埠以来最活跃的程度，政治宽容成为香港的真正现实。

然而香港的民主必须有利于当地社会的发展和进步，而不能对香港繁荣构成破坏。实事求是说，对香港政治发展有这份高度责任心的只能是港府和中央，其他外国政府在利益上都不可能与香港是共同体。英美政府现在对香港事务表态，只能从它们各自的国家利益出发，这大概属于国际政治常识，不是什么深刻的道理。

英国作为香港的前宗主国，有时多表现出一些热心也可以理解。但英国政府做政治表态时应当谨慎和自重，这是它应有的一份外交文明。

(2013.09.16)

从美国人接受枪案频发看中美不同

位于华盛顿的美国海军大楼16日发生枪击案,造成包括1名枪手在内的13人死亡,另有14人受伤。34岁的犯罪嫌疑人曾在海军服役4年,退役后受雇于军方的承包商。事件发生后,奥巴马指责行凶者是"懦夫"。

枪案是美国长久的痛。它在美国反复发生,引来大量争论,但问题在原地打转,毫无解决的进展。枪案为我们观察、了解美国社会提供了独特角度。

重大枪案发生后,美国总统会发表讲话,说一些激励社会、有感染力的话。总统不会坚决推动解决问题的措施,也不向社会做这样的承诺。社会也没有不再发生或者减少发生枪案的期待,不认为做到这一点是政府的责任。美国社会总体上对不断发生枪案"很认命",对政府的要求不是"责任制"的,比如要政府"必须做到什么"。

美国人对控枪的态度是高度分裂的,有一批无论发生多少枪案也不接受控枪的铁杆枪粉,也有主张控枪的群体。但双方平衡对冲后,剩不下能够对控枪造成实际推动的力量。这是个"马蜂窝",美国总统顶多做做样子,不敢真去捅它。

如果实行控枪,对民间拥有2.7亿枪支的美国来说是重大社会改革,牵动很多利益,除了个人的爱好和安全感以外,它还会触动生产及销售枪支的庞大经济利益链。外人会觉得美国有点"怪":因枪案死这么多人,控枪难道不是理所当然的吗?然而它真的就是这么难。

不能因为枪案多,就认为美国"很乱"。美国是自治色彩浓厚的社会，政府之所以"小"，社会的自治能力高是重要原因。客观而言，有2.7亿枪支"散落"在民间，每年有10余万人遭遇枪击，约3万人死于枪伤，这个比例还是比较低的。

美国是与我们有着巨大差异的社会。中国的政府"大"，社会要求它承担的责任也是"无限的"。舆论界关于中国也应是"小政府"的呼声并不太真诚，实际上大家是有时希望政府"大"，有时希望政府"小"，这当中并无明显规律，舆论的态度相当混乱。

中国民间无枪械，但有犯罪分子会自制土枪土炸弹，中国发生投毒案件的比例不低。中国社会自治能力不足，就靠政府对管理的加强部分来"凑"。维持同样水平的社会治安，在中国要比在美国的管理成本高很多。这一切不可能不对中国社会治理的基本面产生影响。

想想看如果中国基层社会普遍拥枪会发生什么，再看看中国学校里发生持刀砍杀师生事件后，舆论对政府的要求又是什么，对比美国反复出现校园和公共场所枪击案后社会的相对平静，大概不难悟出中美两国的社会治理文化是多么不同。

美国自有它一本难念的经，中国有中国的。两国都别对对方发生的极端事件幸灾乐祸，多一些相互的借鉴和祝愿吧。有一点很清楚：和平与秩序对任何社会都是头等重要的。

(2013.09.18)

以苏联解体为鉴，应是中国最低要求

围绕苏联解体，中国舆论场近来又争成一团。由于争论者持完全不同的价值观，自然会得出南辕北辙的结论。本文试图超越价值评价，客观梳理那场剧变带来的种种后果。

苏联解体深刻改变了二战后形成的国际政治格局，雅尔塔体系崩溃，美国是最大的受益者，其他西方国家次之。苏联的消失恶化了中国坚持走社会主义道路的国际政治环境，但同时又大大降低了中国北方的长远地缘政治压力。它对中国可谓利弊参半。

苏联各国人民对苏联解体的感受不尽相同。波罗的海三国是苏联的坚决掘墓人，它们早在1990年前后就脱离苏联，后又加入北约，苏联解体是三国求之不得的事情。

对其他苏联加盟共和国的人民来说，苏联解体来得很突然。1991年3月苏联曾就是否保留联盟国家举行全民公决，支持者高达76%。

苏联突然解体摧毁了联盟内的经济联系，带来剧烈阵痛。各新生国家的第一批受益者大多是前官员、政治活跃人士和经济冒险家。比如各新生国家的领导集团几乎都是前加盟共和国领导层，第一书记纷纷成为总统，那批领导人大多在位很久，有几位执政至今。

俄罗斯的政治变化从一开始就比较大，但两代俄罗斯领导层都同苏联官方系统有千丝万缕的联系。俄罗斯完全意义上的"反对派"至今尚未获得他们满意的政治机会。

从经济情况来说，俄罗斯得到全面恢复，哈萨克斯坦、土库曼斯坦等因资源丰富也实现较高国民收入，但一半以上的前苏联共和国在经济上成了联盟解体的输家。比如总人口约4700万、曾很富裕的乌克兰目前人均GDP只相当于中国的一半多一点，我们的中亚邻国吉尔吉斯斯坦、塔吉克斯坦的情况更糟,几乎已进入世界最穷国家行列。

对苏联解体最耿耿于怀的是生活在俄罗斯境外的近2000万俄罗斯族,他们一夜之间成为少数民族,他们在与俄罗斯关系紧张的新生国家里处境艰难。

俄罗斯是苏联的主要继承者,它的国土面积比沙皇俄国小了许多,丢了乌克兰和白俄罗斯等,也丢了外高加索和整个中亚。但俄罗斯仍足够大,横跨欧亚,资源丰富。苏联解体后的前十年,俄国家政治很不稳定,并且陷入车臣战争,民间饱尝困顿。普京上台后采取内外强有力的政策,又赶上世界石油价格飙升,俄终于摆脱了自苏联末期就开始的漫长经济政治危机。民众的生活质量在最近几年全面超越苏联时期。

俄罗斯人对苏联解体的感受可谓一言难尽。如今的国家欣欣向荣,苏联时期的基本免费教育和基本免费医疗都得到保留,人们的收入在提高,有钱人逐渐多起来。但国家的实力规模小了,影响力与苏联不可同日而语。虽然国家大小强弱与老百姓生活质量并非完全直接对应,但全球大国和地区大国都以扩大影响力为主要外交目标之一,显然有其道理。俄也对沦为"二流国家"非常抵触。

与其他新兴国家相比,俄罗斯可以说经历了"纠结和停顿的20年",它今天的技术能力基本吃的是苏联老本,军事实力更是如此。但这样的停顿对俄罗斯来说并非很严重,因为俄罗斯充裕资源的弥补力量是无以伦比的。很多去过俄罗斯的人都相信,近十年来俄罗斯民众的实际生活质量是不断提高的,俄罗斯的富裕就扎根在它的幅员辽阔之中。

中国今天能同俄罗斯"比一比",有些基础设施建设甚至超过了它,完全拜改革开放这些年建设成就之功。但将两个国家的经济境遇做细致对比肯定是荒谬的。

我们的结论是:苏联解体留下了一代人的痛苦,和很多原苏联公民的遗憾,以及一份争议。但苏联在逐渐被遗忘。作为其他大国,都应以苏联为鉴,不断改革,避免走向苏联式危机和解体。这应是历史对执政者的最低要求。

(2013.10.11)

默克尔批美国应顺便"骂醒"中国人

德国总理默克尔23日夜间与美国总统奥巴马通电话,愤怒讨论她的手机被美国国家安全局监听的事情。她表示美国这样做是"对信任的严重践踏","完全不可接受"。奥巴马只是对默克尔保证"现在没有监听","将来也不会监听"她的手机通讯。舆论纷纷解读,奥巴马间接承认美国人的确之前监听了默克尔的电话。

法德先后就监听事件向美国强烈表达不满,此前进入抗议行列的还有意大利、巴西、墨西哥等。斯诺登捅出的棱镜门事件给了世界换个角度认识美国的机会,西欧国家也因此得以重新品味它们与美国之间"盟友"的涵义。

欧美围绕电话窃听的争吵再次展现了当今世界秩序的无序和不公。美国作为全球"老大"很自私。一切以自我为中心,它为了利益会把道德抛到一边。美国表面上奉行"普世价值"外交,但它严于律人,宽以待己,美国外交根本经不起扒开来细看。

然而如果说棱镜门事件"毁了"美国的形象,是不准确的。事实上美国因此遭遇的批评总是很快就刮过去。试想一下,如果这个丑闻发生在俄罗斯或者中国政府身上,欧美舆论会闹成什么样子。

我们都能感觉到,美国形象至少在中国社会因此受的损失很小。斯诺登的出逃点是香港,他兜出的受害者名单中包括中国内地不少机构,中国人的通讯安全受到威胁。但中国互联网上的反应出奇温和。

至今在中国互联网上有一类声音:美国政府不仅热爱美国人民,而且真心为中国人民的权益着想,它们做的同中国有关的事,比中国政府做的事更对中国人有益。对这类声音的发出者来说,对美国是不应以任何理由进行批评的,"爱美国"在一些社区网站上比中国自己的爱国主义还"道德正确"。

如果说这只是文化或时尚领域的表现,也就罢了。但这种扭曲的价值取向常常是政治性的。

实事求是说,尽管美国搞出棱镜门,但那个国家的确不像一些仇美主义者所炫耀的"那么坏"。就对华关系来讲,美国虽高度防范中国,但真说到遏制,它还算克制。面对中国崛起,美国算不上是个歇斯底里的霸权国,中国的和平崛起愿望应当说得到了美国一定程度的回应。

但美国的国家利益中,有没有中国的长期稳定发展这一项,一直在美内部激烈争论。当然,让美国付出巨大代价换取中国的衰落,也不符合美国的利益。让我们把美国假设得文明些吧:那里的一些力量支持"藏独"、"疆独"等都不算美国故意整我们,美国总体上是对中国走向"无为而治"的。但如果中国自己搞不好,比中国自己搞得很好,显然更符合美国精英群体的愿望。

美国政府再怎么盼中国社会好,也不会比中国政府在发展本国人权和建设社会福利方面更用心,更着急。当中美政府就中国某项国内事务发生争执时,情况一定是这样:美国政府最关心它所采取姿态的形象效果,而中国政府则关心如何让那件事的处理对全社会更加有益。

美国是不值得恨的,因为中国人确实没多少恨美国的理由。但对美国是需要有一些提防的,无论我们怎么学习它,与它合作,这层提防心都不能彻底放下。我们尤其不能天真到相信美国国会的议员们每一次讨论中国事情,都是在为中国社会、而不是在为美国选区的利益奋斗。

只要我们保持基本理性,不自我欺骗,看懂一个真实的美国其实并不难。

(2013.10.25)

普京影响力登榜首,中国人乐见其成

美国《福布斯》杂志发布最新全球最具权力人物排行榜,普京超过奥巴马位列第一,这一下子成了世界舆论最热门的话题之一。

俄罗斯媒体普遍很开心,中国舆论场上的最初反应也很正面。中国公众愿意看到俄罗斯强大的证据,不因为俄是"苏联的碎片"、也不因为它走上与中国不同的道路而盼它"不好",这种从中国国家地缘政治利益出发的心态是值得肯定的。

全球舆论大多认为《福布斯》把普京和奥巴马的影响力排名"倒过来"是对的,俄在斯诺登及叙利亚化武危机两件事上都确有突出表现,成功挑战了美国。莫斯科的老道外交使俄发挥了超过其国力的影响力,而奥巴马则显得瞻前顾后,缺少关键时刻的决策力。

世界不得不对普京身后的俄罗斯多看几眼,反思前一段时间是不是低估了这个国家的实力以及它使用力量的决心。今年大概可以算作苏联解体以来俄罗斯的政治"丰收年"。

中国社会这两年对俄罗斯的好感增加很快,对普京个人亦是如此。这对中俄发展全面战略协作伙伴关系是好事。

然而中国舆论整体上对俄的看法波动很大,远不像两国官方关系那样稳定。中国公众需要形成对俄更全面的认识,避免各种错觉。这要求我们要客观评价俄罗斯及两国关系的潜力,而不是把这种评价建立在我们对俄的好恶之上。

比如中国民间有一种愿望,那就是中俄"结盟"对付美国。还有一些人希望俄的强大能够成为分担美国对华压力的强有力因素,从而把俄的各种动作都用来印证这样的预期。

然而我们需要清楚，中俄的"全面战略协作"不是解决中国国际难题的万能药。它为中俄同时带来"背靠背"的稳健战略态势，帮助两国可以"直视前方"，但就中国来说，我们正面的重大战略挑战还要靠我们自己的力量去应对。

俄罗斯不会同美国发生当年美苏级别的对抗，美国已将中国列为头号竞争对手，俄美的具体摩擦很难改变美国的国家战略主方向。中国社会中想让俄罗斯"挑头反美"的愿望不现实。

此外一旦中国同日本发生军事对抗，日本可以直接向美国求助，但中国不能寄希望于届时让俄罗斯为我们"两肋插刀"。

中国已经走在成为世界"超级力量"的路上，我们受到的防范、挤压就属于我们今天所处的这个位置，它们是没有人能为我们实质分担的。为减轻自己的压力，我们多交朋友很重要，但我们也需了解，如果做不到少树敌人，交朋友的效果就会被抵消。

我们还要知道，俄罗斯崛起会全方位增加它的外交雄心和要价，中国方向未必就会是例外。中国与更为强势的俄罗斯打交道，除了可以借力，这当中的问题增加大概也不会是零。北京同莫斯科的关系史上有过诸多曲折，保留这样的记忆或许并不多余。

然而俄罗斯影响力的上升终究是值得欢迎的，这完全不需质疑。它会进一步增加世界多极化的动力，也会提升中俄全面战略协作伙伴关系的整体分量。俄罗斯文化崇尚袒露和高调，中国文化则信奉放低身段的哲学，俄喜欢有八说十，中国喜欢有十说八，两国的外交气质差异并非两国的刻意做作，而是两国民族性格相当自然的流露。

普京走上《福布斯》全球最具权力人物的榜首，中国舆论场的高兴直抒胸臆。一个愿意举旗，一个真心鼓掌毫不妒忌，就凭这一点，就说明中俄全面战略协作伙伴关系已在两国社会的心理中深深扎根。

(2013.11.01)

双重标准早晚把西方自己绕进去

10·28吉普车在天安门前碾压行人和撞击金水桥事件发生后，CNN和BBC等美英主流媒体质疑中国警方对事件"暴力恐怖主义"的定性，用"民族矛盾"、"上访"等一些关键词构筑报道的基调。这些报道毫不掩饰对暴恐分子的同情，将他们对平民的杀戮描述成行凶者的"绝望呐喊"和"反抗"。

西方媒体的双重标准恶习在恐怖主义问题上表现得特别突出。对双重标准的滥用已经使它们同中国社会之间失去了论辩的基础。

按照CNN和BBC等西媒的说法，中国新疆地区之前发生的所有暴恐事件大概都不能算恐怖主义，只有在欧美发生的杀戮平民行径才是恐怖主义。英国不久前有两名移民用菜刀砍死一士兵，这个行为比天安门前开吉普车撞金水桥要简单、简陋得多，几乎不需要"精心设计"。但那件事被英国政府坚定地定性为恐怖主义事件。美英媒体同时却嫌天安门前作案的吉普车和砍刀等工具"过于简陋"。

如果说恐怖主义只在西方有，中国发生的都不算，当年9·11之后美国何必要拉国际反恐阵营，何必要中国的支持？我们不知道下一次美英发生恐怖主义事件时，两国对中国舆论的态度有什么期待。

美英部分精英已经不以恐怖分子的动机、作案方式、被袭击者的身份属性来区分是什么主义了。连"自杀爆炸"这么突出的特征都起不了识别作用，他们如今的区分标准实际只有一个，那就是受害国是西方和西方的盟国，还是中俄等西方圈子以外的国家。在他们看来，袭击西方社会的才是恐怖主义，新疆暴恐分子在北京天安门前发动袭击,就应受到理解和同情,他们甚至可以为后者鸣冤叫屈。

这是西方优越感向反恐领域的扩大吗?还是西方在把同情中国境内的恐怖主义作为大国博弈的特殊工具?中国人不能不产生这样的困惑。

美英这样搞下去,最终有可能导致全球主要力量在恐怖主义问题上的彻底分裂。必须指出,西方社会是国际恐怖主义精锐力量的首要攻击目标,总体看,在反恐问题上西方对中国支持的需要,绝不会小于中国希望从它们那里得到的支持。

CNN和BBC等西方媒体在撞金水桥事件的伤口上撒盐,不会带给中国什么实际损害。它们一贯这样,中国人习惯了。它们真正起到的作用就是让我们又一次领教了部分西方人针对中国的阴暗心理,让我们看到这个世界的复杂。

实际上,西方对中国社会的价值观渗透还是忽悠了不少人。但西方对中国民族分裂势力和暴恐分子的支持、同情是他们心胸狭隘导致的自我抵消。从3·14事件到7·5事件,再到眼前的这些事,西方媒体总是同情13亿中国人民的敌人,它们把一盆盆凉水浇到中国人民的头上,浇灭我们对西方的幻想。

中国人或许用不着为此生气。中国已很强大,有充足资源和能力打击内部极少数暴力恐怖分子。西方怎么评价我们,对我们已不那么重要。我们一路走来也没得到他们的什么掌声,我们用不着竖起耳朵听他们针对我们蹦出的每一个字。其实西方一些媒体总想激怒我们,它们不怕我们愤慨,它们更担心受到冷落。

(2013.11.07)

中国舆论应支持抗议"杀光中国人"

美国华人11月9日在20多个城市里集会示威，抗议美国全国广播公司（ABC）播出明显带有歧视性言论的电视节目。该电视台10月16日的一档脱口秀节目中，一名美国儿童在回答美国欠中国1.3万亿国债怎么办时，说出应当"杀光中国人"，主持人吉米·基梅尔当时回应"这是很有趣的想法"。

ABC公开播出这档节目后，在美华人的反对声此起彼伏，并于刚刚过去的周末发展成为美国建国以来最大规模的华人抗议活动。在白宫请愿网站上相同抗议内容的签名已经超过10万人，这意味着美国联邦政府部门不得不就此事件进行回应。

这次在美华人的抗议行动达到空前规模，它所展示的华人团结也被认为"前所未有"。一些华人认为，基梅尔如果以同样的歧视性语言针对美国犹太人或者黑人，他和ABC的麻烦一定大得不可承受。但对华人他们却敢这样做，因为他们觉得拿中国人开涮"没事儿"。

原因几乎不言而喻。在美华人的影响力还太小，他们既掌握不了美国的经济命脉，迄今他们选票的流向也未同候选人的对华态度形成过有威慑力的挂钩。此外中国的力量也还很有限，对美国社会的一些层面不具有操控力或说服力，对于抑制美国主流媒体的辱华仇华言论鞭长莫及。

ABC的这期节目多少反映了美国人相当普遍的对华赖账心理，他们不觉得公开讨论不向中国还钱、而且是同小孩子讨论这个问题是不妥的。

在美华人这次联合示威大体被美国主流媒体选择性忽略了。美国媒体不仅漠视华人的感受,也在轻视华人抗议的实际力量。

这件事要跟美国人讲理,显然是讲不清的。它再次显示:美国只尊重力量,力量是很多事情对错的最重要标准。这样看来,要让基梅尔这类主持人真正不敢再对中国及中国人乱放炮,大概还需要些时间。

然而我们不能坐等中国力量的积累,在它达到一个界限前,就对美国媒体上的公然辱华言论无动于衷。其实这个界限不是绝对的,它在很大程度上取决于在美华人的抗议强度,以及北京使用外交资源抑制美国媒体辱华言论的决心。

在中国社会,对美国媒体不断出现辱华言论的态度并不一致。有部分精英主张中国人的心胸应当宽阔些,不跟那些美国电视名嘴一般见识。他们认为中国人的不悦感很大程度上出于自卑,解决问题的途径在于我们自己的心理要逐渐强大。这种分析并非毫无道理,但这种道理却是书生气的,在政治上没什么价值。

"杀光中国人"的公开电视谈话带给在美华人真实的歧视感,他们感觉受到伤害,这决不是装出来的,不是他们在向美国社会撒娇。他们现在拍案而起,不仅是要求美国社会的公平对待,而且包含了向全世界华人社会乃至向中国政府的求援。

中国是大国,大国的国民以及侨民、海外后裔少受些气,这是大家对祖国和故国的期待之一。中国不能也不应该无限满足这类愿望,但真心重视并力所能及地给予帮忙,是这个国家以及全球华夏子孙保持团结和凝聚力的应有选择。

我们的确还不够自信,但我们大概也用不着假装自信。我们尤其不该大度到把中美两国间什么"玩笑"可以开,什么不可以开的判断标准都让美国人说了算。

美国人只尊重力量,而且他们也会尊重敢于并善于使用力量的大国。谦逊、"卧薪尝胆"故事流传了两千年的中国需要学会同美国更好地打交道,这是充满矛盾和纠结的过程。动不动就"豁出去"不行,什么时候都"忍"字当头也会惯坏美国。

(2013.11.11)

《开罗宣言》70年，日本对它恨之入骨

12月1日是《开罗宣言》发表70周年，该宣言由中美英三国首脑于1943年12月1日共同发表，宣示了协同对日作战宗旨，确定了对日本侵略者的处置问题。宣言明确规定，"日本所窃取中国之领土，例如东北四省、台湾、澎湖群岛等归还中华民国；其他日本以武力或贪欲所攫取之土地，亦务将日本驱逐出境"。

1945年7月26日中美英三国《波茨坦公告》重申《开罗宣言》精神，规定该宣言之条件"必将实施"，《开罗宣言》和《波茨坦公告》成为确定战后东北亚秩序的基础性文件。

如今日本官方不再提《开罗宣言》，日右翼甚至攻击《开罗宣言》"不合法"。日本现在经常提的是《旧金山和约》，而签署于1951年的该"和约"只是美国为代表的所谓战胜国同日本签署的片面条约，当时朝鲜战争已经爆发，中苏都未签署该条约。

《旧金山和约》虽有安排二战结果的逻辑起点，但当时的东西方已经分裂，日本成为朝鲜战争的美军支持地，该条约成了对当时东北亚形势的直接呼应。中国从未承认《旧金山和约》，它涉及中国利益的部分不具有合法性。

在《开罗宣言》发表70周年的时候，一个最基本的事实首先要重新确认：二战成果和战后体系仍在支撑东北亚的和平与稳定，从任何方向打破和修改它们都会带来地区动荡。

朝鲜战争致使交战双方都付出巨大代价，但战线最终又回到三八线。从日本的战后面貌看，纵有千变万化，但美国对其领土的军事占领没有变。日本这些年利用靖国神社翻历史的案，在钓鱼岛问题上要

翻《开罗宣言》的案,以及其在南千岛群岛问题上对抗莫斯科,都遭到了抵制,带来地区局势的复杂和不稳定。

美国也知道日本的钓鱼岛立场对照二战史说不过去,中国的主权伸张有道理,因此它不得不在偏袒日本的同时,公开表示对钓鱼岛的主权归属"不持立场"。

日本对二战结果充满忌恨,但它不敢拿最让其疼痛的美国军事占领开刀,而是冲着美国现实政治中的主要防范对象挑衅。冷战时期它闹得最凶的是"北方四岛"问题,如今它拿自己处于争议优势的钓鱼岛问题发狠,激化中日冲突,因为中国已是美国最大的防范对象。

然而无论美国的西太平洋战略有多自私,维护战后格局仍是这一地区除日本之外各国利益的最大公约数。中国、俄罗斯都无意打破它,连都在口头喊"统一"的朝韩,实际也不想打破它。美国利用日本的战略意图也是维护自己在西太平洋利益的稳定,它不会在支持日本重新扩张上走太远。

中美日三国不是中国为一方,美日永远是另一方的简单对立关系,钓鱼岛冲突即使有美国对日本的背后支持,直接同中国对抗并付出成本的将首先是日本。日本休想通过钓鱼岛把中美战略对抗挑起来,自己以逸待劳,坐山观虎斗。

我们要在这里明确告诉美国和西方,不仅中国,东北亚国家同日本的冲突都与东京对二战的态度有关。各种矛盾的实质是,日本只被迫接受了二战的军事后果,容忍了美国驻军,但它对二战的其他结果都持强烈抵制态度,稍有机会它就不遗余力进行修改、翻案。

中国是东北亚实力增长最快的大国,中国对战后秩序的尊重是对地区稳定的战略性支持。美国需认识到中国这一态度的可贵,而不应对这一重大问题也搞实用主义的取舍。如果美国逼中国学它,不再把东北亚的战后秩序当回事,那么中国在这一地区决不是无所作为的。

(2013.12.02)

西方训斥世界的贵族派头令人讨厌

德国总统高克公开表示不会前往俄罗斯索契观看冬奥会，据报道，"取消"可以理解为他对俄罗斯侵犯人权和迫害反对派的批评。此外欧盟委员会副主席雷丁也表示拒绝前往索契，包括 Lady Gaga 等一批美欧艺术家以及运动员做出同样的呼吁。

普京今年 6 月签署的一项法律规定，不能向未成年人"宣传"同性恋，否则将受到惩罚。这是欧美一些人士呼吁抵制索契冬奥会的主要导火索。但西方保守势力从骨子里不喜欢俄罗斯，被认为是他们要找茬向俄罗斯发难的深层原因。

世界本身是多元的，哪个国家都有外部世界看不顺眼的地方。但中国办奥运会，西方一些人叫嚣"抵制"，俄罗斯办奥运会，有了类似遭遇。英国去年办奥运会，则顺顺当当。这反映了当今世界真实的政治文化格局，西方经济虽相对衰退，但它们的综合强势犹在，希望用西方文化改造世界仍是它们的惯性心态。

按说普京签署那项法律没做错什么，同性恋在西方也遭遇不同态度，这是典型的社会议题。同性恋在西方的合法化仍在半途中，如今一些人把它一竿子打到俄罗斯，跨度相当大。

这种在国家之间将社会议题政治化的强行推动，很容易导致摩擦甚至对抗。西方那些人这样做时往往充满站在道德高地上的正义感，而在有关的非西方国家看来，他们更像是粗暴推行西方价值观的傲慢之徒，是世界文化多样性的破坏者。

将社会议题政治化，如今成为西方同非西方国家打交道的一种方式，这也是西方在这个世界上的"贵族派头"。在一个贫富不均衡但自尊人人皆有的群体里，如果有一些人坚定地认为自己是贵族，可以俯视、号令他人，那么这个群体的和谐相处就有难度。当今世界就是这样。

国家之间的分歧和不同是常态，奥运会经一百多年发展、磨合，形成人类极其难得的培育共识的平台。国家间博弈斗争的舞台很多，但能尽情洋溢友好、宽容的奥运会却是唯一的。上世纪80年代奥运会被严重政治化，东西方相互抵制，回过头看大家都认为那是冷战的败笔。坚决拒绝奥运会重新政治化成为全球的主流意见。

德国总统高克等人这一次在西方大概也代表不了多数。他们代表了西方最意识形态化、同时也对当今世界变化缺少敏锐感知的一些人。

西方仍很强势是事实，但另一方面，非西方国家尤其是新兴大国政治上独立自主的意志不断巩固，面对冲突时，藐视西方力量的情绪在扩散。尤其是针对欧盟，有人讥笑它是由"小国和不知道自己是小国的国家"组成。东西方之间的原有权力态势已被打破。

由于西方的经济社会发展走在了世界的前头，它们有一些独特的经验，非西方国家总的来说还是蛮愿意听的。西方国家有关人权的一些价值观事实上也在全球形成了传播。然而西方不能因此忘乎所以，昏了头，把价值观的自然传播过程变成以实力做后盾的强制性政治文化输出。那样的话，交流的性质就陡然改变，它会打断人类社会的文化生态链，推动帝国主义式的文化霸权，它只会不断制造不同国家和文明之间的紧张。

人类有关政治文化的知识积累都还很少，对于何为先进，什么应当成为"普世"的认识远非成熟，正因为这样，保护文化多样性需要长期坚持。从人类大历史的角度看，西方最近百年的荣耀只是人类文明演进的一个瞬间，西方应当保持必要的谦逊。

(2013.12.12)

玉兔月球跑，西方对华只剩攻心一招

"嫦娥三号""落月热"迅速在中国媒体上冷却了，这一举世瞩目的成就被中国舆论当成了"常态化"事件。这从侧面反映中国社会开始有了那么一点宠辱不惊，人们对国家未来抱有更多预期。2017年就可能实现着陆器从月球返回地球，那几乎将是中国人登陆月球的预告。

中国的月球探索并不是为了同谁竞争而设计的，包括我们的太空站建设等等，都在严格执行中国自己的计划和节奏。但外界可不都这么想，中国的月球项目会给一些国家带来紧迫感甚至压力，在很多人看来，中国崛起本身就充满了竞争性。

如今的中国，已经很容易被搜集到"野心勃勃"的材料。中国的GDP已大约是德国、法国、英国的总和，中国的国防经费也已是世界第二，中国在造航母，研发新战机、新型潜射导弹，现在又把"玉兔"送到了月球上，谁敢说它不被写进美日等国的内部安全报告里？

一些外部力量会带着种种疑窦审视我们，甚至恶意编排我们，我们将不得不与外部做不厌其烦的沟通，但让美日等都相信我们和平崛起的诚意非常难。

亚太地区针对中国的防范性布局或许会不断新织出一块。日本17日刚刚通过十分激烈的《防卫计划大纲》等法案，这当然不是"嫦娥三号"招来的，但日本正式组建夺岛部队显然也不是仅仅是冲着钓鱼岛去的。日本在向中国崛起示威。

说到底，对一个已经发月球车的国家使用武力进行胁迫，这会被认为很蠢，因而前不久美国两架B-52前来中国东海防空识别区示威,特意不带武器。美国让自己的行动既坚决,又表现出"优雅"。

美国面临如何同中国进行战略博弈的挑战。目前中国已经形成对美的强大抗压能力,美国如果把自己不受大的损失作为前提,它能够撬动中国的杠杆已经越来越少。

然而有一个杠杆美国和它的西方盟友一直用得比较顺手,它就是对中国社会"攻心",从思想和价值观上潜移默化地影响部分中国人。中国前进的脚步咚咚作响,但仔细听,民间的步点不那么协调了,"逆下一篇向爱国主义"(有人称之为爱美国主义)至少在微博上有了调侃嘲讽传统爱国主义的力量。我们目前不太清楚,这样的多元化发展下去,中国社会将走向活跃繁荣,还是出现这个国家难以承受的负效果,这两者究竟哪个会是它的最终结局。

也许,认为"玉兔"在月球上跑了,中国就会因为更强大而变得更安全,前途似锦,这种想法是轻佻的。"玉兔"同时是中国树大招风的标志,我们可能本来还想再"韬光养晦"几年,但"嫦娥"在给我们带来骄傲和希望的同时,也让我们在世界上更加众目睽睽。

上世纪世界上或者地缘意义上的"第二大国"基本都以悲剧告终,中国如今来到了"老二"的位置,我们没有理由可以相信自己会天然成为特别幸运的例外。

世界的矛盾、所有大国的雄心、霸权的守成愿望等等都会跟中国发生牵连,形成围绕我们看不见的大漩涡。中国国内的问题也会在这个漩涡里受到新的搅拌,制造各种尖锐的感受。中国的强大是力量,但会有更大的外部压力与我们对冲,很难说"老二"不是中国的一个险境。

团结在未来的日子里对中国比什么都重要。我们的硬实力导致了已经没有人能扳倒我们,但外部力量还剩下唯一的希望,那就是促使我们从内部自行瓦解。我们当然用不着整天为此忧心忡忡,但这一点是前进的中国切不可疏忽大意的。

(2013.12.18)

"清朝GDP世界第一"为何忽悠了我们

"鸦片战争前的清朝GDP世界第一",这一说法在中国流传很广。追根溯源,最早提出这一观点的似乎是英国学者麦迪森,他的一项推测称,1820年中国GDP占全球总量的33%(英国为5.2%),他的论述被专业人士普遍认为不严谨。但在中国,很多非专业人士看重这种说法对思想的启发性,加入传播行列,最终导致舆论场对它深信不疑。

GDP是现代经济概念,能够相对准确地对现代国家经济状况进行描述,反映它们之间的竞争力。用这套体系来做历史研究需要很小心。比如文献显示,1820年清朝的财政收入只有白银4000万两,而英国则折合白银1.5亿两。两国的产业差距更大,1820年的英国已进入蒸汽化时代,支柱产业为机械纺织业、钢铁等,而中国仍以丝绸、瓷器、茶叶为大宗。

然而这种说法能在中国流传开来,虽然可以视为国人对于民族复兴的一种情结,但是在网络上被随意引证,甚至作为一些错误观点的证据。大的原因或许有两个,一是部分知识分子的专业精神出了大窟窿,二是舆论场需要这样的颠覆性信息,用以表达对现实的不满。

需要指出的是,"清朝GDP世界第一"只是一种学术观点,其真正广泛传播的领域是舆论场。援引它的知识分子都不是就历史说历史,而是借古说今,要论证一个价值倾向和意识形态倾向非常明显的观点。

学术界人士参与意识形态辩论,这在现实社会已很难避免。但他们的进入应当有助于提高这类辩论的质量，而不是让自己反而被舆论场的戾气和偏执同化。现在一些知识分子喜欢做跨界的万金油评论家，追求语不惊人死不休，为了突出自己的价值观正确，不顾论据的质量，抓到什么用什么，这助长了劣质信息的传播。

中国社会这些年变化很大，知识界一直没有在东西方文化的激烈冲突中安定下来，很多大的历史和现实问题都没有权威的共识性判断。知识界的这种动荡其实是舆论场不断偏激化的原因之一。

公共事件成为这些年中国网络舆论茁壮成长的主食，而在各种公共事件轮替过程中，"清朝GDP第一"这样的信息就成了佐餐的甜点。中国的思想领域如今也像嘈杂的大市场，供求关系决定"价格"，事实反而贬值。

劣质信息在网络上大行其道当然有更深层的原因，它是人们对现实生活不满的一种折射。否定今天中国取得的成就，这也是对中国现实问题严重性的一种表达。这一局面的出现有其逻辑性，尽管如此，知识分子还是不应对它推波助澜。

知识分子参与公共辩论，一定要坚持原专业领域的思想方法和逻辑，而不能跳转到意识形态斗争的逻辑，这是在当前中国复杂环境下知识分子应有的坚守。知识分子不应追求自己的公共言论发挥行动效应，那是政治家的事。知识分子应对引导公众全面把握事实本身承担社会责任。

"清朝GDP全球第一"这一论断自在中国舆论场上流传开以来，一直是高度意识形态化的信息。一些知识分子参与了把它制造成一颗炮弹的过程，这的确是中国知识界的一个硬伤。这应是我们大家的共同教训。希望中国社会逐渐有能力堵住一个不准确信息被无穷放大，并能最终调动我们情绪、影响我们思考的那些路径。

(2014.01.09)

不要指望能将日本"批倒批臭"

一批中国驻外大使近日在当地媒体上撰文,揭露日本首相安倍参拜靖国神社的恶劣性质。日本方面组织反击,但中方显然占了上风。中国驻英大使刘晓明同日本驻英国大使林景一同时在 BBC 露面,形成某种"决斗"。日本大使既失道,"英语又很差",那场辩论大体反映了中日这场国际论战的形势。

中方节节胜利,但切不要以为,我们真的可以彻底取得对日舆论斗争的胜利,能够通过这件事把日本在国际上真正"搞臭"。

安倍参拜是一个错误行为,中国对日做出强硬反应是有道理的,让世界认识到这一点,理解中国对日本的反制,我们这场对日舆论斗争的目标不应比这高太多。

中国人需要知道,世界舆论或许有兴趣分辨中日舆论战的因果关系,但西方主流舆论决不会有兴趣参与对日本整体形象的打击。我们需要唤起国际社会对二战阵营划分的记忆,认识到保卫二战成果对维护今天世界和平的好处,但我们不应对此寄希望过高,现实国际政治的利益关系对很多国家和力量来说更"实在"和"实惠",西方不会跟着中国一起"教训"日本,它们对日本历史问题的批判也会是"有度"的。

因此中国应致力于世界舆论对靖国神社问题形成稳定的定性,增加国际上对日本存在复活军国主义右翼思潮的了解,为安倍的强硬政策在世界范围内被质疑创造条件。但这很可能不是中国官方舆论下力越大就必然效果越好,由于国际上心态的复杂,中国官方舆论与之互动的方式需要灵活和不拘一格。

总之安倍参拜绝对是日本外交的败笔,导致我们舆论上的天然优势,扩大这一优势是对中国舆论能力的考验,它不是简单的乘胜追击过程。

中国需要有大量民间人士和力量参与这场对日斗争,这更有利于外国人的接受和理解。但现在的问题是,官方机构更愿意冲锋陷阵,而民间对日舆论斗争的实际热情并没有乍一看的那么高。互联网上有一股并不弱的力量,将日本看成"西方的一部分",他们一直鼓动将舆论的火力对准中国政府,反对向安倍政权分散。他们会对一些民间人士积极参与对日舆论斗争形成一定压力。

中国舆论对日斗争的力量在草根层面更加活跃,有时也会过头。精英不怕被戴上"反日"帽子的人,未必有很多。虽然中国民间对日本有很大情绪,但在文化精英层,"反日"和"反美"的标签,都是多数人希望避免的。

对日舆论斗争是我们必须认真去做的。但也许通过这场斗争发展中国真实的对外舆论能力,以及通过它扩大国内就国家对外战略的共识,凝聚社会团结,比我们像从海绵里多挤出一滴水一样多占一次上风,长远的意义更大。

驻英大使刘晓明为中国的官员们再次树立了一个榜样,中国的驻外大使们逐渐呈现出焕然一新的面貌。但中国的对外舆论能力建设靠大使们是解决不了的,我们需要比这多得多、也复杂得多的不断努力。

(2014.01.13)

中国护照含金量低，"金"是什么

春节临近，很多中国家庭在筹划旅游，想出国的人不少，但签证又成了大问题。不断有人抱怨，中国大陆的护照"含金量低"，能够免签的都是些穷国，比香港、台湾的旅行证件差远了，几乎没有一个发达国家能免签。这不仅让我们出国极不方便，这也的确是国人自尊的一块硬伤。

发达国家不给中国护照免签，反映了那些国家对中国社会发展水平的真实评估，也代表了它们对普通中国人的真实信任和尊重程度。从我们自己来说，手里的护照也是我们看国家的一把尺子，中国这些年发展很快，综合国力猛增，但护照是与GDP辉煌数字相反的一面镜子。

发达国家拒给中国公民免签，最大以及主要原因就是，发达国家之前反复出现过来自中国的非法移民，这种情况今后继续存在的可能性很大。不给中国人免签待遇，是它们防范非法中国移民的有效手段。

中国的高速发展富裕了很多沿海地区，有能力和愿望出国旅游的人大量涌现，吸引中国游客成为发达国家振兴旅游业、提高就业的重要选择。这一现实需求随中国经济增长而快速增长，它同防中国非法移民的另一需求不断PK，它将决定中国护照免签的形势。

发达国家的担心是真实的，我们对此多不喜欢，也无法用我们的想法和情绪替换那些国家的态度。但中国并非是完全被动的，继续扩大西方旅游业对中国游客的依赖比例，同时通过自我发展减少中国相对贫困人口非法移民的愿望，这些牌都攥在我们自己手里。

法国宣布将从1月27日中法建交50周年起，开启中国人办旅游签证48小时通过的机制，这既是为了庆典的"造势"之举，也是法国人为抢夺中国旅游市场先行一步。这种给中国人旅游提供方便的竞争必将逐渐在西方国家之间展开。

外交部针对相关国家谈判和"做工作"或会加快中国人出国免签的进程，但这种加快只能是技术层面的，中国对外非法移民减少和出国游实力的增加才是最有力量的，它们不可取代。

舆论批评中国护照"含金量低"，这样的抱怨有感而发，它是拿政府当出气筒，发泄的却是中国社会清楚国家现实状态不尽如人意、又一时解决不了的无奈和自嘲。政府应倾听民间呼声和抱怨，勇于担当，争取为国民在出国签证方面创造更好条件，但公众没那么极端，不会傻到会相信政府可以变出"全能护照"。

让发达国家对中国游客免签，这不容易，但决非不着边际。这个进程实际已是现在进行时，它的收获期未必就很遥远。中国的很多事情都处在突破的前期，它们看似外障重重，但真正的撬动杠杆和推动力都历史性地转到我们这一边，正所谓山不转水转，我们今天终于有了机会和能力创造中国的未来。

冲护照发发牢骚骂骂政府是我们的权利，相信这不会影响我们对"全能护照"怎么才能得来的理性认识。下一代人的"全能护照"，只能通过我们这一代人的辛勤奋斗来打造。如果我们顺利并且运气好的话，也许我们自己就能赶上它。

(2014.01.16)

支持中国异见人士,西方的"阳谋"

许志永被判4年徒刑,美国政府公开表达"深感失望",西方主流舆论对他力挺,这无形中增加了许在中国异见人士中的影响。中国这些年异见人士似呈增多之势,但能够成为"大异"的,却需要一些机缘和力量的推动。

互联网为异见人士发声并建立基础性圈子提供了方便,由于多元化已是中国社会的现实,他们在舆论上填补了"反体制的缺位"。这些人活跃在合法与非法的边缘地带,并与中国改革形成复杂关系。他们经常是具体改革的倡导者,但却主张以激烈、非法的手段"推动改革",从而客观上对改革的大环境造成破坏。

异见人士对改革的终极期望大多与宪法背道而驰,如一些人主张取消共产党对国家的领导权,改变中国的社会主义制度,推行资本主义的多党政治。但他们强调宪法对言论自由的保障,认为他们包括改变中国根本政治制度的各种主张都有权利在中国自由传播,此外他们将行动上推动这种传播的过程,都看成言论自由的一部分。

异见人士同法律的冲突主要发生在"行动领域"。如许志永,法庭认定他对多起聚众滋事活动构成了"煽动",犯有"聚众扰乱公共场所秩序罪",因而依法判了他的刑。许多比许志永观点更激进的人,因为只是论述观点,并无越界违法行动,虽有时在网上被删帖封号,但并无吃官司之虞。

如今的异见人士一般在"出事"之前都不太出名。他们与周围社会发生激烈冲突后,开始引来一些关注,但能否成为"大异",是有条件的。

其中关键性条件之一,是西方舆论会不会较大规模报道他们"受到压制",力挺他们,尤其是西方国家的政府会不会直接站到他们一边,并且持续把他们当作中西围绕人权争论的焦点。

除了刘晓波,近年来最出名的异见人士还有艾未未和陈光诚。我们不难发现,他们两人成为"大异",西方舆论都发挥了决定性作用。这几年还有其他吃官司或者经历奇特的异见人士,由于西方兴趣有限,中国国内亲异见人士的舆论也热不起来,那些"小异"都像是这个领域一闪而过的流星。

当然,不能说是西方一手打造了中国的异见人士,他们的出现,显然首先源自中国社会的内因。异见人士在价值观上与西方社会有很高的一致性,后者支持他们的社会资源和渠道都很多,这在一定程度上是西方软实力的惯性扩张。

然而不容否认的是,支持中国的异见人士,除了"自发",也早已成为西方国家的稳定对华政策之一。中国的异见人士们早就意识到西方支持的重要性,它事实上成为最能鼓舞他们的精神支柱之一。

与其说西方支持中国异见人士是"阴谋",不如说它更像是"阳谋"。西方可以公开这样做,把它塑造成中西之间的游戏规则之一。只要中国的综合软硬实力不如西方,我们的社会就将一茬茬出现异见人士,他们必然在价值观、甚至在行动上与西方结盟。

中国将面临如何应对"异见人士"现象的长期难题。在多元化社会里对这种现象定性就很复杂,化解它就更不易。

异见人士已在逐渐形成同中国主流社会的利益分叉,对抗已然成为他们中很多人实现个人及小圈子利益的方式。加上他们与中国改革主目标相悖的"理想主义",如何让他们也成为中国社会团结的一部分,这的确是一项挑战。

(2014.01.28)

要多傻多假才能说乌克兰"胜利"了

乌克兰议会在过去的两天宣布罢免总统亚努科维奇的职务，并决定由议长图尔奇诺夫代行总统职权。乌克兰经历了又一轮剧烈阵痛，欧美舆论出现大量乌克兰作为统一国家已难维持、很可能走上东西部分裂的预测。

中国互联网上23日出现一批欢呼乌克兰"民主新胜利"的帖子，有稍懂国际知识的人将这些说法评价成"傻帽级别"的，这种评价可谓"话糙理不糙"。

乌克兰这一轮冲突具有多重含义，其中最突出的是该国东西部亲西方和亲俄罗斯的两大族群之争，也是其背后西方和俄罗斯两大势力的对抗。至于"争民主权利"，是动荡大概就会有那么一点。

这两天欧美舆论很少有人用"民主革命"来形容乌克兰这场变局，称亚努科维奇是"独裁者"的也很罕见。乌克兰国内推动事变的力量高呼"民主胜利"，这可以理解。

乌克兰在"24小时内"就完成了对民选总统的驱逐，欧美舆论称这"令人晕眩"。亚努科维奇十年前橙色革命时就被"废过一次"，后来他通过选举卷土重来。这次亚氏又被示威者轰下台，但他所代表的政治力量仍是完整的，所以多数分析家觉得乌克兰动荡"看不到头"。

重建民主政治在乌克兰的有效性，实现东西部政治和解，这大概是乌克兰的当务之急，也是最容易说却最难做到的"漂亮话"。乌克兰民主进程是前苏联国家中最不成功的之一，它就像怀一个孩子就流产一个的孕妇，搞得大家都怕了。

不知历史会如何评价乌克兰的这一段，但一个国家折腾23年，还在用街头流血政治解决本应由民主程序决定的事情，乌克兰应称得上是欧洲的"奇葩"了。

在历史的长河中，23年大概只是一个瞬间，如果乌克兰今后好了，未来的人们会对今天的苦难一笔带过，甚至会觉得乱这23年"挺值"。问题是谁知道乌克兰未来会不会好，谁知道眼下的动荡是苏联解体之乱的"终结"，还是乌克兰痛苦分裂过程的"新开始"？

如今的乌克兰人都很愿意为国家并不清晰的未来牺牲自己人生的二十几年，甚至更多年，这样说谁会相信？这不是假话，就是醉话、蠢话。

乌克兰搞成当前这副模样，决不会有一支政治力量站出来为它负责，它们都会指责对方造成了国家的现状。它们今后也都不会为了人民的福祉主动妥协，都会喊着正义的口号、实则为了政治私利"继续战斗"。

人类目前已经大体就民主的价值有所共识，问题在于只有西方国家和少数曾在民主进程中受到西方强大财政支持的国家，确立了较稳定的民主政治，或适应了向它的过渡。很多国家缺少这样做的文化能力、法治能力和经济财政能力，而它们国内的一些分离主义力量借民主之名崛起，终陷国家于长期动荡甚至分裂。

乌克兰就是这样一个活生生的例子。这个国家的法治精神已被"革命"彻底摧垮，编什么样的宪法在短时间内都只是一张纸。需要有很多很多钱，首先是国际上的大量财政援助才能支持这个国家的基本稳定。

国家学会改革，尤其是那些人口众多、指望不上国际援助的大中型国家学会改革，是它们走向民主、富强的真正希望所在。如今公开反对民主的力量在这个世界上已经很少，民主不再是意识形态的"是非问题"，而是如何做，如何让它推动国家前进、而不是把国家带向灾难的艰巨实践过程。

(2014.02.24)

西方"新干涉主义"在世界四处敲门

西方大国干涉他国事务的愿望,并没有因为金融危机带来的困难而降低,原因之一是,在互联网时代,这种干涉变得更加容易。冷战结束后,科索沃战争造就了西方的"新干涉主义"模式,如今"新干涉主义"得到信息化技术的辅佐,形式上变得隐蔽了,但施展面却向很多非西方国家不断扩充。

西方堪称当今世界的最大"利益集团",维护西方在人类发展的中心地位、固化现有国际政治经济秩序是大多数西方国家的共同利益。世界仍充满差距,国家之间远没有平等,西方处于世界的"贵族地位",维护这个地位属于它们的"核心利益"。

西方社会有向世界推广其价值观的天然兴趣,但当这种推广成为西方大国的国家政策时,性质就会发生变化。它们会将"新干涉主义"首先对准与西方不合作的国家,以及对西方权力构成潜在威胁的全球或地区性战略力量。

针对乌克兰局势,西方现在齐声谴责俄罗斯"干涉"和"侵略",而在这之前,西方力量对乌克兰局势的演变施加了强大影响。乌克兰的情况有些特殊,它处在俄罗斯与西方之间,西方想主导乌克兰国内政治,实现欧盟和北约的继续"东扩"。

"新干涉主义"经过再发展,形成西方大国政府和社会的默契联动。西方经济陷于困顿,但其长期积累的政治文化优势派上了用场。通过互联网时代不同社会的近距离接触,西方得以更有力地传播其意识形态,鼓舞非西方国家的反对派,西方国家有很多愿意参与这样做的"志愿力量",做这样的干涉,西方比打科索沃那样的"新干涉主义"战争更得心应手。

一旦一个国家成为西方干涉的目标,就很难摆脱纠缠。尽管每个国家都有自己的实际情况,但西方可以用"普世价值说"压制被干涉国家民众的思考,因为西方的舆论力量实在太强了。

西方发达的社会面貌对第三世界国家的民众有着挡不住的吸引力,尽管改变社会制度,或者通过暴力推翻现政府不意味着落后国家就能跨进发达社会俱乐部,这个道理非常简单,但是忽悠老百姓"有一部和西方一样的宪法,我们就会变得和西方一样",还是容易得手的。

任何社会、尤其是大社会的发展进步都是艰辛的历程,世界哪有大家到一个广场喊喊口号就把国家带向民主、繁荣的便宜事?然而在追逐这种便宜事的道路上,不断有天真的国家和社会在西方撺掇下前赴后继。

"新干涉主义"也在敲中国的门。这些年,一些很荒唐的说法在中国舆论场上得以坐巢,有的甚至流行开来。追根溯源,它们大都来自西方,只是有不少已经"本土化"。对于党的领导、军队地位等中国政治制度核心元素的质疑,就是"新干涉主义"在对中国打"前哨战"。

中国改革开放的巨大成就使这个国家不断自我巩固,我们今天看到的"新干涉主义"的影子,还大概属于一座大城市里"几个流氓"级别的。我们当然用不着对此感到紧张,过于为它分散注意力。但我们还是要知道这个世界在发生什么,我们的门外除了朋友,还站着谁。

从东欧到中东乃至中国周边,隔段时间就会播放"新干涉主义"的连续剧,我们不妨有空的时候也看看它们。

(2014.03.07)

涉克里米亚表决，中国弃权就是态度

克里米亚昨天举行饱受争议的"全民公投"，多数观察家都相信，克里米亚的"独立"已经不可阻挡，只要莫斯科点头，它"回归"俄罗斯怀抱就将成为欧洲新的政治现实。

联合国安理会15日就美国提交的乌克兰克里米亚公投问题决议草案强行表决，俄罗斯行使否决权，中国投了弃权票。

中国的"弃权"就是一种明确态度。它反映了中国政府尊重各国主权和领土完整的一贯立场，同时也包含了中国对克里米亚问题"事出有因"看法的重申。克里米亚问题不是非黑即白的，西方之前对乌克兰局势的干预已经搅乱了这一地区，俄罗斯的反弹早在预料之中。问题是，西方与俄罗斯应如何化解，而不是继续升级它们之间的对抗。

西方现在不断提高威胁的嗓门，甚至挥舞制裁大棒，但华盛顿和它的盟友应当清楚，这样做不可能让普京就范。前者如果以为它们可以毫无底线地挤压俄罗斯的战略空间，莫斯科除了逆来顺受别无他择，那么西方终将把它们与莫斯科的角力搞得险象环生。

曾让西方惶恐不安的苏联当年轰然解体，几乎整个东欧顷刻倒向了北约和欧盟，原苏联的多个加盟共和国加入北约，这一地缘政治突变所产生的压力，绝大部分都由俄罗斯承受了。西方的错误在于它们从未设身处地想一下莫斯科的感受，而是得陇望蜀，以幸灾乐祸及乘人之危的态度对莫斯科步步紧逼。

乌克兰上个月发生的事情，很容易被俄罗斯人定义为一场"颜色革命"。西方舆论早有分析认为普京不会"坐视不顾",但是西方昏了头的政客们没有警告受到他们支持的乌克兰那一派应当克制。

西方现在想起了维护主权国家领土完整的重要性,但它们早干什么去了?1999年科索沃战争前,西方强迫主权国家南联盟从它的那个自治省撤出军队,北约在没有联合国授权的情况下对南联盟实施了70多天的空中打击。科索沃独立完全就是轰炸出来的。

西方还支持了车臣分离主义运动,欧美舆论经常把西藏当成"国家"描述,在克里米亚独立运动之前,西方实际已针对尊重主权国家领土完整的国际法则挖了数不清的陷阱。

从克里米亚公投到俄罗斯"吞并"这个1954年之前属于俄罗斯的半岛,还有一段距离。莫斯科在是否接纳它"加入"的问题上仍保持了一定模糊性,普京尚未就此公开表态。

克里米亚危机首先更像是乌克兰及周边局势对基辅"颜色革命"的反弹,"扩大俄罗斯版图"不像是莫斯科经过周密编织的计划。要让俄改变对克里米亚及乌克兰的态度,恐怕西方要从根子上反省挤压俄罗斯的战略。俄与西方的缓和及妥协只能是相互的。

冷战结束后美国和西方不断发动军事打击和制裁,未遭到强有力的挑战,这养成了它们强为人师、号令天下的恶习。俄罗斯这一次像是狠狠回了它们一巴掌,当然莫斯科这样做是否在国际法上完全讲得通,是有一些小辫子能被抓住的。

世界需要讲理、讲国际法,但要彻底这样做,让讲理讲法成为国际社会坚定不移的至高原则。不能让双重标准肆意泛滥,什么对西方有利,对华盛顿有利,什么就是应当遵守的理和法。通过克里米亚危机,整个世界,尤其是西方要带头把这个问题搞清楚了。这场危机的最终结果不应成为西方利益至上的又一最新兑现。

(2014.03.17)

台"立法院"被攻占，大陆不妨围观

以大学生为主的数百抗议者18日攻占台湾"立法院"至今，这些人砸玻璃卸铁门，把"立法院"的牌子摘下来践踏，"立委"抽屉也被撬了，私人物品被晒网络。他们反对的是去年6月签署的《海峡两岸服务贸易协议》，该协议近日在"立法院"进行审查。

民进党党首苏贞昌、下届党首参选人蔡英文和谢长廷等随后到"立法院"外静坐，支持抗议学生。《服贸协议》是两岸ECFA后续协议之一，它的总精神是两岸互利，但大陆方面开放的服务业项目要远多于台湾方面，大陆的让利不容否认。

很多抗议学生据信并不了解《服贸协议》，吃透它需要一定专业素养。有人称台湾当局就该协议与民沟通不够，搞了"黑箱操作"，但底牌不到最后一刻不挑明是任何经贸谈判的基本游戏规则，要想扣帽子，世界上的所有自贸谈判大概都能归入"黑箱"。

显然有人操纵台湾学生闹事，这是"逢中必反"的典型剧目。就在去年7月，台湾同新西兰刚签过"自贸协定"，速度更快，一路绿灯。有人说，如果《服贸协议》的签约方不是大陆，决不可能闹出眼前这么大的风波。马英九说过，台湾一碰到大陆什么事都走样。

闹就闹吧，我们认为大陆应当作壁上观。大陆市场如此之大，自贸谈判广及全球，从台湾市场本来就没想得什么便宜。台湾想自绝于全世界趋之若鹜的大陆市场机会，不怕在区域化的整合中缺席，我们最应说的一句话就是：随它的便。

台湾如果不实行对外开放的经贸政策，其经济必将窒息。这场占领"立法院"运动毫无理性，完全是民粹和对民粹的政治利用。民进党才不关心台湾的经济走势，台湾政治体制决定了它必然"为了反对而反对"。由于反大陆容易操作的着力点在变少，只能瞎胡闹了。

岛内《中国时报》等痛斥"立法院沦陷"是"台湾民主之耻"，这些报人说得没错。台湾选出"立法院"，但民进党作为少数派拒绝遵守议会政治的规矩，现在一批学生攻占立法机构，当局不敢动用司法手段阻止，台湾的法治至少在眼下已经瘫痪。

台湾"立法院"以前多次上演过"全武行"，但被非法攻占，这还是第一次。这是街头政治高于议会政治的一次宣告，它对台湾的影响必将是深远的。有人提醒看看泰国和乌克兰这两年都发生了什么，但在利益和立场都已分裂并对立的台湾社会，这样的告诫很快就被淹没。

大陆致力于推动台湾的向好发展，不惜让些利，促进两岸社会的不断亲近。但我们显然没必要做过头。在发展两岸自由贸易方面，我们还是要顺其自然，是否以及如何从大陆发展中分享红利，需让台湾自己做决定，这是台湾方面求我们的事。大陆应保持经济巨人的威严与矜持。

台湾"立法院"内外正在演一场政治戏。我们看到政治化了的民粹只围着极端的理念打转，就像狗咬尾巴团团转一样，越咬不到就越来劲。大陆公众可以静下心来做一回观众。

(2014.03.21)

全球化时代，台湾反服贸大示威很"二"

台湾昨天爆发的反服贸示威达到最近几年的最大群众抗议规模。主要由学生团体组成的抗议队伍自称超过50万人，尽管警方的估计至少要比这个数字少一半，示威也基本是和平的，但昨天的台湾还是让很多人感觉"更像"泰国和乌克兰了。

两岸服贸协议肯定对台湾是有利的，这点民进党也心知肚明。这场运动的悲剧在于，台湾学生对一件台湾必做事情的反对做得那么慷慨激昂，那样充满了可以编成歌、写成诗的元素。

一群怎么看怎么像是颇具正义感的学生高呼民主，但他们做的事情按照哪儿的民主及法治标准又都像是瞎胡闹，台湾眼下的事情只能当成一场戏看。批评学生太重，让人不忍开口。只能说，这是台湾民主"仍走在路上"，难免"有些曲折"的代价吧。

一旦出现这么严重的冲突和示威，不仅台湾学生下不了台，整个台湾社会大概也不知如何收场。学生差不多砸了"立法院"，昨天又有那么多人占了凯达格兰大道，总得有点"成果"吧。但是同大陆重谈服贸协议，大陆断不会接受。真的废掉那个协议，台湾社会肯定要比大陆社会心疼多了。

台湾经济长期停滞，让韩国反超一大截，根子在于台湾不敢真正放开与大陆的合作，而韩国却没有那样的顾虑。台湾学生和支持他们的力量不敢正视这个病根，却对服贸协议找茬，发泄对台湾前途的困惑和恐慌。这样的情绪释放毫无理性，是社会被不景气笼罩时所特有的歇斯底里。

在民主不成熟的社会里，经济一旦出现问题，会立刻对问题搞政治清算，结果很容易把社会推向越搞越糟的恶性循环。从中东到乌克兰再到泰国，几乎无一例外。如今台湾很像有了这样的苗头。

自从2000年陈水扁上台后，"台湾奇迹"逐渐消失得无影无踪，再无能被世人记住的经济亮点。台湾成为上演各种"惊险政治"的一流舞台，从陈水扁肚皮挨了一枪，到两岸高度对立，再到东亚第一次出现"立法院"被学生攻占长达十几天。

如今的台湾社会像是完全失去了目标，基本认同感面临重重挑战。马英九强调"不统不独不武"，这样的中庸之道也实在是无可奈何而为之。

台湾社会在继续分化，中产阶级出现塌陷，穷的更穷，富的更富，成了M型社会。台湾无力认真解决所面临的难题，几无改革，有的只是喊着和听着都让人有些晕眩的口号。

这是个经济及综合实力竞争无处不在的世界，意识形态是区域及全球竞争的工具和幌子，对此美国和欧洲国家不仅清楚，而且拿捏的分寸总是对准自己的利益。如今做生意时真正"政治挂帅"的，属于全球化时代标准的"二"。

台湾如果跟大陆经济紧密了，就意味着它要"被吞并"，那么无论有没有服贸协议，有没有ECFA，台湾都"陷落"定了。一个经济体做生意都要完蛋，那么是它的气数已经尽了。

看看台湾一些人对同大陆合作患得患失、疑神疑鬼的样子，有点让人忍俊不禁。这就是当年高喊"反攻大陆"那些人的后代吗？台湾潦倒得多少有点快。说实话，大陆人不愿意面对一个傲慢、挑衅的台湾，但也不希望台湾在大陆面前草木皆兵的样子。我们希望看到台湾的确定性，理性以及必要的自信。两岸竞争最终应实现从各自角度看都不存在歧义的共赢。

(2014.03.31)

香港反对派去白宫"告状"是步臭棋

美国副总统拜登日前以"偶遇"的方式,在白宫会见了香港反对派人士陈方安生和李柱铭,表达支持香港民主。事情发生在香港时间4月5日,陈李事后高调对拜登关心香港民主表示"感谢"。

去美国"告洋状",这是香港泛民派走出的又一步臭棋。香港反对派正在把香港地区内部事务搞成他们与整个国家的对抗,这样走下去,他们输定了。

《纽约时报》在拜登会见陈李的当天发表"保障香港自治"的社论,与白宫一唱一和,该社论同时呼吁英国"有责任对香港目前的趋势出声"。

但无论白宫,还是《纽约时报》,它们能对香港未来产生的实际影响都微乎其微,香港泛民主派投靠西方,说句不好听的,实在属于"尿错壶了"。

香港可不是台湾,更不是南海上的某个岛屿,中国对香港未来有足够的把控力。香港泛民派不能同香港已经回归中国这个最大现实对撞,因为他们不可能获胜。

泛民派钻进了一个牛角尖:2017年特首普选,为何候选人要从爱国爱港人士中选择?换句话说,与中央对抗的人为什么不能参选?回答很简单,因为香港不是一个国家,而是中国的一个特别行政区,香港反对派只能是针对香港社会的,而不能是同整个国家的对抗。

西方帮不了香港反对派的忙。80年代的英国比现在势头强,但它在同中国的谈判中被迫让步。"末代港督"彭定康想给香港回归的过渡捣乱,但北京没吃他那一套。美国今天能在香港发挥的作用,与上世纪八九十年代的英国根本没法比。

如果香港反对派想用"占领中环"向中央政府施压，同样不靠谱。这些年香港没少发生大型示威，加之内地频出群体事件，中国社会"见得多了"。反对派休想恫吓中央。

香港泛民力量最好还是应面对现实，思考如何在香港做反对派。这的确是个博弈过程，是《基本法》进一步展开的过程。但它不是你死我活的一场决战，不是民主的"不成功便成仁"，泛民力量须以建设性态度构建香港的反对派角色。

香港的政治反对派文化恐怕得是世界政治史上的一次创新，未来几年应是它形成的一个重要阶段。香港反对派中需要出现一批有智慧和远见的代表性人物，他们还需有真正的公益心，而不是个人政治利益至上。

泰国、乌克兰、台湾都因选举出过大乱子，中央不会放纵香港也出那么大的乱子，这是中央对香港的义务。如果有谁幻想在香港搞一场"颜色革命"，无论西方怎么支持他们，此路一定走不通。

"爱国爱港"的标准是整个中国社会的意志，这是中国对香港拥有主权的题中之义。香港泛民力量根本不具有挑战它的能力，他们需要有这个自知之明。

香港的民主空间十分巨大，需要泛民派和建制派共同打造。不能上来一竿子就打到国家认同这一根本问题上，摆出同中央对抗的狂妄姿态，这是无能之辈对西方文化的愚蠢模仿，这是对香港民主资源的毁灭性利用。

爱国爱港是不容谈判的条件，我们希望香港政坛未来几年能彻底接受这个前提，并以它为基础呈现出创造性的丰富和多元。这个过程亦将反过来促进全社会对爱国爱港更宽更新的理解。

拜登"偶遇"香港反对派人士，而不是大鸣大放地会见他们，这当中的信息可不都是令香港反对派欢欣鼓舞的。后者别太傻了，以为西方真的就是他们的救世主。

(2014.04.08)

第五辑

中国民意

人权之争，西方赢不了中国

美国国务卿希拉里用破坏外交礼仪的语言批评中国人权，称中国"做蠢事"（fool's errand），西方与中国的人权之争呈现出更多的不规则性。西方对中国的态度像是外交、舆论战，以及它们国内政策工具的大杂烩。猜西方一个激烈指责"背后"的故事是很累的，简单说起来，西方在当下的人权之争中咄咄逼人，但这场冲突究竟谁是"胜利者"，却要历史说了算。

为什么西方想要的"最终胜利"很难达到呢？这跟他们胜利的目的是歪的有关。西方现在同中国谈人权，但说的其实并不是"人的各种权利"，"人权"一词被赋予了特殊意义，它的内涵被偷换成西方政治体制。按这个逻辑，只要中国在社会组织的方式上偏离西方的轨迹，就是处在人权发展的下行线上。

随着中国崛起渐渐对西方构成竞争，西方批评中国的出发点越来越远离中国的实际和中国人民的利益，而只剩下西方中心主义的需求，西方人给中国善意提建议的成分日趋减少，而强压给中国不切实际的"瞎指挥"越来越多，其结果是只要中国政府和社会尚有起码的理性，就断不可能接受西方塞过来的"人权路线图"，因为它明摆着是一张跟中国现实对不上号的图纸。

坦率而言，中国社会近年也出现了一些支持西方对华施压的声音，但他们注定是少数人，中国社会的逐渐开明和多元化，使得这种声音越来越多地被听到，但这不是西方指手画脚会在中国收获与他们尊重中国同样效果的征兆。西方强权政治的受欢迎度不会在中国扩大，它只会随着中国民族自信的增强不断萎缩。

其实中国社会经常犹豫，真有必要很认真地回应西方在人权问题上对中国的骚扰吗？按说中国现在已经相当有力量，西方的骂声从外部很难实际伤害中国，它最多让中国感到一些不自在，看看希拉里本人与中国代表团热情握手和她搞"人权小动作"的分裂举动，我们就会想，一些国家的领导人跟中国谈人权，是不是真成了他们对华关系中一道"走过场"的风景线？

但真的能够做到"嘿嘿"一笑，需要中国社会更强的自信。现在的真实问题是，西方的人权宣教还是对中国国内产生了一定影响。它未必大得不得了，但有可能擦到了中国社会当前承受力的个别部位，对中国社会进一步扩大、升级自己的承受能力提出了要求。

实际上，中西之间的人权争议是中国改革开放最老的问题，但又常出常新，中国有了一些经验，但最缺的也是经验。我们很难做成一个能帮我们应对所有类似骚扰的对策模子，我们不得不在"坚决反击"和"置之不理"之间做临时选择，就像希拉里在中美战略与经济对话期间，也围绕人权话题费了很大心思一样。

但希拉里说中国"fool's errand"的方式还是挺笨的，环球网13日86%的投票者认为她构成了对中国"外交失礼"，说明中国社会比她设计"人权牌"时想像的那个群体，还是要聪明得多。她说她的，我们走我们的路。

(2011.05.14)

西方总想给中国法院"批条子"

北京市公安部门 22 日宣布，经依法侦查，已查明艾未未实际控制的一家公司存在巨额逃税、故意销毁会计凭证等犯罪行为。由于艾未未认罪态度好、患有慢性疾病，且表示要积极补缴税款，决定依法对他取保候审。

西方舆论迅速做出反应，而且全都是从政治角度解读艾的取保候审，比如宣称这是西方施压的结果，并且鼓吹要进一步向北京施压，使所有在押的"异见人士"都获得艾的待遇。

有个总结大概是客观的：艾未未案的整个进程，是朝着中国司法制度进步的方向走的，而不是相反。无论艾未未对中国政治体制持什么态度，他这个人多么"政治化"，这个案子从抓他到对他取保候审，是中国司法的一个回合，它将作为一个经典案例，包括围绕着它的争议，进入中国的司法记忆。如何在信息公开上对待此类案件，当局大概会有新的总结。名人、特别是热衷政治的名人如何洁身自好，真正做到在法律上"屁股干净"，社会也将有更细致的坐标。

西方一些人对中国的看法中，似乎只有"政治认证"，它决定了他们对中国所有人和事的识别。只要跟政治沾点边，他们就立刻把中国当成"零法律"的国家看待，似乎抓人放人，中国当权者可以"批条子"就做。他们压根就没有了解一下中国法律以及艾未未等是不是真触犯了这些法律的兴趣。

一个 13 亿人口的大国，一个经济快速发展、社会保持了基本稳定的大国，怎么可能不是法律权威同步快速确立的国家，仅凭各地官员用文件和政策进行管理，中国大概只能是"超级义和团"和无政府社会的大杂烩。而中国在向全世界提供着工业制成品，是世界最大债权国之一，法律早已是"中国制造"中和煤炭、石油同等重要的原材料。

当然中国的法律健全度还不理想，如果用最严格的标准看，艾未未案，以及中国大量其他案件，可以被当成"毛病"找出来的地方，大概都不是零。中国法制建设的未来使命就是不断清除这些"毛病"，使法律执行的过程越来越严丝合缝。

西方对艾未未案的态度，是赤裸裸的政治干预。他们在打断中国围绕法律建设社会秩序的努力，他们试图在中国法院的上空，升起西方意识形态的旗帜。他们希望中国的法官背诵美国及欧洲的政治文件，而不是中国的法典。他们很想有在关键时刻向中国法官"批条子"的权威。

艾未未从被拘捕到取保候审，一共 80 多天，没有突破我国《刑事诉讼法》。经济犯罪允许保外就医，也符合中国法律的规定。西方舆论认为他们的压力起了作用，他们这样想，对中国的对外关系看不出有什么坏处。而且对于外来压力，中国社会的看法从来都是辨证的。

但司法的主权，中国一定会牢牢握在自己手中。中国在往前走，在我们的前进方向上，曾留下了一些西方社会的辙痕，对他们的劝说和警告，包括谩骂，我们都不应堵上耳朵。但这和让出司法主权是两回事。艾未未从拘留所回到家中，但他依然走在中国法律的大广场上。我们所有自由的人，也都属于这个大广场。

（2011.06.24）

对外来的压力不委屈，不胆怯

印度总理辛格 14 日在议会接受质询，专门解释"中国没有攻击印度的计划"。因为印度反对党领袖宣称，"有证据显示"中国对印度的攻击"即将发起"，很多印度人都相信了他的话。

一个在中国听起来像是妄想症的说法，却被境外舆论搞得惊天动地。这样的怪事在印度，在中国周边的很多国家，甚至在西方都屡见不鲜。有些是无中生有，有些是恶意解读。中国政府及中国民间甚至个人的对外行为，不断被说成带有攻击性或别有用心。

比如中国普通渔民"刺死"韩国海警被解读成"中国欺负韩国"，中国商人在冰岛买地做生意也引来对中国"国家阴谋"的狂想。

一些国家对中国的误读本来就普遍存在，中国快速崛起在使这个问题变得更加严重。我们很可能没有手段可以改变这个趋势。

中国大部分资源的人均拥有水平都在世界平均线以下，中国崛起不是在国内埋头苦干就能干出来的。中国崛起的规模太大，必然触动西方的一些利益和权力，深刻影响未来的国际秩序。世界的大量矛盾逐渐向中国集中是我们很难躲掉的。

中国做事已经很低调了，但中国的韬光养晦比当年的美国难坚持得多。美国的资源优势、地缘政治优势都令中国无法企及。美国当年相对静悄悄的崛起我们今天大概只能羡慕。

中国需要尽可能减少外部的情绪对抗，但这样做的效果至少有一半不取决于我们。世界权力的零和思维使得西方对中国崛起的不欢迎一定会大于欢迎，中国越往前走，注定压力越大。

有人认为，中国已经进入与外部不可避免的高摩擦期，和平崛起的含义包括了"摩擦崛起"，但中国一定要避免"战争崛起"的险途，那将是中国的灾难。

中国能够承受外部的险境，对平安度过这个风险期至关重要。首先中国社会的心理承受力需要升级，我们得正视"所有崛起大国都是孤独的"这一历史经验，不委屈，不胆怯。

中国要继续加强自己的力量，使外部不敢轻易把情绪对抗转化成对华摩擦，更不敢轻易把摩擦升级为对华战争。这样中国的外部环境虽然险恶，但化险为夷的主动权永远在我们手里。

大国力量顺序的变化注定是国际政治轰轰烈烈的大事，只有大智慧、大心胸才能创造和平完成这个过程的大手笔。

其实所有外界的不满、所有"中国威胁论"都是可以理解的，中国应当知道我们没有真正的敌人，只面对了一些现有国际秩序下对既得利益的守护者。这样的认识和判断可以帮我们清醒，把握战略博弈的力度和分寸。

当今世界谁也组织不起一个专门围堵中国的联盟，我们自己也不该把各种摩擦及对立者硬往"反华联盟"上归纳。我们不必有非敌即友或非友即敌的思维模式，对手的朋友不一定是我们的对手，对手的对手也不一定就能成为我们的盟友。

危机和麻烦正不断走来，只要我们有处变不惊的战略自信，外界就会有所忌惮，中国内部的团结就更有基础。骑墙派是这个世界的绝大多数，只要中国政权和国家力量被证明是稳固的，世界"乱"的箭头就不会指向中国，而会指向与中国过不去的国家和力量。

(2011.12.16)

中国必须是有容乃大的平衡手

2月14日是西方的情人节。大洋彼岸,习近平与奥巴马会晤。在北京,中欧峰会开幕。很可惜中美、中欧都不是情人,但要说这个日子的寓意与这两场会面一点不沾边,也把话说绝了。大国的战略关系装得下天下所有情人离奇故事的总和。

中国是大国外交领域的新手,不熟悉如何使用自己的力量,不知道怎样对付个别小国的挑衅和背信弃义。面对美欧这样的巨人,我们以往更习惯于谨小慎微。我们从不主动挑起危机,危机找上门来时,我们的第一个反应往往是如何大事化小。

对于什么是"好的"对外关系,我们的通常理解是中国与对方你好我好,相敬如宾。美欧的理解似乎不是这样。他们追求最有利于实现自己国家利益的对华关系,不太在乎与中国摩擦甚至翻脸。

由于中国高度重视对战略机遇期的维护,减少来自外部的干扰确实显得尤为重要。但如果外部的任何要挟都能搅乱中国内部的节奏,我们的脆弱真的就是不可救药了。

中国的战略机遇期也应当"经风雨见世面",弱不禁风的机遇期什么都不是。其实中国改革开放30多年来经历的风雨并不少,从边界战争,到一时的内部骚乱,再到西方的全面制裁,我们都见过了。

无论中美关系,还是中欧关系,"好"的坐标大概都需调整。这些关系越有利于实现中国国家利益的最大化,它们就越"好"。中国的国家利益包括中国的基本政治制度的稳定,包括中国的社会团结,当然也包括中国经济的可持续发展。

这样看来，中美及中欧关系未必需要总是风平浪静。至少中国没必要以牺牲自己的政治利益换取西方的笑脸。中国不会挑衅美欧，但中国是有原则、敢于坚持的国家。这样的信息中国官员们应通过各种场合不断向外传递。

中国外交官以及领导人们与美欧打交道的难度很高，使命艰巨。"纯合作"是乌托邦，但"对着干"也要不得。针锋相对的闭门会不能"打到门外"，"不欢而散"之后得有"重新修好"跟着。这样的波澜起伏似乎没什么不好。

有一句话叫做"外交无小事"，不仅中国外交界，普通老百姓知道它的人也很多。这话没有错，在技术层面指导了中国外交生活很多年。但从战略层面，今天的中国还应当说另一句话：外交无大事。中国不是小国，也非当年的弱国，再大的对外摩擦，也"没什么了不起"。这点应让外界清楚。

中国必须是有容乃大的平衡手，是个不被泥沙俱下堵死，却能把泥沙搬到海洋的大江大河。中国同时还是扮不了面相、装不了态度的国家，装着装着就会露馅。所以我们需要对世界展示自己真实的喜怒哀乐。

美国重要，欧洲重要，俄罗斯、日本也很重要。但中国自己最重要。中国的战略机遇期，说到底要靠中国自己创造。过去外界提供的成分多一些，但那样的好运不可能像韭菜一样割了又长。中国太大了，世界没那么多机遇送给中国。

外交之事，说着容易做着难，难就难在通常情况下中国一方说了不算。但中国"说了等于没说"的时代的确在过去。不妄自尊大，也不妄自菲薄。什么是中庸？中庸就是走出一条看似根本没有路的"中间线"。

(2012.02.15)

中美心有多大,太平洋就多大

中国国家副主席习近平近日表示,宽广的太平洋有足够空间容纳中美两个大国。这大概不是外交辞令。因为太平洋必须容得下中美两大国。现在它就容下了,如果两国领导人都保持基本的清醒,这种容下的惯性很可能得以延续。它被打断将是全人类的灾难。

中美都有在太平洋共存的愿望是头等重要的。就中国来说,目前看不出它有"不容美国"的野心。我们很愿意与美国的竞争永远是良性的。问题更可能出在美国一方。它现在对中国崛起的不宽容表现,已经同它相对于中国的巨大优势不符。

美国人普遍认为中国的未来"不确定"。当然这不能全怪他们。中国人自己对未来也有不确定感。就中国发展的可持续性来说,如果中国人都过上接近西方水平的生活,地球能承受吗?如果中国的发展"停下来",中国国内能承受吗?这两个问题有一定对立性。

但对缓解中国崛起对西方既得利益的压力,中国大体持理解和积极的态度,并做了力所能及的调整。中国战略界没有挖西方墙脚补自己台面的思潮。中国崛起至少目前是在确保基本生活尊严层面上的崛起。几代中国人都不会有存心挑战美国利益的愿望。

如果说中国"动了"美国的奶酪,那是因为中国人多,块头太大。它稍一动,美国就忍不住看一眼自己无处不在的篱笆。

美国人的心情,中国人无法帮着解决。如果美国的经济优势确实逐渐萎缩,它对中国崛起的恐惧只能通过逐渐适应来消除。中国可以少刺激它,但中国不会为安慰它停止自己的发展。

比如美国对保持自己的"领导权"非常看重,这可以理解。但美国的国际权力观应当保持基本理性。以少数人口领导这个世界,这本身就是不稳定的。美国保持领导权的钥匙就在它自己手里,它得继续强大和先进。它的领导权既非别人能剥夺,也非别人能够赠予。

美国今天的综合优势仍无任何国家可比:美国希望将其固化,这种心态是在害自己。竞争无可避免,有时竞争甚至不是竞争者的愿望,但它还是会发生。美国现在总说"规则",其实是借口。很多美国精英要的是全世界一起努力,捧美国"赢"。这种局面不可能出现。

美国总要中国讲自己的"意图"。但中国显然没有20年以后外交战略的具体设想。而美国人最担心的,恰恰是20年以后的事情。这种对话很难进行。让中国人承认未来的野心,确实没有。听中国人打和平的包票,美国人又不相信。

常保太平洋和平大概不容易,常保亚太的太平或许更难。这一切都将取决于美中两国。完全搞清对方是困难的,但实在搞不清时,别把对方往最坏处想,尽量相信对方并不比自己坏很多。如果还做不到,那就"防人之心不可无",但"害人之心不可有",应是太平洋上最后的底线。

中美双方心有多大,太平洋就有多大。美国是中美之间的强者,它的胸襟更大一些,尤其重要。

(2012.02.16)

面对西方话语权,中国应自信从容

中国在联合国大会涉叙利亚提案表决中不惧少数地位,再次投出反对票。这种敢于表达中国真实态度、坦然坚持立场的做法值得称赞。西方舆论对投反对票的中俄等国做了一番嘲弄。

这很表面。中国对国际政治的表达权和影响力都因此而上升。西方今后对中国"弃权"的预期将大大减少,愿意不愿意,他们都会更加顾及中国的意见。

国际政治的基本坐标仍是国家利益。西方对话语权的掌握,使他们拥有了将利益和道德做随意阐释的特殊权力。他们将本次联大投反对票的12国称为"被遗弃国家"。对这种虚伪和装腔作势,中国社会决不可上当。

就在去年11月25日,联大针对古巴的一项决议只有两个国家投了反对票,它们就是美国和以色列。美以要比今天的12国孤立得多。而且美国是在使用全球资源最多、掌握着全世界核心命脉的情况下,一再违背众愿的。

中国不可学美国的霸道和不讲理,我们需要坚持国际社会的公正原则。但中国必须同时让自己的外交心理强大起来,不让自己的表达权空置在那里发霉、长毛。中国有13亿人口,人类的1/5,这张票无论怎么投,都应受到尊重。

认为我们应当同西方保持一致投票方向,这种看法是错误的。这种错误的浅显,甚至不需要地缘政治的知识就能领会。要求中国按"普世价值"投票的呼声在互联网上能听到不少,但它们唯一能展现的，就是中国互联网的包罗万象。

世界在联为一体，西方对中国崛起的抵触，会逐渐渗透到大量国际事务中，并直接或拐弯抹角地为难中国。中国越往上走，就越会感到压力无处不在。对西方舆论来说，中国怎么做都会是错的。如果以西方舆论来测量中国是否孤独，结论将会越来越令我们沮丧。

其实新中国在大多数时间里都是"孤独"的。抗美援朝的时候中国也是少数，面对的是16国联军。新中国刚建立时，我们更是少数，整个东亚都反对我们。但今天，缺少掌声对中国社会的压力似乎比以往任何时候都大。

信心的缺失是西方几句骂声就能让一些中国人慌张的重要原因。舆论的开放使西方声音长驱直入，内部不满也得以释放，公众一时没有回过神，不知道主流舆论在哪，一些人因此丢了主心骨。但只要国家在前进，这样的社会彷徨是可以自愈的。

中国无法做到让西方在感情上接纳我们，即使中国在叙利亚问题上投弃权票甚至赞成票也没用，"管用"也是短暂的。中国在利比亚问题上就没用否决权，但中国"主动"了吗？

西方对别国的挤压历来得寸进尺，我们得改变他们以往对中国喜欢息事宁人的印象。他们得知道中国是个不惹事，但也不怕事的国家。他们对付中国的大多数办法，中国都会学过来与他们周旋。

对西方扣给中国"傲慢"、"强硬"的各种帽子，我们都完全不必在乎。我们自己最清楚，我们是爱好和平的国家。最近20几年，中国一次战争没打，美国打了十几场，英法也打了很多场。西方有什么资格对我们在国际正义的问题上教训我们呢？千万别被他们忽悠了。

(2012.02.18)

只要中美不对抗，谁都不是输家

希拉里·克林顿近日在美国海军学院发表演讲时说，"今天的中国不是苏联，中美并未在亚洲站在一场'新冷战'的边缘。"她还说，"只有成功地建立卓有成效的中美关系，我们才能成功地建设和平繁荣的亚太地区。"

她的这番话是其对华强硬姿态的一次回调。

希拉里刚当国务卿时曾说过，中美关系将"决定 21 世纪国际关系的基本性质"。但那之后，她不断在批评中国时做"遣词造句的创新"。比如她指责中国"站在历史错误一边"，还称中国是"恶心的"。这次她说的话像是朝着国务卿正常理性和智慧的回归。

随着中国崛起和全球力量分布一些意义深远的变化，美国对中国有更多警觉似难避免。但美国不应掉入这些单向的警觉中不可自拔。中国崛起不含有针对美国的主观恶意，形成这个判断并不难。

美国的力量仍在全球遥遥领先，但新兴国家纷纷自强，美国从对世界权力的"绝对控股"向"最大持股人"转变已是注定了的。美国因此不安并且为难中国于事无补。

中国崛起是由历史的积蓄力和无数细致原因共同促成的，这些原因同时也给中国带来麻烦。中国崛起既是中国人对全球机会的成功把握，也是这个国家民间活动总量挡不住的溢出。美国人现在或许开始意识到了，遏制中国这样的超大型国家，完全没有胜算。

把中国当成上世纪的苏联来批斗，这只是美国和西方一些人把内部问题变成朝外撒气的廉价自欺欺人。而这样做的政治后果却可能很严重。最近几个月，一些美国国内智库也认识到这一点。他们批评希拉里没有把美国"重返亚洲"向中国解释好，进一步损害了中美本来就很脆弱的战略互信。

作为崛起国，中国对霸权国的应对显得更耐心和成功。2010年中国制造业总量超过美国。这是继1895年美国GDP成为世界老大以来，世界老二从来没有取得过的成就。中国的后劲大得难以估量。

这些年，包括基辛格、布热津斯基等美国战略家都提出美国应与中国避免冲突，或"相互适应"，美国向中国长期保持高傲姿态的精神支撑逐渐在溃塌。

中美之间形成的"崛起—霸权"关系，是近现代大国关系史从未有过的经历。它出现在21世纪，人类以往的大国政治悲剧对两国都提供了足够的警示牌。现在看来，只要中美不走向对抗，两国和世界就都不会是输家。

中美防范对方的心理都很重，这来源于历史给全人类留下的阴影。但中美现在都以防对方为主，力量分布变化导致冒险主义抬头的危险情节，迄今尚未在亚太地区上演。这是亚太种种坏苗头中让我们聊以自慰的一个亮点。

中美肯定还会各自做"坏的准备"，尤其是两国军方。但美国国务卿朝哪头说话，对亚太战略大环境决非是无关紧要的。中美关系的性质将长期飘忽不定。两国政治家给对方什么脸色，是重要的量变积累。是他们在决定两国社会看对方的方式和心情。

希拉里国务卿在海军学院对中国的那番描述值得欢迎，当然我们更欢迎希拉里的这些话能得到美国行动上的验证。目前，这些话中国人听上去仍将信将疑，因为美国实际对华政策中流露出太多对中国冷战思维的蛛丝马迹。避免说一套做一套，这是我们对希拉里国务卿的新期待。

（2012.04.12）

中国应扩大对"睦邻"的理解

中国与周边国家的摩擦近来明显增多,这让人产生中国周边关系是否一团糟的疑问。对这个问题,不能简单回答是。

中国在上世纪 90 年代之后,开始奉行同周边国家"睦邻友好"政策。那时冷战的紧张刚刚消除,亚洲国家的海洋意识仍较朦胧,而且舆论不太发达,政府间对国家关系的调控能力很强。那的确是中国推行睦邻政策的黄金期。

如今亚洲外交的面貌在发生变化,各国民众参与外交的热情和途径都与 20 年前有质的不同。政府对外交态度的决策权都缩水了,官员们获得的解决纠纷授权尤其很有限,现在亚洲国家的纠纷基本被各国舆论之间的冲突主导,官方力排众议拍板的可能性很小。

东亚的气氛变得相当糟糕,但仔细看,这里的摩擦大多都是老问题,新冒出的热点鲜有。这些摩擦基本处在每个国家实际战略目标的边缘位置,但由于它们都多少"跟主权"沾边,很利于各国舆论斗气、斗态度。

中国同周边国家的经济联系处于历史最好时期,亚洲对中国快速崛起总体上采取了接受和适应的态度,心理上的不适和不悦朝行动上转化的不多。现在很难说中国同一些周边国家的关系是"好的"或者"不好的",但这些关系显然都没有对中国国家复兴这一最大战略目标构成威胁。

长期奉行睦邻友好政策的中国,对一团和气的国家关系似乎有所偏爱,而且这很符合中国人的处世哲学。现在我们或许需要扩大对

"睦邻"概念的理解，为周边外交创造更宽阔的思想和利益空间。

周边外交切不可有非睦即恶、非友即敌的想法。睦邻意味着能够共存及在基本国家利益层面合作。同时还能容纳摩擦和冲突。中国与周边的纠纷目前都离国家全面对抗还很远，没有突破地区和平与合作的容忍线。今天的东亚不能被认为是"危险的"。

中国作为亚洲最大的国家，对地区政治氛围还有一份独特的调控力。也就是说，中国大致可以调控与周边国家的争议强度，防止失控在环中国地区的出现。

美国"重返亚洲"增加了中国周边的政治不确定性，但亚洲国家因为美国因素而破坏中国崛起大势，或者在海上实际恶化中国领土安全形势的可能性几乎都不存在。

因此不能说中国今天的周边外交形势很糟糕，真实情形是中国今天的外交麻烦是改革开放以来最多的，这是因为中国对周边的交往量空前庞大，接触面空前复杂，而我们的目标也不像过去那么单一，只要"友好"就行了。我们现在更追求不仅符合中国国家战略利益，而且符合中国具体社会单位利益的周边关系。

中国现在是同时算大账和算小账的大国。不算大账，中国继续发展、崛起的国家战略无以实现。但不算小账，有悖外交以人为本，公众舆论很难接受。中国必须在大账和小账之间做艰难的平衡。为此，中国需要逐步把经济实力和军事实力转换为能够影响具体办案过程的外交力。

中国本身就是大国，为此中国就得像个大国，既要自己做"君子"，也能镇住域外"小人"。中国决不能做"冤大头"，但算得"过精"也有可能反丢了大利益。这样的大考，将至少再煎熬中国人几十年。

(2012.05.22)

不同美国斗力，要斗智慧斗胸怀

美国防长帕内塔在新加坡香格里拉论坛上重申美国"战略东移"，并宣布美国战舰的60%将部署到太平洋。他同时否认此举意在遏制中国。他的否认虽然很可能不是"100%的假话"，但全世界都不会有人敢把它当真话听。

还是说"战略东移"吧，美国喊它不只一年两年了，随着中国崛起，谁在美国的位置上大概都会这样做。中国既然要发展，就得承受这个压力。中国带来了世界格局的深刻变化，这种变化令很多力量惴惴不安，他们的不安会转化成一些行动，最终压力都会返回到中国。

客观而言，美中目前的博弈方式是人类历史上霸权国同崛起国之间最文明的。中国对利益范围扩大的处理很克制，美国也未因防范中国而公开撕破脸皮。现在要防止两国对最坏情况的准备成为中美关系的主导内容。

从中国方面说，我们需要针对美国的部署做认真的反部署，但不应一提中美关系想的就是这件事。从长远看，美国有可能把更多军事力量部署到亚太，那又怎么样？中国必须像美国人说的那样，最终拥有在近海的绝对反介入能力，包括反航母能力。美国航母在中国周边海域的实际威慑力只会越来越低。

除此之外，中国应有足够的信心，中国崛起是挡不住的，其实美国搞战略东移也是对中国崛起没有办法时的无奈安排，有自我安慰的因素。中国崛起的内容如此丰富，怎么可能是调动几只军舰就能遏制的。如果真那样，未来的国际关系倒会简单得多。

中国将在未来很多年里劣势于美国，中国的结盟能力也将大大逊于美国。中国前进一步，来自美国的压力就会上一个等级，如果美国仅仅搞些"小动作"，我们就感觉压抑得喘不过气，那我们就应该趁早向西方屈服，华盛顿怎么说我们就怎么做。

中国没必要对美国硬碰硬，或者说硬碰硬是中国与美周旋的下下策。中国的上策是让美国的军事部署派不上用场，而把两国的博弈尽量朝中国力量增长更快的方向引。中美经济的发展趋势是你中有我，我中有你，这种搅成一团的拉扯对弱的一方更有利。

中美目前没有直接军事冲突的紧迫威胁，但都对它的出现有所担心。这种担心不应被刻意转变成存心要打一仗，以此证明自己国家"有力量"或者"有骨气"的愿望。

但这些不意味着中国可以允许美国的对华防范性部署肆无忌惮。中国需要多探索一些阻止美国介入的方法，并为此做不厌其烦的细致工作，从而增加美国部署的地缘政治和地缘经济成本，令其投鼠忌器。

我们必须清楚，崛起时代的中国安全是很昂贵的，中国保持和平，有可能不比打仗的经济成本更低。为阻止美国的"战略东移"在中国周边扎根，彻底改变亚洲的国际关系环境，中国就得准备做些付出。

美国直接用军事力量摧毁以中国崛起为中心的亚太运行图的可能性很小，但美国会利用军事压力造势，扰乱亚太国家对局势的判断，制造中国犯错误的机会。如果中国发展不下去，表层原因将五花八门，但美国的遏制将是根源性缘由之一。

中国不与美国斗力，要斗智慧，斗胸怀，斗坚持。中国的体量这么大，遏制中国根本无从下手。时间一年年过去，光是中国市场的逐渐变大带给世界的好处，就能帮我们大忙。中美的博弈形势决不仅仅看谁在太平洋的军舰多。

(2012.06.04)

钓鱼岛，中国的"国有"地位不会变

　　日本政府昨天宣布政府出资"购买"钓鱼岛，完成"国有化"。中国政府昨天做出强烈反应，中日关系进一步恶化无可避免。

　　昨天我们清楚感觉到中国在钓鱼岛问题上的被动处境。由于日本"实际控制"着钓鱼岛，对围绕该岛做什么事情有着中方没有的主动性。只要钓鱼岛的这种控制局面不改变，日方在某个时候突然发动挑衅并刺激我们的可能性就将始终存在。

　　因此，中国这项对日斗争必须以改变钓鱼岛的控制格局为长远目标。愤怒、发狠都没有用，树立并努力实现这个目标才是中国人的志气。但我们必须清楚，这是一项艰难而漫长的事业，它要求中国人必须有意志、智慧，还要高度团结。

　　钓鱼岛的主权不容谈判，日本也不会同中国谈。日本方面"保卫"钓鱼岛的决心和意志也很坚定。这是坚定与坚定的对决，中国人任何"只要出动海军就可解决问题"的想法都是幼稚的。

　　钓鱼岛冲突目前表面上在中日之间展开，随着中国压力的提升，美国有可能逐渐走向前台，从而出现中国与美日联盟的对抗格局。要捍卫钓鱼岛主权，中国至少要做这样的最坏打算。

　　鉴于中国仍处在高速发展的战略机遇期，不会以主动牺牲这个机遇期为赌注，但也不会为死保这个"机遇期"而牺牲领土主权。中国会在二者之间寻求战略的平衡。

　　只要我们做得足够好，对这种平衡的追求就不是解决领土问题的负担，而只会帮我们源源不断获得制服对手的手段。

总体上说，现在未必就是中国同争议国家"彻底解决"领土问题的最佳时机，因为中国现在的国力处于快速上升中，而当下又是中国被美国等西方力量"看得最紧"的时候，中国现有力量对于突破并压制这种"盯防"，创造对中国最有利的领土谈判环境还远远不够。现在搞"彻底解决"，中国吃亏的可能性很大。

中国现在最需要做的一是对所有海上领土的法理主权坚持，二是扩大对其他国家占领并宣称是它们"固有领土"的争议性。在做好这两点的基础上，中国要抓住每一个大小机遇，不断在对这些争议岛屿的控制权方面往前推。

在这当中中国应坚决奉行以下原则。一是不能怕事。宣示主权只要发外交声明就可以，是最容易做的。保持并扩大争议都必须有行动，在钓鱼岛问题上这些行动就是民间保钓，组织渔船前往作业，中国执法船越来越频密的巡航等等。随着日方控制行为的加码，我们的行动也要不断升级。

扩大争议做多了，就有效削弱了对方对争议岛屿的"实际控制"。遇到特殊时机，我们甚至可以直接实现或完全实行我方的控制。黄岩岛就是成功的一例。

中国在钓鱼岛面对的对手不同于南沙诸岛，日本对钓鱼岛控制很严密，但也决非无懈可击。中国与其争夺钓鱼岛控制权的斗争应非常坚决，我们派去的执法船应越来越强，中国的海上力量发展应在钓鱼岛海域不断反映出来。与日本不是斗一天两天，未来几十年中国的发展需要不断压到钓鱼岛上。

钓鱼岛跑不了，衰落的日本最终守不住它，它是中国的神圣领土，也是对日斗争可以预见的囊中之物。它作为中国"国有"岛屿的地位不会变。中国收复钓鱼岛过程，就是制服日本这个老牌对手的过程。我们今天的被动是现实，但我们一定会一步步扳回主动，让日本重新感受中国的力量。

(2012.09.11)

别再仰视日本,把它看成"亚洲刁民"

日本首相野田佳彦 26 日在联合国大会发言时摆出日本愿意依国际法,通过国际仲裁解决钓鱼岛问题。这表明日本试图"先下手为强",转向谋求国际支持。

大国的领土问题由国际社会仲裁解决,世界无先例,因此野田的姿态就是一个"摆拍",他知道中国不会陪他跳这支曲子。

钓鱼岛冲突已经搞得很大,中日两国在情绪上的投入被充分调动起来。然而钓鱼岛本身很小,实际上承载不了两国战略上的厮打和较劲。因此钓鱼岛之争必然向中日更复杂的冲突扩散,两国的对立会逐渐变成惯性的,而且不排除它是恶性的。

中日逐渐都会发现,钓鱼岛之争与韩日之间的独岛"纯岛屿之争"不同,它斗着斗着就"变味了",中日两国各自的战略雄心和困惑,西太平洋力量变化的不确定性,这些大问题会把钓鱼岛这只杯子盛得满满的。

对中国来说,钓鱼岛尤其不再是简单的对外领土争端,中国的多个关键性战略目标和关切都渐渐同这个小岛拴上了。首先中国不能丢钓鱼岛,同时钓鱼岛问题不能成为中国解决其他岛屿争端的坏范例。此外解决钓鱼岛问题的曲折过程不能破坏中国的内部团结,中国崛起要不被或少被干扰。

这些战略目标越外围的,实现起来越难。从它们对中国的利害来说,团结和更强大是中国进入世界政治深水区的本钱,也应是最终结果。而外界同中国博弈,恰恰又围绕着中国的团结和发展最容易使得上劲。

野田在联大发言，只是中日钓鱼岛冲突的一个小回合，这样的回合今后将数不胜数。中日围绕钓鱼岛投入的精力越多，钓鱼岛对全局的牵动力越强，它滑向哪个岔道越难以预料。

中国战略利益面的宽度已经大大超过日本，中国驾驭钓鱼岛问题的艺术也必须更高超。激烈对抗日本的同时，我们要能做到眼观六路，耳听八方。我们现在的确需要有把日本看成"小日本"的胸怀，我们对付它的动作要非常有力，但我们的眼睛要始终看着整个世界。

我们不能因为日本比中国发达并且侵略过我们，就把它当"列强之一"在潜意识中"供着"，我们得逐渐把这个不断骚扰我们的国家看成亚洲的"刁民"，该整它就整它，但我们要尽量避免在心理上与它纠缠下去，我们得前行赶路。

中国现阶段的目标应是瓦解日本对钓鱼岛的所谓"实际控制"，给未来的彻底解决撕开足够大的豁口。中国的大部分精力仍要投向全球，我们在世界上的每一项成功都会像涓涓细流一样最终汇成大河，从这个豁口灌进去，淹没日本的幻想。

只要我们摆正心态，解决钓鱼岛问题的过程就是一场精彩的大戏。这当中最应着急、受折磨的是日本，而非中国。因为我们一天天地好起来，日本却一天天地"小"下去。钓鱼岛危机的拉长和复杂化，都会越来越让日本吃不消。

经过这两年、特别是最近的博弈，中国实际上正在逐渐夺回对日冲突的主动权，日本继续在钓鱼岛问题上牵着中国走的能力已消耗殆尽。现在也应是中国社会对日本混杂了仰望、仇恨和无奈100多年后，重建对它全面心理优势的时候。

(2012.09.28)

认真对待奥巴马身后的美国社会心态

奥巴马连任美国总统,但已经没有了4年前的意气风发。他获胜的掌声里隐藏了美国人对国家现状的叹息,以及不得不降低期待的无奈。奥巴马重振美国经济的细小成绩也受到了珍视,美国人在听了罗姆尼包括"上任第一天就惩罚中国"的大量许诺之后,似乎守住了理性的底线。

世界要再同奥巴马领导的政府打4年交道,而最有分量的考验无疑又落到中国头上。已是第二任期了,奥巴马无论"反华"还是"亲华"似乎都可能更露骨些,也更坚决,中国将面对"更真实"的奥巴马。

但中美关系业已形成的巨大质量一定会牵制奥巴马第二任期的个性发挥,美国社会对中国崛起的总体感受也是他的"紧箍咒"。未来4年美国同中国之间的地缘关系,仍将是奥巴马对华态度的最大规定因素。

中国GDP总量将在未来4年里超过美国GDP的60%,这被认为是美国人的心理安全线。美国社会能否平静接受中国追上来的现实,这有很大不确定性。有人坚决地认为,美国不可能心甘情愿地面对将会失去世界老大的可能性。

尽管奥巴马的身上有着历届美国总统中最多的多元化元素,保守主义思想极强的国务卿希拉里·克林顿又将离任,奥有可能在新任期中不主动采取那么咄咄逼人的对华态度,但中美的现实摩擦点只会增多,它们会如何牵动中美关系的大局呢?

台湾问题、达赖问题等都不会消失,此外还会冒出新问题。比如中国的军事现代化对美国第一岛链逐渐形成压力,中国的产业升级会挤压美国贸易空间,中国的科技进步也会在太空、网络、电子等无形空间增加竞争。

中国社会的多元化会使国内对美国的态度出更多分歧，国内政治影响中美关系会更加突出。中国已经习惯了美国国内政治干扰中美关系，但美国对中国舆论干扰中美关系还没做好心理准备。

美国现在有了"更年期心态"，不那么自信了，变得多疑。比如今天中国人强调走向海洋，高呼创新，都会让美国有些紧张。中国周边国家对中国的经济依赖在上升，除了个别的，多数周边国家的第一贸易伙伴都是中国。我们没想把美国挤走，但美国的担心却挥之不去。

美国在中美关系中的主动性在快速流失，对付中国的手段已经不再可以顺手拈来。比如希拉里国务卿搞重返亚洲的"巧实力"外交，虽然给中国制造了一些麻烦，但带给美国的收获很小，甚至有不少美国精英认为它是失败的。

与第二任期的奥巴马打交道，就要同这个时期的美国社会心态打交道。中国还没有从对美的弱势心态中走出来，但或许我们要强逼自己在心理上拔拔高，建立对美国疑华防华的一定大度。

中国的确还比美国弱很多，但中国上升趋势的冲击会比实力差距更惹眼，更能塑造中美关系的气氛。对这点中国社会一定要有越来越充足的领悟，并围绕它调整我们的策略。

现在亚洲经济秩序以中国为中心，安全秩序仍以美国为中心，这种格局难免出现碰撞，似要相互吞噬对方。但经济的影响更基础，制造后续变化的能力更强。如果说现在中美在亚洲感受到的是同样温度，那么中国更像是上午的温度，美国是下午的。

走到今天，中国下一步的成功很可能更多取决于我们的心胸。在奥巴马连任美国总统的时刻我们提醒自己对美国的包容，这是否本身就构成了"傲慢"？

我们自己也说不清楚。但不要加剧美国的敏感，这只会在未来4年给中国带来好处。

(2012.11.08)

中国强硬？那亚洲早非今天这样了

中共中央总书记习近平28日就坚定不移走和平发展道路做了重要阐述，有的外国媒体所做解读同中国人对讲话的理解相差甚远，中国学者们纷纷关注习近平谈到"战略定力"，认为讲话反映了中国新领导层在外交战略上的稳健。但一些西方媒体大呼习近平讲话"强硬"，他们的根据是习近平在谈和平发展的同时，说了"任何外国不要指望我们会拿自己的核心利益做交易，不要指望我们会吞下损害我国主权、安全、发展利益的苦果"。

这话有什么错吗？这样的原则阐述如果出自其他国家的领导人讲话，难道会是奇怪的吗？上述惊诧反映出有些国家在用一些非正常的要求对待中国，他们希望中国的和平发展是为求和平什么都不顾，他们怎么捏我们都可以。他们期待这是对华套现非正当利益的大好机会，中国和平发展战略是他们一发指令就能吐出好处的ATM机。

"中国强硬论"流行已非一天两天，每次闹，心理都差不多。其实比一比与中国发生摩擦的日本、菲律宾领导人讲话，中国领导人讲话中体现的大国风范会让他们无地自容。中国和平发展的意愿很真诚，但也必须有其他国家和平发展愿望的配合互动，地区和平归根到底是大家的事。

如果一些人连这样实事求是的和平发展论述都接受不了，那的确说明大环境出了问题。需要调整的不是中国，而是对中国领导人讲话感觉不适、甚至要跳起来的那些人和力量。

如果有的国家过去还有些糊涂，那么就请现在搞清楚中国不放弃自己正当权益、也不会牺牲自己核心利益的决心。过去的误读都请改正，这应是各国与中国发展国家关系的基础性认识之一。

有些并不糊涂但装糊涂的人，也请搞清楚：渲染"中国强硬论"以及各种"中国威胁论"，效益早耗尽了。中国对它们早已不再敏感，我们习惯了，知道这当中有多少水分和泡沫，中国的"战略定力"越来越强。

如今国际话语权不在中国手里，西方舆论里充斥了对中国崛起的种种情绪，以及对它们的尽量放大。中国愿意为安慰这些情绪做些力所能及的事情，但我们不会强求西方舆论的改变，也不会为了刻意营造中国周边的某种气氛而自吞苦果。

这两年的中日、中菲摩擦，挑事者都不是中方。如果日本不搞钓鱼岛"国有化"，菲律宾不派军舰驱赶停靠黄岩岛的中国渔民，危机都不会爆发。中国是东亚地区内的最大力量，也是"搁置争议、共同开发"的主要倡导者，只要其他国家不主动同中国挑起、激化争议，它们同中国就不会有大问题，如果它们挑衅了，又总指望中国"别强硬"，那就难了。

中国不会把"战略上的强硬"定为国策，否则那亚洲早不是今天这个样子。13亿人口大国对平衡和稳健的理解与追求，外界或许很难感同身受。一些人会用"盲人摸象"的方式理解中国，以为他们单挑出来的一句话、一个动作就是中国的全部。

中国在未来不排除有真正强硬的时候，这取决于外部力量是否会以它们的挑衅迫使中国采取强硬的坚守。一些国家和力量过去把对中国的利益挤压做得太过分，它们需要重新看清中国画出的红线。

只要它们以现实主义的态度与中国打交道，它们就会发现中国这支全球性战略力量同时是和善、宽厚的。如果亚洲注定有一个国家成为所谓"超级力量"，那么幸亏它是中国。

(2013.01.31)

朝鲜半岛风急，中国更需战略定力

朝鲜2月12日举行第三次核试爆。因核爆地点距中朝边界仅约100公里，引起中国公众对本国东北地区是否受到辐射污染的担忧。中国环保部的监测截止到目前没有发现污染，其他周边国家也未发现，这是万幸。

我们必须首先在这里郑重告诉朝鲜，确保中国东北不受其核试爆的任何污染，是中国政府必须采取一切措施向东北人民提供的绝对保障，这也应是朝鲜必须不折不扣遵守的红线。

朝鲜一次次核试爆的赌注越来越高。平壤铁了心用极端方式拼本国的长久安全，而外部国家无法向它提供其他可靠的战略安全保障，东北亚一步步走进朝鲜恐惧并且大家跟着惴惴不安的险境。这是整个地区的悲哀。

朝鲜太小了，它根本把控不了拥核所带来的战略风险井喷，这一切只能由核试爆潜在污染区和其战略导弹射程内的国家一起分担，谁也跑不了。

然而这决不意味着朝鲜国家战略的成功。朝鲜不能把自己真的变成绑架者，因为绑架者即使一时是安全的，这种安全也几乎不可能自动过渡成长久的安全。绑架者始终是紧张局面里最不安全的那一个。朝鲜至少要对化解东北亚危局表现出积极和主动性。如果以为有核弹就真安全了，那是幼稚。

中国对朝政策失败了吗？朝鲜搞出了核武器，把中国卷入巨大不确定性中，当然不能说中国的对朝政策是成功的。但"失败论"的出发点是认为中国应当控制住朝鲜，有能力阻止其发展核武器，这是不切实际的假设。

朝鲜的独立自主外交路线很早就已形成，在抗美援朝之后，中国主动从朝鲜半岛事务中向后退了一步，并未对朝鲜的安全承担绝对责任。实事求是说，改革开放以来中国把对美关系放在突出位置，同时发展中韩关系，中朝友好保持了特殊性，但同盟友不是一回事。

这种情况造成了中国对朝鲜影响的局限，中国公众不应在朝鲜面前抱有"大哥说了算"的心态。

但如果说朝鲜是中国的战略屏障，反过来中国对朝鲜更是。中朝保持战略协调是互利的，而且对朝鲜只会更有利。在遇重大分歧时，只能寻求双方利益的最大公约数。如果朝鲜不管不顾，损害中国的战略空间，甚至直接破坏中国东北的安全稳定，中国就应对之来些硬的。

中国"惩罚"朝鲜，须是好友之间的警告，让它知道与中国相处的底线。但我们决不可加入美日韩的阵营，成为美国主导制裁朝鲜的主动配合者。那样做等于把朝鲜从美日韩的敌人变成中国的敌人，那将是战略上的愚蠢之极，把我们这么多年对中朝关系的苦心经营毁于一旦。

朝鲜半岛就是个"烂泥塘"，谁都不知道一脚下去会陷多深，能不能拔出来。然而中国的力量越来越强，我们做不到主导局势，但我们完全应当做到不被任何一方主导。这样的决心我们必须有，而且要让所有外人都清楚。

中朝友好并保持特殊关系，这应是我们半岛政策的基本点之一。支持半岛无核化也应是我们的坚定原则。这两点现在发生了冲突，有了矛盾，但推动形成这个矛盾的决非我们自己，我们也无法单独解开它。我们需保持战略定力，与局势互动着稳健前行。

只要中国东北不受到核污染，中国在朝鲜核问题上的回旋空间就足够大，首先惊慌失措的就不应是我们。因此，在朝鲜三次核试爆未影响东北地区的情况下，死守这个底线应是中国应对半岛核问题的"纲"。

（2013.02.16）

应构建有中国特色的大国外交

习近平主席22日起访问俄罗斯和非洲三国,并在南非参加金砖五国峰会。习近平当选中国国家元首后首次出访的这种安排,被广泛解读为中国对继续发展中俄全面战略协作伙伴关系的坚定决心,中国外交对发展中国家、包括对非洲的重视,以及中国外交的连续性等等。

这些解读都不无道理。中俄关系的战略意义首先由地缘塑造,它几乎是永恒的。西方对中俄两国各自态度的不确定性也在增加中俄的亲近感。中俄都不是想搞什么"轴心"的国家,两国都很重视同西方的关系,但中俄战略协作没有它们同西方合作时遭到的无穷无尽的政治干扰,中俄的共同利益清晰而稳固。

中国同金砖国家、同其他发展中国家构建合作也感觉很轻松,出了矛盾有一说一,不会上纲上线。同第三世界国家交朋友,中国使得上劲,多付出一份精力容易有立竿见影的效果。同西方国家发展合作也很重要,但事情很"复杂",光中国使劲收效不大。

中国民间、尤其是学界近年出现加强同发展中国家关系的广泛呼声,支持中俄全面战略协作的人也越来越多。很多普通中国人对同西方怎么搞也隔着一层感到泄气,甚至有点恼火。

然而实现中国外交的均衡,这仍是中国全社会的基本愿望。中国人最注重保持国家的发展势头,希望国际大环境的稳定,各国彼此相安无事。

但中国人对中国的国际环境将会怎样有强烈的不确定感。西方以为中国因为强大而"傲慢"了,其实不确定感才是中国人对外心态的最大变化。它促成一些中国人主张通过展示强硬摆脱被动,因为不少西方国家和与中国有纠纷的个别邻国已经被"惯坏了"。

这种心态正在中国社会中加速蔓延,导致了学术界关于中国外交需要不需要做"大调整"的诸多争论。

新一届政府将会在具体外交摩擦中遇到国内舆论越来越多的压力。"外交民主"已是相当流行的概念,中国外交受舆论一定程度的牵制在上一届政府中就已经是不争的事实。

然而我们认为,"外交民主"不应庸俗化,外交是专业性极强的国家事务,中国国家和中国人民的利益是它的唯一服务目标,但它的实现途径切不可民粹化。舆论对外交的牵制不能一味扩大,民众的对外态度可以尽情表达,但国家应当同时形成让外交官们放手处理对外事务的机制,并使它成为多元化时代中国社会的习惯。

中国正站到综合国力世界第二的位置,我们面对的战略挑战只会因这个位置增加,不会减少。中国需要有更大的外交谋略支持今后发展,而这个谋略必须契合中国的国情和国家目标,不能复制任何其他大国的经验。

它应当是有中国特色的大国外交,而组成中国特色的元素应包括中国的和平发展思想,中国对发展中国家的重视,中国对"睦邻、安邻、富邻"周边外交政策的坚持,中国对以谈判化解冲突的不懈追求,中国对不干涉内政原则的坚定维护等等。

中国必须奉行有自己特色的大国外交,但又不能搞扩张性、霸权性的大国外交,历史经验和现实环境都不允许中国那样做。中国不能再有弱国的受害者心态了,中国也不能轻易有使用这些年长出来肌肉的冲动。保持发展中大国的稳健是我们根本利益所在。

中国人一定要清楚我们最想在这个世界上要什么,坚定不移追寻我们的大目标,不随意把战略力量投向次级目标。我们在一些位置对外划清红线,与保障大目标是相通的。中国不是万能的,但我们需要在主要方向上,以及在我们划出红线的位置上做到不可战胜。

(2013.03.19)

半殖民地的余毒仍在影响国人自信

如今很多人都同意"中国人不自信"这个判断,但对于国人不自信的原因,以及我们应如何找回自信,看法却有不同。

一些人将国人不自信的原因归咎于国家当下的政治制度,宣称是由于中国拒绝接受西方式"民主政治",引来世界对中国的歧视,中国人自然无法自信。这基本上属于政治诡辩。

一个人的不自信是他个人的原因,中国社会文化层面的不自信,一定经历了至少几代人的文化心理积淀,它的深层原因只能去历史中寻找。

近代一百多年积贫积弱,包括中国沦为西方列强半殖民地的遭遇,是中国人集体心理不够强大的真正根源。直到今天,那一个多世纪阴影对中国社会的笼罩仍没有完全散去。

近代中国的不自信是整体性的。国家的现实层面差不多全线崩溃,有着五千年骄傲文明史的中国受尽列强的侵略和羞辱,国家战乱,民不聊生,国人自信缺少一些最基础性的支撑。当时一些租界甚至成了精英文化乃至经济中心,各种力量推动救亡之路也几乎都来自外部榜样的启发。

中国从战乱时代走出后,一直没有顾得上在精神层面做彻底的信心重建。其实由于中国以往的物质基础太差,即使做些努力,也未必就有效果。

从一定意义上说,中国崛起的过程,就是国家自信重建的过程。当年美国崛起,很长时间内也建立不起自信心。直到上世纪二三十年代,世界的主要现代文化中心差不多都在欧洲,美国是很多欧洲人眼里的"暴发户"。

一个社会的集体自信一定会以物质文明建设为基础，但仅仅有丰富的物质又是不够的。首先精神自信与物质丰富有很长的时间差，急也没用。此外以今天的日本为例子，我们可以看到这个仍被美国"占领"的富裕国家只有偏激，缺乏真正的自豪感。

中国已经证明了国家道路对于发展经济的有效性，但道路自信在社会的一些领域仍有明显赤字。一些知识分子仍未缓过劲来，宁肯相信欧洲等西方世界的衰退是"正常的"，而中国今天的发展只是"瞎猫碰上死耗子"。

彻底解决中国人的自信问题，需要一段很长时间的努力，这个时段将比中国实现现代化的过程更长。中国第一件事要做的，仍是打牢物质基础，一个领域接着一个领域地赶超世界先进水平。中国人需要有大体上接近西方的物质生活水平，还应当有一批世界一流的跨国公司，能拍出在世界上最叫座的电影，等等。

中国需要出现一批高度自信的知识精英及舆论精英，他们不仅认同国家政治道路，相信国家未来，而且心胸宽阔，能做到以相当放松的心态，把向外部世界学习同走中国自己的道路进行融合。让一部分有影响力的人先自信起来，中国社会的自信就有了重要的附着点。

应当说，中国社会的自信在恢复进程中，对一代人来说它很漫长，但对历史来说，它走得并不慢。对中国人今天自信程度的打分，只有很久以后的人们才能精确做出。

中国做了一百多年的半殖民地，很可能要用同样长的时间"消毒"和弥补。东亚的城市往往以殖民时代的遗迹为骄傲，中国新建的小区有不少起了欧洲的名字，让中国人的审美趣味"去殖民化"，想想看那将要用多少物质材料和思想材料堆出来。

自信对没有它的人来说很奢侈，但一旦形成，就会像空气和水一样普通。能清楚认识并接受这一不同寻常的过程，这本身就意味着自信的建设已经拉开序幕。

(2013.05.20)

从美联社严管员工网上发言谈起

美联社最近对外发布了"美联社员工社交媒体使用指导（2013年5月修订）"，其中要求美联社员工在社交网络账户的简介中不可以透露自己的政治立场，不得发布任何带有政治观点的言论，还需避免在公共论坛上对有争议的公共问题发表观点，不得在网上传播未经证实的谣传消息等等。

如果了解中国的社交网站上有多少活跃的新闻记者，以及他们发表了多少与其供职媒体官方态度不一致的观点，再看看美联社对其员工如此严格的要求，印象会尤其强烈。

专业媒体的新闻工作者是中国微博最主力的使用群体之一，他们不仅提供了很多尚未在供职媒体上发布的消息，而且几乎不受什么约束，可以尽情抒发尖锐观点，有的还展示供职媒体的内幕，这些行为在美联社的"使用指导"中都受到坚决反对。

我们一时说不清是美联社管得太严了，还是中国专业媒体的管理太松了。但两者的反差之大是实实在在的。

中国的国情与美国不同，专业媒体工作者在社交媒体上的特殊活跃有其特定背景。但仅从效果上来说，传统媒体工作者加强在社交媒体上言行的自律，对社交媒体建立秩序，对传统媒体保持权威性都有好处。

中国社交网站对推动舆论监督发挥了独特作用，但它们显然不能"一俊遮百丑"，其中一些乱象非常明显、突出，比如谣言满天飞，政治倾向偏激，脏话流行等。对这些问题，一些认证的新闻工作者客观上起了推波助澜作用。

诚然，中国的改革尚在途中，社会治理、包括宏观新闻格局的一些缺陷给微博等社交媒体提供了特殊机会，媒体人与它们的关系也因此"剪不断，理还乱"。

但所有这一切都不是经过身份认证的媒体人可在社交网站上"想说什么就说什么"的理由。这会导致这些媒体人观点同供职媒体态度的混淆不清，会加剧一些谣言和极端观点的传播能量。事实上，社交网站的一些负面效应借助了专业媒体通过其员工非正当输送过来的影响力。

中国媒体人需要加强自律。中国社会方方面面的问题，往往都与该领域从业者自律不足有关。而媒体人的自律离不开各专业媒体设立规范，关于这一点，西方一些媒体的成熟做法值得我们思考并借鉴。

这完全不涉及言论自由问题。给维护规则扣"压制言论"的帽子，这是少数极端主义者的惯用手段，是他们只追求政治目标和个人炒作效果而根本不顾社会秩序和公众利益的典型表现。

中国社交媒体如今有点像偏政治的炒作广场，而不像其他国家的社交媒体更重娱乐和交际。消除社交媒体"政治化"的成因需要一个过程，但媒体人如能恪守职业道德，可以在这个过渡期避免问题的人为膨胀，使其回归有利于社会的平稳和可控性。

中国专业新闻媒体需保持自己的影响力和判断力，要避免无意中成了社交媒体的"复印机"或"传声筒"。需要做的改善有很多，但认识上的理性、坚定以及基础规则清晰明确应当是头一位的。

(2013.06.03)

国民党应有更大魄力宣扬一个中国

中共中央总书记习近平 13 日下午在北京会见了中国国民党荣誉主席吴伯雄。从双方谈话内容看，两党对一个中国的共识有了更坚定、清晰的表述，这是对两岸关系今后全面发展的重要铺垫。

两岸关系走出了几年前极度紧张的那一段，就像河流一样来到宽阔的平缓区，有人评价当前的两岸关系发展有所放缓，有人认为这种平缓是正常的，它是必要的积累期。

但"台独"兴风作浪的陈水扁时期就像是"昨天的事"，两岸关系今天的和平发展未必已经牢不可破。因此两岸关系必须往前走，和平统一的目标虽很遥远，但往前走是防止倒退的最有效办法，一旦长时间原地踏步，倒退的力量就要往上冲了。

往前走，关键是让一个中国的政治共识更牢固，有更多实际支撑点，在台湾社会内部有更广泛的接受度和坚持，直到它在台湾的选举政治中获得不容触碰的权威。国民党应有更大的魄力推动这一进程。

应当说，扩大对一个中国的坚持，这在台湾社会里不应是难事。因为"中华民国"的所谓"宪法"，以及国民党的党纲，都同一个中国是对应的。李登辉和陈水扁搞的"两个中国"或"一中一台"即使在台湾也是"违宪"的，马英九当局应有充分力量和勇气与之作斗争。

习近平总书记昨天提到"坚持在认清历史发展趋势中把握两岸关系前途"。关于"历史发展趋势"，只要大陆不断发展壮大，两岸的不断靠近直至统一，是能在眺望未来中看到的。朝着那个方向走，相比反方向走一定是正确、也更智慧的政治选择。

吴伯雄对一个中国的表述是近年国民党方面最明确、不留余地的。这个进展值得欢迎。我们希望两岸还能就此"动起来",触碰两岸间的政治议题。两岸关系不应总在经济合作领域打转,经济合作再活跃,也不会自动克服两岸的政治分歧。两岸政治突破虽然难,但尝试的勇气双方都应当有。

我们注意到,在吴伯雄来大陆之前,马英九表态说,对两岸民间一起探讨政治议题,台湾当局没有给予"任何限制",这也是两岸间的一点进展。两岸民间的政治探讨打头阵,可以为两岸官方的政治探讨铺路。

"台独"在台湾连民进党都不认为有前途,但在多元政治条件下,它的存在空间又注定会有。由于有日美等外部力量的鼓励,让它终结就更难。台湾政治的一大看点是"台独"势力离政权有多远,是越来越远呢,还是忽远忽近。

我们相信,越来越远是大趋势,如果民进党不大幅度修改其两岸政策,洗掉自己的"台独"身份,它在台湾政治中的大趋势就是被边缘化,成为"跑龙套"的政党。

马英九剩下的时间并不算多。他的执政扭转了台海紧张局势,开启了两岸合作的新时期,这种贡献将被历史记住。但历史对他的期待并不只这些。他需要在余下的两年多里朝两岸之间的"政治深水区"有新的迈步,留下历史的新衔接点。

(2013.06.14)

内地看香港舆情应更成熟从容

昨天是香港回归十六周年纪念日,香港官方和民间举行各种活动,一些人参加了示威游行,喊出从"民主"、"双普选"到跟动物保护、拆迁有关的各种口号。"七一"游行已经成为香港社会的"新传统节目"之一,它被看成"一国两制"的重要表现。

媒体更愿意报道一些人的不满,不仅在香港的制度下是这样,如今在内地也已经这样。内地方面一直重视香港的舆情,但我们认为,内地对香港舆情的理解应当不断成熟,与时俱进。

香港实行与内地不同的政治制度,其社会的高度自由特征更易于各种不满和反对声音的释放,但并不承诺对所有诉求都必须回应和满足。香港如果没有游行反倒怪了,有几个人在队伍中打出港英旗帜,也不值当没完没了引申解读。这样的事情在香港发生"很廉价",它们的意义同样是"廉价的"。

内地需要真正适应香港政治制度的各种表现,这样的话,香港反对派的影响力就会自动弱化、降级,他们就会变成"正常的反对派",其活动和影响完全局限在香港内部,失去他们针对内地的额外触动力。

这一切显然正在发生的过程之中。从内地的社会层面看,香港是个旅游地,那里东西便宜,极少有人能搞懂香港在政治上有什么事情发生,几乎无人相信香港会出"大问题",比如那里会出现同中央政府的对抗,甚至闹出"港独"等。

香港回归后,一国两制总体上推进顺利,香港内部针对回归后事务的各种摩擦应当说都没有出格。最近两年有一些港人针对内地社会产生激烈情绪，它们大多是两地民生层面的纠纷，包括内地经济水平快速提升带给部分香港人的复杂感受。因为一些政治极端口号就断然认为香港人的"离心倾向在增加"是轻率的。香港事实上与内地的关系越来越紧密，爱国与香港人的利益连在一起。用放大镜侦查出来的"离心"毫无现实经济和政治基础。

由于内地的体制在舆论层面不如香港灵活，会催生出香港一些人故意用尖锐的声音和行动刺激内地，以寻求他们的利益最大化。这其实是一种"撒娇"，内地应当将它们看透，无必要事事反应，与之一来一去地互动。

香港仍保持独立经济体的地位，内地应当为其创造保持繁荣的外部条件，但切不可给港人留下印象：内地有向香港经济不断提供具体帮助的义务。那样的话，香港一有事情做不好，终极责任就会归到中央政府头上，港人的怨气就会往内地撒。现在香港舆论中似乎已有这样的苗头，它应当得到及时扭转。

香港是中国领土，157年的屈辱史已在16年前终结，香港回归祖国于法于理于情都是不二选择。香港经济继续保持繁荣势头有利于回归后的香港社会稳定，也有益于香港民众的福祉，但它的顺利与否不能总同"一国两制"牵扯在一起。香港保持繁荣需要靠香港人奋发努力干出来，香港的大量具体问题需要就事论事的解决，这是"港人治港"的重要内涵之一。

内地不能"惧怕"香港的反对派等舆论积极分子，不能哄着他们。两地的舆论应当是平等的。对香港"出不了大事"我们应有高度自信，那样一来，面对香港社会的各种表现内地就会更从容，更放松，我们就会发现并接受：香港本来就是这个样子。

(2013.07.02)

日本官员来华,中国人看累的秀

据日媒报道,日本外务事务次官斋木昭隆昨天和今天访问中国,日方希望能促成中日外长会晤乃至首脑会晤。中方以什么方式应对日本多面的外交姿态,选择性很多。

我们认为中国对这个问题的应对应尽可能放松些。在中日关系持续紧张的情况下,保持两国外交接触很有必要。但中日首脑会晤在一段时间里都将是多余的,这应是中国送给日本的稳定信号。

首脑会晤已经超越了外交的意义,举行首脑会晤本身就是对中日整体关系的一种态度,也应有一定成果。但安倍政府对华政治思维毫无变化,安倍要见中国领导人完全是为了服务于其个人及日本政治利益的一种作秀,是为了给其强硬的对华政策制造借口和合法性,在强调积极稳定周边的同时,中方完全没必要陪着他做这种游戏。

安倍政府隔着东海面向中国长袖善舞,他们的目的就是让中国跟着他的步点一起跳,那样中国会不堪其累,而且显得笨拙。中国的正确做法应是做"观舞者"。让安倍政府跳吧,我们尽可以坐在那里喝着茶,嗑着瓜子欣赏他们跳出一头汗的样子。

中日外交斗争在逐渐朝着这样的情形走。安倍上台以来对中国做了难以计数各种各样的喊话,狠的软的都有。中国领导人一句没回,中方的回应全由外交部发言人代劳了。表面上看日方不断"主动出击",实则中方以静观积累了对日心理强势,这不仅对中日外交斗争有利,对中国社会调整对日心态也很重要。

中国一个多世纪以来长期处于对日的实力弱势和心理弱势。最近十几年，中国实力赶超日本的速度要快于心理上对旧时阴影的摆脱。然而在最近的对日僵持中，中国政府和社会都表现出空前的从容，在策略上认真对付日本的同时，我们开始有了真正在战略上藐视它的心境，有了不太在乎中日关系长期冷淡的自信。

这是中国重建对日关系的心理基石。这意味着日本今后同样一个挑衅，对中国社会情绪上的刺激将降格，中国有可能做到更加理性地判断日本挑衅的实际意义，它对中国主要战略目标的干扰究竟是什么，从而以最恰当的手段和强度对其进行反制。

日本并不敢同中国搞传统意义上的实力对抗，它的实力越来越不够用，而且它很难承受这样做的政治成本。它更愿意同中国搞心理对抗，它的话语弹性大，演政治戏的资源多，又背靠美国这样的强大盟友，自以为占尽优势。但中国实际上已经破了它的阵，我们用冷处理将它的活跃形象现了原形，这一切都是它面对越来越强大中国极不自信的躁动。

所以我们应当对日本外务事务次官的到来以礼相待，用外交部缩减的招待费请他吃顿好饭，对他重申日本人已经非常清楚的中方立场和原则，请他把中国非常稳定的对日政策带回去。

在安倍政府不改变几项关键对华政策的前提下，中日关系没有大幅改善的空间，中国社会对当前的两国"冷对抗"挺满意的。中日只要不打起来，各种交流尽可顺其自然。对双方有利的自然有人愿意去做，风险大的也会自然萎缩，中国发展会慢慢适应这样的调整，我们也愿意日本逐渐适应它。

中日稳定的冷淡关系可以持续一些年，两国可以利用这段时间反思，发现两国构筑未来关系的新出发点。

(2013.07.30)

8·15，中国媒体不能沉默的日子

今天是8月15日，日本的投降日。今天的日本十分热闹，中国媒体和曾经战胜过日本的各国舆论也不应沉默。

日本政府将在今天举办"日本全国战死者追悼式"，日本内阁官房长官菅义伟就此称，"我殷切希望每个国民都能缅怀战死者，从心底为他们默哀。"他还进一步说，"我国的和平与繁荣背后，有着二战时心系祖国与家人、在战场倒下的各位战殁者的崇高牺牲。全体国民应沉痛悼念他们。"

菅义伟虽然同时表示"我们应再次起誓建设永久和平"，但这句话更像是为说前面那些话的掩护，是应付中韩和世界舆论的，日本政府要在该国社会唤醒的，恰是当年帝国飞行员们驾着神风战机撞向美国军舰时的"爱国主义激动"。

安倍透出信息不会在今天参拜靖国神社，但他献上了"玉串料（祭祀费）"。作为一国首相，他如此固执地打这个"擦边球"，就是要带日本"擦"二战大结局和东京大审判的"边"，他领导的内阁就是要为冲破由日本侵略和战败导致的格局积蓄力量。

日本工业化已经一个世纪，但它从未成为真正的全面强国。它称霸东北亚半个世纪，驱走俄国和西方势力，并且在太平洋战争初期打了美国个措手不及，很大一部分靠的是极端民族主义的精神力量。世界历史见证了德、日民族一旦精神上歇斯底里后可能干出的极端事情，日本今天的表现无法让我们对它决不会重蹈覆辙有信心。

日本为一方、中韩等亚洲国家为另一方的"靖国神社冲突"已经演化成日本对周边的意志之战,日本在磨炼它的民族主义,重新汇合其被反复冲散的国家凝聚力。日本仍处于美军的占领之下,如今又在经济总量上被中国超越,它处于退回到东北亚二流国家的历史定位,和为重新崛起与亚太大趋势对着干的十字路口。

日本人未必有一个极端主义的完整计划,但他们的心和意愿与时与势逆向,他们与中韩两国以及战后体制的冲突渐成一步步加码的惯性。中日两国逐渐走向对立,韩日民间的仇越结越死,东亚战争的潜在引爆点过去是三八线附近排第一,如今日本主张主权的岛屿和海上划界线加入了进来,这些变化与靖国神社的祭拜合在一起,让人隐约看到亚洲人曾经很熟悉的日本政治表情。

日本有可能彻底断送东北亚"一体化"的艰难成长,它以极端民族主义为核心的凝聚力重建必然刺激周边的民族主义,从而使地区内弥漫相互敌视和对抗情绪。这会成为日本极端民族主义进一步蔓延和升级的理由,如此恶性循环,日本将把自己牢牢钉在东亚新政治风暴的中心位置。

中国没有可以调控日本行为的杠杆,中国力量能够达到"吓住"日本的规模还需要很长时间。我们现在要做的是向全世界揭露日本的出位和疯狂,除了加大日本鼓噪极端民族主义的政治成本,也为我们今后一旦与它尖锐冲突营造有利的国际舆论环境。

反过来说,日本问题就是中国崛起的成本,而且已经被固定在成本的层面,它不再具有影响中国复兴结局的力量。靖国神社终究是个戏台,它也不应成为日本高官用动作和台词就能牵制中韩国家情绪的地区政治调控中心。事实上安倍现在去不去那里走一趟,他所要向日本内外表达的东西都已经充分表达出来了。

我们厌恶日本首相参拜靖国神社,但我们一点也不怕他前去那里拜鬼。那些鬼本来就存在安倍等人的心中。高度警惕严重右倾化的日本和准备对付它,才是我们的正确选择。

(2013.08.15)

东京举办奥运会，中国人乐观其成

日本东京在 2020 年奥运会申办中最终胜出，据说其 6 亿多美元的申办费压倒了马德里和伊斯坦布尔加起来不到 4 亿美元的抵抗。尽管现在是中日关系 40 多年来最糟糕的时候，我们还是愿意在此祝贺日本人，并祝愿他们未来 7 年筹备顺利，把奥运会办好。

分析人士普遍认为，申办奥运成功对日本来说有很深的政治意义。它能重塑日本社会的信心，提振国民士气，为这个国家带来二次经济起飞的希望。

如果奥运会真能扭转日本社会的心态，我们乐观其成。众所周知，日本经济低迷已经持续 20 多年，其间的中国崛起进一步强化了日本社会的衰落感。日本政治的右倾化同不自信在该国蔓延有着深刻联系，它对中国的强硬和挑衅姿态是其迷茫和沮丧的扭曲性极端表现，是对弱势心理甚至恐惧的下意识掩饰。

奥运会为日本社会注入久别的空前乐观，这对整个东北亚都是好事。新世纪以来，日本在历史问题、海上领土问题上在东北亚四面树敌并挑衅，奥运会有可能带给日本自我克制的压力，也必将转移日本社会的部分注意力。未来 7 年日本大概会变得温和些，不那么咄咄逼人。

必须指出，日本对二战历史的认识和反思态度从世界标准上看是很差劲的，如果日本官方今后几年再高调折腾靖国神社的事，那么中韩就可以借世界舆论对奥运会的特殊关注，把日本对待二战历史的顽固和嚣张展现给全世界，让全球公众都看看，官方对二战战犯施以重礼的国家，究竟适不适合举办弘扬和平的奥运会。

日本在钓鱼岛问题上的激进态度直接导致中日在那片海域的执法力量对峙，并且造成两国潜在军事力量之间的紧张。奥运会之前，日本按常理需避免中日军事摩擦，保持东海的和平稳定。如果日本的所有行为都符合奥运会举办国的正常表现，不啻是东亚的利好。

我们很愿意日本同中国开展良性的竞争，如果日本能"二次崛起"，它不会构成中国的战略威胁，只会为东亚区域经济总面貌创造新的活跃点，刺激国家间的合作。对中国来说，日本的强大有着天然上限，因此我们不怕它强大，就怕它因为嫉妒或惧怕别人强大而胡来。

日本举办奥运会还对中国人有着地理上的特殊好处，比如观看电视直播几乎没有时差，去日本观赛很方便，昨天中国人最初听到日本申办成功的消息时，很多人都因为这些便利而释怀了希望东京输给其他城市的情绪。

当年中国赢了奥运主办权之后，日本政府和很多友好组织都表示祝贺和支持，那时的中日关系要比现在好得多。也有一些日本右翼组织给中国捣乱的，北京奥运会的火炬传递在日本也遭遇了麻烦。现在东京申办成功撞上了中日最僵持的关系，我们相信，未来几年日本社会将看到中国人支持它举办成功的大度和坦然。

日本自己要"懂事"，别没完没了惹事和闹事，那么日本社会将有积极向上的 7 年，东亚将有相对稳定的 7 年，这些都是中国人很愿意看到的。

(2013.09.09)

在中亚"三不",中国拒绝帝国思维

中国国家主席习近平正在中亚国家访问。一位大国元首抽出很长的时间连续访问中亚四个国家,这是罕见的,足以证明中国对中亚的特殊重视。

苏联解体后中亚出现多个独立国家,它们成为欧亚大陆地缘政治的全新因素。在传统国际政治思维中,中亚的变化为大国争夺影响力和构建势力范围提供了空间。一些国际观察家习惯性地将中国纳入这种战略游戏,视中国为中亚地缘政治的"新玩家"。

习近平主席日前在哈萨克斯坦表达了中国的"三不":决不干涉中亚国家内政,不谋求地区事务主导权,不经营势力范围。这决非空话或外交辞令。从构建新型国家关系的角度来看这些主张,就不难理解中国的真诚。

现代中国不是帝国,中国社会对外交关系中的帝国思维有着根深蒂固的拒绝。近代以来中国饱受欺凌,对国家平等怀有欧美社会难以理解的向往和追求。中国人很讲国际关系中的"权利",不喜欢动辄谈"权力"。中国今天的力量变得强大,但我们作为弱国时的很多国际理想融进国家的政治血液中。

中国向世界各地、包括向中亚的外交拓展不是以炮舰政策推动的。中国同小国的经济合作也不是高高在上、通过大国综合优势强行谋利的。比如在中亚,中国同该地区各国的合作充满互利精神,中国大小公司在中亚勤勉做事,认真搭建所在国同中国的互惠桥梁。中国人在中亚既做了大型工程,也做了不少低端工作。无论中国公司还是中国人在中亚都只是合作者,而非发号施令者,更不是"老爷"。

中国同中亚的各合作项目、包括能源合作都不是中国一方说了算，而是双方共同把控合作方向。互利是所有项目最强大的纽带，而不是一方对另一方的屈从关系。中国在创造中亚各国与外部世界开展合作的一种选项，如果说中国因此同其他大国存在竞争关系，那么这种竞争也是公开透明和良性的，它的直接受益者首先是中亚国家。

中国崛起不是排他性过程，处处洋溢了共存和互利意识。由于中国国家规模庞大，我们清醒意识到中国的国家利益构建必须具有开放性，必须尽可能同时有益于其他国家的战略利益，或者至少不与它们直接发生抵触。

我们相信，世界的发展空间还有着巨大的待开发容量，它们不是你占了我就没有的关系，那对人类的未来将是可怕的。最重要的是中国要同世界各国在发现、创造这些新空间上开展耐心、有效的合作。

西方舆论不断有中国与美国等西方大国在非洲或拉美激烈争夺的说法，俄罗斯舆论也有中国同美俄在中亚开展博弈的议论。其实中国压根就没打算到世界任何地方做什么"拳手"，外界把中国的外交动机想复杂了。中国就是在不断发展，经济能力在溢出，同世界各国发生自然而正常的联系、合作。中国在以合作者的诚意和姿态走向世界。

外界对中国有误读可以理解，因为世界在零和性国际政治游戏中生活得太久了。中国不是新型国际关系的苦行者，而是这样做对中国来说最现实，也最符合中国的利益。中国不愿意刚刚有一些发展起来的眉目就四处冲突，不希望中国开始扮演重要角色的世界重新往帝国主义时代走，我们认为和平而且平等的世界最适合中国人民。

中俄关系已然是大国关系的典范，中美在发展一种新型的大国关系，中国的外交探索面堪称非常广泛。我们真心希望，中亚国家同中国也能成为不同实力国家之间战略互信和全方位合作的楷模。这显然能最大限度地创造利益，而且能最大限度地扩大利益分享面。

（2013.09.10）

两岸政治靠近很难"自愿"发生

首届两岸和平论坛 12 日在上海落幕,它的主要参加者是大陆学者及台湾蓝绿两个阵营的学者,因而被认为代表了"两岸三派"的意见。论坛关注到两岸政治关系,并主张推动两岸领导人实现会晤。大约一周前习近平在印尼会见萧万长时表示,两岸政治分歧问题终归要逐步解决,不能将问题一代一代传下去。这一讲话在两岸都受到广泛关注,被认为意味深长。

"只经不政"无法成为两岸交流的长远模式,这是两岸都看得很清楚的。两岸必须朝着克服政治分歧的方向往前走,否则说不定什么时候就会从"原地踏步"突然转向倒退。

两岸积累政治共识并朝和平统一迈进的动力主要来自大陆,台湾大体分为"维持现状派"和"独立派",这是当下两岸的基本政治面貌。大陆的战略任务是,促台湾岛内政治力量逐渐转化成"促统派"和"维持现状派"。

前些年岛内"独立派"过于激进、强势,试图突破"一个中国"的底线。大陆付出巨大努力,并且做了不惜一战的最坏准备,才遏制住了"台独",让台湾的主流政治路线回到"维持现状"的轨道。

大陆这几年主动加强对台经济合作,但这一切实际只够巩固对"台独"的打压。大陆显然需要付出进一步的艰苦努力,才能让台湾社会严肃认识到解决两岸政治分歧的必要性和迫切性,也才会让"和平统一"作为正面概念逐渐融入台湾主流舆论,并形成两岸间政治靠近的进程。

从人类历史上看,统一大多是"强制"的,也有少数"自愿"的例外。后一种情况往往需要发起统一的强大一方在政治、经济上都有压倒性的优势和吸引力，就台海两岸的现状来说，这种局面的出现还需要相当长时间。

完全的"强制"统一也不适合两岸面对的地缘政治大环境，不仅风险高，也越来越难实行。中国大陆单独对台湾拥有绝对的实力优势，但改变台海现状将触动亚太战略格局，美日等力量必将使出浑身解数"平衡中国"。

大陆比较现实的做法大概是摸索、创造"自愿＋强制"的混合模式，推动两岸政治走近，并将其逐渐转变为和平统一进程。

大陆需要进一步的自我实力壮大，逐渐挤压华盛顿对台湾政治的直接影响，并使美国在极端情况下军事干预台海事务的可能性越来越小。大陆的战略威慑力需要再连上几个台阶，或者中国的大国外交取得质的突破，使台海事务真正变成两岸间的事情，成为绝对的"中国内政"。这是台湾内部出现稳定"促统派"的必要外部条件。

台湾的"民心"很重要，但直到实现两岸统一之前，追求"台湾利益最大化"都会是岛内占主导的政治意愿。我们需要做的是，要让岛内主流社会认识到，与大陆在政治上逐渐走近是台湾最现实的路，顺应这一趋势符合台湾绝大多数人的利益。

如果顺利的话，大陆实力会在十年内有新的重大提升，这个过程应当被用来改变越来越多台湾精英对于两岸关系的思路，并且支持台湾社会调整对台海局势的认识。

台湾需要出现更有魄力的领导者，敢于让两岸克服政治分歧在台湾公开破题。大陆也应在台湾问题上保持坚定信心和坚决立场，对于因此而产生的短期摩擦，需要促台海局势逐渐形成承受力。

俗话说"不怕慢只怕站"，大陆应当不断推着台湾方面往前走，哪怕迈些小步，但不要为了"稳定"而停下来。两岸关系处于大的"过渡期"，某一种模式"太稳定"了反而不合适。要让两岸不断走近的变化本身成为大家都适应的"稳定趋势"。

(2013.10.14)

香港舆论应更多尊重内地人

香港媒体频繁炒作"中港矛盾",近日又翻出一个多月前香港城市大学的"授课语言风波",添枝加叶。有港媒称,在城市大学粤语讲授的"中国文化要义"课堂上,有内地学生表示听不懂,要求老师用普通话授课,引发他们与香港当地学生的"骂战"。据《环球时报》记者了解,事情完全没有那么严重,当事人都否认港媒的报道。当时有内地学生表示听不懂,授课教授随后利用课余时间为这些学生补课,课堂没有发生"骂战",目前内地学生也已经大致跟上。

在香港有些媒体的报道中,无理取闹的内地学生、仗义执言的香港学生、委曲求全的授课老师纷纷跃然纸上,故事性、冲突性极强,吸引了眼球,同时也给香港民众对内地的误解增添了新料。

香港回归后,与内地的交往不断增多,当中有些文化摩擦无可避免。内地的不同地方之间亦有隔阂、争强好胜等,更何况被英国殖民了100多年的香港与内地之间。然而必须指出,内地舆论相当克制,从不主动挑剔香港,也极少对香港媒体做同等强烈的反唇相讥。

但在两地的文化摩擦上,香港媒体有些过度消费自己的"言论自由",不仅对具体问题添油加醋,还经常拔高一些具体摩擦的性质,烘托对立。

我们觉得有必要在这里把内地人的一些看法和不满也说一说,不是为了要同香港媒体论战,而是要帮香港舆论换一个视角看问题。

香港媒体经常流露出对内地人"拥入"香港的不满,比如来了更多内地游客和学生等。然而需要讲明白的是,这些大多是香港保持繁荣的需要。香港人在享受内地人带来的经济机会时，他们应当对后者给予尊重。

一些香港人嫌内地人"素质不高"，然而中国内地人现在不仅去香港，而且广泛走向世界各地，香港舆论对于内地人"素质"的指摘，不应高过世界其他地方对这个问题的争议，至少香港舆论不该表现出傲慢和极端。否则内地人就会因此争议香港人的"素质"。

香港舆论的确更容易释放偏激声音，但香港主流社会和主流媒体不应附和那些声音，他们不应因这些极端声音的出现而沾沾自喜于香港的"自由"，而应因此在内地人面前感到愧疚。

虽然仍有内地人在想方设法获取香港身份，但目前内地社会总体上早已不再在香港面前自卑，内地一些一线城市对未来充满信心。然而那里的人并未主动向香港"展示自信"，内地知识分子大多知道香港人面对上海等城市竞争的焦虑，他们从不愿用"不得体"的话题刺激香港人。

中央政府对香港社会的感受非常在意，但实事求是说，内地民众没有相同的义务。从长远看，香港的繁荣不仅仅取决于中央政府的政策，同时也取决于内地社会在多大程度上感觉香港是亲切的。如果内地人普遍认为香港社会对他们并不友好，他们去那里会很不自在，这对香港的长远发展决不是什么加分因素。

内地社会仍不如香港发达，但内地人对香港充满善意和热情。以同样的善意和热情回应内地人，这既是香港社会的理性，也是它文明的真正表现。

我们希望两地学生课堂"对骂"这样的虚假炒作在香港媒体上尽可能少些，让骂内地人"蝗虫"的极端声音在香港公开出版物上绝迹。当它们出现时，用不着内地说话，香港人自己的唾沫就应当把它们淹没。

（2013.10.15）

香港反对派莫学"台独"做敌对派

多名香港建制派立法会议员 23 日联署要求"占领中环运动"发起人朱耀明等停止勾结"台独"分子,并要求他们停止"占中"。其中一名立法会议员表示,"占中"破坏法治,无助争取普选,而联合"台独"分子推动"占中",令人担心"占中"走向暴力,置香港于危险境地。

据媒体报道,朱耀明等人本月 19 日赴台与民进党前主席施明德谋划"合作占中",双方一同召开记者会表示,明年是香港决战的一年,双方将与港台"推动民主化"的人士一起在港举办圆桌会议,讨论台湾协助推动香港"占中"。施明德将号召全台"关心民主的人士"支持"占中"和"香港民主化"。另有"台独"大佬日前赴港鼓吹"台独经验",鼓动香港反对派年年举行占领运动。

这些动态让一些香港人联想到去年以来少数反对派人士大搞"港独"活动,举港英时代的"龙狮旗"或英国"米字旗"等。香港多家媒体批评"港独"与"台独"合流,祸港、害港。

众所周知,香港从来都不是一个"政治城市",今天反对派引"台独"势力来港搞极端政治活动,既不合香港主流民意,也毫无做成事的战略环境条件。他们的作为不可能有前途。表面上轰轰烈烈的事,只要中央和港府下决心抑制它,它最终就是"茶杯里的风暴"。

"台独"势力曾导致台湾与大陆的激烈对抗,如果香港反对派学习"台独",他们做不到把香港推向中央政府的对立面,但这两拨人合流有可能带来港内的极大混乱,迫使中央考虑采取维护香港稳定的更为坚决措施。

反对派的"占中"等抗议活动都把目标指向2017年普选,他们试图让对抗中央的人出任特首成为可能。中央已经明确否定了这种可能性,普选产生的特首必须忠于《基本法》。香港反对派人士根本没有要求整个国家向他们退让的资本。

香港反对派必须清楚,他们是中国特别行政区里的反对派,而不是一个独立国家里的反对派。而且香港与台湾的情况也不同。香港有中央派的驻港部队,有中央政府派驻机构,全中国的民意高度支持《基本法》。即使"台独"势力也要在最后时刻慑于《反分裂国家法》,在政治的悬崖边止步。香港反对派不应做不切实际的幻想。

香港继续实行资本主义制度,这为香港的政治反对派开展活动提供了空间。这个空间究竟什么样,有多大,会有一个摸索摩擦的过程,中央政府和内地舆论对此是持积极态度的。但大框架在哪里,底线在哪里,不仅《基本法》里写了,正常香港人凭悟性也能感觉得到。

香港反对派一边追求活动空间,也一边要通过行动建立整个国家对他们基本政治理性的信任。他们是反对派,但不应是"敌对派"。他们在香港和全中国促成这样的信心,他们自己将是最大的受益者。

"台独"是被中国大陆社会普遍视为"敌对势力"的,我们希望香港反对派别跟他们往一起搅,那样做不会对他们有好处。香港反对派应表现出他们建设性的一面,他们需要创造性的思想能力和政治大智慧。

香港是全中国人眼里的"东方明珠",我们希望它永远是。香港反对派做什么样的表现,会在一定程度上影响这颗明珠的成色。

(2013.10.24)

中国社会莫为日本民族主义伴舞

"民族主义的幽灵在东亚徘徊",套用这个著名句式来谈民族主义,是否过于夸张了呢?

中国人能清楚地感受到日本民族主义的汹涌澎湃。反过来,中国也常被一些国家认为是"民族主义严重"的社会。当前中日严重对立,有人认为,这同时就是两国民族主义情绪的交锋。此外韩国等东亚多个国家也常被拉上"民族主义"的名单。

如果我们一口咬定中国"没有民族主义",外部舆论不会同意。有意思的是,中国国内自由派也常常指责他们的舆论对立面是"民族主义者",而且他们对民族主义的定义同外部舆论对它的使用差不多。

"民族主义"这个概念在各个时期有着不同褒贬寓意。就今天来说,它在各主要语言里大体是个贬义词。"民族主义"同"爱国主义"内容之间的界限比较模糊,舆论对这两个概念的态度则逐渐分离。一国国民针对国家感情的积极部分被归入爱国主义,消极和极端部分被归入民族主义。

即使这样,围绕民族主义经常出现纠纷,被一些人认为是爱国主义的情感和行动,常常会被另一些人看成民族主义。

中日互指对方"民族主义",只能是一场比谁声高的舆论仗。

然而必须指出,中国民族主义的内涵与日本的有很大不同。中国民族主义主张领土主权完整,国家强盛。日本社会除了与之相近的上述内容外,更突出的是要摆脱二战结局的束缚,突破和平宪法,日本的民族主义还纠结于想要阻止中国正常发展带给世界力量格局的自然变化。

很显然,日本的民族主义更容易矛头对外,引发摩擦。事实上,中国的民族主义情绪主要是社会层面的，而日本的民族主义则由国家领导人冲锋陷阵，日本首相等高官不断针对中国发表强硬言论，中国的官方回应一直相当克制。

但是民族主义很容易在国家间互动，相互刺激，形成一来一往的连环升级，直到后来互为因果，不再容易分清谁是源头。就中日来说，如果中国对来自日本的挑衅有则必应，最后就会纠缠成激烈的一团，将是非淹没在其中。

外界可能会对中日民族主义"各打五十大板"，当然，外界的态度未必就是对我们最重要的。但我们需要警惕，如果与日本在所有具体冲突中争胜利感觉，这种胜利很可能在战略上是廉价的，为此消耗中国的战略资源未必符合中国作为全球大国的长远利益。

中国决不能在原则问题上对日本妥协，但我们或许需要跳出与日本你来我往的"强硬竞赛"，不把我们的时间和精力大量浪费在日本的三流政客、无聊文人和极端媒体上。

中日国家力量已经实现逆转，时代在变，中国面对日本需要不断建立、巩固强者的自信，牢记历史，但同时摆脱旧时代的受害者心态。日本现在很愿意中国全心全意陪着它闹，中国不能为这个衰落的岛国不断伴舞。我们在释放自己的情绪时，需要保持定力和理性，不尾随日本走得太远。

我们要防止一种舆论定式：只要对日强硬，与其针锋相对"死磕"，就大快人心。如果长期这样，就会束缚中国的外交空间和智慧，由日本"一根筋"的对华政策，派生出中国的策略僵化。

中国人在两千多年前就已注重战略的运用，反对专注于一时一事的赢输。今天的中国已经走向亚太和全球的超级舞台，我们对战略的理解和运用战略的气度都应超越古人。让我们做一个假设：给孙武或孔明写封信，问问他们今天的中国应如何应对日本，我们应能大致猜出来他们会怎么说。既然如此，让我们别离他们的"锦囊妙计"太远。

（2013.11.06）

联合国 176 张支持票挺中国人权

第 68 届联合国大会 11 月 12 日选举产生联合国人权理事会 14 个新成员,中国再次高票当选,在 193 个联合国成员中得了 176 票。除去少数国家,差不多所有投票者都支持了中国的当选。这反映了联合国绝大多数成员对中国人权建设压倒性的正面评价。

人权问题是西方同中国最活跃的政治摩擦点之一,西方对中国的批评,有很大一部分都是对中国人权的指摘。西方的话语权以及政治软实力帮助其构筑了"道德高地",形成了他们攻讦中国的天然优势。

客观说,西方对华施加人权压力的实际效果并非都是负面的,这些压力触动了中国社会的思考,一定程度上成为促中国社会加快人权建设的外力之一。中国很早就同美国等就人权问题开展对话,这是一种积极务实的态度。

中国这些年根据本国国情形成了发展人权的战略,并取得了全球有目共睹的实效。中国强有力的民生建设从根本上改善了 13 亿人口的生存权利,参政议政权利的发展别开生面,这些被广大发展中国家视为发展人权的成功样板。这是符合联合国人权公约的,而且切中了第三世界国家的共同问题。

令人意外的是,中国这么大的人权成就遭到了西方舆论的集体无视,西方精英们把人类普遍的人权观念做了剪裁,将其中的公民政治权利做了单独突出,使它同其他权利割裂开来。西方一些人近年来有越来越将这种诠释极端化的倾向,这让人怀疑,他们这样做有成心抹杀中国人权成就、在政治上刁难中国的用意。

由于西方话语权太大,西方否定的,好像全世界都在否定。西方肯定的，好像全世界都在肯定。这形成了"中国人权越来越糟"的假象，蒙蔽住数不清的人。这是当今世界最大的错觉之一，甚至有不少中国人、包括一些知识分子都在被这种错觉牵着走。

联合国12日的这次选举，可以看成是全人类对中国人权建设状况的一次信任投票。我们当然还有很多问题，但176票从人权的角度对中国表达了好感和信任，这从外部为中国人自我认识提供了一把比少数西方国家评价更客观、全面的尺子。

别人评价是一回事，中国人的自我感受毕竟更重要。不得不说，中国社会的利益诉求在分化，不同群体最迫切希望实现的人权内容也出现差异。中国一些知识精英现在最看重西方式公民政治权利，他们的确希望周围的社会能在这一点上做得与西方一模一样。

然而他们的要求拿到中国的宽大背景下，就是非常个性化、甚至是极端的。由于西方政治制度是一个体系，它与中国政治现实无法兼容，中国人权建设必须走一条自己的路，与中国波澜壮阔的改革协调一致。少数人的追求不应与大多数人的人权利益对立，中国建设本国公民政治及经济社会权利体系，是最大限度保障每一个群体利益的唯一现实方式。改革不能因少数人的愿望改变总设计，冒整体失败的风险。

中国的人权建设在稳步前进，中国的经济成就总体上比较及时地实现了人权转换。今天一名普通中国人享有的物质和精神权利是倒退几十年完全不可想象的。而且很重要的是，中国人权发展已经形成强大惯性，没有力量可以阻挡它的继续前行。

我们还有很多事情要做，不仅让我们每一个人的权利增多，而且要让不同人之间的权利更加公平。权力要真正为公民服务，法治和民主需要扎实前进。我们知道实现这一切需要付出革命性的努力，而不是从西方拿来某一招就能全局成功并一劳永逸的。所以什么话都可以听，但我们自己的主心骨必须坚定、牢固。

（2013.11.14）

台湾应解放思想大胆变革大陆战略

台湾"外交部"18日正式宣布中止与冈比亚的"邦交关系",4天以前冈比亚总统贾梅发表声明宣布与台湾"断交",台紧急派出特使前往这个非洲小国沟通,但吃了闭门羹。台湾方面昨天的声明是被迫发出的。

尽管贾梅公开表示"中华人民共和国才是我国外交关系上承认的唯一中国",但是北京没有接茬。不仅政府,大陆民间这一次的反应也充分照顾到台湾方面的感受,大陆互联网上有很多对冈比亚曾借两岸"外交战"吃了这头吃那头做法的回顾,呼吁政府这一次决不让冈比亚得便宜。台湾舆论也没把矛头指向大陆,这一切应当说相当难得。

马英九上台后,两岸达成"外交休兵"的默契,但这6年,大陆的综合实力几近又翻了一倍,两岸的国际吸引力拉开更大距离。大陆在非洲的影响尤其呈井喷式发展,冈比亚身处非洲,它这一次与台湾"断交"更像是出于该国战略利益的考虑,大陆并未做其"工作",是它自己要同台"断交",为与大陆建交创造条件。

一个公开的秘密是,不断有台湾"邦交国"表达欲与北京建立外交关系的愿望,大陆因顾及两岸关系的大局,选择"维持现状"。

大陆官方不愿刺激台湾方面是对的。但台湾"外交"要仰赖大陆方面的"照顾"甚至"呵护",显然难成长久之计。长此下去,很多台湾的"邦交国"就会迂回同大陆发展实质关系,把它们同台湾的"邦交"变成空壳,不给台湾好脸看,终将让台湾越来越尴尬、难受。

台湾不是个国际关系法意义上的"国家",台湾社会需要面对这一现实,放弃"中华民国"法统依然如旧,或者"台湾国"实际存在的政治幻想。冈比亚"断交"是泼过来的又一盆凉水,受到触动是台湾社会保持思想敏锐的应有反应。

客观而言,台湾与剩余22个"邦交国"的关系已经不具有什么实质意义,它们基本都是小国或者又小又穷的国家。维持"邦交"已是台湾昂贵的精神游戏,它们带来的任何荣誉和安慰都是幻觉。台湾应当有勇气发动战略改革,重获政治上的海阔天空。

"改革"这个词在台湾社会听起来或许很突兀,但台湾人的确需要改革的精神和勇气,用大胆解放思想来面对他们的困境。自两岸形成对立格局以来,大陆的对外战略应时而变,而台湾的对外及两岸战略构思远远小于大陆方面的变化。但其实更该变的是台湾。

台湾社会应当厘清自己的核心利益是什么,什么样的战略目标和调整是现实的,与大陆建立什么样的关系最符合台湾2300万人民的福祉。台湾切忌被外部利益绑架,掉入大国博弈的迷局充当棋子,或者自己把自己骗了,将自己煽动得固执而悲壮。

台湾的出路在于必须迈过与大陆政治分歧这道坎,如果迈不过去,或者根本不敢迈,那么台湾将只能目睹当前窘境的扩大,感受国际政治的冷暖。即使大陆不搞任何"小动作",对台湾客气,台湾国际空间的收缩不可阻挡。只有迈过去,台湾的战略前景才会焕然一新。

台湾社会需要敢于实事求是,正视亚太地缘政治的真实变局,看清并接受两岸之间不可逆转的大势。冈比亚"断交"只是一个尖厉的触动,其实没有它,台湾社会也应保持活跃的思想能力和大胆改革的能力。

(2013.11.19)

朝鲜批张成泽未必是对中国指桑骂槐

张成泽被处决是否会影响中朝经济合作,境外舆论猜测纷纷,中国互联网上也不断有人将这个问题提出来。质疑的原因大体集中于两条,一是张成泽素来同中国交往深厚,而且是中朝经贸合作的"实际总负责人"。二是朝鲜指控张成泽出卖国家利益的主要罪状,包括让亲信卖掉煤炭等地下资源和出卖罗先经贸区的地皮等,买方"一看便知道是中国"。

朝鲜处决张成泽是其内政,但中国公众绝大多数都对此反感。有人担心朝鲜会就两国租借罗津港两个码头50年的协议毁约,担心金正恩做事可能会"更不讲章法"。

然而一些长期研究朝鲜问题的中国学者认为,事情大概不会变得像一些人担心的那样糟,中朝经贸合作的变数要小于它的确定性。

这些学者认为,中朝经贸合作模式是由中朝政治关系的基本元素确定的,这些元素都摆在那里,不因张成泽被处决而改变。朝鲜在东北亚与韩美日为敌,无战略回旋空间,它对中国的依赖不具有可替代性。只要中国不干涉朝鲜内政,不让平壤感觉政权受到威胁,很难看到朝鲜有主动恶化中朝关系、放弃两国经贸合作的政治动机。

这种分析或许有道理。对朝鲜政权来说,处决张成泽前后的头等大事是公布他尽可能多的罪名,将他在朝鲜全社会彻底批臭。这时平壤有可能顾不上中朝关系的细节,即使伤及到中国人的感受,也大概是朝方处理张成泽事件的连带负效应,未必就是平壤的本意。

在朝鲜面临内部潜在政治变数的当口,平壤同时向北京主动释放强硬信号的可能性很小，这不符合最简单的政治谋略。而金正恩上台两年来虽多次做出惊世举动，但其巩固朝鲜新政权的政治逻辑却是清晰的。

尽管这样，中国内外的议论纷纷显示，一些负面影响、至少对信心的损害已是既成事实。如果平壤不希望这些影响和损害在中国民间及世界舆论中蔓延，那么它就应采取行动，回应外界的各种疑问。

到目前为止，中国外交部已就"愿继续推动中朝关系健康稳定向前发展"做出正式表态，但我们还没有通过媒体听到朝方的相应表态。朝鲜官员 16 日曾经笼统地说，张成泽事件不会影响朝鲜的经济发展计划，朝鲜会按计划发展新经济特区，吸引外来投资。考虑到朝鲜对舆论的回应通常来得慢而且含糊，我们认为现在就推测朝方的真实态度为时尚早。

然而有一点很重要，在涉及国家利益时，中方通过官方管道同朝鲜的交涉不能太客气，不能求它哄它。如果朝方就罗津港租借协议及两国其他大项目有任何毁约的迹象，中方态度一定要坚决。中国社会如今接受不了朝鲜因任何原因对中国出尔反尔，一旦出现这样的消息，它对中国公众支持国家现有对朝政策将是沉重打击。

当然这些分析属于比较悲观的，我们更愿意相信平壤对维系中朝友好有足够的战略清醒，知道信守前领导人金正日时期就确定了的两国经贸格局很重要。此外中国在中朝经贸合作中有充分的主动权，但应克制这方面的表现，精心把握坚持原则与尊重朝鲜之间的平衡。

中朝关系应当是稳定的，因为东北亚战略大格局没变，中朝两国的利益关系没变。张成泽被处决的影响更多是朝鲜国内的，以及技术上的。至于平壤如何走出张成泽事件拉出的影子，这说到底是其年轻新领导人面临的一道题。

(2013.12.19)

为中国政府同安倍"绝交"鼓掌

中国外交部发言人秦刚 30 日表示,安倍自己关闭了同中国领导人对话的大门,中国人民不欢迎他,中国领导人也不可能同他对话。秦刚的这番话表达了中国民众的心声。

安倍悍然参拜供奉有二战甲级战犯的靖国神社,是在东北亚以及国际社会对靖国神社问题做过多轮探讨之后发生的。他所发出的挑衅因此比小泉纯一郎以及之前一些参拜的首相更严重。他不仅在挑战东京审判,以及中韩的民族尊严,也在挑战世界为日本的历史认识最新划出的红线。他表现出日本军国主义传统所特有的狂妄。

中国外交部的表态被一些媒体解读成中国政府同安倍个人的"绝交",实际情况很可能将是这样。中方的反应以及世界的反应大概都超过了安倍事先的估计,无论安倍和日本右翼怎么嘴硬,中方的这一态度都将对安倍形成打击。

中日关系将在没有任何高层交往的情况下"漂流",安倍参拜是主因,这会越来越成为世界舆论的共同认识。安倍要想把中国说成主要责任方,将越来越难。他已在道德上失分,对世界舆论的说服力大减。

鉴于全球舆论谴责安倍的很多,中国下一步应坚决把打击目标对准安倍个人,以及对准支持他参拜和热衷否定二战历史的某些日本力量。尽管日本民众也有很多人支持安倍,但至少在当下,中国应坚持将日本民众同安倍势力进行区分的立场。

中国一些人主张应加强对安倍的揭批,认为这应是与安倍斗争的主要手段。但需要指出，中国媒体的声音原汁原味传到日本的可能性极小，我们还是应该多促成日本国内舆论的反思，以及世界对安倍政府的批评和斥责。

为做到这一点，中国政府采取坚决的反制性外交行动将事半功倍，世界及日本舆论必将正视并解读中国的态度，从中进一步发现安倍参拜靖国神社是多么阴暗和偏执。靖国神社之争终将成为对日本整个国家的羞辱，安倍在给他的国家抹黑。

为打击安倍政府，中国手里还有更多的牌。包括在必要时降低同日本的外交级别。在中日民间交往十分发达的情况下，降低外交等级对两国关系的实际损害并不像一些人想的那么大，但它的政治冲击力却很强，而这些压力都将首先堆到安倍的头上。

中日关系肯定面临长期冷淡，对于接受这一局面，中国社会的共识度在提高，而日本舆论的分裂却在增加。这虽然不会短时间内导致某种政治突破，但却非常有利于中国形成对日斗争的后劲，逐渐促成安倍派系的战略绝望。

韩国的因素很重要。该国舆论强烈厌恶安倍参拜靖国神社，但韩国官方的反应似不如中方强烈。韩国有可能会继续在中日之间搞机会主义。因此中国不能对首尔寄予太高期望，但应争取韩方的最大配合，巩固两国在靖国神社问题上的对日统一战线。

东盟很多国家是二战中日本侵略的受害国，但它们对同日本否定历史作斗争不感兴趣，沉迷于当前利益。中国需要想办法撬动它们的态度。

我们不应幻想安倍是很容易制服的，但在一定程度上搞臭他，使中国全面抵制他获得更多国际理解，我们同他的斗争就会不再沉重，而变成比较轻松、我们自己可以欣赏它的过程。我们或许会发现，与安倍这样的小丑斗，其乐无穷。

(2013.12.31)

1894、1954、2014，中国的三个甲午年

2014年是中国新的甲午年，120年前的1894年爆发了甲午战争，中国惨败于日本，再加上今天中日对抗似乎成了我们最大的外部挑战，这两个甲午之年的对比萦绕在不少中国人的心头。

有人提出，1954年也是甲午年，把这三个甲午年连起来看，能把中国近代以来的国家命运轨迹看得更清楚些。

1894年前后的中国处于明显衰落中，而当年发生、第二年结束的甲午战争，大体能看做是压垮中国的"最后一根稻草"。之后的一个甲子，中国的苦难不堪回首。

新中国成立被后来历史证明是中华民族命运的转折性事件。1954年的那个甲午年，是朝鲜战争结束后的第一年，中国获得那场战争的宝贵"平局"。那一年中华人民共和国的第一部宪法诞生，国家刚进入第一个五年计划，工业化拉开帷幕。1954年前后是对中国复兴有重要意义的节点。

再经过一甲子来到2014年这个甲午，中国的历史兴衰感和在现实国际力量格局中的位次都焕然一新。中国已经成为世界第二大经济体、第二军费大国，并且已是经济增长和技术改造都最快的世界主要国家。尽管仍问题缠身，但今天中国的活力和自我改革能力都是世界大国中最突出的。

来自日本的挑战让中国社会难以释怀，我们对"甲午"的特殊关注首先就针对日本。然而我们或许应当跳出这一中日情结，对付日本的确是2014年很抓眼球也很抓社会情绪的事情，但这很可能只是2014年的"一件外衣"。2014新甲午年的使命要比"同日本斗"宽大

得多。

2014年是中国全面深化改革的开局之年,改革顺利与否,最有力量绘制未来中国命运的主线。甲午战争一役就使中国满盘皆输,那是因为当时的中国内部已经溃烂了。一个内部强大的国家会更自信、也更清醒地选择对外战略,它轻易不会败。即使有一时的对外挫折,也有足够的能力和空间转圜。

中国社会当前需要真正适应改革的快节奏,摸索社会多元化时代调整利益格局的平稳过渡。35年前中国改革时,西方的战略任务是拉中国,因此对中国改革"由衷支持"。今天削弱中国成为西方的突出利益,其对中国改革的态度也变得空前复杂。西方今后大概会对中国改革的任何不顺利进行放大和利用,这一变化将会影响中国社会多元化发展的方向。保持改革进程平稳如今对中国比以往更重要。

对日斗争无法迅速形成什么结果,它更多是对中国国家实力、战略自信以及社会团结的验证过程。中国不仅要"战胜日本",而且面临向世界证明中国的确是在"和平崛起"的考验。这要求中国连"战胜日本"的方式也必须是非传统的。

中美新型大国关系具有全球意义,它实际有相当一部分就分解在日本问题以及种种中美各自的紧迫问题之中。中美关系从来都是彼此"磨合"出来的,中国运用自我力量是否熟练,将部分决定美国同我们"磨合"的配合及善意程度。

中国推行一揽子改革计划,这在今天的西方是不可思议的。2014年西方将高度关注中国改革的实际推进,以及中国社会对利益调整的真实反应。中国对改革能力的证明将增加这个国家的战略软实力,因为那样的中国"前途不可限量"。

社会多元化好似让中国张开手掌,它在关键问题上形成共识的能力,以及国家动员能力,会让人看到这个手掌攥成拳头的样子。2014年的中国不会顾得上炫耀,它需要苦干,把解读和众说纷纭的事情交给世界。

(2014.01.02)

港警拘捕闯解放军营地者,这就对了

香港警方1月1日拘捕涉嫌擅闯解放军驻港部队总部的4人。同一天,多个政治组织在香港举行元旦游行,其中要求所谓"真普选"的反对派游行最受关注。该游行宣称有3万人参加,警方称游行高峰期时有1.1万人。这些消息构成了2014年第一天香港呈献给世界的"面孔"。

香港是世界著名的经济自由港,以往是典型"经济城市"。但现在香港一年就有大小几千起示威游行,如果世界评"政治化城市"榜单,大概香港要有一席之地了。

一些香港人大概在港英时期憋得太久了,而又很喜欢向内地社会炫耀"什么是自由",因此他们的政治出轨不断踩法律红线,并为最终突破《基本法》造势。

政治宽容并不意味着可以随心所欲地挑战社会秩序与法律的底线。因此香港警方1日拘捕4名闯香港驻军营地的嫌犯,无疑是向外界发出了一个清晰的信号,即政治争拗与普选争议必须在法制的轨道上解决。香港是自由的,但非无法无天之地。

香港是中国的特别行政区,《基本法》是香港的根本大法,将于2017年举行的特首普选不是国家元首选举,而是香港行政长官的选举。这些政治和法律概念既是针对香港社会的,也包含全体中国人民的意志。少数香港反对派就算是有不同的政治诉求,也必须要尊重香港的法治底线。

从外部看香港,人们难免担心香港社会是否有能力维护其全球少有的投资环境。香港的主流民意显然仍保持着经济思维理性，但反对派打着学西方民主的旗号，实际做法却正在搬来撕裂搞乱社会的那一套。普选之前的这几年，或许是香港社会至关重要的反思和整理过程。

回归后香港社会的认同问题并未彻底解决，这原本是正常的。但所有这些问题都能政治化，其中一些甚至能闹到挑战法律的程度，就决非正常。这样的倾向必须往回扳，这不仅是中国的国家利益，它首先是香港社会自身利益之所在。

"港独"从国家层面看就是个笑话，它是中国舆论场上偶尔"消费情绪"的一个伪话题。但如果它在香港折腾几下子，就有可能给这座城市原本平静的社会搅出点浑水，污染城市的气氛。其实香港反对派做过头的那些事，埋单的都首先是香港社会。

香港一旦出现动荡，内地会在政治声誉上受点损失，但绝大部分实际损失都落不到内地社会头上。因此香港舆论千万不要错估内地社会同香港政治稳定之间的利益关系，内地希望香港稳定不是为了"私利"。

在香港问题上真正有私心的是英美。美国似乎在把香港作为重返亚太的"意识形态登陆点"，英国希望继续保持在香港的多重存在就更不用说了。香港非主流的反对派力量很容易同英美一拍即合，成为相互利用支持的关系。

冲击解放军营地和"占领中环"这些行动所指向的目标，在香港决不可能成功。接下来的问题大概是：那些闹事的人会逐渐在法律的边界前止步，转而积极构建香港的反对派文化呢？还是他们要一条道走到黑，同时拿牺牲香港社会的利益做垫背？

(2014.01.02)

跳出甲午情结，不在自信自卑间摇摆

中日外交对抗全面升级，两国的矛盾似已不可调和。今年又迎来1894年中国在对日海战惨败120年后的又一甲午年，这会在中日两国社会都产生一定心理暗示。今年的中日较量，像是某种轮回。

中国人是有一定"甲午情结"的，它大致包含三层元素。一是对120年前黄海海战惨败的复仇心态。从那时以来，中国被日本欺负了整整半个世纪，中国人一直没有过依靠自己力量完败日本的心理满足，二战后中国的对日心理并未翻身。我们的对日自信来自于近年经济总量对它的超越，但由于超越的时间太短，中日两国的心理都未完成转折性过渡，形成新的稳定。

二是一种担心：或许会发生新的甲午战争。中国是核大国，总军力超过日本，但海空军的情况到底如何，公众心里并没有底。加之人们都知道日本的身后站着美国，中日交战美国可能卷入，一些人担心一旦中日打响，中国可能掉入历史宿命，重蹈中断现代化进程的覆辙。

三是把中日关系的敌我性质简单化，认为它由历史和地缘环境注定，即使改变一时，也持久不了。

应当说，中日两国面临大的历史变动，都有困惑，两国社会各自不断在自信和自卑之间摇摆。中日两国斗，首先比两国谁把自己和对方看得更准，不被民族情绪左右。

不管日本人怎么想，中国人应清楚，中国的力量增长是亚太地缘政治发生内在变化的最大动力。中国过去是世界政治舞台上的"群众演员"，冷战时期我们成了"配角"，今天进一步成为"主角"之一。日本则是反着来的，它曾是"主角"之一，现在已经退为"配角"，它在担心属于自己的台词越来越少。

对快速成长的中国来说，成长本身就是威慑力，它能碾碎很多外部为阻止我们而跃跃欲试的野心，最终迫使日本习惯于在中国面前回归其在亚洲"二流国家"的本位。为了成长，中国需要经营全球战略，对日斗争应当是操稳全球战略的关键环节，我们需追求它对提升中国全球竞争力和影响力的最佳效果，而不能沉溺于它将在多大程度上满足我们的"甲午情结"。

中国用不着通过在一场军事摩擦中占上风，或者通过一时一事的胜利来扳回对日本的心理强势。我们已经把日本从亚洲第一强国的位置上推了下去，事实上，颓势已经固化的日本每天都在中国旺盛的涨势前经受折磨，中国何须一场大吃大喝的庆功宴呢？

中日应避免军事摩擦，但无论它发不发生，我们都应以平常心对待。中国崛起已成世界大势，全球利益的不断调试实际在强化这一惯性，它不是东海一个操作级别的摩擦就能轻易打破的。中国也许不会是从此跟战事毫无瓜葛的国家，但中国的实力同我们的威慑力相加，使我们对控制中日军事摩擦的烈度和性质拥有了主动权。

日本总体上是非常敬畏力量的国家，看看它对美国的"保护"是多么驯服，我们就清楚了。它目前右倾化，同中国对抗，大多来自对被中国超越的极度不适应。它为了心理发作，在改变自己上世纪80年代开放的对华战略，转向与中国死拼。我们应把这个情绪化的国家当成警示自己的一面镜子。

中国人不必为新的甲午年踌躇满志，也用不着因为它忧心忡忡。我们需要专注于改革和对外开放，顺便处理日本的麻烦。对迅速成为一支全球战略性力量的中国来说，日本真的就值这么多。

(2014.01.10)

侮辱内地游客的港人应被依法制裁

香港一个名为"反赤化、反殖民"的反内地团体 16 日下午在港内举行"驱蝗"游行，对他们遇到的内地游客当面做出言语侮辱和挑衅。他们已不是第一次这样干。香港一些政府人士及名流对这些人公开做了批评，我们认为这还不够，香港法律应当对这种撕裂族群的恶劣行为进行制裁，不能允许这些人肆意侵犯内地游客的尊严。

我们相信公开骂内地游客是"蝗虫"的香港人只是极少数，他们并不代表香港社会的态度。内地公众因此对回击这种挑衅一直保持克制。我们希望香港社会旗帜鲜明地反对这种恶行，公开与这一小撮分子划清界限，以实际行动证明香港是一个文明法治社会。

香港回归以后，内地社会对港表现出充分的友善，对香港人的感受非常在意。实事求是说，少数港人针对内地游客喊出"蝗虫论"令我们很吃惊，我们开始时几乎不相信香港社会能出这种事。

我们诧异的是，这些人怎么会敢于在香港反复这么干？这种近乎法西斯主义的公开言行，香港法律管不住吗？两地民众本是同根生，而且内地社会这么强大，他们怎么敢如此欺负内地游客，并且挑拨香港同内地对抗？是什么样的政治力量在给他们打气？

这些恶语传到内地，无疑给香港的整体形象抹了黑，我们至少知道了香港社会有一些肮脏的角落，部分人有针对内地不知天高地厚的狂妄情绪，香港除了发达和文明，也有"很第三世界"的一面。

我们并不想将这种事遮着掩着，让内地人都知道有一小撮很恶毒的香港人好了。这个信息自然会加入到内地人对香港的总体认知中，也会在内地人对香港的态度中添加一个元素。

我们不断收到这样的信息：至少有一部分香港人对与内地的关系毫不珍惜，他们甚至想通过与内地和中央的敌对捞取好处，他们认为内地"怕"他们，会看他们的脸色，用妥协息事宁人。

他们想错了，严重误判形势。内地希望香港稳定，这是大国主流社会天然的责任感。但"一国两制"下的香港会有少数人捣乱，内地社会是有思想准备的。我们不希望他们丧失理智，但一点也不怕他们真的发疯。内地决不会央求这些人，对他们"倒拍马"。如果他们一再来浑的，踩了红线，他们只能自己承担行为的后果。就像那几个闯军营的，不自我约束，会有力量来约束他们。

内地人去香港旅游，至少有部分原因是出于对香港的好感，这种好感的受益方显然是香港。如果内地人去得太多了，超过香港的接待能力，港方采取限制措施完全可以理解。

但是断言内地人去香港旅游是"揩香港的油"，这太可笑了。如果对大多数正常赴港游客说：整个香港都认为你们是蝗虫，你们是不受欢迎的人。看看他们会作何反应。他们有的是地方可以去，他们完全可以绕着香港走。

我们知道并非整个香港都不欢迎内地游客，内地人去香港游玩自己愉悦了身心，也给香港带来了收益，我们一直认为这是双赢的好事。我们希望骂内地游客是"蝗虫"的人在香港没有立足之地。

香港是个反对派可以公开存在的社会，"一国两制"不仅需要两地政治层面的和谐，也需要两地社会的成功磨合。这方面的责任一定是双向的，内地需付出努力，但香港社会也应承担起自己的那部分，摸索与内地社会的互动方式，而决不应放纵内部少数人在涉内地问题上肆无忌惮表演。

(2014.02.18)

规定内地访香港人数,好自私的动议

港区全国人大代表、新民党常务副主席田北辰日前表示,他将向今年全国"两会"提交议案,建议调控内地来港旅客的数量增长,设定49个内地城市每年自由行访港旅客人数的上限,维持每年3%至5%的增长。

在香港一些市民对内地游客"过多"产生反感,极端人士称内地游客为"蝗虫"并引发两地舆论互呛的情况下,设内地访港自由行上限,听上去挺有道理,但这是单方面实现香港利益最大化的理想设计,它将额外消耗内地的行政资源,也将引起内地人的反感,这不是解决问题的正道。

自由行是当初香港经济长时间不振时,中央政府为帮助其实现复苏送来的"大礼"。自由行在这十年达到了这一目的,促进了香港的就业和繁荣。如今的香港经济大概已经离不开内地游客的消费贡献,去年5430万人次游客中约有4000万人次来自内地,香港劳动人口约有1/6从事旅游业及相关产业。

调内地游客人数需以能够接受的市场方式进行,决不可采取任何行政调控的歧视性做法。香港是自由港,不能在遇到内地游客时,它就变了味。有香港人甚至提出收内地游客的"入境税",这种想法太过分了。

香港社会需在自由行问题上摆正心态。内地旅游景区每到黄金周也都人满为患,京沪等大城市饱受流动人口过大的压力,但人们都能平静对待,能理解这些现象对城市是利弊参半的。

部分香港人的情绪出了问题,是他们只想要内地游客带来的好处，不想承担香港旅游大发展的另一面。只占好处不要其他，全世界哪有这样的道理？

少数人一时不高兴这样想，完全是正常的，但这些想法能在香港一些群体中"抱成团"，那是这些人不自觉地就把自己放到了中华大社会的"特权位置"上。这绝对要不得。

香港旅游业希望内地游客越多越好，其他行业同旅游业繁荣的利益关系是间接的，希望内地来的人别太多，香港社会内部应先做好意见平衡，取得共识。

一些香港人不能把内地游客当成没有尊严的摇钱树，想让他们来多少，中央就通过调控准确放进来多少。他们来了以后还要按香港的规矩"入境随俗"，处处看当地人的脸色。这哪里是请人来旅游？

要求每年内地游客准确增加3%至5%，这是以自我为中心的幻想。内地游客喜欢香港，就会来得多一些。大家伤了心，就会减少。香港社会如果继续希望内地游客帮助提振经济，就应豁达些，有一些担待。如果确实认为清静比什么都重要，那么也应对内地游客的逐年下降有所准备。

香港不是内地游客无法取代的旅游目的地，很多人去香港只是购物，想一想现在可以买东西的地方有多少，可以促进自己的冷静。

香港社会需心平气和地想办法解决内地客集中拥入的问题，并争取内地社会心悦诚服的配合。比如，可以通过内地媒体多宣传香港在内地节假日的特殊拥挤，以及这种拥挤对旅游业服务质量的影响。香港方面还可在一些新区开辟购物中心和旅游设施等，争取通过市场方式分流内地游客。

现代旅游将越来越成为香港未来经济的一条生命线，如果香港自毁它，会有新加坡、泰国、韩国等很多地方乐不可支。内地游客在巴黎、伦敦、纽约都带去了"大声喧哗"、"扎堆购物"等毛病，但香港社会一些人比所有"洋鬼子"的反应都激烈。这些香港人的承受力如此低，谁惯的，他们自己是否也该反思一下呢？

(2014.02.20)

中国改革没义务遵从"美国希望的速度"

美国财长雅各布·卢在20国集团（G20）财长和央行行长会议前批评中国，指责中国没有以"美国希望的速度"加快经济改革。他呼吁，即使改革会带来社会和政治动荡的风险，中国也应加快实施。中国财长楼继伟22日在会议期间对卢的批评反唇相讥，他指责美方未进行结构性改革，只是靠印钞票推动经济复苏。

卢批评中国，是因为美国希望中国更快开放市场，用中国的内需拉动美国复苏，美国也可用其强大的金融力量来中国"摘桃子"。美国很自私，这本可以理解，但卢公开要求中国按照"美国希望的速度"做事，而且可以为此冒"社会和政治动荡的风险"，这就太过分了，而且挺损的。

中国上下现在都已认识到加快改革的重要性，但改革究竟要多快，它的参照系首先是中国人民的利益，这个过程中尽量化解"社会和政治动荡的风险"是必须的。我们会让自己的改革惠及世界，当然也包括美国，但"美国希望的速度"肯定不在中国考虑之列，卢作为美国财长，或许对自己的"权限"产生了幻觉。

楼继伟对美国的批评没错。金融危机发生后，全球舆论对华尔街的批评多得就像潮水一样。当时美国舆论也认为自己的国家"再也不能这样玩了"。但几年过去，世界看到华尔街像样的改革了吗？美国这些年有哪项结构性改革比几次大印钞票给世界带来的震动更大？！

卢这样讲话，首先反映了美国决策层对中国国情仍不太了解，他们掂量不出"社会和政治动荡的风险"对中国这样发展不平衡的人口大国究竟意味着什么。或者相反,他们对此有着惊人的清楚?他们"美国利益中心主义"的思维方式根深蒂固。

加快改革的同时把步子走稳,这是中国避免颠覆性错误的一项重要保障。中国一旦付出惨痛代价,不会有倒回去重来的机会,西方也决不会帮中国的错误埋单。卢实在是站着说话不腰疼。

十八届三中全会决议确定了60项改革,其中一半以上都已启动。所有中国人都感觉到扑面而来的变化,但美国人嫌我们"慢"。也许我们应该大度些,把卢说我们"慢"当成外界的一种鞭策?

然而必须说,这一代美国精英,对改革的见识和敏感都比他们的前辈小多了。他们成长于美国繁荣的鼎盛期,习惯了美国的超级强大,对社会改革和创新的冲动在减弱,倒是对在权力顶峰如何搬弄权谋,力争让前辈创造的老本成为自己的永久特权不断琢磨。

比如金融危机来了,美国开动印钞机解决问题"最痛快",美元地位带动了国家经济的复苏,但却把美国时下应当解决的很多问题留给了今后。美国人不仅花未来的钱,也在无度消费过去的积累,而当代美国人的创造却相对少多了。

美国现在连对沾中国改革红利的光都如此迫不及待,让人怀疑,这个超级大国像是要靠从四处"搜刮"来维持繁荣了,它已不再想尽自己"领导世界"所应当尽的义务,对于世界经济增长,它想少添柴、多取暖了。

我们希望美国既然在"复苏",就拿出点复苏的大气,无论在美国国内还是世界其他地方,多推动一些美国公司的大手笔投资,再搞出几项新技术刺激全球经济。美国别变得那么精于算计,靠自己的金融和互联网优势去全球吸附利益。世界欢迎作为全球经济引擎的美国,而不希望它是骗大家往里面装钱的"老虎机"。

(2014.02.25)

双纪念日帮世界铭记二战中国战区

全国人大常委会 27 日通过决定,将 9 月 3 日正式设立为抗日战争胜利纪念日,将 12 月 13 日设立为南京大屠杀死难者国家公祭日。日本方面的态度可想而知,但他们没敢像在其他事情上放开嗓子攻击中国,只是宣称中国这样做"可疑"。

中国设立"双日"从国际上看有充分的道德正义性,接下来我们要把这两个纪念日做好,使它们逐渐跻身全球最著名的二战纪念日之列。

长期以来,中国对抗战的纪念活动在国际上影响不大,欧美人谈到二战的时候,也经常漏掉中国战区,或者提及得很少。世界多把二战的爆发时间定为 1939 年 9 月希特勒军队闪击波兰,中国的历史书也大多这么写,知道"七七事变"的非亚洲人不多。

逢二战结束的重大日子,在西欧和俄罗斯都会举行有世界影响的大型纪念活动,但中国的纪念活动从未达到过那种规模。除了奥斯维辛集中营,欧洲各地还有很多著名二战纪念地,大到诺曼底登陆处,小到荷兰《安妮日记》小主人公的家,访客络绎不绝。中国相似抗战纪念场所的名气也要小一些。

日本官方敢那么嚣张地否定、篡改其侵略史,同欧美社会对中国战区印象不深有很大关系。一谈亚太战场,人们首先想到的就是日本偷袭珍珠港导致的日美太平洋战争,中国做了什么,以及日本在中国犯下什么暴行,很多人想不起来。

其实中国军队对盟军的二战胜利做出巨大贡献。中国的正面战场和敌后战场成为日军的泥潭,日本陆军的大部分都被拖在了中国境内。如果不是这样,1941年苏联最困难的时候,斯大林就不敢把几个擅长冬季作战的主力部队从远东调往莫斯科战场,莫斯科保卫战就可能是另一种结局,二战的进程就可能改写。此外,东南亚和澳大利亚也可能被日军完全占领,导致美军失去在亚洲的所有立足点。

日军在中国的暴行令人发指,南京大屠杀近乎屠城,这甚至在二战的德战区、意战区也未发生。因为当时中国弱,我们的作战和我们的苦难战后都未在欧美得到应有的宣传,也未受到之后历史记述者的应有重视。随着中国的强大,这份修正总要发生。

中国是做出了独特贡献和巨大牺牲的二战参战国,而且是几大战胜国之一,当世界都对此印象深刻时,二战史的还原就会更加完整。这是对抗战期间中国千万死难者的告慰,也是对中国旧时苦难的一份特殊补偿。

也只有世界对中国战场的认识达到全新水平,日本否定历史才会有前所未有的忌惮,他们在历史问题上的猖狂挑衅才会出现战略性退潮。

双纪念日的设立表明,中国的国际地位不只是近年崛起的结果,早在二战结束时就奠定了基础。中国社会应投入精力,迅速让双纪念日获得全球知名度和最广泛的参与。中国显然已经具有这样的力量。

(2014.02.28)

中国舆论应多挺俄罗斯和普京

美国 3 日宣布暂停与俄罗斯旨在加强贸易与投资的谈判，停止与俄方的军事合作。奥巴马指责俄罗斯"侵犯"乌克兰主权，"站到了历史的对立面"，他表示美将"孤立"俄罗斯。

俄罗斯外交将面临比 2008 年出兵格鲁吉亚时更严重的困难。因为这一次的燃点是欧洲第二大国家——乌克兰，乌克兰西邻北约盟国，这是一次决定欧洲战略版图的拔河，美欧不会轻易退让。

普京有充分手段确保俄在乌克兰占得军事行动的上风，但俄将面临来自西方的长期政治压力。虽说俄罗斯地大物博，经济的外贸占比很低，是世界大国中自给能力最强的国家，可以"万事不求人"，但毕竟被西方联合孤立还是很不好受的。索契冬奥会开得如此隆重，说明俄罗斯社会还是有被国际社会承认和接纳的心理需求。

在中国政府就乌克兰事态把握必要的外交平衡时，中国舆论得以自由发挥，大多站到了俄罗斯一边。这些舆论视俄罗斯的举动是其对西方长期战略挤压的反弹，认为在西方步步紧逼的情况下，俄罗斯别无选择。

当然也有一些人认为这涉及到"不干涉他国内政"的原则，担心中国如果不"分清是非"，会给中国今后的外交埋下陷阱。但是更多些的中国人认为，乌克兰问题早就超越了内政，它早已成为俄与西方的角力场。何为内政，解释权一直在西方手里，西方四处干涉，甚至滥用武力，它们什么时候承认过自己动了别国的"内政"？

我们倾向于赞同挺俄罗斯的舆论。因为俄罗斯在乌克兰抵制西方力量的东进，不仅攸关俄自身的命运，也同中国的重大战略利益直接相关。我们常把朝鲜看成中国面对美日力量的缓冲区，而实际上朝鲜因为太小，这一作用是有限的。今天俄罗斯和中国才相互构成国家复兴的真正战略缓冲区。如果普京领导的俄罗斯被西方压垮，对中国的地缘政治利益将造成极其沉重的打击。

有人认为，俄国曾在历史上掠去中国大片土地，这个朋友不可深交。这只是民间的一种朴素想法，对指导外交没有意义。中俄关系此一时彼一时，今天举望世界，俄罗斯是我们最值得借重的全面战略协作伙伴。至少在未来几十年，没有谁能够替代俄罗斯对于中国的重要性。

因此，很多舆论提出，应当给予俄罗斯些实际的支持。这是对的。在外交上，中国保持"有些偏向俄罗斯的中立"能被大多数国家接受，有利于中国适时开展调停，为各方达成妥协铺就台阶。这样做可以避免中国同西方对抗，对莫斯科也是有利的。

中国的舆论则可以心直口快，谴责西方插手乌克兰非法政变，是它们导致了今天的僵局。要让世界看到，俄罗斯在道义上并不孤立，它的反弹代表了世界上很多国家对西方强权的不满。

我们愿意看到西方同俄罗斯抓住妥协的契机，但如果西方真的制裁俄罗斯，中国社会必然会对俄给予更多帮助，尤其是经济合作上的。西方现在扬言要搞垮俄罗斯经济，但它们低估了俄罗斯的承受力，也低估了"西方不亮东方亮"这个道理。

普京给了颜色革命一个教训，他领导俄罗斯对西方的抵抗具有全球意义。不必担心中国偏向俄罗斯，就会损害我们同乌克兰的关系。其实这多虑了。挺俄罗斯是在巩固中国的大战略，这个大战略稳了，很多双边关系都不会成为问题。

中国需要在复杂的国际环境中表现出娴熟和自如，调动我们的各种力量，丰富自己的角色。未来的国际博弈只靠政府力量远远不够，民间需要更有作为。

(2014.03.05)

务实的中国需远离政治刺激和喧闹

第十二届全国人大二次会议昨天闭幕,李克强总理的记者会上,中外记者的提问基本围绕了中国全面深化改革的主题,问得很细,回答则很实在。这是一个与中国当下实际情况很扣题的记者会,它不如专碰政治热点和时髦理念来得刺激,但以务实代替刺激和喧闹,这或许是下一步中国改革大链条的一个趋向性的标志。

中国的全面深化改革在多个方向上拉开帷幕,曾经让舆论场很激动的"改不改"的争论,化成事无巨细的改革铺开过程。虽然仍能听到关于政治发展道路的另类声音,但社会围绕改革路线的共识实际上大体形成。从十八大到今天,中国社会消除了不少疑惑,抽象的路线之争让位于务实的改革发展。

全面深化改革如今成为中国政治相当明确的总指向,这不再是口号,而已成为再清晰不过的中国政治现实。在一个总部署之下进行改革,建设民生,它再轰轰烈烈,也不会有乌克兰发生"革命"更吸引人。因此中国拥有13亿人口、有着全球最雄心勃勃的发展计划,但我们贡献的新闻轰动性在世界上远远排不到前头。

不得不说,中国还是走得挺稳的。这个国家的问题被一一找了出来,并且越来越公开地摆到台面上,然后我们开始致力于解决它们。腐败这个最难啃的硬骨头,也迅速有了突破,这增加了全国人民对国家不断向好变化的信心。

然而中国步伐的"又快又稳",在世界上有些突出和独特,目前外部没有经验可以证明中国这样做就是"对的",但有不少走所谓

"普世道路"搞砸了的反证。这些反证给中国社会的刺激和震撼，正逐渐超过同时存在于部分中国人中间对西方普世经验的迷恋。

民众最关心的事情，就是国家政策的重心，这样的高度重合在今日中国已经实现。但国家政策再完美，也覆盖不了舆论的复杂性。不满仍会在中国社会存在。

热衷探讨国家道路已是中国知识分子群体的思想惯性之一，这有着很深刻的历史根源。即使国家道路已经选定，外部世界稍有风吹草动，这样的话题就会重新趋于活跃。

对于技术性探讨，很多公共知识分子不擅长，公众中对技术性话题的兴趣也未得到充分培养。因此中国的基层具体问题常被舆论场推升到整个体制的层面，只有这样的争论，才会让一些人感觉"带劲"。

然而我们或许真的需要政治争论的淡化，让全社会的注意力转向全面深化改革的执行过程。"全面深化改革"这个概念说久了，就会缺少新鲜感。甚至连"民生"这个词，都会慢慢显得老套。但我们需要一段时间对这些重大战略概念的坚守，而不是无休止的论辩，患得患失。

这个世界上令人激动的事情太多了，不停地在世界某一个角落，有人在世界舆论的众目睽睽之下宣布"创造了历史"。把那些风头让别人去出吧，中国的改革不能指望一路掌声，但我们应当每隔一段时间，就能够得到国际社会或者公开、或者暗自的折服。

本次两会围绕全面深化改革的精力投入相对集中，很多上会记者反映，真正能碰到"雷人议案提案"和"雷人发言"越来越少，它们更多是记者们用放大镜搜出来的，或者网上网下一起烘托出来的。

寻求刺激是舆论的本能，一味压制它未必就是智慧的做法。然而中国切不可被这样的嗜好俘虏，像世界上的很多社会那样沉迷于它而不可自拔。对这个国家来说，最重要的大概还是独特的平衡与平稳。

我们需要一路走得愉快，同时决不迷失自己的目标。

(2014.03.14)

赞中国军方对美防长当面直言

中国国防部长常万全8日与美国防长哈格尔共同会见记者时，直率表达了各自立场。常万全说，领土主权是中国的核心利益，在领土问题上中方不会妥协、退让和交易，更不允许受到一丝一毫的侵犯。他还敦促美国约束日本行为，不要姑息养奸。

中央军委副主席范长龙昨天会见哈格尔时，更是直接表达了对哈格尔访华前不友好言论的不满，质疑美方为日本撑腰打气、袒护菲律宾的态度，指责美国搅动台海局势。国防部网站公布了范长龙的这些谈话。中国军方如此坦率展示与美方的分歧，此前并不多见。

这一变化是中国军方自信的表现。这不是中国在示强，而是以国际上的流行方式对外展示真实的中国。我们不惹事，也不怕事，这是中国面对周边复杂摩擦的基本态度。我们不求外界充分理解中国，但要避免华盛顿或者东京严重误判中国，以为我们即使在涉及核心利益时，也能有它们希望的后退尺度。

外界对中国的误判很多，比如时而认为中国"突然变得很强硬"，时而认为中国为了实现稳定而甘愿对外忍气吞声。外界还有人认为，西方的威胁甚至舆论压力能够有效影响中国的决策和表现。

中国需要展现大国的定力，让外界了解支持中国对外战略的元素和决策过程都很严肃，不可能受国内临时性波动的影响，更不可能是一个小圈子的心血来潮。中国不惹事，因为那不符合中国以经济建设为中心的国家战略。但中国也不怕事，因为我们知道怕也没用，有些事我们不主动惹，但它们会找上门来。就像日本"国有化"钓鱼岛，还有安倍参拜靖国神社，这两件事都打破了中日之间的"现状"。

中国不是同谁有了矛盾，就要用打仗来解决。但是日本动辄搬出美日同盟条约，不断宣扬要对中国"入侵"钓鱼岛的飞机动武；还有菲律宾也在炫耀美国的军事保护，美方不时暗示可能军事介入日菲同中国的岛礁冲突。这种情况下，中方重申解放军捍卫领土主权的意志和能力，一点也不突兀。

菲律宾面对中国这样的大国，敢在仁爱礁上搞旧军舰坐滩的流氓行为，这决非正常。马尼拉误判了中国的容忍度，这种误判在一定程度上蔓延开来，成为外界认识中国的一条基线。中国必须清除这个虚假坐标，尽量用语言，如果语言不够，就须加上行动。

如果说中国消除外界的误判都意味着风险的话，那么这个风险就需要美日菲同中国一起承担。中国不是个奉行扩张主义的国家，即使对菲律宾这样的小国，我们同其掰扯也相当有耐心。在我们看来，美日菲等想按照它们的意愿塑造中国，它们的失望源自自欺欺人。

中国将在自己的家门口不惜使用武力捍卫领土主权，美国为重返亚太而对菲日"两肋插刀"，中美可能都不相信对方真敢这样做，那么最好双方都别逼对方。我们不知道美国人现在是什么感受，我们想说，中国人的真实感受是，美国在撺掇日菲对我们步步进逼。

中国不想同美国陷入直接冲突，但这是源于善意和理性，而非源自对美国力量的恐惧。中国近海不是大洋深处，美国太平洋舰队的威慑力在这里需要打多少折扣，美对日菲的承诺在面对它们同中国的领土纠纷时还有几分有效性，我们就不在这里算细账了。套用一句中国最近流行的话说：你懂的。

（2014.04.09）